21 世纪高等院校财经管理系列实用规划教材

统计学原理（第 2 版）

主　编　刘晓利　郭姝宇
副主编　马桂秋　丁喜胜　梁春达
编　委（按姓氏拼音排序）
　　　　曹树胜　付红珊　关明文
　　　　郭伊楠　梁春野　刘　艳
　　　　宋淑萍　杨朝丹　张丽琨

北京大学出版社
PEKING UNIVERSITY PRESS

内 容 简 介

本书编者是在多年科研和教学实践的基础上，参考了近几年国内有关著作、教材，吸收了有关学者的统计研究的有益成果编写形成的。全书共分 11 章，较系统地阐述了统计学原理的基本概念、基本理论和基本方法。在内容上力求概念准确、层次分明、内容丰富、文字简练、重点突出、通俗易懂。每章章首提出学习目标，章末在本章小结中总结本章内容，并在最后附有形式多样的习题，帮助学生更好地学习各章内容，并且理解、消化和吸收所学知识。

本书既可作为高等院校财经管理类专业的本科生教材，也可作为相关工作人员自学参考用书。

图书在版编目(CIP)数据

统计学原理/刘晓利，郭姝宇主编. —2 版. —北京：北京大学出版社，2015.1
(21 世纪高等院校财经管理系列实用规划教材)
ISBN 978-7-301-25114-0

Ⅰ. ①统… Ⅱ. ①刘…②郭… Ⅲ. ①统计学—高等学校—教材 Ⅳ. ①C8

中国版本图书馆 CIP 数据核字(2014)第 272093 号

书　　　名：	统计学原理(第 2 版)
著作责任者：	刘晓利　郭姝宇　主编
策 划 编 辑：	李　虎　王显超
责 任 编 辑：	翟　源
标 准 书 号：	ISBN 978-7-301-25114-0/F・4093
出 版 发 行：	北京大学出版社
地　　　址：	北京市海淀区成府路 205 号　100871
网　　　址：	http://www.pup.cn　新浪官方微博：@北京大学出版社
电子信箱：	pup_6@163.com
电　　　话：	邮购部 010-62752015　发行部 010-62750672　编辑部 010-62750667
印 刷 者：	三河市北燕印装有限公司
经 销 者：	新华书店
	787 毫米×1092 毫米　16 开本　19 印张　426 千字
	2009 年 4 月第 1 版
	2015 年 1 月第 2 版　2022 年 1 月第 8 次印刷
定　　　价：	48.00 元

未经许可，不得以任何方式复制或抄袭本书之部分或全部内容。
版权所有，侵权必究
举报电话：010-62752024　电子信箱：fd@pup.pku.edu.cn

丛 书 序

我国越来越多的高等院校设置了经济管理类学科专业,这是一个包括理论经济学、应用经济学、管理科学与工程、工商管理、公共管理、农林经济管理、图书馆、情报与档案管理7个一级学科门类和31个专业的庞大学科体系。2006年教育部的数据表明,在全国普通高校中,经济类专业布点1518个,管理类专业布点4328个。其中除少量院校设置的经济管理专业偏重理论教学外,绝大部分属于应用型专业。经济管理类应用型专业主要着眼于培养社会主义国民经济发展所需要的德智体全面发展的高素质专门人才,要求既具有比较扎实的理论功底和良好的发展后劲,又具有较强的职业技能,并且又要求具有较好的创新精神和实践能力。

在当前开拓新型工业化道路,推进全面小康社会建设的新时期,进一步加强经济管理人才的培养,注重经济理论的系统化学习,特别是现代财经管理理论的学习,提高学生的专业理论素质和应用实践能力,培养出一大批高水平、高素质的经济管理人才,越来越成为提升我国经济竞争力、保证国民经济持续健康发展的重要前提。这就要求高等财经教育要更加注重依据国内外社会经济条件的变化,适时变革和调整教育目标和教学内容;要求经济管理学科专业更加注重应用、注重实践、注重规范、注重国际交流;要求经济管理学科专业与其他学科专业相互交融与协调发展;要求高等财经教育培养的人才具有更加丰富的社会知识和较强的人文素质及创新精神。要完成上述任务,各所高等院校需要进行深入的教学改革和创新,特别是要搞好有较高质量的教材的编写和创新工作。

出版社的领导和编辑通过对国内大学经济管理学科教材实际情况的调研,在与众多专家学者讨论的基础上,决定编写和出版一套面向经济管理学科专业的应用型系列教材,这是一项有利于促进高校教学改革发展的重要措施。

本系列教材是按照高等学校经济类和管理类学科本科专业规范、培养方案,以及课程教学大纲的要求,合理定位,由长期在教学第一线从事教学工作的教师编写,立足于21世纪经济管理类学科发展的需要,深入分析经济管理类专业本科学生现状及存在的问题,探索经济管理类专业本科学生综合素质培养的途径,以科学性、先进性、系统性和实用性为目标,其编写的特色主要体现在以下几个方面:

(1) 关注经济管理学科发展的大背景,拓宽理论基础和专业知识,着眼于增强教学内容与实际的联系和应用性,突出创造能力和创新意识。

(2) 体系完整、严密。系列涵盖经济类、管理类相关专业以及与经管相关的部分法律类课程,并把握相关课程之间的关系,整个系列丛书形成一套完整、严密的知识结构体系。

(3) 内容新颖。借鉴国外最新的教材,融会当前有关经济管理学科的最新理论和实践经验,用最新知识充实教材内容。

(4) 合作交流的成果。本系列教材是由全国上百所高校教师共同编写而成,在相互进行学术交流、经验借鉴、取长补短、集思广益的基础上,形成编写大纲。最终融合了各地特点,具有较强的适应性。

(5) 案例教学。教材融入了大量案例研究分析内容,让学生在学习过程中理论联系实际,特别列举了我国经济管理工作中的大量实际案例,这可大大增强学生的实际操作能力。

(6)注重能力培养。力求做到不断强化自我学习能力、思维能力、创造性解决问题的能力以及不断自我更新知识的能力,促进学生向着富有鲜明个性的方向发展。

作为高要求,经济管理类教材应在基本理论上做到以马克思主义为指导,结合我国财经工作的新实践,充分汲取中华民族优秀文化和西方科学管理思想,形成具有中国特色的创新教材。这一目标不可能一蹴而就,需要作者通过长期艰苦的学术劳动和不断地进行教材内容的更新才能达成。我希望这一系列教材的编写,将是我国拥有较高质量的高校财经管理学科应用型教材建设工程的新尝试和新起点。

我要感谢参加本系列教材编写和审稿的各位老师所付出的大量卓有成效的辛勤劳动。由于编写时间紧、相互协调难度大等原因,本系列教材肯定还存在一些不足和错漏。我相信,在各位老师的关心和帮助下,本系列教材一定能不断地改进和完善,并在我国大学经济管理类学科专业的教学改革和课程体系建设中起到应有的促进作用。

2007年8月

刘诗白 现任西南财经大学名誉校长、教授,博士生导师,四川省社会科学联合会主席,《经济学家》杂志主编,全国高等财经院校《资本论》研究会会长,学术团体"新知研究院"院长。

第 2 版前言

统计学原理是经济、管理类学科专业课程中重要的专业基础课之一，作为已经或者即将从事经济管理工作的人员，必须了解、掌握统计信息的收集、整理和分析的方法，才能够适应信息化社会的发展，也才能够在市场经济不断发展与完善的社会条件下清晰的把握宏观经济形势发展的现状，了解市场变化和本单位具体情况，以便作出科学的决策。

本书第 1 版出版后受到了广大读者的欢迎，许多高等院校的统计学教学采用了 3 本书，7 年间重印十几次，获得了好评和支持。为了完善本书内容，使其更加紧密地联系目前经济状况，解决使用过程中部分章节层次不够清晰等问题，在北京大学出版社组织下，我们开展了对《统计学原理》一书的修订工作。本书可以用于大专院校经济管理类专业课程教学使用，也可作为相关工作人员自学参考用书。

第 2 版继承了第 1 版概念准确、理论系统、文字简练、重点突出的特点，更加注重理论性与实践性的结合，也更加注重教材的适用性。首先，在各章开篇增加了学习目标和知识结构，便于读者更好把握各章内容和要求；其次，在每一章增加了开篇案例，增强读者对本章内容的感性认识，提高理论与实践的结合度；第三，更新了教材中的大部分例题数据，使读者在掌握统计理论、方法的同时，也能增加对现实经济生活的了解。第四，更新了部分课后习题，方便读者检验学习情况，也方便教师利用。

第 2 版教材由刘晓利和郭姝宇担任主编，第 1 章、第 5 章、第 7 章、第 10 章由刘晓利编写，第 2 章、第 3 章由郭姝宇编写，第 4 章由丁喜胜编写，第 6 章由梁春达编写，第 8 章由关明文编写，第 9 章由马桂秋编写，第 11 章由杨朝丹编写。另外，曹树胜、郭伊楠、刘艳、梁春野、付红珊、宋淑萍、张丽琨对本书的出版做了大量的工作。全书由刘晓利审定。

由于编者水平所限，本书中难免有缺点和错误，恳请专家和广大读者批评指正。

编 者
2015 年 1 月

本书课程思政元素

本书课程思政元素从"格物、致知、诚意、正心、修身、齐家、治国、平天下"的中国传统文化角度着眼,再结合社会主义核心价值观"富强、民主、文明、和谐、自由、平等、公正、法治、爱国、敬业、诚信、友善"设计出课程思政的主题。然后紧紧围绕"价值塑造、能力培养、知识传授"三位一体的课程建设目标,在课程内容中寻找相关的落脚点,通过案例、知识点等教学素材的设计运用,以润物细无声的方式将正确的价值追求有效地传递给读者。

本书的课程思政元素设计以"习近平新时代中国特色社会主义思想"为指导,运用可以培养大学生理想信念、价值取向、政治信仰、社会责任的题材与内容,全面提高大学生缘事析理、明辨是非的能力,把学生培养成为德才兼备、全面发展的人才。

每个课程思政元素的教学活动过程都包括内容导引、展开研讨、总结分析等环节,老师和学生共同参与到课程思政教学活动过程之中。在课堂教学中教师可结合下表中的内容导引,针对相关的知识点或案例,引导学生进行思考或展开讨论。

《统计学原理(第2版)》课程思政元素汇总

分类	页码	内容导引(案例或知识点)	展开研讨(思政内涵)	思政落脚点
格物 致知 治国	2	2014年政府工作报告	1. 国民经济发展状况主要通过哪些指标来体现? 2. 分析国民经济发展的相关数据对社会发展有哪些作用?	科学精神 求真务实 经济发展
格物 致知	11	统计的基本研究方法	1. 统计的基本研究方法在学术研究中有哪些应用? 2. 请列举几个其他的统计研究方法。	科学素养 逻辑思维 专业能力
格物 正心 治国	22	第三次全国经济普查方案简介	1. 全国经济普查的目的有哪些? 2. 全国经济普查对社会发展起到什么作用?	求真务实 社会责任 经济发展
格物 致知	29	确定统计指标的计算方法	1. 统计指标的计算方法有哪些? 2. 讨论在实际统计工作中,如何准确地选用统计指标的计算方法。	科学精神 严谨细心 专业与社会
诚意 齐家	34	300万名普查员的日与夜:第三次全国经济普查背后	1. 全国经济普查的难点有哪些? 2. 普查人员需要具备哪些素质? 3. 要实现普查数据的准确性,应该注意哪些方面?	友善 尊重 沟通协作
格物 齐家	45	典型调查	1. 典型调查的作用有哪些? 2. 讨论典型调查可以采用哪些方式开展工作。	求真务实 团队合作 沟通协作

续表

分类	页码	内容导引（案例或知识点）	展开研讨（思政内涵）	思政落脚点
致知治国平天下	52	2010年2月中国液晶显示器市场分析报告（简版）	1. 液晶显示器市场品牌众多，你了解哪些国产品牌？ 2. 讨论购物时，哪些因素会对你的品牌选择有影响？	科技发展 民族品牌 国家竞争 民族自豪感
治国诚意	58	表4-2 我国按三次产业分类的就业人员构成情况	1. 从各产业就业人员构成情况来看，大致有哪些变化？ 2. 不同产业就业的比例对我国经济发展会产生哪些影响？	经济发展 爱人民
治国致知修身	82	表4-22 我国2003—2012年城乡居民人均消费水平	1. 统计分析居民人均消费水平可以得出哪些结论？ 2. 分析居民人均消费水平的变化趋势至少需要几年的数据？	经济发展 人民富裕 认真思考 勤奋好学
治国	90	近代以前的中国文明	1. 你对近代以前我国的先进文化有哪些了解？ 2. 哪些古代文明成果一直延续到现代，依然广泛使用？	民族瑰宝 文化传承 民族自豪感
格物正心	112	平均指标的概念和特点	1. 平均指标在统计分析中有哪些优点和缺点？ 2. 你了解哪些计算平均指标的方法？	科学分析 大局意识
格物致知	133	要与总量指标、相对指标结合运用	讨论选择平均指标、总量指标或相对指标的注意事项。	求真务实 全面思考 专业能力
格物齐家	146	交替标志的标准差	1. 交替标志的标准差都有哪些应用场景？ 2. 使用交替标志的标准差有什么意义？	逻辑思维 求真务实 企业发展
致知齐家治国	155	图8.1 2009—2013年国内生产总值及其增长速度	1. 国内生产总值的变化可以体现出哪些信息？ 2. 宏观经济分析还会经常用到哪些指标？	适应发展 众志成城 大国风范 经济发展
格物致知治国	174	长期趋势测定与预测的意义	长期趋势就是研究某种现象在一个相当长的时期内向上或向下发展变动的趋势。	科学素养 探索精神 发展决策
致知格物	212	因素分析，例9.6	1. 讨论因素分析在统计分析中的应用场景。 2. 因素分析在社会经济现象统计分析中有哪些优点？	专业精神 科学发展
格物致知	226	关于粮食产量调查制度和方法的说明	1. 粮食产量调查的方法有哪些？ 2. 抽样调查在实际应用中有哪些优点？	科学精神 专业与社会
格物齐家致知	237	抽样平均误差，例10.3	1. 讨论为什么要计算抽样平均误差。 2. 抽样平均误差在实际应用中应该考虑哪些问题？	科学研究 企业发展 检测检验

本书课程思政元素

续表

分类	页码	内容导引（案例或知识点）	展开研讨（思政内涵）	思政落脚点
格物 正心 齐家	254	系数修正，例10.18	1. 抽样调查的误差会对统计分析结果产生哪些影响？ 2. 讨论系数修正方法的原理。	科学严谨 认真负责 沟通协作
诚意 格物	261	相关分析概述	1. 讨论相关分析的重要性。 2. 对比相关分析与其他统计分析方法的优点和不足。	包容和尊重 全面思考 求真务实

目　　录

第1章　总论 ... 1

1.1　统计的产生与发展 ... 2
- 1.1.1　统计的含义 ... 2
- 1.1.2　统计的起源与发展 ... 3
- 1.1.3　统计学的产生与发展 ... 5

1.2　统计学的性质、研究对象及特点 ... 6
- 1.2.1　统计学的性质 ... 6
- 1.2.2　统计学的研究对象 ... 7
- 1.2.3　统计学的特点 ... 8

1.3　统计的作用、任务及与其他学科的关系 ... 9
- 1.3.1　统计的作用 ... 9
- 1.3.2　统计的任务 ... 10
- 1.3.3　统计学与其他学科的关系 ... 10
- 1.3.4　统计学的学科体系 ... 11

1.4　统计的研究方法和工作过程 ... 11
- 1.4.1　统计的基本研究方法 ... 11
- 1.4.2　统计的工作过程 ... 12

1.5　统计学中的几个基本概念 ... 13
- 1.5.1　统计总体和总体单位 ... 13
- 1.5.2　标志与统计指标 ... 14
- 1.5.3　变异和变量 ... 16

本章小结 ... 17
习题 ... 18

第2章　统计设计 ... 21

2.1　统计设计概述 ... 23
- 2.1.1　统计设计的概念和意义 ... 23
- 2.1.2　统计设计的种类 ... 23
- 2.1.3　统计设计的内容 ... 24

2.2　统计指标和指标体系的设计 ... 26
- 2.2.1　统计指标 ... 26
- 2.2.2　统计指标体系 ... 27
- 2.2.3　统计指标和统计指标体系的设计内容 ... 28

本章小结 ... 30
习题 ... 30

第3章　统计调查 ... 33

3.1　统计调查概述 ... 34
- 3.1.1　统计调查的意义和任务 ... 34
- 3.1.2　统计调查的基本要求 ... 35
- 3.1.3　统计调查的种类 ... 35

3.2　统计调查方案 ... 37
- 3.2.1　明确调查目的 ... 37
- 3.2.2　确定调查对象和调查单位 ... 37
- 3.2.3　拟定调查项目，制订调查表 ... 38
- 3.2.4　确定调查时间 ... 38
- 3.2.5　调查工作的组织实施 ... 39
- 3.2.6　编写填表说明 ... 39

3.3　调查问卷 ... 39
- 3.3.1　调查问卷的设计要求 ... 39
- 3.3.2　调查问卷的设计程序 ... 40
- 3.3.3　调查问卷的基本结构 ... 40

3.4　统计调查的组织方式 ... 42
- 3.4.1　统计报表 ... 42
- 3.4.2　普查 ... 43
- 3.4.3　重点调查 ... 44
- 3.4.4　抽样调查 ... 45
- 3.4.5　典型调查 ... 45

本章小结 ... 46
习题 ... 46

第4章　统计整理 ... 51

4.1　统计整理概述 ... 53
- 4.1.1　统计整理的概念与意义 ... 54

4.1.2 统计整理的步骤 54
4.2 统计分组 56
 4.2.1 统计分组的概念与作用 56
 4.2.2 统计分组的种类 58
 4.2.3 分组标志的选择 61
 4.2.4 统计分组的方法 62
 4.2.5 统计资料的汇总 63
4.3 分配数列 65
 4.3.1 分配数列的概念与种类 65
 4.3.2 变量数列的种类 66
 4.3.3 变量数列的编制 69
 4.3.4 次数分布特征 71
4.4 统计表与统计图 76
 4.4.1 统计表 76
 4.4.2 统计图 80
本章小结 83
习题 83

第5章 总量指标和相对指标 89

5.1 总量指标 90
 5.1.1 总量指标的概念和作用 90
 5.1.2 总量指标的种类 91
 5.1.3 总量指标的计量单位 92
 5.1.4 计算和应用总量指标过程中
   需要注意的问题 94
5.2 相对指标 95
 5.2.1 相对指标的概念和作用 95
 5.2.2 相对指标的表现形式 96
 5.2.3 相对指标的种类和
   计算方法 97
 5.2.4 相对指标计算和运用的
   原则 104
本章小结 106
习题 106

第6章 平均指标 110

6.1 平均指标概述 112
 6.1.1 平均指标的概念和特点 112
 6.1.2 平均指标的作用 112

 6.1.3 平均指标的种类 113
6.2 算术平均数 114
 6.2.1 算术平均数的基本形式 114
 6.2.2 简单算术平均数 114
 6.2.3 加权算术平均数 115
 6.2.4 算术平均数的数学性质 118
 6.2.5 算术平均数的简捷算法 119
6.3 调和平均数 120
 6.3.1 简单调和平均数 120
 6.3.2 加权调和平均数 121
 6.3.3 相对指标和平均指标
   平均数的计算 122
6.4 几何平均数 123
 6.4.1 简单几何平均数 124
 6.4.2 加权几何平均数 124
6.5 众数和中位数 125
 6.5.1 众数 125
 6.5.2 中位数 127
6.6 各种平均数之间的相互关系 129
 6.6.1 算术平均数、几何平均数和
   调和平均数三者之间的
   关系 129
 6.6.2 算术平均数与众数、中位数
   之间的关系 130
6.7 应用平均指标应注意的问题 131
本章小结 133
习题 134

第7章 标志变异指标 138

7.1 标志变异指标概述 140
 7.1.1 标志变异指标的概念和
   作用 140
 7.1.2 标志变异指标的种类 140
7.2 全距和平均差 141
 7.2.1 全距 141
 7.2.2 平均差 141
7.3 标准差和标志变动系数 143
 7.3.1 标准差 143
 7.3.2 交替标志的标准差 146

目 录

  7.3.3 标志变动系数 149
 本章小结 150
 习题 150

第8章 时间数列 154

 8.1 时间数列概述 156
  8.1.1 时间数列的概念和
     构成要素 156
  8.1.2 时间数列的种类 156
  8.1.3 时间数列的编制原则 158
 8.2 时间数列水平指标 159
  8.2.1 发展水平 160
  8.2.2 平均发展水平 160
  8.2.3 增长量和平均增长量 166
 8.3 时间数列速度指标 168
  8.3.1 发展速度 168
  8.3.2 增长速度 169
  8.3.3 平均发展速度与平均增长
     速度 169
  8.3.4 增长1%的绝对量 173
 8.4 长期趋势的测定 173
  8.4.1 长期趋势测定与预测的
     意义 174
  8.4.2 长期趋势测定的方法 175
 8.5 季节变动的测定 185
  8.5.1 季节变动及其测定的目的 ... 185
  8.5.2 季节变动分析的原理与
     方法 185
  8.5.3 循环变动分析 189
 本章小结 190
 习题 190

第9章 指数 196

 9.1 统计指数的作用和种类 198
  9.1.1 统计指数的概念 198
  9.1.2 统计指数的作用 198
  9.1.3 统计指数的种类 199
 9.2 综合指数 200
  9.2.1 综合指数的概念 201

  9.2.2 综合指数的编制方法 201
 9.3 平均数指数 206
  9.3.1 平均数指数的概念 206
  9.3.2 平均数指数的基本形式 ... 207
 9.4 指数体系与因素分析 210
  9.4.1 指数体系 210
  9.4.2 因素分析 212
 9.5 平均指标指数 215
  9.5.1 平均指标指数的概念 215
  9.5.2 平均指标指数体系的
     因素分析 216
  9.5.3 综合指数与平均指标指数的
     结合应用 218
 本章小结 220
 习题 220

第10章 抽样调查 225

 10.1 抽样调查概述 226
  10.1.1 抽样调查的概念和特点 ... 226
  10.1.2 抽样调查的作用 227
  10.1.3 抽样估计的一般原理 228
 10.2 抽样调查中的几个基本概念 229
  10.2.1 全及总体和抽样总体 229
  10.2.2 全及指标和抽样指标 230
  10.2.3 重复抽样与不重复抽样 ... 232
 10.3 抽样误差和抽样估计 232
  10.3.1 抽样误差 232
  10.3.2 抽样平均误差 234
  10.3.3 抽样极限误差 238
  10.3.4 抽样误差的概率度 239
  10.3.5 抽样估计 240
 10.4 抽样调查的组织形式 242
  10.4.1 简单随机抽样 242
  10.4.2 类型抽样 243
  10.4.3 等距抽样 246
  10.4.4 整群抽样 248
 10.5 必要样本容量的确定和总体总量
   指标的推算 251

XI

        10.5.1 必要样本容量的确定 251
        10.5.2 总体总量指标的推算 253
    本章小结 254
    习题 254

第 11 章 相关分析 259

    11.1 相关分析概述 261
        11.1.1 相关关系的概念 261
        11.1.2 相关关系的种类 263
        11.1.3 相关分析的内容 265
    11.2 直线相关关系的测定 266
        11.2.1 相关表 266
        11.2.2 相关图 267
        11.2.3 相关系数 268
    11.3 回归分析 272
        11.3.1 回归分析概念及与
               相关分析的关系 272
        11.3.2 简单直线回归方程的
               配合方法 273
        11.3.3 估计标准误差 275
        11.3.4 估计标准误差和相关系数的
               关系 276
    本章小结 277
    习题 277

参考文献 282

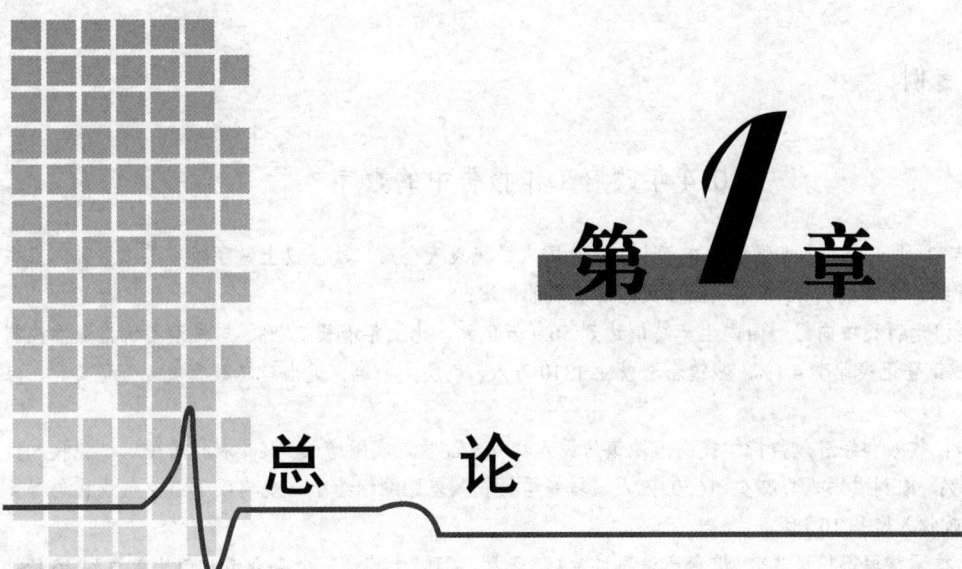

第 1 章

总 论

学习目标

知识目标	技能目标
1. 了解统计的含义及其产生与发展过程 2. 了解统计学的性质与研究对象及特点 3. 了解统计的作用与任务 4. 了解统计与其他学科的关系 5. 了解统计研究方法及工作过程 6. 了解统计总体、总体单位、标志、指标、变异、变量等常用基本概念	1. 理解统计的3种含义及其相互关系，了解统计发展历史 2. 掌握统计学学科建设的理论前提 3. 熟悉统计在现实生活中的应用 4. 熟悉统计工作的环节和主要方法 5. 熟悉统计基本概念及分类，学会区分总体与总体单位、标志与指标、品质标志与数量标志、数量指标与质量指标、连续变量与离散变量

知识结构

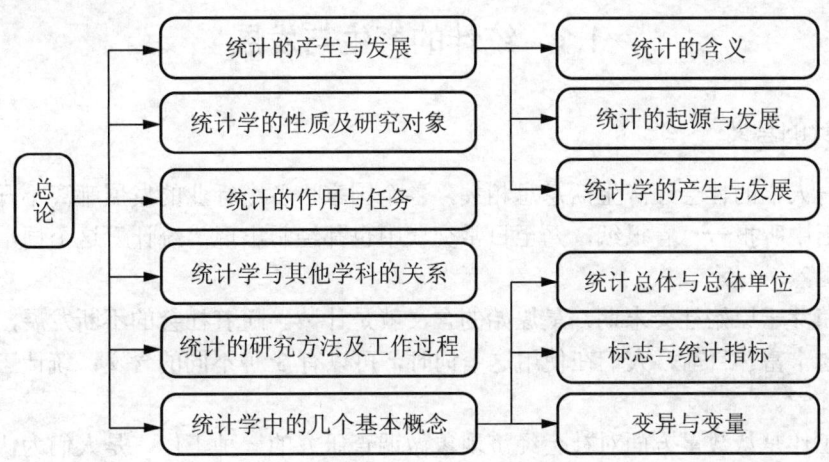

■ **导入案例**

2014年政府工作报告中的数字

2014年3月5日,李克强总理在第十二届全国人民代表大会第二次会议上做了政府工作报告,报告中用了大量统计数据反映2013年我国国民经济发展的情况:

——经济运行稳中向好。国内生产总值达到56.9万亿元,比上年增长7.7%。居民消费价格涨幅控制在2.6%。城镇登记失业率4.1%。城镇新增就业1310万人,创历史新高。进出口总额突破4万亿美元,再上新台阶。

——居民收入和经济效益持续提高。城镇居民人均可支配收入实际增长7%,农村居民人均纯收入实际增长9.3%,农村贫困人口减少1650万人,城乡居民收入差距继续缩小。规模以上工业企业利润增长12.2%。财政收入增长10.1%。

——结构调整取得积极成效。粮食产量超过1.2万亿斤,实现"十连增"。服务业增加值比重达到46.1%,首次超过第二产业。中西部地区生产总值比重继续提高,区域发展协调性增强。全社会用电量增长7.5%,货运量增长9.9%,主要实物量指标与经济增长相互匹配。

资料来源:李克强,《2014年政府工作报告》

当今是广泛运用统计数据的时代,是信息的时代。现代社会越发展、科学技术越进步,对获取大量的、灵敏的、可靠有用的信息的需求就越迫切。统计信息是社会经济信息的主体,统计信息的搜集、整理、分析是国家乃至企业科学决策和科学管理的一项重要基础工作,是认清经济形势、制定政策、编制长短期规划的重要依据。社会商品生产与交换越发展,经济越开放、搞活,就越需要有健全的、发达的现代化统计工作,只有这样才能够及时地调查、分析和提供准确、丰富的统计数据,为人们进行生产经营活动和科学研究提供参考。因此,作为经济工作者必须熟悉统计资料的搜集、整理的方法,学会利用统计数据进行定量分析,从中掌握其具有规律性的东西,尊重事实,适应市场经济规律,促进国民经济持续、快速、健康的发展。

1.1 统计的产生与发展

1.1.1 统计的含义

统计与人们的社会经济生活息息相关,各个国家、各个行业的发展都离不开统计,人们日常生活中听报告、看报纸,乃至日常交谈中也都经常出现"统计"这个词。那么,什么是统计呢?

统计萌芽于原始社会末期,最原始的含义就是计数。随着社会的不断发展,统计的内涵也越来越丰富。目前,人们在使用这个词时,可以有3种不同的含义:统计工作、统计资料和统计学。

统计工作是从数量方面对社会经济现象做调查研究的一种工作,是人们为认识客观事物而进行的搜集、整理、分析和提供统计资料的工作过程。例如,国家和各级统计部门搜集反映其所属地区的工业、农业、商业及交通运输业等国民经济部门的经济运行情况的各项数字资料,并将这些资料汇总、加工整理等,这些活动就是统计工作。

统计资料是统计工作的成果,是指在统计实践活动中所取得的,反映统计研究对象有关特征的各种综合性的数字资料和分析报告。其内容是反映社会经济现象规模、水平、速度、结构和比例关系等的数字和文字资料。例如,国家统计局每隔一定时期向社会公布我国国民经济发展情况统计资料,编印各年《统计年鉴》等。这些公报和统计年鉴都是统计资料。

统计学是阐述统计理论与方法的系统性科学,是统计工作实践的理论概括和科学总结,是研究、整理、分析统计资料的理论和方法的科学。统计学是适应社会经济发展和统计实践需要而产生和发展的。17世纪中叶,英国古典政治经济学创始人威廉·配第《政治算术》一书的问世,标志着古典政治经济学的诞生,同时也标志着统计学的诞生(详见 1.1.3 节相关内容)。

统计以上的 3 种含义——统计工作、统计资料、统计学是密切联系的。统计工作和统计资料是统计活动与统计成果的关系,统计资料是统计工作提供的,是统计工作的成果,统计工作的好坏直接影响着统计资料的数量和质量,同时统计资料的需求也支配着统计工作的布局;统计工作和统计学之间属于统计实践与统计理论的关系,统计学是从统计工作中总结出来的统计理论和方法,只有当统计工作发展到一定程度时,才可能形成独立的统计学。反过来,统计学产生后对统计工作又有指导作用,统计科学的研究大大促进了统计工作水平的提高。由此可见,统计工作、统计资料、统计学三者之中,统计工作是基础,是认识事物的起点。没有统计工作,统计资料就无从提出,没有统计工作,缺少这个实践基础,统计科学也就不可能形成和发展。

由于"统计"一词可以理解成 3 种含义,所以在研究和生活中,遇到"统计"一词时,要注意理解其准确含义。

1.1.2 统计的起源与发展

统计作为一种社会实践活动起源很早,是随着人类社会发展和经济管理的需要而产生和发展的,至今已有四五千年的历史。早在原始社会末期,由于磨制石器工具的制作和广泛使用,原始的生产力大大提高;原来的采集狩猎经济,终于被原始农业为主的综合性经济所替代,出现了家畜饲养业和制陶手工业;原始先民建立起原始部落,过着定居的生活。由于生产劳动的进步和社会生活发展的需要,原始的精神文化也有所发展,人们开始有了数字概念和计数活动,出现了结绳记事,并逐渐产生了原始的绘画、雕塑艺术和刻划符号,发展为简单的文字,出现了书契记数。结绳记事是我国原始公社时期的一种计量方法,是原始公社时期社会生产力发展到一定程度后,由于社会生活的实际需要而产生的。

《周易·系辞下》记载:"上古结绳而治"。传说结绳记事,始于伏羲时代。关于结绳记事的方法,郑玄在《周易正义》中的注解说:"为约,事大,大结其绳;事小,小结其绳。结之多少,随物众寡。"《路史·前纪》罗苹注,对此有所补充:"子夏易传云:上古官职未设,人自为治,记其事,将其命而已,故可以结绳为。九家易云:'古无文字,其有约誓之事,事大,大其绳;事小,小其绳。结之多少,随物众寡,执以相考。'"这就说明,当时已产生了简单的分组(大事、小事),与简单的分组总量指标(大事件数、小事件数),应该说这就是最早的统计活动,属于人们对社会经济现象进行统计的萌芽。

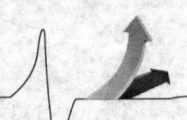

在原始公社时期，代结绳记事而起的一种比较进步的计量方法是书契记数。《周易·系辞下》曰："上古结绳而治，后世圣人易之以书契。百官以治，万民以察。""书"指文字，刻字在竹、木或龟甲、兽骨上以记数、记事，称为"书契"。一般认为书契"初以记数为始，后以简册为断"。并称以数字为主体的经济记录为"书契记数"。

在奴隶社会，人类社会出现了阶级和国家，统治阶级为了对内统治、对外扩张，为了满足赋税、徭役和征兵的需要，开始了对人口、土地和财产的登记和简单的统计计算工作。约在公元前21世纪，我国建立了第一个奴隶制国家——夏朝，奠定了中国奴隶社会的初步基础。夏朝就对全国人口和土地进行过统计调查。魏晋间皇甫谧著《帝王世纪》对此有下列记载："禹平水土，还为九州，今禹贡是也。是以其时九州之地，凡二千四百三十万八千二十四顷，定垦者九百三十万六千二十四顷，不定垦者千五百万二千顷。民口千三百五十五万三千九百二十三人。"其后，南朝宋范晔撰《后汉书》与宋元之际马端临撰《文献通考》等，都有同样记载。因此，有的统计学者认为这些统计数字是"我国最早的统计数字资料"。到了商代，由于奴隶社会的发展、国家机构的完整以及甲骨文的应用，出现了附属于官僚机构的统计组织，并形成了政府统计的萌芽。在殷墟书契中有商代的若干统计资料，说明当时在军事、祭祀、田猎等方面已较广泛地进行了统计工作。其特点是社会经济现象的名称与计算的数字相结合，并记有简单的情况。例如，商代的统治阶级为了掠夺奴隶、征服异族、镇压属领，经常发动战争，因此有登人统计："登帚好(族名)三千登旅一万，呼伐羌。"意思是征兵13000名去讨伐羌方。而到了西周时期，参照商代官职，在周王以下设有天、地、春、夏、秋、冬六卿，为执政大臣，对国家行政事务各负专责，并办理各部门统计工作，既有分工又有联系，基本上形成了分散的统计组织，为西周的基本国情、国力提供了统计数字。其统计范围主要涉及人口、民族、土地、粮食、六畜、赋税等方面。其统计指标既能提供一般的总量指标，又能提供分组指标。其统计报告既有日报(日成)、月报(月要)，又有年报(岁会)。其统计工作既有分工，也有综合。例如，在人口统计方面，春官掌学士之版，夏官掌群臣之版，地官掌万民之版，最后由天官综合汇总。

在国外，古希腊和古罗马时代也开始了人口和财产的统计。如在公元前3050年，埃及在建造金字塔时期，为了征集建筑资金和征用劳动力，对全国人口和财产进行过调查。罗马帝国时代，人口出生、死亡都必须到寺院登记等。

到了封建社会，统计工作继续不断发展。秦王朝政体的统一，促进了封建主义经济和文化的发展，统一管理国家财政经济的需要使统计工作也发展起来。秦代的统计组织略有不同，中央设三公九卿，兼管周代六卿的统计工作，由西周独立的统计组织演变为附属的统计组织。这个组织在西汉时代得到了巩固和发展，统计组织从中央到地方，有了一个比较完整的系统。秦汉的统计工作主要为人口与农田统计，基本上满足了征兵课税的需要。秦代建立了全国统一的统计报告制度——上计制度，创始了被调查者自填法，统一了总量指标的计量单位，应用了异距统计分组。到了汉代，上计制度日趋完善，分组法的应用继续扩大；由于开始将货币作为计量单位，故能把各种不同的实物计量单位统一起来，进行综合计算；统计表开始得到应用，特别是《九章算术》的完成，奠定了我国统计方法的数学基础。例如，我国秦汉时期有地方田亩和户口资料的记录，唐宋时期有计口授田、田亩鱼鳞册等土地调查和计算，明清时期常有人口登记和保甲制度。不过，由于封建社会生产力发展缓慢，统计实践活动的发展并不迅速。

随着资本主义的产生和发展，人类分工不断细化，统计应用的范围也逐步扩大，除人口、土地统计外，还建立了国内贸易、对外贸易、工业、农业和金融等统计，至此，统计成为社会分工中的一种专门的行业。

1.1.3 统计学的产生与发展

统计作为一种社会实践活动起源很早，但作为一种科学出现时间却很短，到目前为止，也不过三四百年的历史。17 世纪中叶，随着资产阶级革命和工厂手工业的迅速发展，统计也得到了快速发展，人们开始逐步对统计活动进行理论研究，逐渐产生了统计学。从统计学的产生和发展历程来看，大致有以下统计学派和统计理论。

1. 政治算术学派

政治算术学派产生于 17 世纪的英国，它的创始人和代表人物有威廉·配第(William Petty, 1623—1687 年)和约翰·格朗特(John Graunt, 1620—1674 年)。威廉·配第在 1676 年出版了他的代表著作《政治算术》，这一书名后来就成了这个学派的名称，威廉·配第也成了该学派的创始人。在《政治算术》一书中，威廉·配第首创运用了大量数字资料将当时英国的政治、经济、军事实力与法国、荷兰进行对比分析，他在分析时使用了过去从来没有人用过的方法，即用数字、重量和尺度来表达自己想说的问题。这种方法的应用为统计学的创立奠定了方法论基础。马克思对威廉·配第评价很高，说他"是政治经济学之父，在某种程度上可以说是统计学的创始人"。约翰·格朗特的代表作是《对死亡率公报的自然观察和政治观察》。他通过大量观察发现了人口各年龄组的死亡率、性别比例等重要的数量规律，并对人口总数进行了较为科学的估计。约翰·格朗特在这本书中所用的具体数量对比分析的方法，对统计学的创立，与《政治算术》起了同等重要的作用，被认为是政治算术学派的又一本名著。约翰·格朗特也被认为是人口统计学的创始人。不过政治算术学派没有使用统计学这一名称，可以说是有统计学之实，而无统计学之名。

2. 记述学派

记述学派也称国势学派，产生于 17 世纪的德国，主要代表人物是海尔曼·康令(Hermann Coring, 1606—1681 年)和稍后的高尔费里德·阿亨瓦尔(Gottfried Achenwall, 1719—1772 年)。二人曾分别在德国大学讲授"国势学"，其内容是通过对国家重要事项的研究来说明各国的状态，对比分析各国实力的强弱，研究状态形成的原因。国势学派只是对国情的记述，未能进一步揭示社会经济现象的规律，也不研究事物的计量分析方法，只是用比较级和最高级的词汇对事物的状态进行描述，对各国的社会经济情况进行分析比较，主要用文字叙述而不用数字描述，故称为记述学派。阿亨瓦尔教授首先提出了"统计学"学科名词，用德语"staa tenkunde"替代国势学，它源于拉丁语"status"一词，意思是各种现象的状态和状况。后来此词传入英国，演变为"statistics"，并一直沿用至今。可以说记述学派有统计学之名，而无统计学之实。

记述学派和政治算术学派共存达 200 年之久，两个学派的共同之处是均以社会经济作为研究对象，都以社会经济的实际调查资料作为理论的基础，共同认为这门科学是具体阐明国情国力的社会科学；不同之处在于是否把数量方面的研究，作为这一门学科的基本特征。两派相互影响，相互争论，直到19世纪中叶，随着社会经济统计实践的要求，社会科学的发展和分工，统计学作为一门对社会经济现象进行经济数量对比分析的方法论学科，已为社会所公认。此时，两个学派的争论才告一段落。国势学被改称为国家论，而统计学则成为"政治算术"的科学命名。

在记述学派和政治算术学派的争论还没有完全结束时，统计理论又向前发展，产生了新的学派。

3. 数理统计学派

数理统计学派产生于 19 世纪中叶，代表人物为比利时的生物学家和统计学家阿道夫·凯特勒(A. Quetelet，1796—1874 年)。他是比利时国家统计工作的领导人，是国际统计学术会议的倡导人和组织者。他一生写过许多关于社会学和统计学的著作，首次把概率原理应用于社会经济统计，对法国、英国和比利时的犯罪统计资料进行了研究，从中发现了某些社会现象的规律性。其主要贡献是把概率论正式引进统计学，确定大数法则的原理，奠定了统计学方面大量观察的理论基础，从而使统计学的理论、内容和方法都发生了很大变化和质的飞跃，奠定了现代统计学的基础。因此，他也被称为"现代统计学之父"。凯特勒的理论后经高尔登(F. Golton，1822—1911 年)、皮尔生(K. Pearson，1857—1936 年)、鲍莱(A. L. Bowley，1869—1957 年)等统计学家的不断丰富和发展，逐渐形成一门独立的应用数学。1867 年，有人把这一门既有数学又是统计学的新生科学命名为"数理统计学"，他们认为统计学就是数理统计学，是现代应用数学的一个重要分支，因而与社会统计学派产生了严重分歧。

4. 社会统计学派

社会统计学派产生于19世纪后半叶，由德国的克尼斯(G. G. A. Knies，1821—1898 年)教授首创。克尼斯的《作为独立科学的统计学》一书，概括了当时各国经济学家和统计学家的大多数意见，提出了"国家论"与"统计学"科学分工的主张，平息了记述学派和政治算术学派长达近 200 年的争论，最终将政治算术更名为统计学。社会统计学派的主要代表人物为恩格尔(C. L. E. Engel，1821—1896 年)和梅尔(G. V. Mager，1841—1925 年)等。梅尔认为统计学的研究对象是社会经济现象的规律，统计学是一门实质性的社会科学。恩格尔认为统计学是一门独立的科学和方法，包括统计科学和统计方法。他通过对工人家庭生活费用调查发现了著名的"恩格尔法则"，并用一定消费单位"凯特"表示整个家庭的消费能力等。社会统计学派总体上看融合了记述学派和政治算术学派的观点，又吸收了凯特勒著作中的若干思想，并把政府统计和社会调查相结合，既重视统计方法的研究，又强调要以事物的质为前提和认识质的必要性。

1.2 统计学的性质、研究对象及特点

1.2.1 统计学的性质

统计学是一门认识社会经济现象总体数量特征的方法论的科学。这里所讲的方法论包括对社会经济现象的认识方法、指导统计活动的原理和原则、统计过程所应用的核算和分

析的方法及组织形式等构成的科学体系。它属于社会科学的方法论和应用性学科。统计学性质可从以下两个方面加以说明。

1. 作为方法论科学，统计学适应于统计工作实际发展的需要，对统计工作有指导作用

统计学是在统计工作长期实践的基础上不断总结、不断提高，逐渐形成并臻于完善的。它根据统计工作实践的要求，从理论上阐述如何进行调查、整理和分析社会经济现象数量方面的原理、原则和方法。同时，它还对统计信息、统计咨询、统计监督职能的实现起着理论指导作用。由于社会经济现象数量方面的特征广泛而复杂，客观上需要具有方法及方法论的统计学，提供科学的理论以适应统计工作实际发展需要。

2. 统计学是从数量方面认识社会的有力武器之一

世界上一切事物都有它质的方面和量的方面，都是质和量的辩证统一体。任何事物，没有它的量的规定性，其质的形态就不存在；从事物发展变化来看，都是由细小的、逐渐的量变到质变的转化；同时，从诸事物的相互联系、相互制约来讲，也表现为一定的数量关系，这种数量关系的发展变化和事物性质的演变是一致的。以上关于事物质和量的辩证关系和由量变到质变的原理，给人们指出了认识社会的一种途径，即从掌握事物的数量特征和数量关系入手，经过分析研究，去探索社会经济现象的本质和规律性。统计成为认识社会的有力武器，正是由于它是从数量方面入手认识社会的一种有力手段。

1.2.2 统计学的研究对象

统计学的研究对象是社会经济现象总体的数量方面，即社会经济现象总体的数量特征和数量关系。具体来说，就是通过特有的统计指标和统计指标体系来表明社会经济现象的规模、水平、速度、比例和效益等，揭示现象发展的规律性。

社会经济统计研究对象的一个重要特点是，从社会经济现象的质与量的辩证统一中来研究它的数量方面。社会经济统计绝不是"纯数量"的研究，这一点与高度抽象的、撇开具体内容的数学不同。任何现象的质与量总是密切联系、相互依存的，一定的质规定一定的量，一定的量也表现一定的质，这就决定了统计必须密切联系现象的质的方面来研究社会经济现象总体的数量方面。

具体来说，一方面，统计研究社会经济现象的数量关系，必须对社会经济现象的性质、特点有一定的认识，才能确定它的数量表现，作定量认识。例如，要统计工业总产值，首先必须明确工业总产值是工业企业在一定时期内生产的全部工业产品的货币表现，只有这样才能明确哪些产品的产值能够计入，哪些不能计入，也才能正确计算工业总产值。另一方面，任何一项统计数量，都必须反映一定的社会经济现象的内容、现象的质。统计还通过一系列数量做出全面的分析，来深刻地反映现象的性质和内在的联系。例如，利用工业企业的收入利润率、劳动生产率、主要产品单位成本、固定资产产值率等指标就能对企业的微观效益做出实质性的评价。

研究大量社会经济现象的综合数量，是统计研究对象的另一种重要特点。这就是说，统计要集合大量的调查资料，加以综合汇总和科学概括，以得出反映现象总体的数量特征的各项指标，说明经济现象变化的规律性。统计研究大量社会经济现象的综合数量特征，

并不是一概不研究个别事物。用以大量观察为依据的综合数量特征形式来研究社会经济现象的发展过程，不可避免地要趋于一般化、抽象化。为此，又需要有选择地抽取个别典型单位，深入研究现象的具体联系和生动情况，使人们对社会经济现象发展过程的认识更加深刻和丰富。

1.2.3 统计学的特点

作为认识社会经济现象数量方面特征的统计学，与其他社会学科相比有自己的特点，具体表现在以下几个方面。

1. 数量性

这是统计的首要特点，这一点可以从统计学的研究对象中得到。社会经济统计的研究对象是社会经济现象的数量方面，包括数量的多少，现象之间的数量关系，质、量互变的数量界限。凡属统计，不论是统计工作、统计资料还是统计学都离不开数量这个中心。可以这么说，没有数量，就没有统计。当然，统计反映的不是抽象的纯数量，而是具体的、密切联系事物质的量。统计对社会经济现象数量方面的认识是定量认识，但必须以定性认识为基础，要和定性认识结合起来，遵循科学的认识规律，只有这样才能准确反映社会经济现象的数量特征。

2. 总体性

统计学研究社会现象的数量方面是指由许多个体现象构成的总体的数量方面，而不是个体的数量方面。统计工作是通过对大量现象的观察，获得足够的统计资料，说明总体现象的数量变化。例如人口统计，不是要研究某个人的年龄、性别、职业等个人情况，而是要运用普查或抽样调查的方法，了解一个国家或一个地区的总人口情况。但要指出的是，统计研究现象的总体，并非不考虑个体现象的数量特征。总体是由个体所构成的，要认识社会经济现象的总体，就必须从调查了解个体现象的情况开始，通过对足够大量的、存在一定差别的个体进行登记、整理和综合，使其过渡到总体的数量方面，从而把握社会经济现象的总规模、总水平及其变化发展的总趋势。例如，人口统计必须从了解每个人的情况开始，经过分组、汇总、计算，得出反映人口总体数量特征的总人口数、平均年龄、按性别分组的构成资料、按年龄分组的构成资料等，用以说明人口总体的数量特征。

3. 具体性

统计认识的对象是具体事物的数量方面，不是抽象的量，这是统计和数学的重要区别。统计研究的量是具体事物在一定时间、地点条件下的数量表现，是与现象的质密切结合在一起的。而数学研究的仅仅是抽象的数量关系和空间形式。例如，2013年我国全年粮食种植面积11195万公顷，粮食产量30194万吨，其中稻谷产量20329万吨，小麦产量12172万吨，玉米产量21773万吨。这些数据是我国农业生产者在一定时间、地点条件下所生产的各种粮食产品的具体数量。如果没有具体的内容，不在一定时间、地点条件下进行研究，就不能说明任何问题，也就不能称为统计数据。统计在研究社会经济现象的数量特征时，往往也利用数学方法、数学模型，并遵守数学原则，但它不是一般单纯的数量计算，而是数学方法的具体应用。

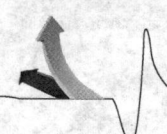

4. 社会性

统计研究对象是大量社会经济现象的数量方面，而社会经济现象是人类社会活动的条件、过程和结果，包括经济、政治、军事、文化、教育、卫生、法律、道德等。它们都是人类有意识活动的产物，都与人们的利益有关。反映这些现象数量特征的统计数字可以表现人和物的关系，背后也隐藏着人与人的关系。统计人员在从事统计工作的过程中，一方面可能会遇到各种社会矛盾或压力，影响他如实地反映客观实际情况；另一方面，统计人员的社会观点和经济观点也会直接影响统计工作的过程和结果的科学性和准确性。

1.3 统计的作用、任务及与其他学科的关系

1.3.1 统计的作用

统计是认识社会最有力的武器之一，统计的特点决定了它在认识社会的活动中有着极为重要的作用，统计信息揭示的是整个社会经济和社会经济现象总体的发展过程、现状和趋势，它是社会经济信息的主体，是反映社会经济现象总体情况的信息。在社会经济生活中，统计发挥着反馈信息、提供咨询、实施监督的作用。

1. 反馈信息

通过统计调查，可以搜集大量的基础数据，在此基础上再经过整理、传递，可以为政府及国民经济各部门、各单位提供大量综合反映客观事物总体数量特征的社会经济信息。这些信息是国家决策和宏观管理所必需的基本依据。

2. 提供咨询

对于利用统计调查所得到的丰富的统计信息资料，统计分析人员可以运用科学的分析方法和先进的分析手段，深入开展综合分析和专题研究，为科学决策和管理提供咨询服务。

在社会、科技、经济发展的过程中，会碰到许许多多的复杂问题，这些问题的解决需要各方面的大量统计信息资料，如果没有这些资料，问题就得不到解决或解决得不好，导致延误战机和时机，而统计信息部门正好掌握着大量的社会经济信息资料，并能实事求是地、比较客观地超脱于各行政部门的利害关系，反映全面的综合情况，指出分析与解决问题的途径，提出比较符合客观规律的咨询建议和有用的数据资料，供各个部门作为决策和制定规划、计划的依据，减少经济和科技活动的失误或失败。

3. 实施监督

统计监督是根据统计调查和统计分析，从总体上反映经济、社会和科技的运行状态，并对其实行全面、系统的定量检查、监测和预警，以促使经济、社会按照客观规律的要求持续、协调、稳定地发展。因此，统计监督在国家宏观调控和监督体系中，具有十分重要的地位和作用。各级统计部门和广大统计人员，可以通过提高原始统计资料的准确性，保证数据质量，如实地反映经济和社会发展中的情况及问题，研究、揭示其规律，监督检查国家政策、法规和计划的贯彻执行情况。

1.3.2 统计的任务

在经济建设过程中,统计工作担负着极为重要的任务。《中华人民共和国统计法》(后文简称《统计法》)规定,统计的基本任务是对对经济社会发展情况进行统计调查、统计分析,提供统计资料和统计咨询意见,实行统计监督。具体地说,统计的工作任务有以下几项。

(1) 为党和国家制定政策和计划、指导经济和社会发展提供依据。

(2) 对政策和计划执行情况进行统计检查和监督。

(3) 为加强经济和企业管理,搞好各项经济事业和社会事业提供资料。

(4) 为进行宣传教育和从事科学研究提供资料。

1.3.3 统计学与其他学科的关系

1. 统计学与哲学的关系

哲学是人类认识世界的最一般的方法论科学,社会经济统计学既然是认识社会的方法论的科学,它就必然以哲学作为它的方法论基础。社会经济统计必须在质与量的密切联系中认识事物的本质和规律性,这就是一条重要的哲学原理。例如,根据辩证唯物论关于存在决定意识的原理,社会经济统计必须坚持实践第一的观点,从实际出发,如实反映情况,反对弄虚作假。哲学研究指出,人们认识事物的过程是从个别到一般、从现象到本质。社会经济统计按照这个原理,从许多单个事物的观察中,归纳出事物的总体特征。可见,社会经济统计学与哲学的关系极为密切,社会经济统计学所论述的许多方法,都是直接以哲学的各项原理为指导的。

2. 统计学与政治经济学等实质性科学的关系

所谓实质性科学,是指这类科学的内容及任务在于揭示客观事物发展变化的规律,以指导人们按照客观规律的要求去改造世界,如政治经济学、金融学、市场营销学等都属于实质性科学。社会经济统计学是以社会经济现象为认识对象的方法论科学,就必须以科学的经济理论为指导。马克思主义政治经济学阐述的经济范畴和规律,是统计研究的经济理论基础和依据。同时,统计研究的成果也丰富了政治经济学的理论。统计学与其他实质性科学的关系也是这样。例如,离开政治经济学关于社会再生产运行规律和基本原理的指导,社会经济统计学就无从建立包括生产、流通、分配、消费等一套系统的统计方法;离开市场营销学关于市场营销的基本原理和市场营销主要内容及规律的论述,就不可能建立系统的市场营销统计方法。实质性科学所阐明的种种社会经济范畴为社会经济统计界定有关指标的内涵、核算口径、范围提供了依据,如国民生产总值、劳动生产率、工业总产值等。

3. 统计学与数学、数理统计学的关系

社会经济统计学在研究社会经济现象的数量关系中,日益依靠数学和数理统计学的方法进行严密的定量分析。例如,在社会经济现象中,有许多数量关系可以利用一定的数学模型来研究。这种模型,有些表现为函数关系,也有不少表现为随机性的统计关系。例如统计学中的平均指标、标志变异指标、抽样调查、相关分析和回归分析及统计预测等,都是数学和数理统计方法在社会经济统计研究中的应用。因此,数学及数理统计学已成为现代统计工作和统计理论方法研究的重要手段。

1.3.4 统计学的学科体系

以上所提到的统计学指的都是社会经济统计学,实际上,社会经济统计学只是统计学的一个组成部分。统计学一般可分为社会经济统计学、自然技术统计学、数理统计学、统计史4个部分。其中,社会经济统计学包括社会经济统计学原理、部门统计学(如工业统计学、农业统计学、商业统计学、建筑业统计学、运输业统计学、金融统计学、人口统计学、文化统计学、教育统计学、卫生统计学等)和综合性统计学(如国民经济统计学、城市经济统计学、农村经济统计学等)。自然技术统计学则包括天文统计学、生物统计学、物理统计学、遗传统计学等。本书后文提到的统计学,统一指社会经济统计学。

1.4 统计的研究方法和工作过程

1.4.1 统计的基本研究方法

统计的基本研究方法主要有大量观察法、统计分组法、综合分析法和归纳推断法,同时也应用数理统计方法。

1. 大量观察法

大量观察法是指统计研究社会经济现象时,要从总体上加以考察,对总体中的全部或足够多的单位进行调查并进行综合分析的方法。由于社会经济现象错综复杂又互有差异,只有在大量观察的情况下,才能使个体间的数量差异相互抵消,从而表现出隐藏在大量偶然现象背后的必然性。通过对事物的大量观察,一方面可以掌握认识事物所必需的总量;另一方面也可以通过计算出的分析指标分析问题,认识事物的本质。当然,运用大量观察法研究社会经济现象,并不排除对个别典型事物的调查和分析,但这仍然是以说明总体特征为目的的。

2. 统计分组法

根据所研究事物总体的特点和统计研究的任务,按照一定的标志将所研究的现象总体划分为不同性质或类型的组成部分的方法称为统计分组法。社会经济现象是十分复杂的,具有多种多样的类型。通过统计分组可以把研究现象划分为若干组,用以区分社会现象的各种类型和形式,正确反映具体社会经济现象的规模和数量的对比关系,以达到对事物本质的认识。统计分组是统计整理工作的重要内容,也是统计分析的前提。统计分组方法贯穿于统计工作的全过程,是统计研究的基本方法。

3. 综合分析法

综合是指对于大量观察所获得的资料,运用各种综合指标以反映总体一般数量特征。对于大量原始数据进行整理汇总,计算各种综合指标,可以显示出现象在具体时间、地点及各种条件综合作用下所表现的结果,概括地描述总体的综合数量特征和变动趋势。常用的综合指标有总量指标、相对指标、平均指标、标志变异指标等。

分析是指对综合指标进行分解对比,以研究总体的差异程度和数量关系。首先,应用统计分组法,根据事物的内在特点和研究目的,将被研究的社会经济现象划分为性质不同的若干组成部分,以揭示现象的不同类型。然后,在分组的基础上运用各种数量分析方法,探讨总体内部的各种数量关系,揭露矛盾,发现问题,并进一步寻找解决问题的方法。常用的统计分析方法有时间数列分析法、因素分析法、相关分析与回归分析法等。

4. 归纳推断法

归纳是指由个别到一般、由事实到概括的推理方法。例如,综合指标概括反映总体一般的数量特征,它不同于总体各单位的标志值,但又必须从总体各单位的标志值中归纳而来。可见,归纳是从具体的、大量的统计资料中了解一般情况及总体的水平情况,以掌握现象的总体规模、总水平,增加对现象发展变动的多方面情况的了解。归纳法可以使人们从具体事实中得出一般规律,是统计中常用的研究方法。

推断是以一定的置信标准,根据样本的数据来推断总体数量特征的归纳推理方法。在实际工作中,统计人员经常使用非全面调查,其调查的是总体中一部分单位或有限的调查单位,而需要推断的总体范围却是很大的,甚至是无限的。例如,在调查农作物预计产量时,统计人员通常在全部的耕地面积中抽出一部分地块作为样本,进行实割实测,然后可以利用样本的指标数值来推断全部耕地的平均单产量和总产量。常用的归纳推断法有重点调查、典型调查、抽样调查、统计预测和决策等。

1.4.2 统计的工作过程

统计工作是通过对社会经济现象做调查,反映社会经济现象数量方面的特征。作为认识社会的一种武器,统计工作是对社会进行调查研究,以认识其本质和规律性的一种工作。一个完整的统计工作过程可以分为统计设计、统计调查、统计整理和统计分析4个阶段。

1. 统计设计

统计设计是统计活动的准备阶段,其任务是根据统计研究对象的性质和研究任务、目的,对统计工作活动的各个方面和各个环节做出全面的规划与安排,拟订统计设计方案。统计设计方案的主要内容有:明确规定工作的目的与任务;设计统计指标与指标体系、统计调查表、搜集统计资料的方法以及资料汇总程序、资料整理方案;设计各阶段工作进度与力量安排;落实经费来源与物质保证等。统计设计决定整个统计工作的全面布置,关系到统计工作的各个环节,所以是一项重要且复杂的工作。不过需要注意的是,统计设计往往没有独立的工作阶段,常常与后面几个工作阶段结合在一起。例如,统计调查正式开始之前要进行统计调查方案的设计,统计整理开始之前也要进行统计整理方案的设计。

2. 统计调查

统计调查是指统计工作中搜集统计调查资料的阶段,其任务是根据统计设计的要求,有计划、有组织地搜集完整的原始资料和次级资料。这一阶段的工作是认识事物的起点,同时也是进一步进行资料整理和分析的基础环节。这一阶段的工作如果做不好,搜集不到准确、及时、全面、系统的统计调查资料,以后的统计资料整理工作和统计分析工作将会受到极大的影响,甚至失败。

3. 统计整理

统计整理就是对统计调查所得到的资料加以科学汇总，使之条理化、系统化的工作过程。这一阶段的任务就是根据研究目的，按一定的标志将调查所得的资料进行科学的分组与汇总，并对已汇总的资料进行再加工整理，计算各种分组及再分组的统计指标，为统计分析准备系统的、条理化的综合资料。统计整理在统计工作中起着承前启后的作用，它是统计调查工作的继续，又是统计分析活动的前提和条件，也是人们对客观事物的认识由感性认识上升到理性认识的过程。

4. 统计分析

统计分析就是对经过加工汇总的资料加以分析研究。这一阶段的任务是对各分组资料计算各项分析指标，揭示所研究的社会经济现象的比例关系及发展趋势，阐明社会经济现象发展的特征和规律性，并根据分析研究做出科学的结论。这一阶段是理性认识阶段，是统计研究的决定性阶段。

社会经济统计是研究数量的，但却不是从定量研究开始的，而是从定性研究开始，即在统计调查之前的统计设计阶段就要确定调查的范围，规定分析的指标、指标体系和分组的方法。这个定性工作是下一步定量工作的准备。社会经济统计工作过程就是经过统计设计到统计调查和统计整理，最后通过统计分析而达到对事物本质和规律性的认识的。

1.5 统计学中的几个基本概念

1.5.1 统计总体和总体单位

1. 统计总体和总体单位的概念

统计总体是指客观存在的，在某一相同性质基础上结合起来的许多个别事物的整体，简称总体。例如，当研究我国工业企业生产情况时，全国工业企业就是一个总体。因为这些工业企业都是客观存在的，都具有从事工业生产活动、制造工业产品的相同性质，都是从事工业生产活动的基层单位。又如，研究全国人口情况时，全国总人口就是总体；研究全国农村居民收入水平时，全国农村居民就是总体。

构成总体的个别事物就是总体单位。比如说，全国工业企业是总体，每个工业企业就是总体单位；全国总人口是总体，每个公民即为总体单位；全国农村居民是总体时，每个农村居民都是总体单位。统计调查过程中的原始资料最初就是从各个总体单位取得的，所以总体单位是各项统计数字最原始的承担者。

统计总体按所包含的总体单位是否可以计数分为有限总体和无限总体两种。有限总体是指总体中包含的总体单位数是有限的。例如，全国工业企业数、全国总人口数、全国农村居民人口数等，不管它们的数量有多大，都是有限的、可以计量的。无限总体是指总体中包含的单位数是无限的。例如，工业企业中连续大量生产的某种小件产品的生产线，假设其昼夜不停地生产，永远也不停，在调查这条生产线生产的全部产品质量时，其生产的全部产品即为总体。由于其产量是无限的，这样的产品构成的总体就是无限总体。在社会

经济现象中,大多数是有限总体,无限总体只是少数。对无限总体只能先调查部分单位,再来推算总体。

2. 总体的特点

1) 同质性

同质性,即构成总体的所有个别事物都必须在某一个或几个方面具有共同的性质。只有这样才能将这些个别事物集合在一起,这是构成总体的一个必要条件。例如,研究全国工业企业生产情况,总体中就不能混入商业企业。

2) 大量性

大量性,即统计总体一定是由大量事物组成的。这是因为统计研究的目的是要揭示现象的规律性。由于个别事物的数量表现是各种各样的,其结果难以反映现象总体的一般特征及其规律性,所以这个规律性只能在大量事物的普遍联系中才能表现出来。大量性是一个相对概念,调查所要求精度越高,则要求相应增加的调查单位越多。

3) 差异性

差异性,即构成总体的个别事物在某些方面必须是有差异的。统计总体中的个别事物虽然具有相同性质的一面,但各单位又必然存在差异。统计研究实质上是研究总体各单位之间的差异情况。例如,全国工业企业作为一个统计总体,构成总体的各个工业企业除了具有从事工业生产活动的基层单位这样的共同特点外,在其他方面有很多差异,如工业企业总产值不同、产品销售收入不同、职工人数不同等,这些差异就是变异。差异性是统计分析研究的依据。

3. 统计总体与总体单位的关系

总体与总体单位是相对而言的,随着研究目的的不同,它们是可以互相变换的。例如,在上述全国工业企业的统计总体中,每个工业企业是总体单位。但要研究一个典型工业企业内部问题时,则被选作典型的某一企业又可作为一个总体。又如,研究某省粮食生产情况时,该省所有的县构成一个统计总体,其中每个县都是总体单位。如果要研究其中某一个县的粮食生产情况,则该县所有的乡构成的县就变为总体,其中每个乡都是总体单位。

1.5.2 标志与统计指标

1. 标志

标志是说明总体单位属性或特征的名称。通常每个总体单位从不同角度考虑,都具有许多属性和特征。例如,企业作为总体单位,具有所有制类型、职工人数、所属行业、工资总额、固定资产净值、产品产量、产值、成本、利润等属性和特征。工人作为总体单位,具有性别、工种、文化程度、技术等级、年龄、工龄、工资等属性特征。通过这些例子可以看出,总体单位和标志是有关系的,总体单位是标志的直接承担者,标志是依附于总体单位的。

标志按其表现形式不同可分为品质标志和数量标志两种。品质标志是表明总体单位所具有的属性方面的特征,是不能用数值表示的。例如,企业的所有制类型、所属行业;工人的性别、工种、文化程度等均属于品质标志。数量标志是表明总体单位数量方面的特征的，是可以用数值表示的。例如，企业的职工人数、工资总额、固定资产净值、产品产量、产值、成本、利润等；工人的年龄、工龄、工资等也均为数量标志。

2. 统计指标

统计指标是说明总体数量特征的，简称为指标。对于指标的含义目前存在两种不同的理解。一种是指反映现象总体数量特征的概念。例如，我国的国内生产总值、国民收入、总人口数、社会消费品零售总额等。按照这种理解，指标应该有 3 个构成要素，即指标名称、计量单位、计算方法。这是统计理论和统计设计上所使用的统计指标的含义。另一种指反映现象总体数量特征的概念及其数量表现。例如，2013 年末全国大陆人口为 136072 万人，全年全国内生产总值 568845 亿元，全年全国公共财政收入 129143 亿元。其中，每个指标都包括 6 个构成要素，即指标名称、计量单位、计算方法、时间限制、空间限制、指标数值。这是统计工作中所使用的统计指标的含义。

1) 统计指标的特点

(1) 数量性。统计指标反映的是客观社会经济现象的数量方面，而且一定以数字表现的。只有那些在性质上属于同类，而且数量上又是可计量的大量现象，才能成为统计指标反映的对象。

(2) 综合性。统计指标既是同质总体大量个别单位的总计，又是个别单位标志值差异的综合。例如，以全国的工业企业组成统计总体，经过调查汇总，可以得到全国工业企业数、全国工业总产值、全国工业企业职工人数、全国工业企业劳动生产率、全国工业企业职工平均工资等指标。在这些指标中，每个企业规模的差异不见了，产量大小的差异不见了，每个工人的劳动生产率及工资水平的差异也不见了，显示的是全部工业企业的总规模、生产效率和工资的一般水平。可见，统计指标的形成都必须经过从个别到一般的过程，通过个别事物数量差异的抽象化来体现总体各单位的综合数量特征。因此，统计指标都是综合指标。

(3) 具体性。统计指标不是抽象的概念和数字，它是一定社会经济现象在具体时间、地点、条件下量的反映。

2) 统计指标的分类

反映社会经济现象的各种指标在内容的性质、时间、特点上不尽相同，为了保证指标的核算和分析符合科学性原则，保证统计结果准确无误，对统计指标加以分类是非常必要的。

(1) 统计指标按反映总体现象的内容不同，可以分为数量指标和质量指标两种。

数量指标是反映总体规模、水平和绝对数量的统计指标，通常以实物量或货币为计量单位，是用绝对数表现的。例如，人口数、职工人数、工业企业数、国内生产总值、国民收入、粮食总产量等。质量指标是说明总体内部数量关系和总体单位某一标志值的一般水平的统计指标，表现形式为相对数或平均数。例如，平均工资、劳动生产率、单位成本、人口密度、人口出生率等。

(2) 统计指标按其作用和表现形式不同，可以分为总量指标、相对指标和平均指标。

总量指标是反映总体现象的规模、水平和绝对数量的统计指标，是说明总体现象的广度的，表明总体现象发展的结果，特别是用来说明生产或工作的总成果。相对指标是由两个有联系的总量指标相互对比形成的，用来说明总体内部的数量关系的统计指标。平均指标是按某个数量标志来说明总体单位标志值一般水平的统计指标。这3种指标将在第5章、第6章中专门介绍。

(3) 统计指标按其计量单位的特点不同，又可以分为实物量指标和价值量指标两种。

实物量指标是以实物单位计量的指标。所谓实物单位，是指根据事物的实物形态及性能特点来计量的单位，有自然单位、度量衡单位、标准实物单位、复合单位、双重单位等。价值量指标是以货币计量的单位，反映事物的价值量。另外，还有一种用劳动时间计量的劳动量指标，这类指标多用于企业内部统计，宏观核算一般不用。

(4) 统计指标按其在管理工作中的作用，可分为考核指标和非考核指标。

考核指标是指用于定期和不定期检查、评比、考核用的指标。非考核指标是指不用做考核，主要用于了解情况和一般分析研究的指标。

3. 标志和指标的关系

标志与指标两者既有区别又有联系。

它们的区别主要有以下两点。

(1) 二者说明对象不同。指标是说明总体特征，而标志是说明总体单位特征的。

(2) 二者在表现形式上不同。指标都是用数值表示的，而标志则有能用数值表示的数量标志和不能用数值表示的品质标志两种。统计指标虽然有数量指标和质量指标两种，但质量指标同样是用数值表示的。

它们的联系具体表现在以下两个方面。

(1) 统计指标是建立在标志表现基础上的，它是各类总体单位数或各种数量标志值的加总，没有总体单位的标志值，就不会有总体的指标数值。

(2) 统计指标与标志之间存在着相互变换的关系。由于统计总体和总体单位之间的关系不是固定不变的，随着统计研究的目的和任务不同，原来的统计总体可以变成总体单位，这时原来的指标也就变成标志了；反之，如果原来的总体单位变成了总体，则原来的标志就会变成指标了。

1.5.3 变异和变量

1. 变异

统计中的标志和指标都是可变的，即标志和指标的具体表现各不相同，它们之间的这种差别与变化称作变异。它包括属性变异和数值变异。属性变异是指品质标志的变化，如人口性别的变异、职工文化程度的变异、企业经济类型的变异等。数值变异是指数量标志的变化，如人口年龄的变异、每个企业职工人数的变异、每个工人月工资额的变异等。

在划分统计总体时，首先要确定一个标志并把它固定下来，凡是具备这种标志的总体单位集合在一起就形成了一个统计总体。所以前面讲过，总体具有同质性，实际上就是指构成总体的各个单位都具有一个共同的标志表现。例如，每个总体单位都具有从事工业生产经营活动的特征。但除了这一共同的标志表现外，其他未被固定的可变品质标志和可变数量标志的表现仍然是有差异的,即同质总体中存在着个体的差异性。例如,前面提到的全国工业企业,每个工业企业的职工人数、工业总产值、经济类型等都可以不尽相同,也就是说,都可以存在变异。

变异是普遍存在的,这是统计的前提,如果没有变异,统计也就没有必要存在了。

2. 变量

变量即可变的数量标志和所有的统计指标。例如,当全国工业企业作为一个总体时,各企业职工人数、工业总产值、工人的平均工资等都是不同的,因此都是变量。

可变的数量标志表现和所有的统计指标的取值都称为变量值。例如,某厂职工的工资分别为 4700 元、4250 元、5320 元、5400 元……各工业企业的工人人数分别为 120 人、150 人、166 人、320 人、500 人、800 人、820 人……这些数值就是变量值。

这里注意区分变量和变量值两个概念。例如,某班每名同学的学习成绩分别为 66 分、72 分、74 分、75 分、80 分……这里学生学习成绩是变量,而 66 分、72 分、74 分、75 分、80 分……都是变量值。

变量按其数值是否连续可以分为离散变量和连续变量两种。离散变量是指变量值只能以整数位断开而不可能表现为小数。例如,职工人数、机器设备台数、企业数等是不会有小数的。这类变量就属于离散变量。离散变量由于只有整数,通常可以用计数的方法取得。连续变量是指其变量值在相邻两值之间可以作无限分割,是连续不断的。例如,人的身高、体重,物体的长度、重量,工程的资金、产值、生产成本、利润等。它们既可以表现为整数,也可以表现为小数。连续变量数值的取得,要利用计量工具测量或计算。

变量按性质不同又可分为确定性变量与随机变量。确定性变量是指变量值的变化受某一种或几种确定性因素的影响,其变化是沿着一定方向呈上升或下降的变动。例如,我国粮食平均单产随着生产力水平的不断提高呈逐年上升的趋势,就是确定性的变量。随机变量是指变量值的变化受某种或几种不确定性因素的影响,其变化不是沿着一定的方向发展,而是带有很大的偶然性。例如,抽取一部分零部件产品,进行抽样调查,检查产品质量,其误差的大小带有一定的偶然性,零部件尺寸抽样误差的大小就是一个随机变量,它没有一个确定的方向。

本章小结

统计有 3 种不同的含义:统计工作、统计资料、统计学。统计工作是基础,统计资料是统计工作的成果,统计学是对统计工作的概括和总结,反过来又对统计工作起指导作用。统计是一门方法论科学,其研究对象是大量的社会经济现象的数量方面。统计的基本研究方法有大量观察法、统计分组法、综合分析法和归纳推理法。统计的工作过程包括 4 个阶段:统计设计、统计调查、统计整理和统计分析。总体和总体单位的关系不是固定不变的,随着研究任务改变,它们是可以相互变换的。标志与指标的区分要点在于反映的对象不同。数量指标和质量指标的区分要点,在于它们的表现形式不同。而离散变量和连续变量的区分要点在于连续变量可以用小数表示,离散变量只能用整数表示。

习 题

一、名词解释

1. 统计 2. 统计工作 3. 统计资料 4. 统计学
5. 统计总体 6. 总体单位 7. 标志 8. 指标
9. 变异 10. 变量

二、单项选择题

1. 统计有3种含义，其中(　　)是基础。
   A. 统计学 B. 统计工作 C. 统计方法 D. 统计资料
2. 社会经济统计学和(　　)是理论和实践的关系。
   A. 社会经济工作 B. 统计科学研究
   C. 社会经济统计工作 D. 社会经济的核算
3. (　　)是统计的根本准则，是统计的生命线。
   A. 真实性 B. 及时性 C. 总体性 D. 连续性
4. 统计学的经济理论基础是(　　)。
   A. 哲学 B. 政治经济学 C. 数学 D. 数理统计学
5. 社会经济统计的基本特点是(　　)。
   A. 数量性 B. 总体性 C. 整体性 D. 同质性
6. 对某市高等学校科研所进行调查，统计总体是(　　)。
   A. 某市所有的高等学校 B. 某一高等学校科研所
   C. 某一高等学校 D. 某市所有高等学校科研所
7. 要了解某市国有工业企业设备情况，则统计总体是(　　)。
   A. 该市全部国有工业企业
   B. 该市国有的每一工业企业
   C. 该市集体所有制工业企业的某一台设备
   D. 该市国有工业企业的全部设备
8. 设某地区有3000家独立核算的工业企业，要研究这些企业职工的工资水平情况，总体是(　　)。
   A. 全部3000家企业 B. 3000家企业的全部职工
   C. 3000家企业职工的全部工资 D. 3000家企业每个职工的工资
9. 一个统计总体(　　)。
   A. 只能有一个标志 B. 只能有一个指标
   C. 可以有多个标志 D. 可以有多个指标
10. 已知某种商品价格为25元，这里的商品价格是(　　)。
    A. 指标 B. 变量 C. 品质标志 D. 数量标志
11. 下列属于品质标志的有(　　)。
    A. 每个工人的工龄 B. 每个工人的劳动生产率
    C. 每个工人的健康状况 D. 每个工人的平均工资

12. 性别、年龄这样的概念可以用来( )。
    A. 表示个体的特征　　　　　　B. 作为指标来使用
    C. 表示总体的特征　　　　　　D. 作为变量来使用
13. 某地区全部商业企业为总体，每个商业企业为总体单位，则该地区全部商品销售额为( )。
    A. 数量标志　　B. 品质标志　　C. 数量指标　　D. 质量指标
14. 某班4个学生考试成绩分别为75分、80分、90分和98分，这4个数字是( )。
    A. 标志　　　　B. 变量　　　　C. 指标　　　　D. 变量值
15. 商业企业职工人数、商品销售额是( )。
    A. 连续变量
    B. 离散变量
    C. 前者是连续变量，后者是离散变量
    D. 前者是离散变量，后者是连续变量

三、多项选择题

1. 统计总体的特征是( )。
    A. 同质性　　　　　　　　　　B. 社会性
    C. 大量性　　　　　　　　　　D. 具体性
    E. 差异性
2. 下列属于质量指标的有( )。
    A. 合格率　　　　　　　　　　B. 劳动生产率
    C. 利税额　　　　　　　　　　D. 人均收入
    E. 农产品产量
3. 离散变量的数值( )。
    A. 是连续不断的　　　　　　　B. 是以整数断开的
    C. 相邻两值之间可取无限的值　D. 要用测量或计算方法取得
    E. 只能用计数的方法取得
4. 下列标志中属于数量标志的有( )。
    A. 性别　　　　　　　　　　　B. 工种
    C. 工资　　　　　　　　　　　D. 民族
    E. 年龄
5. 假设某地区5家国有企业的工业总产值分别为250万元、220万元、400万元、330万元和650万元，则( )。
    A. 国有企业是企业的品质标志
    B. 每个企业的"工业总产值"是企业的数量标志
    C. 每个企业的"工业总产值"是统计指标
    D. "工业总产值"是个变量
    E. 250、220、400、330、650这几个数字是变量值
6. 下列变量中，属于连续变量的有( )。
    A. 棉花产量　　　　　　　　　B. 棉花播种面积

C. 单位面积棉花产量 D. 植棉专业户数
E. 农业科研所数

7. 下列变量中，属于离散变量的有（ ）。
A. 商业企业单位数 B. 商品总销售额
C. 职工人数 D. 商品库存数
E. 商店经营商品品种数

8. 在全国工业普查中（ ）。
A. 所有工业企业是总体
B. 各企业工资总额都是标志
C. 各企业的劳动生产率是变量
D. 某企业的工业总产值为500万元，这是数量指标
E. 全国工业企业职工月工资平均额是质量指标

9. 总体和总体单位之间的关系（ ）。
A. 是固定不变的 B. 不是固定不变的
C. 是可以变换的 D. 是不可以变换的
E. 总体单位有时可能成为总体

四、判断题

1. 统计着眼于事物的整体，不考虑个别事物的数量特征。（ ）
2. 一个人口总体的特征，可以用人口总数、年龄、性别、民族等概念来反映。（ ）
3. 凡是以绝对数形式出现的指标均为数量指标，凡是以相对数和平均数形式出现的指标都是质量指标。（ ）
4. 变异是统计的前提条件，没有变异就用不着统计了。（ ）
5. 男性是品质标志。（ ）
6. 社会经济统计的研究对象是社会经济现象总体的各个方面。（ ）
7. 品质标志表明总体单位属性方面的特征，其标志表现只能用文字来表现，所以品质标志不能转化为统计指标。（ ）
8. 因为统计指标都是用数值表示的，所以数量标志就是统计指标。（ ）

五、简答题

1. 统计有哪几种含义？它们之间是什么关系？
2. 统计学的性质和研究对象是什么？
3. 统计工作的阶段有哪几个？它们之间是什么关系？
4. 举例说明总体、总体单位、标志、指标、变异、变量和变量值。
5. 指标和标志之间有什么联系与区别？
6. 统计学与其他学科的关系如何？
7. 怎样理解变异是统计的前提？
8. 什么是指标？它是如何分类的？

第 2 章 统计设计

学习目标

知识目标	技能目标
1. 了解统计设计的概念和意义 2. 了解统计设计的种类和内容 3. 明确指标和指标体系设计的内容	1. 掌握统计设计的基本内容,学会设计一个简单的统计方案 2. 掌握统计指标体系设计内容,并学会为完成特定的调查任务而设计一个完整的统计指标体系

知识结构

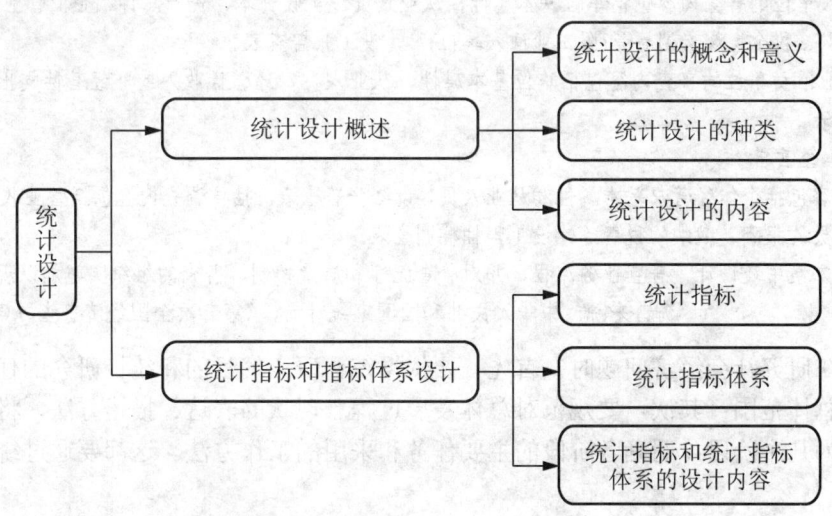

导入案例

第三次全国经济普查方案简介

中华人民共和国统计局根据《国务院关于开展第三次全国经济普查的通知》(国发〔2012〕60号)和《全国经济普查条例》(中华人民共和国国务院令第415号),制定第三次全国经济普查方案。

第一,普查方案规定了普查的目的是摸清我国各类单位的基本情况,全面调查我国第二产业和第三产业的发展规模及布局,系统了解我国产业组织、产业结构的现状以及各主要生产要素的构成,进一步查实服务业、战略性新兴产业、文化产业等相关产业以及小微企业的发展状况,全面更新覆盖国民经济各行业的基本单位名录库、基础信息数据库和统计电子地理信息系统,为加强和改善宏观调控,加快经济结构战略性调整,科学制定中长期发展规划,提供全面系统、真实可靠的统计信息支持。普查要遵循突出重点、优化方式、统一组织、创新手段的原则。

第二,普查方案规定了普查的范围、对象和时间。普查范围和对象:第三次全国经济普查对我国境内从事第二产业和第三产业的全部法人单位、产业活动单位和个体经营户进行登记和调查。普查时点和时期:普查标准时点为2013年12月31日,普查时期为2013年1月1日~12月31日。普查登记和数据采集工作从2014年1月1日至3月31日。

第三,方案规定了普查的方法主要采用3种方法:一是全面登记;二是联网直报与手持电子终端设备(PDA)采集相结合;三是普查与抽样调查相结合。

第四,方案设计了普查内容和普查表。对联网直报单位、非联网直报单位和个体经营户分别设置普查内容和普查表。

1. 联网直报单位

普查内容包括单位基本属性、组织结构情况、从业人员及工资总额、财务状况、生产经营情况、能源和水消费情况、科技情况和信息化情况等,分设7种普查表。

2. 非联网直报单位

(1) 法人单位的普查内容包括单位基本属性、从业人员、实收资本、资产总计、企业营业收入或非企业支出(费用)、税金、煤炭消费量(限工业法人单位)等,设1张普查表。

(2) 产业活动单位的普查内容包括单位基本属性、从业人员、经营性收入或非经营性支出(费用)等。设1张普查表。

3. 个体经营户

普查内容包括个体经营户基本属性和从业人员,设2张普查表。抽样调查内容包括营业收入、营业支出、付给雇员的报酬、缴纳的税费等,设1张抽样调查表。

此外,方案中还设计了普查业务流程,并对普查纪律和质量控制、普查的组织实施加以规定。

资料来源:中华人民共和国国家统计局,《第三次全国经济普查方案》,有改动

统计在研究社会经济问题时,首先,要依据统计研究的目的和统计研究的任务确定研究对象的总体范围;其次,要规范对总体发展过程、现状的表达、描述方法,将统计研究全过程分为几个阶段,明确各阶段的主要任务和采用的工作方法。这都要通过统计设计进行规划。

第 2 章 统计设计

2.1 统计设计概述

2.1.1 统计设计的概念和意义

1. 统计设计的概念

统计设计是统计工作的第一阶段,是根据统计研究的目的和研究对象的特点,对统计工作的各个方面和各个环节所做的全面考虑和安排部署。统计设计是一项高度集中、统一的工作,需要通盘考虑,因此,从实践经验看,统计设计应作为一个独立工作阶段来对待。只有通过统计设计,才能保证统计工作协调、统一、顺利进行,避免统计标准不统一;只有通过统计设计,才能按需要与可能分清主次,采用各种统计方法以避免重复和遗漏,使统计工作有序地进行。

统计设计的结果表现为各种设计方案、分类目录等,例如调查方案、汇总整理方案、统计报表、统计指标体系等。

统计工作的各个方面是指统计研究对象的各个组成部分。例如,就工业企业生产经营活动而言,在资源占有方面,包括人力、物力和财力;在生产环节方面,包括供应、生产和销售。就整个社会经济发展来说,包括人口、环境、资源等条件和生产、分配、流通、消费等扩大再生产过程,还包括政治、文化、教育、科学、卫生、体育等社会活动。统计工作的各个环节是指统计工作具体进行时的各个阶段,包括统计资料的收集,统计资料的汇总与整理,统计资料的分析研究、提供、保存和公布等。前者可以说是统计工作横的方面,后者则是统计工作纵的方面。

2. 统计设计的意义

无论是大范围的统计工作还是小范围的统计工作,都会涉及相互联系的各个方面和各个环节。统计设计就是要从纵、横两个方面对整个统计工作做出通盘的考虑和安排。这是统计工作协调、有秩序、顺利进行的必要条件,也是保证统计工作质量的重要前提。

从理论上和认识的顺序来讲,统计设计是统计工作的开始。但在实际工作中表现为统计设计的改进,主要原因有以下两个方面。

(1) 很多实际统计工作针对的是历史上已经形成的统计指标体系、统计分类方法、统计报表制度等,不是从头开始设计,而是要改进已有的设计。

(2) 即使是一项新的工作,而且是从设计开始的,但在执行过程中可能会发现原设计存在问题,需要要对其进行修改或充实。

改进设计有时比重新设计会产生更多的问题,如历史资料的对比、照顾左邻右舍关系的相应改变等。因此,统计设计这个概念,既包括从无到有的开始设计,也包括对已有设计方案的改进,其基本内容和基本原则是相同的。

2.1.2 统计设计的种类

统计设计从不同角度考察有不同的分类方法,现分述如下。

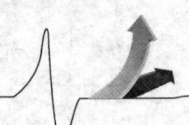

1. 从统计设计所包括研究对象的范围看，可分为整体设计和专项设计

整体设计是把研究对象作为一个整体而对整个统计工作进行的全面设计。整体设计的范围可大可小，就微观而言，可以是一个企业或事业基层单位；就宏观而论，可以是整个国民经济范围。

专项设计是指对研究对象的某一组成部分的统计设计。例如，一个企业的有关人力、物资、资金、生产、供应、销售的统计设计就是专项设计。就全国来说，工业、农业、交通运输等统计设计也是专项设计。

整体设计和专项设计相比较，整体设计是主要的，专项设计是从属于整体设计的。两者的划分是相对的，如从全社会看，工业统计设计是专项设计，但就工业作为独立研究对象来说，工业统计设计则是整体设计。

2. 从统计设计所包括的工作阶段看，可分为全阶段设计和单阶段设计

全阶段设计是对统计工作全过程的设计，从确定统计任务、内容、指标体系开始到分析研究的全过程的通盘安排。

单阶段设计是指统计工作过程中某一个阶段的安排，如统计调查的设计、统计整理的设计、统计专题分析的设计等。

无论是整体设计还是专项设计都可以进行全阶段设计或单阶段设计。全阶段设计和单阶段设计相比较，前者是主要的，后者是在前者的基础上进行的。但是，两者各有分工，各有侧重，全阶段设计偏重于安排各阶段的联系，单阶段设计则偏重于细致地安排工作的进度和方法。

3. 从统计设计包括的时期看，可分为长期设计、短期设计和中期设计

长期设计是指 5 年及 5 年以上的统计设计；短期设计一般是指 1 年或年度之内的统计设计；一般 1 年以上、5 年以内的可以称为中期设计。这种划分和前两种划分的内容有所不同，它是从具体组织工作安排的角度考虑的，有时相当于统计工作的组织计划。

2.1.3 统计设计的内容

统计设计所涉及的方面非常广泛，包括整个统计工作过程的全部内容。然而，许多内容不可能在统计工作开始阶段就能设计妥当，要根据工作的进展情况适当地调整和充实。而且，统计设计的内容又因为设计的种类不同而有所不同。尽管如此，它们却有许多共同之处。一般地说，按认识对象范围划分的整体设计和专题设计，只存在范围大小之别，其设计内容相似；按工作阶段划分的全阶段设计和单阶段设计的内容也大致相同，只存在详略之别。这里仅就统计设计属于共性方面的内容作概略的说明。

1. 明确规定统计研究的目的和任务

统计设计的首要环节是明确规定统计研究的目的和任务，这是决定统计内容和方法的出发点。目的不明，任务不清，就无法确定研究什么和怎样研究，其结果可能不是当前迫切需要的，而迫切需要的却得不到充分反映。因此，明确规定统计研究的目的和任务是设计的首要问题。

2. 确定统计指标和统计指标体系

统计指标和统计指标体系是认识客观事物的工具,因此,它是统计设计的中心内容。无论整体设计还是专题设计,也不论全阶段设计还是单阶段设计,都要解决统计指标和统计指标体系的设计问题(详见 2.2 节)。

3. 确定统计分类和统计分组

确定统计分类和统计分组也是统计设计的重要内容。这里说的分类和分组是指社会经济现象本身的分类和分组。例如,生产资料按所有制分类、国民经济按部门分类、人口按职业分类、人口按年龄分组、家庭按人均收入分组等。

统计分类是一件很重要的工作,有些统计分类是很复杂的,需要统计设计人员具有广博的理论知识和实际经验。统计分类实际上是一种定性认识活动,要搞好这项活动,常常需要聘请有关方面的专家、学者及实际工作经验丰富的人员共同讨论研究,制定出统一的分类目录,规定出对各种复杂情况的处理方法。

4. 研究设计统计表

统计表是由纵横交错的格线所组成的,用来表现和登记统计资料的表格形式,包括调查表、整理表、分析表等。

5. 决定统计分析研究的内容

在整个统计工作过程中,统计分析研究一般是在统计资料整理之后。但在统计设计过程中,对统计分析研究内容的考虑通常是放在明确统计目的、任务并确定统计指标、指标体系及分类、分组体系之后。同时,统计分析研究内容的确定还可以进一步对既定的统计指标和指标体系起核查校对作用,统计指标及其体系如不能满足统计分析研究的要求,则可以修改和充实。

统计分析研究内容的设计最主要的是科学地选定分析研究的题目。确定了题目之后,还要考虑用什么分析方法。

统计分析的设计还要考虑分析结果的表达形式。它可以是比较系统的书面分析报告,也可以是简明扼要的文字说明,还可以是鲜明生动的图表,这要根据统计指标的性质和服务对象来确定。

6. 制定统计调查方案

为了保证调查过程中统一认识,必须制定一个统一的统计调查方案。调查方案是指导统计调查工作的纲领性文件。各级统计机构必须按照调查方案的要求收集调查资料。调查目的是调查方案要解决的首要问题,而调查表是调查方案的核心和主体部分。

7. 规定各个阶段的工作进度和时间安排

暂且不论统计工作的全部,只就某一项统计工作而言,其过程也是由若干大阶段和许多小环节、细节构成,在设计时,要对这些内容进行严格规定。例如,在统计调查阶段,包括资料登记、复查、质量抽查等工作;在统计整理阶段,包括资料审核、汇总、编码等工作;在分析提供阶段,包括资料的公布、报告等工作……这些都要规定完成的期限。为使各个阶段、各个环节的工作能够互相衔接、相互联系、协调配合顺利地进行，按时保质地完成，还要设计出工作进度图、统筹图、流程图，具体规定明确的起止日期。

8. 考虑各部门和各阶段的配合和协调

在统计工作全过程中，统计调查、统计整理和统计分析是互相联系的环节，不同的指标又有不同的收集资料的方法，有不同的时间要求，从而也就有不同的整理方法，而这些又取决于统计分析研究的目的和内容。因此，整体设计虽然不能完全代替阶段设计，但是需要考虑到各个阶段之间的关联。

9. 统计力量的组织与安排

统计力量的组织与安排是保证统计工作顺利进行的一个重要的统计设计内容。就广义而言，它包括专业机构的组织、统计机构与领导机关和其他业务机构的关系、非统计机构中统计活动和各种业务资料的利用等。就狭义而论，统计力量的组织与安排则指专业机构的组织和统计力量的安排。具体而言就是：如何组织专业统计机构，各项工作如何分工，各安排多少人，各负什么职责，怎样既有分工又有合作，是否有必要定期轮换等。

2.2 统计指标和指标体系的设计

统计分析研究社会经济现象总体的数量方面是通过统计指标和指标体系来进行的，所以统计指标和指标体系的设计是统计设计的中心内容。

2.2.1 统计指标

1. 统计指标的概念

统计指标是统计活动中经常使用的概念，在统计理论与实践中一般有以下两种理解。

(1) 反映一定社会经济现象总体的某种数量特征的概念。例如，国民生产总值这个指标是指一个国家(或地区)的物质生产部门和非物质生产部门在一定时期(通常是 1 年)内提供的社会最终使用的产品和劳务的价值，不包括中间消耗的产品和劳务价值。它作为一个数量特征的概念综合反映了社会经济活动的总成果。这是统计理论和统计设计上所使用的统计指标的含义。

(2) 反映总体现象数量特征的概念和具体数值。例如，2013 年我国国内生产总值为568845 亿元，这个统计指标由概念和指标数值两个部分组成。这是统计工作中经常使用的统计指标的含义。

2. 统计指标的特点

1) 数量性

统计指标是可以用数字表示的客观现象的量的表现，不存在不能用数字表现的统计指标。

2) 综合性

统计指标是统计总体特征的数量表现。总体是由许多相同性质的个别事物构成的整体，总体的数量表现是其所包括的每个单位的标志值进行综合之后计算的,具有综合性。

3) 具体性

统计指标不是抽象的,而是一定的具体的社会经济现象量的反映,不存在脱离了质的内容的统计指标。统计指标的具体性是统计指标在一定时间、地点、条件的客观数量的反映。

2.2.2 统计指标体系

1. 统计指标体系的概念和作用

一般意义上的统计指标指的是单个的统计指标,或笼统指所有统计指标。但各个统计指标不是孤立的,在一定的范围或条件下它们是相互联系的。单个统计指标只能反映总体现象的一个侧面,了解和研究总体现象要使用一套相互联系的统计指标。若干个相互联系的统计指标组成的整体就称为统计指标体系。社会经济现象本身的联系是多种多样的,所以统计指标之间的联系也是多种多样的。例如,一个工业企业是人力、物资、资金、生产、供应、销售相互联系的整体运动,用一系列统计指标反映和研究工业企业的全面情况,这就组成了工业企业统计指标体系。与统计指标相比,统计指标体系是应用更为广泛和更为重要的手段,其原因如下。

(1) 任何现象总体都是一个相互联系的有机整体。例如,一个企业是由许多有机联系的分厂、车间、班组组成的整体,一个部门是由许多有机联系的企业和单位组成的整体,整个国民经济是由许多有机联系的部门和地区组成的整体,生产、分配、流通、消费是连续不断的有机联系的复杂过程。人类所进行的各种社会活动都是相互联系的,这种社会经济现象的相互联系是产生统计指标体系的客观基础,同时也产生了使用统计指标体系的要求。

(2) 从对总体上来说,一个统计指标的作用是有限的。一个指标只能反映总体运动的一个侧面,如果只借助一个指标来了解情况和做出判断,就可能做出错误的决策,使用相互联系的一套指标来反映和研究,考虑问题就能更加全面。

2. 统计指标体系的设计原则

设计统计指标体系是一个科学性很强的工作。设计时要通盘考虑设置哪些指标、名称、含义、内容如何,计算时间、空间如何,计算方法和计量单位等。设计时必须遵循以下原则。

(1) 科学性。统计指标体系的设计既要有科学理论的指导,又要符合客观对象实际,从中国实际出发,设计出符合中国国情的统计指标体系。

(2) 目的性。统计指标体系的设计要能够反映社会经济现象和过程的各个方面、各个环节的指标,同时又能提供分析研究经济中各种基本平衡和比例关系的数据,以适应客观管理的需要。此外,还要满足国际统计对比的需要。

(3) 联系性。统计指标体系的设计要从整体上全面考虑各指标之间的联系,从口径、时间、空间、方法等方面通盘考虑大系统、分体系、子体系所构成的有机联系整体。

(4) 统一性。统计指标体系的设计既要考虑内部联系,又要考虑外部联系。外部联系主要是注重统计指标体系在计划、统计、会计和业务核算上的统一。

(5) 可比性。统计指标体系的设计要考虑各地区、各部门、各时期和国际对比的要求,保持一定的稳定性。重要指标的更换要采用逐渐代替的方法,不宜贸然变更,要注意与过去资料的衔接。

(6) 可行性。统计指标体系的设计要考虑实际条件,人力、物力、财力状况等。例如,我国目前的国民经济核算指标体系是结合我国的社会经济状况制定的,如果不顾实际,盲目照抄照搬西方国家的国民经济核算体系,就不能如实反映我国国民经济活动的情况和结果。

上述是一般原则,在具体设计时,要充分考虑实际情况的复杂性。在实际工作中,常常不是指标体系的重新设计,而是对原有指标体系的改进。即使如此,也要遵守上述原则。

3. 我国现行的统计指标体系

在国务院统一领导和组织下,经多方研究论证,我国提出了国民经济、科技和社会指标组成的总体系,其框架包括以下三部分。

1) 国民经济统计指标体系

国民经济统计指标体系包括社会再生产基本条件指标,反映社会产品和劳务资源的生产与使用状况的指标,反映国内生产总值的初次分配、再分配情况的指标,反映消费和积累方面的指标,反映国际收支状况的指标等。

2) 科技统计指标体系

科技统计指标体系包括科研活动和技术开发的条件、科研投入产出等指标。

3) 社会统计指标体系

社会统计指标体系包括人口、教育、文化、艺术、新闻、出版、卫生、体育、环境保护、社会保障等社会事业,以及社会条件、社会结构、社会关系和人们的物质文化生活、家庭生活、社会活动参与、思想意识倾向等指标。

2.2.3 统计指标和统计指标体系的设计内容

统计设计既包括单项统计指标的设计,也包括反映整个对象的统计指标体系的设计。统计指标体系是由一系列互相制约的统计指标组成的,用来反映社会经济现象总体全面特征及发展变化全过程的有机整体。统计指标和统计指标体系在设计内容和设计原则上是有密切联系的,许多问题需要统一考虑。

1. 确定统计指标体系的具体构成

确定统计指标体系的具体构成即包括哪些统计指标,哪个指标是指标体系中的核心指标,统计指标之间有什么样的联系。统计指标体系中指标的种类、数量及核心指标的确定不是固定的,而是由许多因素共同决定的。例如,统计对象的性质、统计总体的范围、管理或研究的目的等。

一个统计指标体系内的各个指标在总体范围上应该一致,在指标口径上应该相互联系,不然在运用统计指标分析研究时会发生困难,甚至无法进行分析。因此,统计指标体系的设计和单项统计指标的设计要统一起来通盘考虑。核心指标是统计指标体系中以它为主的中心指标,设计统计指标时首先要解决它的口径范围问题,其他统计指标则以它为标准来确定口径范围,也根据对它的分析研究需要确定指标数量和分类方法。统计指标体系的确

第 2 章 统计设计

定要经过反复的实践和研究,而且它不是一成不变的,即使是基本统计指标体系也会随社会实践的要求而发生增添、减少或内容和作用上的改变。

2. 确定统计指标的名称、含义、内容和计算范围

这是设计任何统计指标的第一要点。设计统计指标的名称和含义主要据根实质性科学相应的概念和管理上的要求来确定。例如,根据政治经济学中关于社会产品、国民收入、劳动生产率、工资、利润等概念去设计相应的统计指标的概念及其含义。

统计指标概念和实质性科学相应的概念既有联系又有区别,主要表现在:实质性科学的概念是经过科学抽象的理论概念,是对客观现象定性研究的结论,是纯概念;统计指标概念是反映现实数量特征的概念。现实是错综复杂的,为了反映现实的数量状况,不可能完全按照理论进行计算,在内涵和外延上都必然会有出入。但是统计指标概念毕竟是以实质性科学的理论概念为基本依据的,如果完全脱离了理论概念,那就无法利用统计指标进行社会经济关系的分析和研究。

实质性科学有各种不同的理论观点和概念,这种理论观点上的差别必然会反映到某些统计指标的概念上来,在这个问题上也反映出社会经济统计的社会性和阶级性。

只规定统计指标的名称和含义是不够的,还需要根据实质性科学的概念和管理上的要求确定统计指标的计算范围,即规定统计指标的具体内容和界限,什么内容计算在内,什么内容不应计算在内。例如,对工资总额这个指标就应具体规定发给职工的什么收入算在工资总额之内,什么收入不应该计算在内。习惯上称这种计算范围为指标口径。

指标口径和总体范围是两个不同的问题,有时候是一致的,但有时候则不一致。例如,人口数指标有常住人口、现有人口、户口人口等人口数量概念,这既是总体范围问题,又是指标口径问题。但工资总额就不同了,它只是表现为指标口径,总体范围则是另一个问题,是指包括哪些单位,不包括哪些单位,或者是包括哪些人,不包括哪些人。

3. 确定统计指标的计量单位

对于实物量指标,要规定是用自然实物计量单位还是用标准实物计量单位,以及采用什么样的实物计量单位,用什么方法折合为标准实物量。对于劳动量指标,要明确采用什么样的劳动量单位,是用工时还是工日等。对于价值量指标,也要规定采用哪一种货币单位。从表面来看,计量单位是个简单的问题,但处理不当则会产生负面的影响,从而传递错误的信息。例如,生猪收购量按头计算的时期,曾经发生过收购头数年年增加,但收购总重量却不断下降的情况。

4. 确定统计指标的计算方法

统计指标的计算方法有的简单,有的复杂。有的统计指标在确定了总体范围和指标口径之后,并不需要再规定具体的计算方法,因为统计指标的计算表现为计数、测量、登记和简单的汇总计算,如产品生产量、职工人数、货运量等。有的统计指标的计算方法则比较复杂,即使是总量指标也要解决许多复杂的实际问题。这种复杂主要不是表现在数字上,而是表现在怎样能够准确、综合地反映社会经济现象的数量状况。例如,采用什么样的计算方法反映工业、农业及全社会的产品生产总量就是个很复杂的问题,具体包括:是否要限制在一定范围(如生产领域)之内;是否包括转移价值,这类转移价值能不能重复计算,

如果可以,重复到什么程度,采用什么样的价格;产品有不同的表现形式(实物形式和作业形式),计算时怎样处理等。又如,播种面积指标也有各种不同的复杂问题,有的间种、有的套种等。这些都需要恰当地加以处理,如有的分析指标的计算要选择和建立恰当的数学模型,运用高等数学方法求解。

设计统计指标的计算方法是一项严谨的科学研究工作,是将认识对象的性质、社会管理的要求或研究目的、实际情况及数学方法等结合起来进行研究的一项复杂工作。

5. 确定统计指标的空间范围和计算时间

统计指标的空间范围包括地区范围,也包括组织系统的范围,如果发生改变要规定处理办法。

统计指标的计算时间有两种:一是以一段时期(日、月、季、年等)为计算的时间界限;二是以某一标准时刻为计算的时间界限,如 2010 年 11 月 1 日零时为我国第 6 次人口普查的标准时间,而 2014 年我国年末总人口则以年末为计算时间等。采用哪一种计算时间是由统计指标的性质、特点和需要所决定的。

从表面看来,计算时间的设计也是很简单的,但处理不当也会发生副作用。例如,如果规定按年末统计"牲畜存栏头数",并且用它来考核成绩,就会导致有些单位秋季牲畜膘肥时不愿宰杀,留到年末计数,结果既浪费饲料又减少出肉量。

上面分别列出了统计指标和指标体系设计的主要内容,这些设计内容是互相联系的。因此,在实际进行设计时要统一起来进行考虑,特别是要以统计指标体系中的核心指标为标准进行通盘的考虑。

本章小结

统计设计的重点内容和核心内容是指标和指标体系的设计。根据研究对象的历史情况、客观条件,设计出一套反映研究对象全部特征和发展变化整个过程的指标体系,是统计设计的关键所在。在指标、指标体系的设计中,要遵循统计设计的原则和要求,注意与历史资料的可比性,反映现象内部本质内在联系。

习 题

一、填空题

1. 统计设计是统计工作的_____阶段,是根据统计研究目的和研究对象的特点对统计工作的_____和_____所做的全面安排部署。

2. 统计设计按研究对象包括的范围分为_____和_____设计。

3. 统计设计按包括的环节分为_____和_____设计。

4. 统计设计按包括的时期分为_____、_____和_____设计。

5. 统计指标体系是由一系列_____、_____的统计指标所组成的用来反映社会经济总体现象全貌和发展变化全过程的有机整体。

6. 统计指标是用来反映社会经济现象_____特征的_____和_____。

第 2 章 统 计 设 计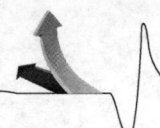

7. 统计指标按表现形式分为_____、_____和_____指标。
8. 统计指标按性质分为_____和_____指标。
9. 统计指标的特点有_____、_____和_____。
10. 我国现行统计指标总体系框架包括 3 个部分，即_____、_____和_____指标体系。

二、多项选择题

1. 在统计设计中，把统计工作的各个环节称为(　　)。
　　A．统计工作横的方面　　　　B．统计工作纵的方面
　　C．统计研究对象的各个组成部分　　D．统计工作的各个方面
　　E．统计工作的各个阶段
2. 就全国统计工作范围来讲，对商业统计的各个环节的设计称为(　　)。
　　A．专项设计　　　　　　　　B．单阶段设计
　　C．整体设计　　　　　　　　D．全阶段设计
　　E．短期设计
3. 统计指标的构成要素应包括(　　)。
　　A．指标的名称　　　　　　　B．指标的数值
　　C．时间限制和空间限制　　　D．指标体系
　　E．计量单位和计算方法
4. 某年某商场销售总额是(　　)。
　　A．数量指标　　　　　　　　B．质量指标
　　C．总量指标　　　　　　　　D．实物量指标
　　E．价值量指标
5. 某乡某年人均粮食产量是(　　)。
　　A．数量指标　　　　　　　　B．质量指标
　　C．总量指标　　　　　　　　D．相对指标
　　E．平均指标
6. 考核指标是根据管理的需要用来(　　)。
　　A．评定优劣　　　　　　　　B．考核成绩
　　C．决定奖罚　　　　　　　　D．了解情况
　　E．研究问题
7. 统计指标体系的种类有(　　)指标体系。
　　A．数量　　　　　　　　　　B．质量
　　C．基本　　　　　　　　　　D．专题
　　E．考核
8. 一个统计指标体系之内，若干统计指标之间，在几个方面必须相互联系，是指(　　)之间。
　　A．时间范围　　　　　　　　B．空间范围
　　C．指标口径　　　　　　　　D．计算方法
　　E．指标数值

9. 统计指标和指标体系设计的原则是( )。
   A. 目的性原则　　　　　　　　B. 科学性原则
   C. 统一性原则　　　　　　　　D. 联系性原则
   E. 可比性原则　　　　　　　　F. 可行性原则

三、判断题

1. 统计设计就是要从纵横两个方面对整个统计工作做出通盘考虑和安排。　　(　　)
2. 从理论上、认识顺序上讲，统计设计是完整的统计工作开始阶段。　　(　　)
3. 对统计工作各个环节的通盘考虑和安排是指统计工作实际进行的各个阶段。(　　)
4. 一个统计指标体系之间若干指标必须是在口径、时间、空间、方法等方面相互联系。　　　　　　　　　　　　　　　　　　　　　　　　　　　　　(　　)
5. 统计指标体系按其说明问题不同可分为专项研究用的指标体系、基层单位的指标体系和经济与社会发展的指标体系。　　　　　　　　　　　　　　　　　(　　)

四、简答题

1. 什么是统计设计？它是如何分类的？
2. 什么是统计指标？简述统计指标的特点及其构成要素。
3. 什么是统计指标体系？设计统计指标体系的原则有哪些？
4. 统计指标和指标体系设计包括哪些主要内容？

第 3 章

统 计 调 查

学习目标

知识目标	技能目标
1. 了解统计调查的概念、要求及种类 2. 了解统计调查方案内容 3. 了解调查问卷的设计要求、程序及基本结构 4. 了解统计报表含义、种类、内容及资料来源 5. 了解4种专门调查的含义、特点及作用	1. 掌握设计统计调查方案的方法 2. 掌握设计调查问卷的方法 3. 熟悉统计报表在现实生活中的应用 4. 熟悉4种专门调查方法在现实生活中应用

知识结构

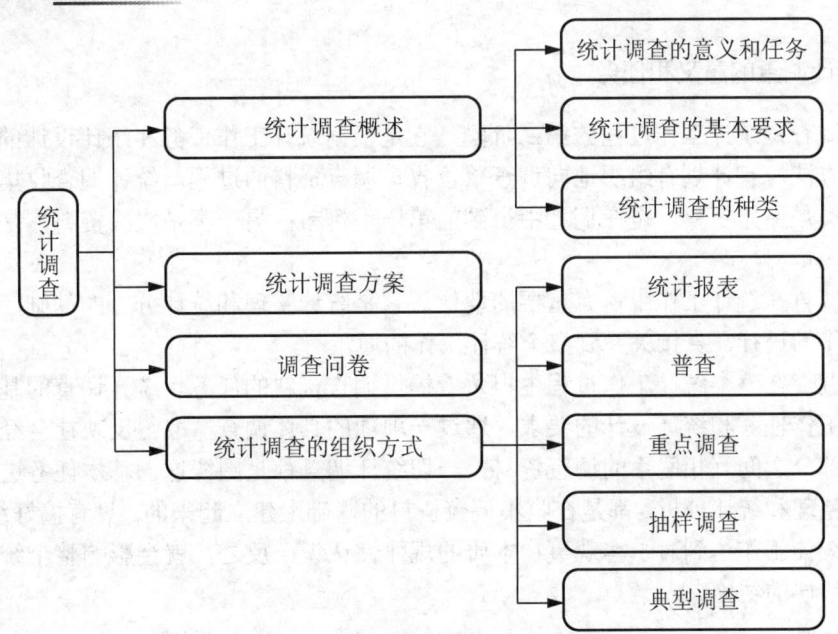

导入案例

300万名普查员的日与夜：第三次全国经济普查背后

从2014年1月1日至3月31日，第三次全国经济普查进入登记和数据采集阶段，全国约300万名基层经济普查员和普查指导员对1000多万户法人单位和产业活动单位、约6000万家个体经营户进行入户登记，助力国家摸清"经济家底"。

2014年3月22日，江苏省泰州靖江市新桥镇振兴居委普查员徐某正在使用手持电子终端设备(PDA)，对普查单位兴明国际大酒店的空间位置进行GPS定位，填写建筑物名称和详细地址信息。振兴居委是新桥镇普查对象最多的一个普查区，地处集镇中心，二、三产业比较发达，辖区内法人单位204家，个体户近900家。徐某每到一户都会堆着笑脸拉家常，有的企业她前前后后连续跑了10次、电话沟通10多次，才同意配合普查。

2013年12月26日，经济普查人员来到浙江省吉利汽车集团进行数据登记。在正式普查前，普查员需先将普查告知书递给企业人员。全国近90万家像吉利汽车集团一样的"四上企业"(指规模以上工业企业、限额以上批发零售住宿餐饮企业、资质以内的建筑业企业和房地产开发企业、规模以上服务业)通过联网直报平台报送普查数据。

资料来源：新华网，http://news.xinhuanet.com/fortune/2014-03/27/c_126321455.htm，有改动

为了完成统计工作的任务，实现统计研究的目的，必须根据统计设计的规划，深入研究社会经济现象总体的每个单位，搜集数据，摸清情况，这就要求对研究对象进行统计调查。统计调查应该包括设计统计调查方案，选择适当的调查方法以及组织开展调查等一系列活动。

3.1 统计调查概述

3.1.1 统计调查的意义和任务

统计调查是统计工作过程的第二阶段，它是根据统计工作任务和统计设计的要求，采用科学的方法，有计划有组织地向调查单位收集调查资料的过程。统计调查收集的资料有两类：一类是原始资料，是在调查中得到的第一手资料；另一类是次级资料，是已经经过初步加工的资料。

统计调查在统计工作中占有重要的地位，它是统计整理和统计分析的基础，影响后两个阶段工作的进行，直接关系到整个统计工作的质量。

统计调查在整个统计工作过程中担负着提供调查资料的任务。统计调查的基本任务是根据统计工作任务和统计设计的要求，通过一项项的具体调查，取得反映社会经济总体现象及其各部分之间互相联系的调查资料。一切统计调查都是围绕这一基本任务进行的，所有的统计整理和统计分析，都是在收集调查资料的基础上建立起来的。只有搞好统计调查，才能保证统计工作达到对于客观事物本质的规律性认识；反之，就会影响整个统计工作，还会导致错误的结论。

3.1.2 统计调查的基本要求

统计调查的基本要求是：在收集调查资料时必须做到准确、及时、全面、系统。

(1) 准确性是指统计调查收集的资料必须真实可靠，符合实际情况。统计调查取得资料的准确性是衡量统计工作质量的重要标志，是统计工作的生命。

《统计法》的颁布实施，为调查资料的准确性提供了法律保障。统计机构和统计工作人员必须依法办事，决不虚报、瞒报，同违法现象做斗争，杜绝违法行为的发生。同时，统计工作者要不断地提高政治素质、业务水平，有强烈责任感和事业心，坚持唯物论反映论，实事求是，使调查质量不断提高。

(2) 及时性是对统计工作的时间性所做的限制，包括及时完成调查任务和调查资料的及时上报。要严格按照调查方案的时间要求，及时进行调查，及时上报调查资料。一项统计任务的完成，往往需要很多基层单位共同努力，任何一个调查资料上报不及时，都会影响全面的统计工作。因此，为提高统计工作的及时性，各调查单位应树立全局观念，严格遵守统计制度，及时获取并提供调查资料。

(3) 全面性是指按调查方案的要求对需要调查的单位和项目资料全面地毫无遗漏地进行收集。如果资料收集残缺不全，就不能反映被调查事物的全面情况，会给统计整理和统计分析带来困难，影响统计工作的进度和质量。

(4) 系统性指收集到的资料要符合事物的逻辑，要反映客观事物发展变化的全过程，不能杂乱无序，提供的调查资料应该是便于整理的资料。

3.1.3 统计调查的种类

社会经济现象错综复杂，根据不同的调查对象和调查目的，需要采用不同的统计调查方式和方法。统计调查按不同的分类标准，可分成多种相应的方式和方法。不同分类标准下所形成的各种统计调查，具有不同的特点和作用。

1. 按调查对象包括的范围不同，分为全面调查和非全面调查

(1) 全面调查是对研究对象总体全部单位一一进行调查登记的一种方式方法。例如，要了解某一时期我国钢的产量，就需要对全国所有钢铁厂在该时期内的钢产量进行统计调查，这就属于全面调查。普查和全面统计报表都属于全面调查的范畴。

(2) 非全面调查是对调查对象总体的一部分单位进行调查登记的一种调查方式方法。例如，要了解某区域范围内城镇居民基本生活情况，从该区域内选出其中一部分家庭进行调查；要了解市场物价变动情况，一般也只需选出一部分具有代表性的商品进行价格观察；等等。重点调查、抽样调查、典型调查及非全面统计报表都属于非全面调查的范畴。

2. 按调查登记时间是否带有连续性，分为经常性调查和一次性调查

(1) 经常性调查是指随着调查对象情况的变化，随时进行连续不断的登记和观察的一种方式方法。例如，企业生产所需的各种原材料、燃料、动力的消耗量，企业产品的产量，商品零售企业的存货等，这些指标的数值变动很频繁，必须进行经常登记，才能满足企业进行适时管理控制的要求。经常性调查能够反映事物在一定时期内发展过程的全貌。

(2) 一次性调查是同一目的的相邻两次调查间隔一定时间，一般是相当长的时期进行的调查。例如，土地面积、生产设备的数量调查、人口普查等，这些指标的数值或者是在一定时期内变动不大，或者是由于经常调查难度较大，所以往往可以采用一次性调查的方式收集资料。一次性调查可以反映事物在一定时点上的发展水平，既可以是定期的，也可以是不定期的。

3. 按组织方式的不同，可以分为统计报表和专门调查

(1) 统计报表是按一定的表式和要求，自上而下统一布置，自下而上提供统计资料的一种统计调查方式方法。我国的有关统计报表制度规定，我国所有企业、事业、机关单位都应按照规定的表式、项目、程序、时间等，向上级领导机构提供相关报表。统计报表是我国统计工作中的一项重要内容。

(2) 专门调查是为了研究某些专门问题由进行调查的单位专门组织的调查。专门调查多属于一次性调查，如普查、抽样调查、重点调查、典型调查等。

4. 按收集资料的方法不同，可以分为直接观察法、报告法、采访法和问卷调查法

(1) 直接观察法是调查人员亲自到现场对调查对象进行观察和计量以取得资料的一种调查方法。如进行农作物预计产量调查时，就是由调查人员亲自参加抽选样本、收割、脱粒、扬晒、称量等工作过程，以取得实际的调查资料。直接观察法可以保证所收集的资料具有较高的准确性，但这种方法需要的人力、物力和时间比较多，同时，有些社会现象是不能用直接观察法来进行测量的，因此，这种调查方法的应用受到一定的条件限制。

(2) 报告法是由调查单位以隶属系统逐级向国家报告经济、社会活动情况以取得调查资料的一种调查方法。我国实施的定期统计报表，就是用这种方法取得资料。这种方法由于有原始记录、统计台账或有关核算资料为依据，只要记录完整可靠，符合制度规定，所获得的资料就有较高的准确性。

(3) 采访法是由调查活动的组织者派遣调查人员向被调查者提问，根据被调查者的答复取得调查资料的一种调查方法。它又分为个别询问法和召开调查会两种。个别询问法是通过调查人员向被调查者逐一询问收集资料的方法。召开调查会是由调查人员召集相关的被调查人，以座谈会的形式，按一定的调查提纲进行调查，搜集资料的一种方法。采访法是专门调查中最常用的一种方法，它的优点是调查人员对调查项目有统一的理解，通过直接和被调查者接触，能够解释问题，帮助被调查者选出正确的答案，还可以随时纠正资料的错误，获得的资料比较可靠和一致。但是，这种方法需要浪费较多的人力和时间，对调查人员的素质要求也比较高。

(4) 问卷调查法是针对特定的调查目的，设计调查问卷，并把问卷发给被调查者，由被调查者根据实际情况按照问卷中的项目自己填写资料，最后由调查人员审核并收回，以获取资料的方法。这种方法比个别询问法节省人力和时间，但被调查者必须具有相当的政治觉悟和文化水平，否则难以保证资料的质量。

随着科学技术的不断进步以及卫星遥感技术和互联网技术的广泛传播和应用，统计调查的手段也越来越先进，与此相适应，卫星遥感法和互联网调查法在统计调查中也越来越被重视。取得统计调查资料的方法取决于统计研究对象的特点。因此，根据统计调查的内

第 3 章 统计调查

容和被调查者的具体条件,可以选择最适宜的取得资料的方法,有时根据需要,还可以同时应用几种方法。

3.2 统计调查方案

统计调查的涉及面广,工作量大,调查项目多,因此,无论采用什么方式搜集资料,都要求对调查的对象、登记项目、表格设计、调查时间和采用的调查方式等事先制订科学周密的计划,这就是统计调查方案。它是统计设计在调查阶段的具体化,是统计调查得以顺利进行的基本保证。一个完整的统计调查方案,其内容应包括以下几个方面。

3.2.1 明确调查目的

统计调查总是为一定的研究任务服务的,这就要求制定统计调查方案的首要问题是明确调查目的。调查目的决定着调查的对象和内容,目的不明,就无法确定向谁调查、调查什么及采用什么方式进行调查。统计调查的目的可以根据党的方针政策、党政领导提出的任务要求来确定,统计工作者应该深入钻研党的方针政策,透彻了解党政领导提出的任务要求来确定所要调查的目的;统计调查的目的也可以根据企事业单位经营、管理及其他工作需要来确定。

对同一研究对象,可以从不同的目的来研究。例如,对农村经济情况,可以从农、林、牧、渔多种经济的发展来研究;也可从农产品生产成本去研究;还可以从农业机械化经济效果方面进行研究。调查目的必须服从于研究的目的,研究目的不同,调查项目也就不同。因此,只有做到调查的目的明确具体,才能有针对性地制订调查计划,从而提高调查工作的质量。

3.2.2 确定调查对象和调查单位

调查目的确定之后,就要确定调查对象和调查单位。所谓调查对象,就是在某项统计调查中所要进行统计研究的那些社会现象的总体,它是由许多性质相同的调查单位所组成的。所谓调查单位,是指在被调查总体中被记录其标志的单位。确定调查对象和调查单位,就是要确定对哪些社会现象进行统计调查,也就是确定向谁调查,具体由谁来提供所需要的调查资料的问题。例如,如果调查目的在于取得国有大中型工业企业的产品产量、产值、生产成本等资料,那么所有国有大中型工业企业就是调查对象,而构成国有大中型工业企业这个总体的每个国有企业则是调查单位。

要注意把调查单位和填报单位区别开来。填报单位是指统计调查中负责提供资料的单位,与调查单位有时是一致的,有时又不一致。例如,进行居民消费需求的构成抽样调查,每户居民既是调查单位,又是填报单位;而在进行工业企业设备普查时,调查单位是每台设备,而填报单位则是每个工业企业。

只有准确地、科学地确定调查对象,才能把被调查对象的范围以及表面上相似而实质上不同的其他现象严格地划分开来。因此,在制定调查方案时,必须正确地确定调查对象,划清统计研究的总体界限,这对于保证调查资料的准确性来说具有重要的意义。

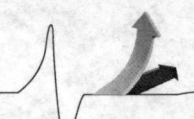

3.2.3 拟定调查项目，制订调查表

调查项目是说明调查单位某种属性或特征的名称或概念。确定调查项目，就是明确向调查单位调查什么问题。拟定调查项目应本着"少而精"的原则，把需要和可能结合起来，只应列出那些必需的和能够得出确切答案的项目，而且各个项目要提得明确具体，使人看后能有一致的理解。另外，调查项目之间应尽量做到相互联系，以便从资料本身就能检查出答案的错误。

把调查项目按着一定的逻辑关系顺序以表格形式列示出来，这就是调查表。调查表是调查方案的核心部分，是统计调查中收集原始资料的基本工具。利用调查表进行调查工作非常便利，它不仅能够条理清晰地登记所需资料，而且便于以后的整理和汇总。

调查表的内容一般由表头、表体和表脚三部分组成。

(1) 表头。用来表明调查表的名称及填报单位的名称、性质、隶属关系等。它在核实和复查各调查单位时，是不可缺少的。

(2) 表体。这是调查表的主要部分，包括调查项目和这些项目的具体标志表现，项目的栏号、计量单位等。标明栏号目的是为了便于在整理调查资料或编写填表说明时引用方便。

(3) 表脚。包括调查者(填报人)的签名和调查日期等，以便明确责任，如果发现问题，也便于查问。

调查表的形式一般有两种：单一表和一览表。

(1) 单一表每份只登记一个调查单位，它可以容纳较多的调查项目，可以得到更丰富、更详细的资料。通常的干部登记表就是单一表的形式。单一表的缺点是每份表上只能记录一个调查单位，不便于汇总和造成时间浪费。

(2) 一览表是一张表上登记许多调查单位，属于调查单位的共同事项只需登记一次，可以节省纸张和调查时间，并且便于汇总。但是由于在一张表上登记许多个调查单位，所以对每个调查单位登记的项目就不能很多。例如，人口普查所用的调查表就是采用一览表的形式，一张调查表上要填写全家每个成员的情况，全部由户主填报。

3.2.4 确定调查时间

为了完成调查任务，在调查方案中还要确定调查时间。

1) 确定调查资料所属的时间

如果调查的内容属于时期现象，就要明确规定资料所属时期的起讫，所登记的资料就应包括该时期第一天到最后一天的累计数字。例如，调查工业产品产量就要明确是一个月还是一个季度或是一年的产品产量。如果是为了说明一定时点上客观事物的状况，就要确定标准时点。例如，我国第六次人口普查的标准时点，规定为 2010 年 11 月 1 日零时。

2) 确定调查工作的所需时间

调查工作所需时间是要确定进行整个调查工作的起始至结束的时间，也就是调查期限，包括搜集资料和报送资料的整个工作所需时间。为了保证调查资料的及时性，在不影响质量的前提下，调查期限要尽可能地缩短。

3.2.5 调查工作的组织实施

做好调查的组织工作，是统计调查顺利进行的重要保证。调查工作的组织主要包括以下内容。

(1) 调查工作的组织领导机构和调查人员的组织。
(2) 调查的方式和方法。
(3) 调查前的准备工作，包括宣传教育、干部培训和文件印发等。
(4) 调查资料的报送办法。
(5) 调查经费的预算和开支办法。
(6) 提供或公布调查成果的时间及完成工作后的总结等。

制定一定规模的统计调查方案，还需要进行试点调查。通过试点，检验调查方案，以便修改和补充调查方案，积累组织实施的经验。

3.2.6 编写填表说明

调查表上列入的许多项目，各调查人员对它的理解可能不完全相同，为了取得数据一致的资料，对这些项目的含义、计算方法，以及在调查时需要注意的问题都必须予以简要的解释和说明。

填表说明的内容是非常广泛的，但也不能太过庞杂冗长，如果内容过多，就会主次不分，影响对问题的注意力。填表说明中，文字应力求准确、简单易懂、清楚明了。

3.3 调 查 问 卷

调查问卷是在问卷调查法中，统计调查的组织者根据统计调查的目的和要求设计的，由一系列问题以及填写说明等组成的，用来搜集调查数据、获取信息的一种工具。调查问卷设计是否科学的关键问题在于问卷中应包含哪些问题，不同问题的表述方式及其编排。统计调查问卷设计的好坏直接影响到所获得数据的质量和分析结论的准确性。

3.3.1 调查问卷的设计要求

一份合格的调查问卷首先应满足两个条件：其一，调查者通过调查问卷所获得的信息是统计研究中所需要的、完整的、准确的、适合统计数据处理的信息；其二，调查问卷所列的问题能够使绝大多数被调查者容易理解，并愿意作答。因此，对于调查问卷的设计应满足以下要求。

(1) 主题突出。调查问卷拟定的题目应该围绕调查的主题，从实际出发，问卷中的问题也应该明确，符合调查的总体信息要求，重点突出，目的明确。

(2) 表述准确。调查问卷中各个问题的表述必须清楚，措辞准确，易于理解。因为被调查者可能来自于各个方面，调查问卷中要尽量避免使用专用术语及不规范用语，从而便于理解，以免产生歧义。另外，对于敏感问题应运用一定的技巧，这样才能获得最真实的原始资料。

(3) 合乎逻辑。设计调查问卷时，在问题的排列上应满足逻辑性的要求，既符合调查对象的特点，也符合被调查者的思维程序，做到层次分明。一般遵循的规律是先易后难，先简后繁，先具体后抽象。

(4) 保持中立。调查问卷中所提出的问题应站在客观的立场上，不能带有任何倾向性，只有保持中立，才能使得到的资料最能反映被调查者的真实想法，切合实际。如果在问卷中出现有强烈暗示性答案的问题，容易诱导被调查者给出并非自己真实想法的答案。因此，同样的问题，不同的阐述方式，将会得到不同的回应。

(5) 简明扼要。无论是设计问题还是设计答案，所用的语言应该简单，问题的陈述应尽可能简短。除此之外，问卷的长度也应进行控制，不能使被调查者花费太多时间，否则容易引起反感。

3.3.2 调查问卷的设计程序

设计一份合格的调查问卷并非是一蹴而就的，一般需经过一系列的设计程序。

(1) 确定主题和调查资料范围。根据调查目的的要求，研究调查内容，初步列出该主题所需全部信息，并分清主次，剔除无用信息。最后，确定需要通过问卷确定的信息，以及调查的对象、时间、地点等具体内容。

(2) 分析调查对象的特征。根据上一步骤所确定的调查对象的范围，分析了解各类调查对象的基本特征，主要包括社会环境、社会阶层、行为规范、文化习俗、需求欲望、理解能力、文化水平等，并根据以上特征拟定问题。

(3) 拟定并编排问题。首先，应尽量详尽地列出与调查内容相关的所有问题。然后对问题进行筛选和检查，主要目的是检查有没有无关问题、重复问题和遗漏问题，有没有不适当的提问，构想各项问题采用什么方式进行提问。最后，按照一定的逻辑顺序对问题进行编排。这一环节是调查问卷设计的关键。

(4) 调查问卷的测试和定稿。在调查问卷主要内容基本确定之后，一般需要对调查问卷进行测试，主要包括两方面内容：第一，站在调查者的立场进行提问，主要考查问题是否清楚明白，是否便于调查中对资料的记录和整理；第二，站在应答者的立场上进行回答，主要考查被调查者对所有问题回答的能力和态度。根据试答情况对问卷不合理的地方进行修改，直到完全合格之后才能最后定稿，制成正式问卷。

3.3.3 调查问卷的基本结构

一份完整的调查问卷，不仅包括关于调查事项的若干问题和答案，而且还应包括问卷的题目、说明信(封面信)、指导语、调查事项的问题和答案。

1. 调查问卷的题目

调查问卷的题目体现了调查的主题，是调查内容的高度浓缩。问卷的题目应该设计得准确、醒目和突出，能够准确概括出问卷的性质和内容，而且要言简意赅，题目不应太长，给人造成拖沓的感觉，更不能给被调查者造成心理刺激。

第3章 统计调查

2. 说明信

说明信也叫封面信,是致被调查者的短信,一般应放置在问卷的开头。说明信应该以简明扼要的语言向被调查者说明该项调查的目的、意义、涉及的主要内容等;同时,也要说明调查者的身份、调查结果的使用和依法保密的措施等。说明信是沟通调查组织者和被调查者之间的媒介,目的是引起被调查者的足够重视和兴趣,争取他们的全力配合与合作。因此,说明信应态度诚恳、口吻亲切,在信的结尾处一定要对被调查者的配合与帮助表示真诚的感谢。例如,以下是某课题研究小组"改革以来城镇居民生活变化调查问卷"的说明信。

××同志:

您好!我们正在进行"改革以来城镇居民生活变化"这项课题的研究,目的在于了解改革开放以来我国城镇居民生活水平和生活方式所发生的变化。经过科学抽样,您被选中为我们的访问对象。请您根据问卷中的题目,逐项认真填答。您的回答无所谓对错,只要反映了您的真实情况和想法,就对我们的研究具有重要意义。我们将遵照《中华人民共和国统计法》,对您的回答严格保密。对您的合作和支持,我们表示衷心的感谢!

3. 指导语

指导语即用来指导被调查者进行问卷填写的说明和解释,一般位置在封面信之后,并标有"填写说明"或者"注"的标题。其主要内容包括填写问卷的要求和方法、调查项目的含义、被调查者应注意的事项等。只有按照要求进行填写的调查问卷才能视为有效,无效调查问卷不能参与统计资料的搜集。

4. 调查事项的问题和答案

该部分为调查问卷的主体,调查资料的搜集主要是通过这部分才能完成,问题和答案设计的好坏直接影响到调查结果的使用价值。这部分既要提出问题,又要明确问题的回答方式。调查问卷中问题的内容取决于调查目的和调查形式,可分为背景问题、行为问题、解释性问题等,从形式上可以区分为开放式问题和封闭式问题,这里只对开放式问题和封闭式问题进行详细说明。

(1) 开放式问题。是指问卷中只提出问题,而不向被调查者提供任何可供选择的答案,完全由被调查者根据自己的想法自由填写的问题。这一般要求在问题之后要留有足够大的空白供被调查者填写答案。例如:您从事什么职业?您喜欢看什么题材的电视剧?如果您在最近决定旅游,选择哪个城市?此类问题都属于开放式问题。

开放式问题的优点是提问和回答都比较灵活,对被调查者限制最小,可以获得更真实的信息,适合于搜集深层次的信息。其缺点在于由于被调查者的答案各异,复杂多样,从而给统计资料的整理、分类以及汇总带来一定的困难。而且,对于此类问题的答案一般属于语言描述性的回答较多,增加了定量处理的难度。当被调查者的表述能力较差时,可能会使结果出现偏差。

(2) 封闭式问题。是在提出问题的同时,给出问题的若干可能答案,被调查者只需要从中进行选择即可。根据问题的性质、要求和回答方法的不同,封闭式问题可以分为单项选择、多项选择、排序回答、等级评定等多种类型。

封闭式问题的优点是问题清楚具体,被调查者容易回答,节约时间;答案是标准化的,填写方便,容易进行资料的整理和分析。其缺点是增加了调查问卷设计的难度,尤其对于复杂问题,答案的列示是否全面、合理直接影响调查结果的准确程度。

3.4 统计调查的组织方式

3.4.1 统计报表

1. 统计报表的意义

统计报表是按照国家的有关法规、一定的表式和时间要求等,自上而下统一布置,自下而上逐级提供统计资料的一种统计调查方式方法。统计报表要以一定的原始记录为基础,按照统一的表式、指标、报送时间和报送程序进行填报,因而具有统一性、时效性、系统性和相对准确性等特点。但统计报表的组织方式也有一定的局限性,主要表现在缺乏灵活性和广泛的适应性。

统计报表是我国进行国民经济管理的重要工具。在市场经济条件下,国家各职能部门对国民经济进行宏观调控的过程中,大量经济政策的制定都需要以有关统计报表提供的资料作为决策的依据。通过统计报表制度取得的统计资料不仅可以反映我国社会主义现代化的建设成就,而且可作为分析研究、总结经验、认识规律的依据,还是指导工作、改善经营、加强管理的重要工具。

2. 统计报表的种类

1) 按报表内容和实施范围的不同分为国民经济基本统计报表、专业统计报表和地方统计报表

(1) 国民经济基本统计报表。国民经济基本统计报表是根据国家统计调查项目和统计调查计划相应制定的统计报表。它是国家统计系统为收集国民经济和社会发展情况的基本统计资料,由国家统计局制发,在全国范围内实施的统计报表,也称国家统计报表。这类统计报表从整个国民经济的角度出发,设计报表内容和要求。

(2) 专业统计报表。专业统计报表也叫部门统计报表,是根据有关部门统计调查项目和调查计划相应制定的报表,一般用来收集本部门所需的专业统计资料,在各主管部门系统内实施,由该主管部门制发,为本部门本系统的经营管理服务。

(3) 地方统计报表。地方统计报表是根据有关地方统计调查项目相应制定的统计报表,主要是为本地区的计划管理服务的。地方统计报表由各地方编制,在各地区范围内使用。

专业统计报表和地方统计报表都是国民经济基本统计报表的补充。

2) 按报送周期的长短分为日报、周报、旬报、月报、季报、半年报、年报等

各种报表报送时间的长短与内容的详简有一定的关系。一般来说,报表报送的时间越短,报表的项目就应该越少越简;反之,报表的项目就可多些、细些。除了年报外,日报、周报、旬报、月报、季报和半年报一般称为定期报表。定期报表为定期反映阶段生产和经济情况的报表,作为指导生产工作和积累有关资料之用。

年报是全年度的总结性报表,其内容包括各单位、各部门年度计划执行情况及全年经济活动的完整资料,通过它可以对各单位各部门全年生产经营活动情况进行综合分析。

第 3 章 统 计 调 查

3) 按报送方式分为电信报表和邮寄报表

电信报表又可分为电报、电话、传真、电子邮件、网络传输等方式。邮寄报表可以是纸张,也可以是数据软盘和光盘。日报、周报和旬报的时效性强,要求迅速上报,通常采用电信报送。月报、季报、半年报和年报,除了少数月报采用电信方式外,一般都采用邮寄方式或统计员报送。

统计报表按照不同的分类标准,还有其他相应的分类,如按调查范围不同分为全面报表和非全面报表,按照填报单位的不同分为基层报表和综合报表等。

关于上列各种报表的实施范围、报送程序、报送报表日期和方式、受表机关单位和份数等,都在报表实施办法中列有明确的规定。

3. 统计报表的内容

1) 报表表式

报表表式是统计报表制度的主体,统计调查资料是通过这些表式的填报而取得的。表式的主要内容是主栏项目、宾栏指标及补充资料项目等。此外,每张报表还列有表名、表号、填报单位、报出日期,以及报送单位的负责人和填报人的签署等。

2) 填表说明

填表说明主要包括以下内容。

(1) 填报范围。即实施范围,它要求明确规定每种统计报表由谁填报,即填报单位或称报告单位,各级主管部门和统计部门的综合范围,即汇总时应包括哪些单位。

(2) 指标解释。即对列入表式的统计指标的概念、计算范围及其他有关问题的具体说明。明确的统一的指标解释有利于填报单位准确填报。

(3) 分类目录。即有关统计报表主栏中应进行填报的有关项目一览表。它是填报单位进行填报的重要依据。

(4) 对其他有关事项的规定,如报表日期、受表机关和报送份数等。

正确编制填表说明,是基层单位能否正确填报,统计部门能否取得正确统计数字的关键之一。如果对有关问题交代不清,就会使填报单位理解不一,难以统一,影响统计数字质量。

4. 统计报表的资料来源

统计报表的资料来源于基层的原始记录、统计台账和有关核算资料。原始记录是基层单位对各项业务活动所做的经常性记载,如劳动力出勤记录、机械设备工作日记、产品入库记录、原材料消耗记录等。统计台账是用来集中登记原始记录的表册。原始记录是基层单位进行生产管理日常工作所不可缺少的工具;统计台账则是积累资料研究经营管理的重要依据和编制统计报表的可靠资料来源。搞好原始记录、统计台账这一基础工作,对提高统计数字的真实性和统计工作的质量有着重要的作用。

3.4.2 普查

1. 普查的意义

普查是专门组织的一次性的全面调查。这种调查主要用来收集一些比较全面而又不能或不宜从经常调查中得出的统计资料。在我国，普查是对统计报表制度的一种重要补充。

普查的重要作用是为党和国家全面研究某些广泛性的问题，制定重大方针政策，编制国民经济社会发展规划提供资料。有准备、有步骤地根据需要与可能，进行重大的全国性的国情、国力普查，有如下优点。

(1) 领导重视，声势浩大，调查经费容易解决。
(2) 有利于各部门之间相互配合，共同协作。
(3) 能够较快地制定出各种分类标准、目录等。
(4) 统一行动，限期完成。
(5) 可为普查后搞好经常性统计报表和开展抽样调查打下较好的基础。

2. 普查的方式

普查的进行方式基本上有两种：一种是组织专门的普查机构，配备一定数量的调查人员，对调查单位直接进行登记；另一种是利用基层单位原有的原始记录和核算资料，颁发一定的调查表格，由这些基层单位进行填报。由于普查是一种一次性全面调查，调查单位多，涉及面广，人力物力需要量大，对资料的时效性要求高，所以为了保证资料的准确性，在组织调查时必须特别注意集中领导和统一行动。同时，普查工作又是一项广泛的群众工作，只有把政策、调查任务、调查方法等向群众交代清楚，取得他们的理解和支持，才能顺利地完成普查任务。

为了满足党和国家研究某些问题或开展某种工作的紧急需要，也可以组织进行快速普查。快速普查是一种特殊形式的普查。它一般由组织领导普查工作的最高机关，越过一切中间环节，直接把普查任务下达到基层调查单位，各基层单位把调查结果直接上报给领导普查工作的最高机关。快速普查的内容一般都比较简单，布置任务和报送资料一般采用电信传达，资料汇总工作也集中在上面以便缩短整理资料的时间。

3. 普查的组织要求

普查的组织要求有以下几点。
(1) 依靠各级党委和政府的统一领导。
(2) 广泛的群众路线。
(3) 要进行试点。
(4) 组织和培训普查队伍。
(5) 运用系统工程的原理和运筹学的方法，制定周密的工作规则，使普查中的各环节能互相衔接，按顺序进行。
(6) 对各个工作环节进行严格的质量控制，逐级负责，层层把关，以保证普查资料的质量，并在事后进行检验。

此外，必须规定一个统一的标准调查时点或标准时间，所有调查资料都要反映这一时点上或时间期内的状况。在普查范围内，各调查单位要同时进行登记，并在方法和步调上取得一致，保证普查资料的准确性和时效性，避免资料的重复和遗漏。

3.4.3 重点调查

重点调查是一种非全面调查。它是从所要调查的单位中选择一部分重点单位进行调查。

所谓重点单位，是指在总体中举足轻重的那些单位。这些单位虽可能数目不多，但就调查的标志值来说，它们在总体中却占有很大的比重，能够反映出总体的基本情况。例如，为了了解我国钢铁工业生产的基本情况，只要调查鞍钢、包钢、宝钢、武钢、上钢、太钢等十余个重点企业就可以掌握全国钢铁生产的基本情况。尽管钢铁企业遍布全国，厂家千百，但这几家钢铁企业产量占全国产量中的绝大部分。又如，要了解油料、棉花、烟叶、蚕丝、茶叶等经济作物的产量，则可选择各种作物在全国的少数几个主产区进行调查，即可掌握各种经济作物产量的基本情况。

重点调查的优点在于只要花费较少的人力、物力和时间，即可把握客观事物的基本情况。一般来说，当调查只要求掌握基本情况，不要求掌握全面数量，而部分单位又能够比较集中地反映所研究的基本内容时，采用重点调查是比较适宜的。重点调查在具体做法上可以灵活运用，既可以用于一次性调查，又可以用于经常性调查。

3.4.4 抽样调查

抽样调查也是一种非全面调查。它是按照随机原则从被研究总体中抽取出一定数量的单位(样本)进行调查，根据样本指标数值来推算总体指标数值的一种调查。例如，在工业产品质量检查中，可在全部产品中随机抽取若干个产品进行检验，计算合格品率，然后再据以推断全部产品的合格品率。

抽样调查区别于其他非全面调查之处是：第一，它遵循"随机原则"抽取调查单位，也就是使每个总体单位都有同等机会被抽取，不受调查人员任何主观愿望的影响，而重点调查、典型调查中被调查的单位都是经过人们有意识的选择确定的；第二，它能从数量上推算总体，而重点调查只能掌握总体的基本情况，没有推断总体数量的条件。

抽样调查的应用范围很广，它对于那些无法进行全面调查的现象(如只有通过破坏性检验才能确定产品质量的工业产品等)，或尽管可以进行全面调查的现象，有时也可采用抽样调查方法进行，能起到全面调查的作用。抽样调查还可以用来检查全面调查的准确性，因此得到日益广泛的应用。

3.4.5 典型调查

1. 典型调查的意义和作用

典型调查是一种十分重要的、行之有效的非全面调查方法。它从研究总体中有意识地选取若干具有代表性的单位(典型单位)进行调查，用来了解总体的详细情况。这种调查具有两个特征：第一，它是深入、细致的调查，可以用来研究某些复杂的专门问题；第二，调查单位是根据调查的目的和任务，在对调查总体全面分析的基础上，有意识地选择出来的。

典型调查具有以下重要作用。

(1) 可以补充全面调查的不足。它包括两方面的含义：一是补充全面调查的缺口，收集不需要或不可能通过其他调查方式取得的统计资料；二是具体地分析具体问题，从全面调查资料中发现一些问题，但对问题的情况并不清晰。这时，就可以采取典型调查方法，取得有关详细情况，深入地分析问题。

(2) 在一定条件下，验证全面调查数字的真实性。

(3) 对于研究新生事物，了解新情况、新问题的数量表现，尤其具有重要作用。

总之，典型调查着眼于深入，其他调查方式着眼于普遍。只有两者兼顾，才能做到收集到的资料既普遍，又深入。

2. 典型调查的方法

(1) 典型调查的首要问题是选好典型。根据统计调查的目的和任务，在对调查对象分析的基础上，掌握研究对象的全面情况，选择代表性单位。如果为了估算总体的数值，可以采用划类选点的办法；如果为了了解总体的一般数量表现，可以选择中等典型作为调查单位；如果为了总结经验和教训，则可以选择先进的或落后的典型进行调查。

(2) 要制定典型调查方案。方案可以简便些，但必须有收集资料的表式，还要有了解情况的提纲。

(3) 要准确地取得调查表中的数字，可以通过原始记录、会计凭证取得，有的还要通过采访、讨论研究确定。

以上介绍了各种不同的统计调查方式方法，在实际统计工作中，往往各种调查方法结合运用。这是因为：第一，社会经济现象的复杂性要求，只有用多种调查方法才能收集到丰富的统计资料；第二，各种调查方法都有不同的作用，既有优点，也有局限性和不同的实施条件，用单一的调查方法不能够达到很好地反映社会经济现象的目的。

在实际统计工作中，调查方式应用最经常的是抽样调查和普查相结合，用抽样调查的结果验证、修改、补充普查的数字资料；还有典型调查和全面统计报表相结合，可以深入分析全面报表中存在的问题。

本章小结

统计调查按不同的分类标准，可分成相应的类别。调查问卷是统计调查中取得第一手资料的主要媒介，调查问卷的设计直接影响到调查资料的质量。统计调查按统计组织形式分类是一种最重要的分类方法，所形成的统计报表、普查、专门调查、典型调查、重点调查等每一种调查方式都有自身的特点、使用条件和局限性。根据统计目的和统计工作任务，结合调查对象的客观情况，选择适宜的调查方法，是搞好统计调查工作的关键所在。

习　　题

一、填空题

1. 对统计调查的基本要求是，在收集统计资料时必须做到_____、及时、_____、_____。

2. 统计调查在统计工作整个过程中，担负着提供_____的任务。

3. 统计调查按照调查对象所包括的范围分为_____调查和_____调查；按照登记事物的连续性分为_____调查和_____调查，按照_____分为统计报表和专门调查。

4. 调查表是调查方案的_____部分，是搜集_____的基本工具。

5．统计报表按内容和实施范围分为_____基本统计报表、_____统计报表和_____统计报表。
6．统计报表的资料来源于基层的_____、_____和有关的核算资料。
7．普查是专门组织的_____的_____调查。
8．普查是一种_____调查，而典型调查、重点调查和抽样调查都是_____调查。
9．统计调查收集的资料有两类，它们是_____资料和_____资料。
10．全面调查与非全面调查的区别在于调查对象包括_____不同。
11．在我国统计调查方式有统计报表、普查、抽样调查、_____、_____五种。
12．全面调查包括_____、_____。非全面调查包括_____，_____和_____。
13．制订统计调查方案的首要问题是_____。
14．在进行统计调查时，_____是调查项目的承担者。
15．统计调查方案的核心部分是_____，它一般由_____、_____和_____三部分组成，其形式一般有_____表和_____表两种。
16．统计调查问卷的问题有_____和_____两种。

二、单项选择题

1．调查单位与填报单位的关系是(　　)。
　　A．二者是一致的　　　　　　B．二者是不一致的
　　C．二者有时是一致的　　　　D．二者没有关系
2．抽样调查与典型调查的主要区别是(　　)。
　　A．组织形式不同　　　　　　B．选择调查单位方法不同
　　C．所包括的范围不同　　　　D．登记事物的方法不同
3．重点调查中的重点单位是指(　　)。
　　A．企业规模比较大的单位
　　B．企业生产经营状况比较好的单位
　　C．所研究标志值在总体中占绝大比重的单位
　　D．总体中比较重要的单位
4．下面属于全面调查的是(　　)。
　　A．抽样调查　　B．重点调查　　C．典型调查　　D．快速普查
5．调查几个大型钢铁企业，就可以了解我国钢铁生产的基本情况，这种调查属于(　　)。
　　A．普查　　　　B．典型调查　　C．重点调查　　D．抽样调查
6．填报单位是(　　)。
　　A．构成调查对象的每一个单位　　B．调查标志的承担者
　　C．组织调查工作的单位　　　　　D．负责报告调查内容的单位
7．选择典型调查的单位，应选(　　)。
　　A．生产情况较好的单位　　　　　B．生产情况较差的单位
　　C．生产情况处于中等水平的单位　D．有代表性的单位

8. 按调查对象所包括的范围不同，统计调查可以分为(   )。
   A. 定期和不定期调查   B. 统计报表和专门调查
   C. 经常性调查和一次性调查   D. 全面调查和非全面调查

9. 经常性调查和一次性调查是以(   )来划分的。
   A. 调查组织规模大小   B. 取得资料是否全面
   C. 调查对象所包括的单位是否完全   D. 调查登记的时间是否连续

10. 统计调查中收集的资料是(   )。
    A. 次级资料，没有原始资料   B. 以次级资料为主，也有一些原始资料
    C. 数字资料   D. 以数字资料为主，也有一些情况资料

11. 统计调查中，收集统计资料的方法有(   )。
    A. 直接观察法、普查和抽样调查   B. 直接观察法、采访法和报告法
    C. 报告法、统计报表和抽样调查   D. 采访法、典型调查和重点调查

12. 统计调查方案是指(   )。
    A. 统计调查人员必备的文件   B. 统计工作各阶段纲领性文件
    C. 统计设计在调查阶段的具体化   D. 统计调查方法的一种

13. 统计调查方案的首要问题是(   )。
    A. 调查组织工作   B. 调查任务和目的
    C. 调查时间和地点   D. 调查经费

14. 在统计工作中，登记初级资料使用的表格是(   )表。
    A. 调查   B. 整理   C. 汇总   D. 分析

15. 在统计调查中，调查标志的承担者是(   )。
    A. 调查对象   B. 调查单位   C. 填报单位   D. 调查表

16. 工业企业设备普查时，每个工业企业是(   )单位。
    A. 调查   B. 填报
    C. 既是调查又是填报   D. 既不是调查又不是填报

17. 在统计工作中，营业员填写的发货票属于(   )。
    A. 原始记录   B. 统计台账
    C. 内部报表   D. 会计凭证

18. 对某地食品零售场所进行一次全面调查，其总体单位是(   )。
    A. 该地区所有食品店   B. 每个食品店
    C. 全部零售食品   D. 一种零售食品

三、多项选择题

1. 全国人口普查是(   )。
   A. 专门调查   B. 统计报表
   C. 经常性调查   D. 一次性调查
   E. 全面调查

2. 专门组织的调查包括(   )。
   A. 典型调查   B. 统计报表

C. 普查 D. 重点调查
E. 抽样调查

3. 在统计调查中各种调查方式的结合运用，主要是指(   )。
   A. 统计报表与典型调查相结合   B. 典型调查与抽样调查相结合
   C. 重点调查与抽样调查相结合   D. 重点调查与典型调查相结合
   E. 普查与抽样调查相结合

4. 统计指标和指标体系确定后的首要问题是(   )。
   A. 搜集原始资料   B. 审核资料
   C. 收集次级资料   D. 整理资料
   E. 进行统计调查

5. 统计调查资料是否全面，一般包括(   )几个方面。
   A. 是否包括全部应调查的单位   B. 是否包括全部应调查的标志
   C. 是否全部应调查的问题都有答案   D. 是否包括调查对象的全部标志
   E. 是否包括调查对象的全部特征

6. 统计调查方案的核心是(   )。
   A. 确定调查对象和调查单位   B. 调查期限
   C. 调查表   D. 单一表和一览表
   E. 收集资料的方法

7. 调查单位是(   )。
   A. 调查中所要调查的具体单位   B. 负责向上级报告调查内容的单位
   C. 调查项目的承担者   D. 需要调查的社会现象总体的每个单位
   E. 所需调查的那些社会现象的总体

8. 报告单位是(   )。
   A. 向上级提交报表的单位   B. 向上级提交调查表的单位
   C. 向上级报告调查内容的单位   D. 调查标志的承担者
   E. 所需登记调查的那些单位

9. 全国工业企业普查中(   )。
   A. 全国所有工业企业是调查对象   B. 全国每个工业企业是调查单位
   C. 全国每个工业企业是填报单位   D. 工业企业的总产值是变量
   E. 全部工业企业数是统计指标

10. 全面调查包括(   )。
    A. 重点调查   B. 典型调查
    C. 抽样调查   D. 统计报表
    E. 普查

11. 填报统计报表必须按照统一的(   )。
    A. 原始记录   B. 表式
    C. 指标   D. 报送时间
    E. 报送程序

12. 进行一次性调查可采用( )。
    A. 重点调查　　　　　　　　　B. 抽样调查
    C. 普查　　　　　　　　　　　D. 典型调查
    E. 定期报表

四、判断题

1. 统计调查的任务是收集总体的原始资料。　　　　　　　　　　　　　　　(　　)
2. 统计调查方案的首要问题是确定调查任务与目的，其核心是调查表。　　　(　　)
3. 在统计调查方案中，调查时间是指调查资料所属的时间，调查期限是指调查工作的期限。　　　　　　　　　　　　　　　　　　　　　　　　　　　　　　　　(　　)
4. 调查对象是调查项目的承担者。　　　　　　　　　　　　　　　　　　　(　　)
5. 重点调查所选择的重点单位是指这些单位被研究的标志总量占总体单位总数的绝大部分。　　　　　　　　　　　　　　　　　　　　　　　　　　　　　　　　(　　)
6. 抽样调查是非全面调查中最有科学根据的方式方法，因此它适用于完成任何调查任务。　　　　　　　　　　　　　　　　　　　　　　　　　　　　　　　　(　　)
7. 统计调查问卷封闭式问题的优点是提问和回答都比较灵活。　　　　　　　(　　)
8. 全面调查和非全面调查的划分依据是调查结果所得的资料是否全面。　　　(　　)
9. 调查时间是指进行调查工作所需要的时间。　　　　　　　　　　　　　　(　　)

五、简答题

1. 什么是统计调查？它的基本要求是什么？
2. 统计调查方案包括哪些主要内容？
3. 专门调查有几种？它们的主要区别是什么？
4. 什么是调查问卷？调查问卷设计的基本要求和程序是什么？
5. 在统计调查中，为什么要各种调查方式结合运用？常用的有哪些结合方式？
6. 什么是统计报表？它是如何分类的？
7. 简述统计报表的内容和资料来源。

第 4 章 统 计 整 理

学习目标

知识目标	技能目标
1. 了解统计整理的概念、意义与步骤	1. 能够按照统计整理的步骤对调查资料进行整理
2. 了解统计分组的概念、作用与方法	2. 学会正确选择分组标志，掌握统计分组的方法
3. 了解分配数列的概念与种类	3. 掌握分配数列的编制方法
4. 了解次数分布的特征	4. 掌握次数分布的表示方法
5. 了解统计表的概念与构成	5. 学会统计表的编制方法
6. 了解统计图的作用和结构	6. 学会统计图的绘制方法

知识结构

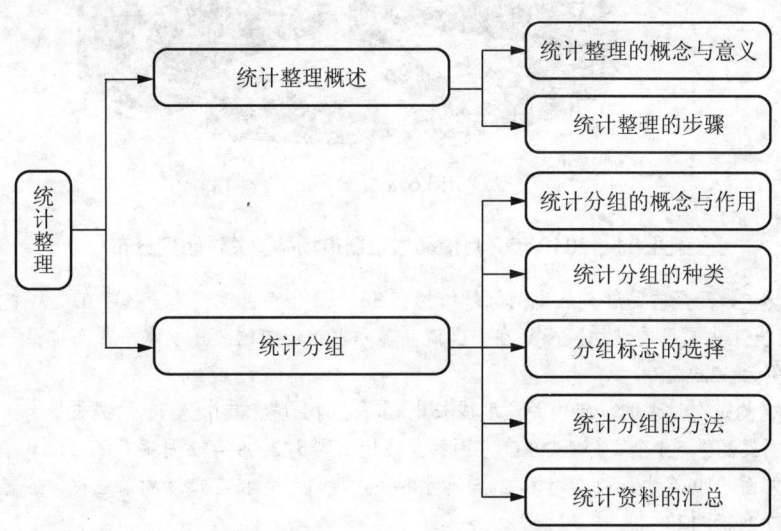

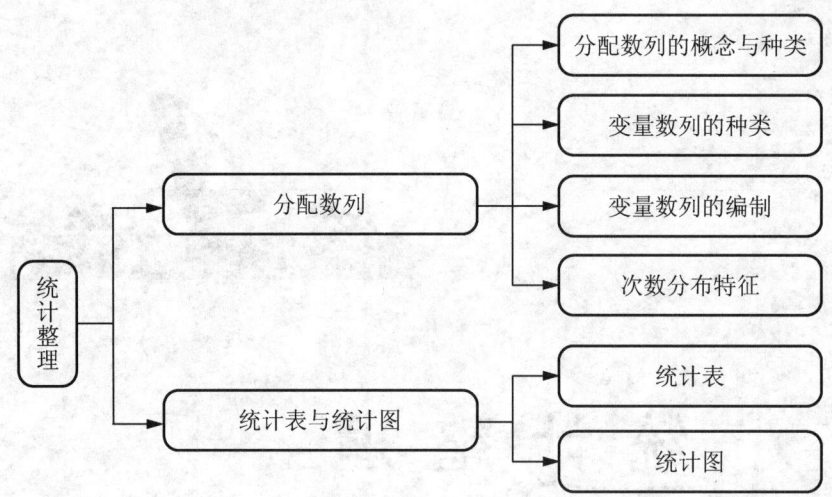

导入案例

2010年2月中国液晶显示器市场分析报告(简版)

2010年2月中国液晶显示器市场中，整体格局与1月份相比没有显著变化。品牌方面，与去年同期相比AOC关注度成长最为明显。尺寸方面，23英寸屏幕的关注度比去年2月增长了6倍以上，整个液晶显示器市场继续向着大尺寸快速发展。

以下是互联网消费调研中心(ZDC)关于2010年2月消费者对中国液晶显示器市场的关注情况所得到的调查结果，如图4.1所示。

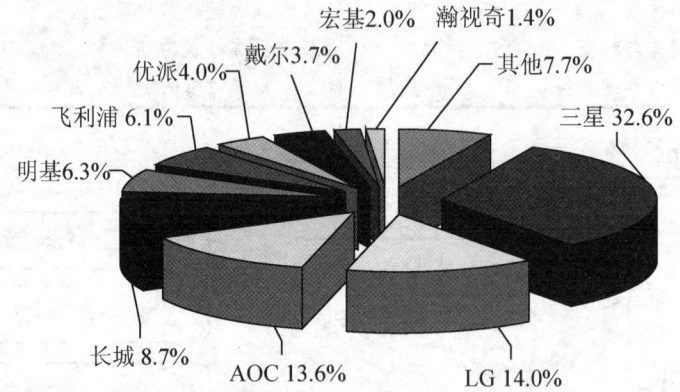

图4.1 2010年2月液晶显示器市场品牌关注比例分布

在整体市场中，三星的品牌关注比例继续维持在30个百分点以上，这一数字在近两个月以至2009—2010年均没有发生大幅度的波动。三星在中国液晶显示器市场中的关注度水平很高也很平稳。本月三星获得的关注比例为32.6%。

LG和AOC均是在过去的一年内关注度成长比较明显的品牌。其中AOC的成长最为可观，与去年同期相比关注比例提高了5.4个百分点。LG方面的关注比例则比2009年2月提升了2.6个百分点。

屏幕尺寸方面，19英寸、22英寸和21.5英寸的关注度继续保持在市场的前三位，三者的关注比例分别是26.6%、17.2%和13.0%。

值得注意的是，23英寸屏幕产品的关注度在最近的一年内上升明显，去年同期其关注比例为1.7%，而至2010年2月23英寸液晶显示器的关注比例已经升至12.4%，前后差距达到6倍以上，同时其排名也从市场的第10位升至第4位。另外，21.5英寸产品在市场中的关注比例也比去年提高了4.5个百分点，如图4.2所示。

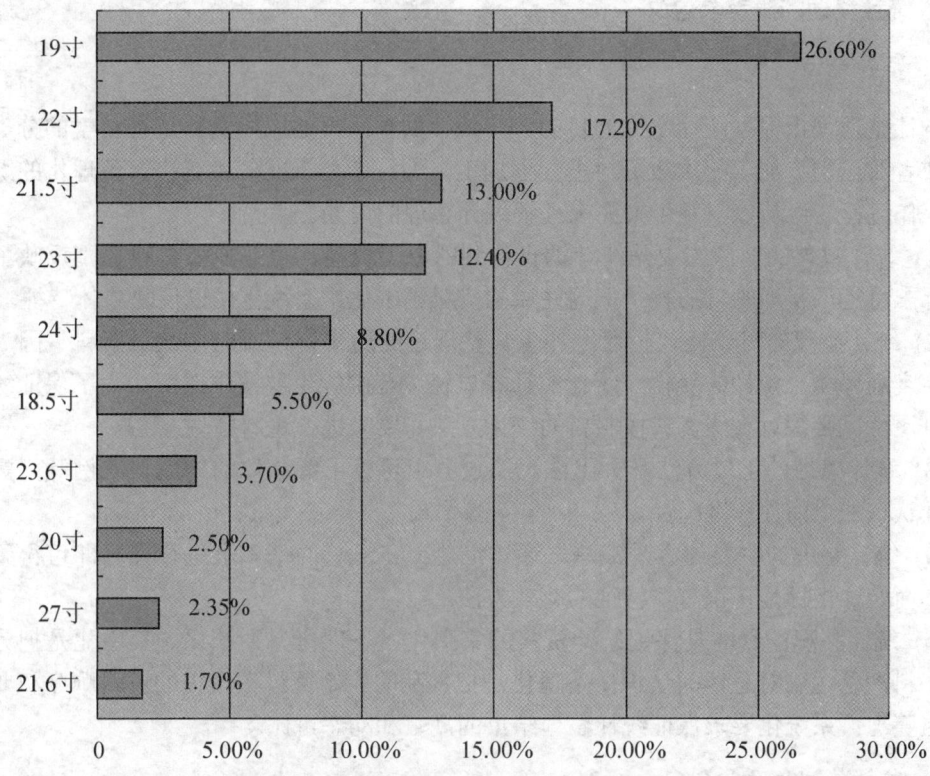

图4.2　2010年2月液晶显示器市场屏幕尺寸关注比例(前10名)

伴随23英寸和21.5英寸关注度增长而来的则是目前主流的19英寸和22英寸关注比例的下滑，两者的关注比例与去年同期相比分别下降了5.4个百分点和8.6个百分点。从数据对比中很容易看出，中国液晶显示器市场正向着更大的尺寸快速发展。

资料来源：互联网消费调研中心

案例是针对液晶显示器市场价格进行调查后形成的调查报告中的一部分，简要体现了统计整理结果的分析报告结构。那么，这些数据是怎么由一份份独立的调查问卷整理得来的？文中的图表是如何绘制出来的？面对无序的、杂乱的、无规律的原始资料，又如何进行整理和分析呢？通过本章的学习能够得到答案。

4.1　统计整理概述

在统计调查中，通过运用一定的统计调查方法，人们取得了大量能够说明现象各个个体特征的原始资料。然而，由于这些资料只是一些个别的、分散的资料，缺乏系统性，不能反映社会经济现象总体的综合数量特征，也不能使人们达到对社会经济现象总体数量特

征的认识。因此，为完成统计研究的任务，揭示出总体的特征，必须对这些个别的、分散的资料运用科学的方法进行去粗取精、去伪存真、由此及彼、由表及里的加工整理，把它转化为总体资料，以便对总体做出概括性的说明。

4.1.1 统计整理的概念与意义

1. 统计整理的概念

统计整理是指根据统计研究的目的，将统计调查所得的原始资料进行科学的分类和汇总，或者对已初步加工的次级资料进行再加工，为统计分析准备系统化、条理化的综合资料的工作过程。可从以下几个方面来理解统计整理的内涵。

(1) 统计整理的对象主要是统计调查得到的原始资料。这些原始资料分别反映了各单位的标志特征，整理的目的就是把这些原始资料集中化、系统化，以反映总体特征。

(2) 统计整理的对象还包括已经加工、整理过的历史资料或叫作次级资料。因为随着时间、客观环境、条件的变化，统计的计算口径、范围等也要发生改变，为了保证统计资料的可比性，必须对次级资料按照新的统计方法和要求进行重新整理。

(3) 统计整理的主要方法是分组法。通过分组可以了解总体的构成、比例等问题，提高统计认识的全面性和准确性。

(4) 统计整理的主要内容是汇总。通过汇总或在汇总的基础上进行计算即可得到统计指标，而统计指标是认识总体特征的有效方法。

(5) 统计整理的目的是保证统计资料的集中化、条理化、系统化。集中化是把分散的原始资料汇总达到对总体的认识；条理化是把零乱的原始资料按认识的逻辑顺序和要求进行分组整理；系统化要求保证统计整理结果的规范和动态可比。

2. 统计整理的意义

统计整理在统计研究工作中具有十分重要的意义。它对统计调查得来的资料加以科学的、分门别类的加工整理，使原来分散的、零星的资料变成集中的、系统化的资料，使原来只能说明个别事物的资料变成说明总体事物的资料。因此，统计整理是实现由对个别现象的认识过渡到对总体现象的认识，由对事物表象的认识过渡到对其本质与内在联系的全面深刻认识，由感性认识上升到理性认识的过程，是达到统计研究目的的重要环节。统计整理在整个统计工作过程中起着承前启后的作用，它既是统计调查的继续和深化，又是统计分析的基础和前提。统计整理的正确与否、质量好坏，将直接影响统计对社会经济现象数量描述的准确性和数量分析的真实性。

此外，统计整理还是积累历史资料的必要手段。统计研究中经常要进行动态分析，这就需要长期积累的历史资料。积累资料要对已有的统计资料进行甄选，按可比口径进行调整、分类和汇总，这些都必须通过统计整理工作来完成。

4.1.2 统计整理的步骤

统计整理是根据统计研究的目的进行的，它要为统计研究提供统计资料，它是一项细致的工作，需要有计划、有组织地进行。从完整的工作程序来看，统计整理的基本步骤如下。

(1) 设计和编制统计整理方案。统计整理方案通常表现为统计整理阶段的主要工作内容，包括分组方法、汇总内容、统计指标、工作程序安排、整理结果的表达方式等。制定统计整理方案，是保证统计整理有计划、有组织地进行的首要步骤。统计整理方案是否科学，对统计整理及统计分析的质量至关重要。

(2) 对调查资料进行审核。在对统计资料进行整理前，首先需要对其进行审核，以保证数据的质量，为进一步的整理和分析打下基础。从不同渠道取得的统计资料，在审核的内容和方法上都有所不同。

对于直接调查取得的原始资料，应主要从完整性和准确性两方面去审核。完整性审核是检查应调查的单位或个体是否有遗漏，所有的调查项目或指标是否填写齐全等。准确性审核主要包括两个方面：一是检查数据是否真实地反映了客观实际情况，内容是否符合实际；二是检查数据是否错误和计算是否正确等。审核资料准确性的方法主要有逻辑检查和计算检查。逻辑检查主要适用于定性(品质)数据的审核，检查数据是否符合逻辑，内容是否合理，各项目或数据间有无相互矛盾的现象，如人口普查资料中，一个人身高180厘米，体重25千克，这显然是不符合逻辑的，对这种有悖逻辑的项目应及时查明原因，及时更正。计算检查主要适用于定量(数量)数据的审核，检查调查中的各项数据在计算结果和方法上有没有错误。

对于通过其他渠道获得的次级资料，除了对其完整性和准确性进行审核外，还应审核数据的适用性和时效性。对于使用者来说，首先应清楚数据的来源及相关的背景资料，以便确定这些资料是否符合自己分析研究的需要，是否需要重新加工整理等，不能盲目使用。同时，还要对数据的时效性进行审核，对于有些时效性较强的问题，如果所取得的资料过于滞后，就失去了研究的意义。

(3) 对调查资料进行分组、汇总、计算。根据汇总要求和工作条件选择适当的汇总组织形式和汇总的具体方法，按照分组的要求进行分组汇总，计算各组单位数和合计总数，计算各组指标和综合指标。

(4) 对汇总后调查资料的审核。对整理好的资料进行审核，改正汇总过程中所发生的各种差错。汇总后审核包括4个方面：一是复计审核，即对每个指标数值进行复核计算；二是表表审核，即审核不同统计表上重复出现的同一指标数值是否一致，对统计表中互有联系的各个指标数值，则审核它们之间是否衔接和符合逻辑性；三是对照审核，即对某些统计、会计、业务3种核算都进行计算的指标数值，进行相互对照检查，以便从中发现可能出现的错误；四是表实审核，即对汇总得到的指标数值，与了解的实际情况联系起来进行检查。在审核过程中发现错误时，应查明原因，及时更正。

(5) 编制统计表和绘制统计图。将整理出来的统计资料用统计表、统计图的形式简明扼要、系统有序地显示出来。

在统计整理的步骤中，审核是统计整理的前提，统计分组是统计整理的基础，统计汇总是统计整理的中心内容，统计图表是统计整理的有效表现形式，各环节紧密相连，缺一不可，共同构成统计整理的内容。

4.2 统计分组

已知统计整理主要是对统计调查资料进行分类、汇总，但为了保证分类、汇总的科学合理，就必须采用科学的方法，即统计分组。

4.2.1 统计分组的概念与作用

统计研究的目的在于反映所研究总体的状况和特征。统计中为了认识总体，不仅要研究总体的一般特征，而且需要对总体内所有单位在质量与数量上存在的差异进行分析。统计分组就是基于这种需要产生的。

1. 统计分组的概念

统计分组是指根据统计研究的需要，将统计总体按照一定的标志区分为若干组成部分的一种统计方法。

从统计分组的性质来看，分组兼有"分"和"合"两方面的意义。对于总体而言，是"分"，即将总体分为性质相异的若干部分；而对于总体单位而言，却是"合"，即将性质相同的许多单位组合为一个组。对于分组标志而言，是"分"，即按分组标志将不同的标志表现分为若干组；而对于其他标志而言，却是"合"，即在一个组内的各单位即使其他标志表现很不相同也只能结合在一起。选择一种分组方法突出了一种差异，显示了一种矛盾，必然同时掩盖了现象的其他差异，忽略了其他矛盾。缺乏科学根据的分组，不但无法显示事物的根本特征，甚至会把不同性质的事物混淆在一起，歪曲社会经济的实际情况，得出虚构的景象。因此，在统计整理中最关键的是解决好统计分组问题。

统计整理中对资料进行分组是按一定的标志进行的，这个标志就是划分资料的标准或依据。在同质总体中，包含着大量的在同一性质基础上结合起来的总体单位，由于社会经济现象的复杂多样性，总体中的单位除了具有相同的性质外，还存在着其他性质上的差别。在对社会经济现象进行研究时，一方面要从总体上进行研究；另一方面还要对总体中各个性质不同的组成部分进行研究，以便于观察总体中各部分之间性质上的差别。同时，由于对同一总体研究的角度不同，可以选择不同的标志进行分组。例如，同属于工业企业这一总体，可以根据不同的研究目的选择不同的分组标志进行划分，如按经济类型不同，可以分为国有经济、集体经济、私营经济、个体经济和联营经济等；按轻重工业划分，可分为轻工业和重工业等。

统计分组方法也是统计研究的一种重要方法，通过分组可以反映出不同类型的经济现象在总体中的分布及构成情况，同时也能更深刻地认识现象的本质。由于现象的表现形式多种多样，所以在研究问题时，不仅要注意现象的一般性，更要注意现象的特殊性，注意现象的特点、现象之间的差别和联系。

2. 统计分组的作用

统计分组在统计认识过程中的作用有很多，主要表现在以下几个方面。

(1) 可以将零星分散的统计资料，经过统计分组整理后，发现其特点与规律。通过统计调查取得的资料，往往是零星的、分散的、杂乱无章的资料，如何把它们整理得既有条理，又能反映事物的特点，这是统计分组的任务。

例如，某车间工人分 10 个小组共有 100 人，生产定额每人每天应生产零件 500 件，2 月 10 日每个工人的实际生产完成情况如下(单位：件)。

一组：420 420 420 420 450 450 480 480 480 480
二组：540 540 540 540 540 540 540 540 540 540
三组：540 540 540 540 540 540 540 540 580 580
四组：520 520 520 520 530 500 500 500 500 500
五组：510 510 520 520 520 500 510 510 500 500
六组：530 530 530 540 620 620 620 620 720 720
七组：720 720 630 630 630 630 620 620 620 620
八组：650 650 650 650 650 650 650 650 650 650
九组：580 580 580 580 580 580 580 580 580 580
十组：580 580 580 580 580 650 650 620 630 630

从上面资料中，只能大体看出，第一组工人完成生产情况不好，均未达到生产定额；第七组、第八组工人完成生产情况最好，都超过 620 件；其他各组有高有低，很不平衡。但总的生产情况及特点如何呢？这不容易从上面资料中看出。如果将上面资料进行分组并汇总起来观察，就比较清楚，见表 4-1。

表 4-1 某车间生产工人完成定额情况

按完成件数分组/件	工人人数/人
500 以下	10
500~550	42
550~600	17
600~650	15
650~700	12
700 以上	4
合　　计	100

从表 4-1 资料中，可以对该车间的生产情况做出综合评价，指出其特点：其一，90%以上的工人完成了生产定额；其二，在完成生产定额的工人中，略超过生产定额的工人(完成 500~550 件)占 42%，超过生产定额较多的工人占 48%；其三，总的结论是该车间工人生产定额完成得比较好，绝大部分能完成或超额完成生产定额。如果不经过上述分组，就难以观察出这些特点。

(2) 可以区分现象的类型。统计分组的目的之一是要按照某种标志，将社会经济现象区分为各个性质不同的组成部分，以认识社会经济现象的本质和规律性。一般将性质不同的组成部分称为社会经济现象的类型。当研究目的在于探讨社会经济现象的类型时，则需要将总体划分为不同性质的组，这种分组称为类型分组。例如，我国经济分为公有经济和非公有经济两大类型，公有经济包括国有及国有控股经济和集体经济，非公有经济包括个体经济、股份制经济、外商及港澳台商投资经济；工业划分为重工业和轻工业两大类型；社会产品划分为生产资料和消费资料两大类；人口划分为城镇人口和农村人口。

(3) 可以分析总体内部结构和总体结构特征。从数量上反映总体的内部结构是统计研究的重要任务。社会现象包括大量的单位，由于它们在性质上不尽相同，而且在总体中所占的比重不同，所以其所处的地位和对总体的影响程度也不同，不同类型分布决定了不同的总体性质。将社会经济现象总体经过统计分组后划分为不同性质的组成部分，便可计算总体内部各组成部分占总体的比重，分析总体各部分的性质、结构和比例关系。另外，还可以将总体内部结构分组资料按时间的发展顺序进行对比分析，从而认识现象发展变化的规律。例如，2008—2012年我国按三次产业分类就业人员构成情况见表4-2。

表4-2　我国按三次产业分类的就业人员构成情况

年　份	2008	2009	2010	2011	2012
第一产业	39.6%	38.1%	36.7%	34.8%	33.6%
第二产业	27.2%	27.8%	28.7%	29.5%	30.3%
第三产业	33.2%	34.1%	34.6%	35.7%	36.1%

注：资料来源于中国统计年鉴(2013)。

以上资料表明，2008—2012年第三产业就业人员的比重不断上升，这是我国大力发展第三产业的结果，也是建设小康社会不断提高人民生活水平的需要。

(4) 可以揭示现象之间的依存关系。任何社会经济现象之间都不是彼此孤立的，而是相互联系、相互依存和相互制约的。当研究目的在于探讨同一总体范围内，两个可变标志的依存关系时，可以将其中一个可变标志(自变量)作分组标志，以观察另一标志(因变量)相应的变动情况。这种分组称为分析分组，它可以揭示现象之间的依存关系。例如，某地区农作物的施肥量与亩产量之间的关系见表4-3。

表4-3　某地区农作物施肥量与亩产量之间的关系表

化肥施用量/(千克/亩)	亩产量/千克
15.5	377.0
17.8	416.6
19.4	452.8
20.5	481.1
21.8	464.4

表4-3中的分组资料，反映了化肥施用量与农作物亩产量之间的依存关系。一般来讲，随着化肥施用量的增加，农作物亩产量也在增加，但当化肥施用量为21.8千克时，农作物亩产则减少到464.4千克。因此，过少或过多的施用量都可以使农作物产量降低。本方法的基本思想是将定性问题定量化。

4.2.2 统计分组的种类

1. 按统计分组的作用和目的划分

按统计分组的作用或目的不同，统计分组分为类型分组、结构分组和分析分组。这种分组类型主要是从统计分组的基本作用的角度出发的。

(1) 类型分组是将复杂的现象总体,划分为若干个不同性质的部分。

(2) 结构分组是在对总体分组的基础上计算出各组对总体的比重,以此来研究总体各部分的结构。

(3) 分析分组是为研究现象之间依存关系而进行的统计分组。

一般情况下,类型分组和结构分组总是紧密联系在一起。

2. 按统计分组标志的多少划分

按统计分组标志的多少及其排列形式,统计分组可分为简单分组、复合分组和分组体系。这种分组类型主要是从分组时所选用的分组标志的数量多少的角度出发的。统计分组可以采用单一标志作为分组标志,也可以同时采用多个标志作为分组标志。

(1) 简单分组也称为单一分组,就是对总体只按一个标志进行分组。例如,计算机上网方式划分为拨号上网、专线上网、ISDN 上网、宽带上网和其他方式上网等;企业按生产规模可分为大型、中型和小型三组;货物运输按运输方式可分为铁路运输、公路运输、水陆运输、航空运输与管道运输等五组。

(2) 复合分组就是对所研究的总体按两个或两个以上的标志进行的多层次分组,即在按某一标志分组的基础上再按另一标志进一步分组。复合分组的排列形式既可以是层叠式又可以是交叉式。例如,全国高等学校在校学生可以按"学科类别"分组,也可以按"学历层次"进行分组,见表 4-4 和表 4-5。采用复合分组方式,可以从同一现象的层层分组和分组标志的联系中更深入地反映总体的内部结构,更细致全面分析问题。当采用一个分组标志不能充分说明现象或现象受两个或两个以上因素影响时,选用复合分组比简单分组更能清晰反映现象的结构。但是,复合分组的组数会随着分组标志的增加而成倍增加,使每组包括的单位数相应减少,处理不好就会影响分析问题。因此,在采用复合分组时,分组标志的选择要适量,而且总体包括的单位数应较多。究竟采用几个分组标志进行分组,要根据统计研究的目的和任务来决定。

表 4-4 2008 年全国普通本、专科分学科在校学生数(层叠式)

指 标	在校学生数/人
总计	20210249
本科	11042207
专科	9168042
经济学	1028338
本科	668269
专科	360069
法学	695849
本科	457098
专科	238751
农学	366827
本科	204809
专科	162018
……	……

注:资料来源于中国统计年鉴(2009)。

表 4-5 2008 年全国普通本、专科分学科在校学生数(交叉式)

单位：人

指标	总计	经济学	法学	农学	……
总计	20210249	1028338	695849	366827	
本科	11042207	668269	457098	204809	
专科	9168042	360069	238751	162018	

注：资料来源于中国统计年鉴(2009)。

(3) 分组体系就是采用一系列相互联系、相互补充的并列标志对被研究对象总体进行的分组。在对社会经济现象进行研究时，为了从不同角度综合反映所研究现象的特征，只凭一个分组标志进行分组，往往不能满足统计研究的需要，而要从不同角度运用多个分组标志进行多方面的分组，形成一个分组体系。分组体系是根据统计研究的需要，通过对同一总体进行多种不同分组而形成的一种相互联系、相互补充，能从各种不同角度加深对统计总体数量表现的认识体系。统计分组体系有平行分组体系与复合分组体系之分。

对同一个总体选择两个或两个以上的标志分别进行简单分组，就形成平行分组体系。例如，根据工业统计的研究任务，可以对工业企业按经济类型、隶属关系、重工业和轻工业、生产规模等标志进行分组，形成平行分组体系如下。

① 按经济类型分组分为国有经济，集体经济，私营经济，个体经济，联营经济，股份制经济，外商投资经济，港、澳、台投资经济，其他经济。

② 按隶属关系分组分为中央工业、地方工业。

③ 按企业规模分组分为大型工业企业、中型工业企业、小型工业企业。

④ 按轻、重工业分组分为轻工业、重工业。

平行分组体系的特点是：每次分组固定一个分组标志，即只考虑一个因素的差异对总体内部分布情况的影响，而且各个简单分组之间彼此独立，没有主次之分，不互相影响。

复合分组所形成的分组体系叫做复合分组体系。例如，对工业企业按轻、重工业和企业规模重叠分组形成的复合分组体系如下。

① 轻工业分为大型工业企业、中型工业企业、小型工业企业。

② 重工业分为大型工业企业、中型工业企业、小型工业企业。

复合分组体系可以从不同角度了解总体内部的差别和关系，因而比简单分组体系更能全面、深入地研究分析问题。运用复合分组体系要注意的是，在选择分组标志的同时，要确定它们的主次顺序。因为第一次分组时首先固定第一个分组标志(主要标志)对总体的影响，第二次分组时，则又固定了第二个分组标志(次要标志)对总体差异的影响，当最后一次分组时，则所有的被选择的标志对差异的影响已全部被固定。由于复合分组中随着分组标志的增加，对总体所分的组数也不断地成倍增加，更不容易反映现象的本质特征，所以复合分组时分组标志不宜过多。

复合分组体系的特点是：每次分组除了要固定本次分组标志对分组结果的影响外，还要固定前一次或前几次分组标志对分组结果的影响，各个分组标志之间有主次之分。

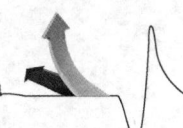

第4章 统计整理

3. 按分组标志的性质划分

按分组标志的性质,统计分组可分为品质标志分组和数量标志分组。

(1) 品质标志分组就是按品质标志进行的分组,即按事物的某种属性分组。品质标志分组反映总体内部的性质差异。例如,企业按经济类型分组;人口按性别、民族、受教育程度、职业分组等。

(2) 数量标志分组就是按数量标志进行的分组。例如,人口按年龄分组、企业按固定资产投资额分组、网民按个人月收入分组等。数量标志分组可以反映现象总体数量上的差异。

4.2.3 分组标志的选择

统计分组中关键的问题在于选择分组标志和各组界限的划分,而选择分组标志则是统计分组的核心问题。分组标志就是将统计总体区分为各个性质不同的组的标准或根据。为确保分组后的各组能够正确反映事物内部的规律性,选择分组标志时,应遵循以下原则。

1. 根据统计研究的目的与任务选择分组标志

在对社会经济现象进行研究时,可以根据不同的研究目的从不同的角度进行研究,也正是因为研究目的不同,才选择不同的分组标志进行分组。任何一个统计对象,都有许多特征,即许多标志,如工业企业这个统计对象就有很多标志,如经济类型、固定资产原值、职工人数、产品质量等。那么研究工业企业时,应该采用什么样的标志进行分组呢?这当然要看研究的目的。在研究不同经济类型的企业在总体中的构成、产值情况等时,就要选择经济类型作为分组标志;要研究不同规模的企业的构成、产值等情况时,就可以选用固定资产原值作为分组标志。因此,不同的研究目的,分组标志的选择是不同的。需要指出的是,在同一总体中,有些标志在性质上和意义上是很相似的,如工业总产值、工业商品产值、工业净产值、工业增加值等,尽管它们是不同的价值指标,各自所反映的具体内容不同,但都是反映生产成果的总量指标。那么,如果要研究企业的生产成果,反映不同生产成果的企业在总体中的构成情况,也涉及分组标志的选择问题时,究竟该用哪一个标志作为分组标志,也要根据所研究问题的性质、研究目的来决定。只有这样才能真正实现统计的研究目的。

2. 要抓住具有本质性的或主要的标志作为分组的依据

由于社会经济现象复杂多样,各自表现出不同的特征,在进行分组时,可以选择不同的分组标志对社会经济现象总体进行不同的划分。那么,在众多的分组标志中,在明确研究目的的情况下选择什么标志进行分组?总体中的若干标志,有能反映问题本质特征的标志,也有对反映事物本质作用不大的标志,这时应该选择最能反映问题本质特征的标志。例如,要研究城市居民的生活水平,有反映居民收入水平的标志,也有反映居民支出水平的标志等,在进行统计分组时,就要选择其中最能反映问题本质特征的标志,如按居民消费支出额进行分组,这样能够使我们对所研究的对象有一个正确的认识。

3. 根据现象所处的历史条件或经济条件来选择分组标志

社会经济现象是随着时间、地点等条件的变化而变化的。同一个标志在过去某个时期

是适用的，现在就不一定适用；在这个场合适用，在另一场合就不一定适用。因此，即使是研究同类现象，也要视具体时间、地点条件的不同而选择不同的分组标志。例如，在研究企业规模和劳动生产率的关系时，需要对企业按其规模进行分组。一般来说，反映企业规模的标志主要有职工人数、年产量、固定资产净值、年利润额等。在生产力水平较低的情况下，职工人数会直接影响企业的生产规模，并且企业职工人数在统计上比较好获得。因此，大多数研究都把职工人数作为分组标志。随着机械化、自动化和现代化水平的提高，有的企业由于采用了机械化生产，虽然职工人数不多，但生产能力却很大。当职工人数已不能准确地说明企业规模的大小时，一般使用企业生产能力、固定资产原值或净值等作为反映企业规模的分组标志。

此外，在选择分组标志时，还要遵循穷尽性和互斥性两个原则。穷尽性原则是指统计分组必须保证总体的每一个单位都能归入其中的一个组，各个组的单位数之和等于总体单位总量，总体的指标必须是各个单位相应标志的综合；互斥性原则是指统计分组必须保证总体的每一个单位只能属于其中的一个组，不能出现重复统计的现象，否则，就必然会影响到统计资料的真实性。

4.2.4 统计分组的方法

分组标志一经选定，就要突出总体在这一标志下的性质差异或数量差异，即在分组标志范围内，划分各相邻组间的性质界限和数量界限。根据分组标志的不同特征，统计总体可以按品质标志分组，也可以按数量标志分组。

1. 按品质标志分组

按品质标志分组就是选择反映事物属性差异的品质标志作为分组标志，并在品质标志的变异范围内划定各组界限，将总体划分为若干个性质不同的组成部分。

按品质标志进行分组是对统计研究对象从质的方面加以区分，具体地说，就是按研究对象的性质和空间特征进行分组。例如，将工业企业按所属的经济类型即所有制属性差异分组，可以分为国有经济、集体经济、个体经济、联营经济、股份制经济、外商投资经济、港澳台投资经济、其他经济。这是对企业从所有制性质上进行的划分，同时，也是在空间上对它进行的划分。从整体上讲，所有的工业企业组成一个庞大的经济实体，在空间上是相互联系的，在性质上各具不同的特点，因此，可以从性质上和空间上对它进行分组。

在按品质标志进行分组时，有些分组比较简单，有些分组则比较复杂。所谓的简单，是指按一个品质标志分组，对总体只作一次划分，每个组不再往下细分。另外，这种分组后，对总体单位应该归入哪一组的界限也比较明确，不存在模糊不清、模棱两可的问题。例如，人口按性别分为男和女，产品按质量情况分为合格品和不合格品等。按这样的标志进行分组以后，不同类别的单位可以明显地区分开来。但是，社会经济生活中大量存在的是分组比较复杂的问题，即在对总体按一个标志分组后，各组的界限难以明确划分，总体中的某些单位应该归入哪一组，容易产生理解上的差别。因此，在同一个分组标志的情况下，分组的结果就会不同。例如，人口总数划分为农业人口和非农业人口就属于这种情况，在对各组的单位理解上，是以是否有城市居民户口作为划分标准，还是以是否从事农业生产活动作为划分标准，不同的划分标准可以得出不同的结果，反映不同的经济内容。

从以上分析中可以看出，在选择分组标志时，一般情况下不会发生困难，所出现的问题是各组界限的具体确定。在统计实践中，为了保证各种分类的统一性和完整性，国家对某些重要的现象制定了统一的分类目录，如《工业部门分类目录》《产品分类目录》等。

2. 按数量标志分组

按数量标志进行分组就是根据统计研究的目的，选择反映事物数量差异的数量标志作为分组标志，在数量标志值的变异范围内划定各组数量界限，将总体划分为性质不同的若干个组成部分。例如，人口按年龄分组，企业按工业总产值分组，学生按学习成绩分组等。按数量标志分组的结果形成变量数列。在统计整理和统计分析中，变量数列应用得相当广泛，以此来观察某种指标的变动及其分布情况。

分组的形式根据变量值的取值范围，可以分为单项式分组和组距式分组。

(1) 单项式分组。即每一组只包含一个变量值。这种分组形式只适用于离散变量，而且要求在离散变量的变动范围较小时使用。例如，按家庭人口数划分居民家庭，或者按子女数划分居民家庭等都是单项式分组。单项式分组的特点是分组组数等于变量的取值个数，各组之间的界限很明确，不需要人为划分。

(2) 组距式分组。即在变量值变异幅度较大时，将变量值取值范围人为地划分为若干个区间，变量在同一区间内取值的现象归为一组，区间的距离即称为组距。这样的分组形式每一组中包含若干个变量值，适用于所有的连续变量和取值范围较大的离散型变量。例如，企业按职工人数分组、商店按销售额分组等都是组距式分组。

需要指出的是，在选择数量标志以后，分组过程中对于总体应分为多少组，各组的界限怎样确定，这是一个比较复杂的问题。分组不恰当，一方面不能反映出事物本身所具有的内在结构，另一方面也不能反映事物的本质和规律性，这就要求组数和组限的确定要恰当、科学。统计工作中，为了防止出现分组上的差异，一般也是给定所分的组数和各组的界限。

4.2.5 统计资料的汇总

统计调查取得的统计资料经过统计分组，便可以进行汇总工作。统计汇总是根据事先设计好的汇总(或整理)方案进行的，而统计汇总方案是统计设计的内容之一，它要根据统计分析的要求，设计统计汇总的具体内容，对整个汇总过程做出统一的安排。统计资料的汇总是一项十分繁重的工作，所以必须有一套科学、完整的组织形式和汇总技术才能保证统计汇总的顺利进行。

1. 统计汇总的组织形式

统计汇总的基本组织形式有逐级汇总、集中汇总和综合汇总。

(1) 逐级汇总。逐级汇总是统计汇总中最常使用的一种汇总组织形式，它是按照一定的统计管理体制，自下而上逐级整理汇总本系统或本地区范围内的统计资料。目前，我国现行的统计报表制度一般都采用这种组织形式。这种方法的优点在于能够满足各地区、各部门对统计资料的需要，有利于就地检查和核对原始资料；缺点是费时较长，影响统计资料的时效性，同时，由于经过的中间环节较多，容易产生误差。

(2) 集中汇总。集中汇总是将全部调查资料集中到组织统计调查的最高一级机关或它指定的机构进行汇总。这种汇总方式的优点是可以在较短时间内取得大规模综合统计的结果，极大缩短统计资料整理的时间，减少汇总过程产生的误差；缺点是原始资料如有差错，不能及时改正，汇总的资料往往不能满足各地区各部门的需要。

(3) 综合汇总。综合汇总是对各级都有需要的基本资料实行逐级汇总，对调查所得的其他资料则实行集中汇总。这种组织形式既满足了各级对统计资料的需要，又有利于节约时间，是逐级汇总和集中汇总相结合的产物。

就整个统计资料汇总的程序而言，统计汇总可分为一级汇总和二级汇总。一级汇总就是由基层单位在其内部，从原始记录的整理和台账的登记过渡到基层报表的综合工作；二级汇总是对一级汇总资料的再汇总，一级汇总以后不论再经过几次汇总都视作二级汇总。为了保证统计汇总资料的质量，必须特别重视一级汇总。

2. 统计资料的汇总技术

统计资料的汇总技术主要有手工汇总和电子计算机汇总两种。手工汇总是指以算盘或小型计算器为手段，通过手工操作对统计资料进行汇总，实际工作中常用的方法有划记法、过录法、折叠法和卡片法4种。由于手工汇总速度慢、易出错，已被逐步淘汰，取而代之的是现代化的汇总技术——电子计算机汇总。

电子计算机汇总是在手工处理的基础上发展起来的，其处理过程与手工处理大致相同，但具有手工处理所不可比拟的优点。它不仅具有计算容量大、速度快、准确程度高的特点，而且还可以进行逻辑运算和数据储存。电子计算机在统计工作中的应用，是统计工作现代化的重要标志。电子计算机汇总大致需要经过以下步骤。

(1) 选用合适的软件包或编写程序。随着电子计算机科学技术的不断发展及其在统计工作中的应用，为统计工作而设计的软件包不断问世，如 SAS(Statistical Analysis System)、SPSS(Statistical Pakage for the Social Science)、SARP(Statistical Annual Report Processing System)等，这些软件包均具有统计汇总的功能，其特点是面向用户，用户只需具备计算机操作的一般知识，而不必掌握计算机的内部细节，借助软件包说明书即可完成对相应软件的操作，完成数据处理工作。用户可根据计算机的类型，所处理数据的特点和对统计结果的要求，选择合适的软件包。数据处理过程中，根据统计研究的需要，用户还可以编写程序，以完成数据处理工作。

(2) 编码。数据编码就是根据程序的规定将汉字信息数字化的工作。数据编码是计算机数据处理的必要前提，通过编码可以使统计数据处理工作规范化，便于进行数据资料的管理，可以提高数据录入速度，加快统计数据处理的速度，方便地进行数据的分类、汇总。

(3) 数据录入。把经过编码后的数据和实际数字通过录入设备记载到存储介质上，以备电子计算机操作时调用。

(4) 逻辑检查(也称编辑)。即按事先规定的一套逻辑检查规则对录入电子计算机的原始数据进行分析、比较、筛选和整理。

(5) 制表打印。在所有数据经过逻辑检查之后，由电子计算机按照事先规定的汇总表式和汇总层次进行统计制表，并通过输出设备把结果打印出来。

4.3 分配数列

分配数列是统计整理结果的一种重要表现形式,也是统计描述和统计分析的重要内容。它可以表明总体的分布特征和内部结构,并为研究总体中某种标志的平均水平及其变动规律提供依据。

4.3.1 分配数列的概念与种类

1. 分配数列的概念

分配数列又称分布数列、次数分配,是在统计分组的基础上形成的,用来反映总体单位在各组中分布状况的统计数列。分布在各组中的个体单位数叫做次数,又称频数;各组单位数(即次数或频数)占总体单位数(即总体次数)的比重叫做比率或频率。次数和频率从不同角度反映了各组标志值出现的频繁程度,说明总体各单位在各组间的分布,是分配数列的两种表达形式。分配数列由组的名称和各组的次数或频率两个要素构成,例如在表 4-6 中,职工文化程度的具体表现是各组的名称,职工人数是频数,占总人数的比重是频率,其中各组频数之和等于总次数,各组频率之和等于 1 或 100%。

表 4-6 某企业职工文化构成情况

文 化 程 度	职工人数/人	占总人数的比重
大专及大专以上	350	17.5%
中专及高中	800	40%
初中	600	30%
小学及小学以下	250	12.5%
合　计	2000	100%
组的名称	次数(频数)	比率(频率)

分配数列可以说明总体的构成情况,是反映总体数量特征、揭示事物规律的重要方法,分配数列中各组的次数可以反映各组标志表现在总体中所起作用的大小,出现次数越多,作用越大;反之,出现次数越少,作用越小。

2. 分配数列的种类

统计整理中,根据分组标志的性质不同,分配数列分为品质分配数列和变量分配数列两种。

(1) 品质分配数列。按品质标志分组所编制的分配数列叫做品质分配数列,简称品质数列。品质数列的编制比较简单,只要根据统计研究的目的,正确选择分组标志,确定分组标准,即可清楚地划分总体中各组的性质界限。但要注意,在分组时应包括分组标志所有的标志表现,不能遗漏,且各标志表现要互相独立,不得相容。表 4-6 即是一个品质分配数列。

(2) 变量分配数列。按数量标志分组所编制的分配数列叫做变量分配数列,简称变量

数列。任何一个变量数列都由各组变量值和各组的次数或频率两个要素构成。例如，某厂工人按生产某种产品的日产量为分组标志所编制的变量数列见表 4-7。

表 4-7 某厂工人生产某产品日产量资料

日产量/件	工人数/人	占总人数的比重
12	20	10%
13	40	20%
14	60	30%
15	50	25%
16	30	15%
合　　计	200	100%

在上述两种分配数列中，本书重点介绍变量数列。由于变量分为离散型变量和连续型变量，所以变量数列又有不同的种类。

4.3.2 变量数列的种类

变量数列是依据数量标志分组所编制的分布数列，它是一种区分事物数量差别的分配数列，反映了总体在一定时间上的量变状态或量变过程，并从这种量的差别中来反映事物质的差别。变量数列按其分组方式的不同可分为单项式数列和组距式数列。

1. 单项式数列

单项式数列是指按每一个具体的变量值对现象总体进行分组所编制的变量数列。这种数列中组数与数量标志所包含的变量值数目相等，每个变量值作为一组，不存在组距的问题。表 4-7 即为单项式数列。

单项式数列一般适用于离散型变量，且在变量值不多、变异幅度不大的情况下采用。表 4-7 中，最大变量值为 16 件，最小变量值为 12 件，变量值的变异范围为 12～16 件，变量值的数目为 5。可见变量值的数目较少并可一一列举，因此可编制单项式数列。如果离散型变量变动范围比较大、统计单位数又很多的情况下，若编制单项式数列，把每一变量值作为一组，则必然会使分组的组数过多，各组次数过于分散，不能反映总体内部各部分的性质和差异，从而失去了编制分配数列的意义。至于连续型变量，由于变量值无法一一列举，更不能编制单项式数列。在这些情况下，就需要编制组距式数列。

2. 组距式数列

组距式数列是指按变量值的一定范围对现象总体进行分组所编制的变量数列。组距式数列中的每个组不是用一个具体的变量值表示，而是用变量值的一定变化范围即各组标志值变动的区间来表示。例如，某班学生按统计学原理考试成绩分组即可编制组距式数列，见表 4-8。

表 4-8　某班学生的考试成绩分布表

按考试成绩分组/分	学生数/人	比重
60 以下	5	10%
60～70	15	30%
70～80	20	40%
80～90	7	14%
90～100	3	6%
合　计	50	100%

组距式数列一般适用于连续型变量及变量值变动范围较大的离散型变量。在组距式数列中，涉及组限、组距、组数、组中值等要素。

组限是用来表示各组之间界限的变量值，是决定事物质量的数量界限。其中，在每一组中最小的变量值为下组限，简称为下限；最大的变量值为上组限，简称为上限。表 4-8 中，60 分、70 分、80 分、90 分、100 分都是组限，在第三组中 70 分是本组下限，80 分是本组上限。

组限的表达形式与变量的特点密切相关。如果分组标志是连续型变量，组限一般用重合式表达；如果分组标志是离散型变量，组限一般用不重合式表达。所谓重合式组限，就是相邻两组中，前一组的上限与后一组的下限数值相重叠。表 4-8 中各组的组限 60 分、70 分、80 分、90 分，既作为前一组的上限，又作为后一组的下限，数值重叠。当某一组距式数列是重合式组限时，总体中的某一单位的变量值恰巧与组限相等，则该总体单位应归入哪一组呢？统计上一般按"上组限不在内"的原则来处理，即当总体单位的变量值与组限相等时，该总体单位应归入变量值作为下限的那一组。若某同学的成绩为 80 分，则该同学应归入第四组，其余类推。所谓不重合式，是指前一组的上限与后一组的下限紧密相连但不重叠。在编制变量数列时，若分组标志为离散型变量且变量值的变动幅度较大，则应采用不重合式组限编制组距式数列，见表 4-9。

表 4-9　全国人口年龄构成(2012 年年底数据)

按年龄分组/岁	人口数/万人	占总人口比重
0～14	22287	16.5%
15～64	100403	74.1%
65 及以上	12714	9.4%
合计	135404	100%

注：资料来源于中国统计年鉴(2012)。

表 4-9 是 2012 年我国人口年龄构成资料，按年龄将全国人口分为 0～14 岁、15～64 岁、65 岁及以上三组，组与组之间变量值紧密连接，但不重叠。现实生活中人的年龄一般取整数，因此，对于每一个人来说，其应归入表 4-9 中的哪一组是很明显的事情。

组距是指一组变量值的区间长度，也就是每一组的上限与下限之间的差，即组距=上限-下限。表 4-8 中，第二组的组距=70 分-60 分=10 分，那么第一组的组距又是多少呢？第一组为什么没有下限？在统计分组时，为了遵循穷尽性原则，往往将第一组用"×××以下"表示，最后一组用"×××以上"表示。这些有上限无下限或有下限无上限的组，称为开口组。开口组的组距一般以邻组组距为参考依据。

组距式数列又根据各组组距是否相等分为等距式数列和异距式数列。若组距数列中各组的组距相等，则叫做等距式数列；若各组组距不完全相等，则叫作异距式数列或不等距数列。在实际进行编制组距式数列时，采用哪一种形式，要根据研究目的和现象的特点来决定。

等距数列通常适用于社会经济现象数量变动比较均衡的情况。编制等距数列的优点是：首先，可以对总体的分布状态做直接观察。由于组距相等，各组次数分布不受组距大小的影响，对落在各组内的总体单位数目(次数)的密集状态可直接进行组间的比较，尤其是在研究分组标志同其他标志之间的依存关系时，应使用等距分组。其次，在进一步计算一些统计分析指标时比较方便。

在等距分组时，一般应依据总体内部情况的定性分析来确定组数，然后用全距除以组数，得出组距，并据以划分各组界限。全距为最大变量值与最小变量值之差，全距与组数和组距的关系用公式表达为

$$i = \frac{R}{K}$$

式中：i——组距；

R——全距；

K——组数。

以上计算结果只是一个参考数值，为计算方便，实际工作中一般组距取 5 或 10 的整数倍。当然也可以先确定组距，再确定组数。

等距数列由于组距相同，各组次数的分布不受组距大小的影响。它与消除组距因素影响的次数密度的分布相一致。次数密度是指某组次数与该组组距的比值，反映的是单位组距内总体单位数的密集状态。

异距数列通常适用于社会经济现象数量变动不均衡且很难用等组距的办法实现区分事物不同性质的情况。由于异距数列各组组距不相等，各组次数的多少受组距大小的影响，为了便于组间的次数比较，需要借助于次数密度指标。

组数，即组的个数。针对一个总体，应将其分为多少组，这要根据研究的目的来确定，同时要本着以能简单明了地反映问题为原则。在所研究总体一定的情况下，组数的多少和组距的大小是紧密联系的。一般来说，组数和组距成反比关系。在对同一现象进行分组时，如果组数过多，则组距小，必然会造成总体单位分布分散，同时还有可能把属于同类的单位归到不同的组中，不能真实反映出事物的本质特点和规律性；如果组数过少，则组距大，又会造成把不同性质的单位归到同一个组内，失去区别事物的界限，达不到正确反映客观事实的目的。因此，在确定组距和组数时，应注意保证各组都能有足够的单位数，组数既不能太多，也不宜太少，应以能充分、准确体现现象的分布特征为宜。美国学者史特杰斯(H．A．Sturges)提出，在总体各单位标志值分布趋于正态的情况下，可根据总体单位数(N)来确定应分组数(K)，公式为

$$K = 1 + 3.322 \lg N$$

当总体单位数过少时，按上述公式计算的组数可能偏多；而当总体单位数很多时，计算的组数也可能偏少。因此，上式仅供分组时参考，不能生搬硬套。

组中值，即各组变量值的代表性水平。组距数列掩盖了各组单位的实际变量值，为了反映分布在各组中个体单位变量值的一般水平，往往需要计算组中值。组中值是各组变量值的中间数值，通常根据各组上限、下限进行简单平均求得，公式为

$$组中值 = \frac{上限 + 下限}{2}$$

或

$$组中值 = 下限 + \frac{上限 - 下限}{2}$$

用组中值代表组内变量值的一般水平有一个前提，即组内各单位变量值在本组内均匀分布或在组中值两侧呈对称分布。实际上，完全具备这一前提是不可能的，但在划分各组组限时，必须考虑使组内变量值的分布尽可能满足这一要求。此外，为了计算方便，应力求使组中值取整数。

在组距数列中存在开口组的情况下，为了进行统计分析，需要计算组中值。开口组的组中值的确定，一般可将邻组组距假定为开口组组距，然后计算组中值，公式为

$$缺下限的开口组组中值 = 上限 - \frac{邻组组距}{2}$$

$$缺上限的开口组组中值 = 下限 + \frac{邻组组距}{2}$$

4.3.3 变量数列的编制

1. 单项式数列的编制

编制单项式数列应具备两个条件：一是分组标志为离散型变量；二是该变量的变异幅度较小，即变量值的个数比较少。

【例4.1】 通过调查获得某纺织厂60名工人看管机器台数的有关资料如下：

```
2 3 3 5 4 2 4 4 3 2 5 6 4 5 3
3 3 3 4 4 3 3 5 6 4 3 4 2 4 5
4 3 4 5 4 5 4 6 3 3 4 4 5 3 3
5 5 3 4 5 3 4 6 5 2 4 3 2 4
```

要求根据以上资料编制单项式变量数列。

解析：

1) 资料分析

上述资料中机器台数为离散型变量，变量值只有2、3、4、5、6共5个值，变量值较少，符合编制单项式数列的条件。

2) 编制步骤

(1) 将调查所得资料按照数值大小，由小到大顺序排列如下：

```
2 2 2 2 2 2 3 3 3 3 3 3 3 3
3 3 3 3 3 3 3 3 4 4 4 4 4 4
4 4 4 4 4 4 4 4 4 4 4 4 4 5
5 5 5 5 5 5 5 5 5 6 6 6 6 6
```

(2) 确定各组的变量值和组数。

由上步可知，变量值为 2、3、4、5、6，可分成 5 组。

(3) 汇总出变量值出现的次数，编制单项式变量数列，见表 4-10。

表 4-10 某纺织厂工人看管机器台数分配数列

看管机器台数/台	工人数/人	比重
2	6	10%
3	18	30%
4	20	33.33%
5	12	20%
6	4	6.67%
合　计	60	100%

2．组距式数列的编制

当离散型变量取值个数较多且变动范围较大时，编制单项式变量数列会使组数分得太多，不便分析，因而只能采用组距式分组来编制组距式变量数列；连续型变量由于其取值的特点只能编制组距式数列。

【例 4.2】 对某县城居民家庭人均月消费性支出情况进行抽样调查，得到 75 户家庭人均月消费性支出(单位：元)资料如下。

```
441  393  400  442  561  535  483  495  544  394  446  466  416  409  464
415  466  420  370  400  340  432  414  388  566  413  433  376  331  361
355  432  416  378  429  524  521  397  478  422  456  481  414  488  485
500  448  445  504  406  482  450  410  402  394  391  349  338  391  391
304  372  445  415  424  417  420  385  414  397  490  435  485  527  582
```

要求根据以上资料编制组距式变量数列。

解析：

编制组距式变量数列的步骤如下。

(1) 把变量值按由小到大的顺序排列，得到如下资料。利用公式"全距=最大变量值-最小变量值"确定全距。

```
304  331  338  340  349  355  361  370  372  376  378  385  388  391  391
391  393  394  394  397  397  400  400  402  406  409  410  413  414  414
414  415  415  416  417  420  420  422  424  429  432  432  433  435
441  442  445  445  446  448  450  456  464  466  466  478  481  782  483
485  485  488  490  495  500  504  521  524  527  535  544  561  566  582
```

经过初步整理，可以看出居民家庭人均月消费性支出最高额为 582 元，最低额是 304 元，全距为 278(即 582-304)元。

(2) 确定组数和组距。组数和组距的确定应力求符合现象的实际情况，能够将总体分布的特点充分反映出来。组数过多、过少都不妥，组距过大、过小也都不当。初次分组可采取试验的方法，即先给出一个组距，分组后形成的变量数列若不能反映总体的分布特点，可增加或减少组距重新分组，直至所编制的分配数列能反映现象的总体特征。本例题将组距定为50元，采用等距式分组，则组数为全距与组距之商，即组数=278÷50=5.56，取整后定为6组。

(3) 确定组限。确定组限时应保证最小组下限要低于最小变量值，最大组上限要高于最大变量值，但不要过于悬殊。本例题最小变量值为304元，以300元为第一组的下限，则各组的上下限依次为300~350、350~400、400~450、450~500、500~550、550~600，共6组。

(4) 汇总出各组的次数及比重，编制组距式数列，见表4-11。

表4-11 某县城居民家庭人均月消费性支出分配数列

人均月消费性支出/元	家庭数/户	比重
300~350	5	6.67%
350~400	16	21.33%
400~450	30	40%
450~500	14	18.67%
500~550	7	9.33%
550~600	3	4%
合　　计	75	100%

编制组距式数列，在确定组距和组数方面的灵活性较大，即使对于同一研究目的和同一原始资料，由于不同工作者的认识水平和工作习惯不同，也会得出不同的结果。但必须强调，编制的组距式数列一定要客观反映现象总体的分布特征和规律。

4.3.4 次数分布特征

由于社会经济现象的性质不同，各种统计总体都有不同的次数分布，形成各种类型不同的分布特征。研究各种类型的次数分布特征，对于认识不同性质的变量在总体表现中的作用有着重要的意义。

1. 次数分布的表示方法

在统计分组基础上编制的分配数列可以用次数分布表和次数分布图两种形式表现。次数分布又分为简单次数分布和累计次数分布两种类型。

1) 简单次数分布表与分布图

简单次数分布表的编制是编制分配数列的主要内容，其编制方法在前面已经论述，表4-10、表4-11均属于简单次数分布表。下面主要介绍简单次数分布图的绘制。

次数分布图的绘制因单项式数列和组距式数列而有所不同，组距式数列又有等距数列和异距数列之分。

编制单项式数列次数分布图时应先建立坐标系，以横轴代表变量值，纵轴代表次数，标出各组变量值与次数所对应的坐标点，即得到单项式数列次数分布的散点图。根据表4-10绘制次数分布图绘制出的散点图如图4.3所示。

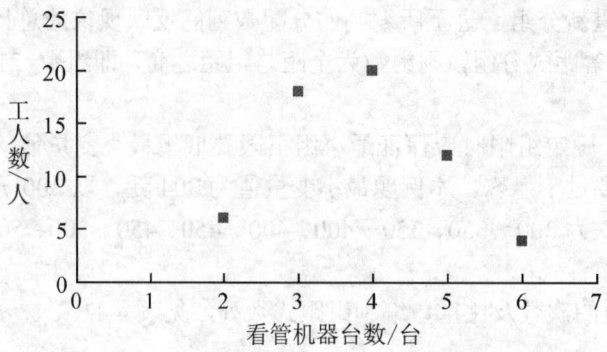

图 4.3　某纺织厂工人看管机器台数

组距式数列次数分布图有直方图和曲线图两种，曲线图是在直方图的基础上绘制的。其绘制方法仍然是先建立坐标系，以横轴代表变量值，并在上面标出各组组限值所在位置，各位置间的距离代表组距；以纵轴代表次数，并标出各组次数所在的位置。以各组组距为宽，以各组次数为高，即可绘出组距式数列的直方图。将各直方图上端的中点(即各组组中值与各组次数的交点)连成一条折线，就形成组距式数列的折线图。如果用曲线连接各点就形成了曲线图。现根据表 4-11 绘制居民家庭人均月消费性支出的次数分布图，如图 4.4(a)和图 4.4(b)所示。

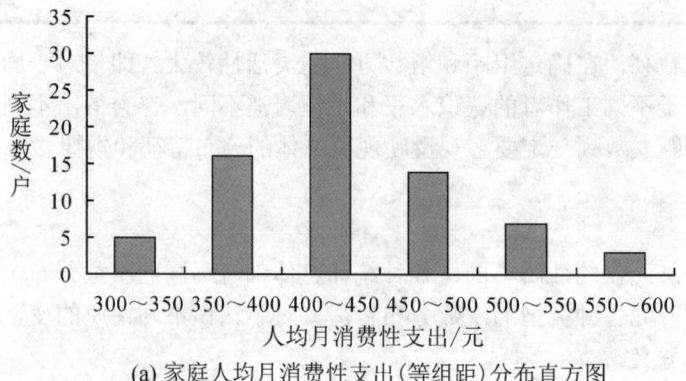

(a) 家庭人均月消费性支出(等组距)分布直方图

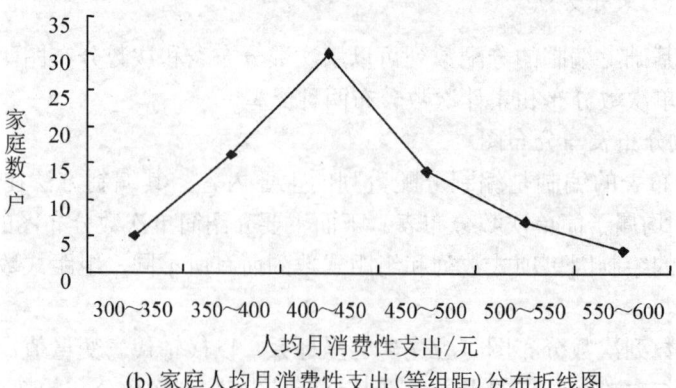

(b) 家庭人均月消费性支出(等组距)分布折线图

图 4.4　家庭人均月消费性支出(等组距)分布直方图和折线图

上面论述的是等距数列的次数分布图,对于不等距数列,因其次数分布受变量值和组距两种因素影响,若按前述方法绘制分布图则不能正确反映次数分布的特征。为了使图形充分反映总体次数的分布状况,就必须消除组距大小不等的影响。其具体做法是以纵轴代表次数密度,其他方面与绘制等距数列次数分布图的方法相同,见表4-12。

表4-12 某县城居民家庭人均月消费性支出分配数列(异距分组)

人均月消费性支出/元	家庭数/户	次数密度
300~350	5	0.1
350~400	16	0.32
400~450	30	0.6
450~500	14	0.28
500~600	10	0.1
合　　计	75	—

现利用表4-12中的资料,绘制其次数分布图,如图4.5(a)和图4.5(b)所示。

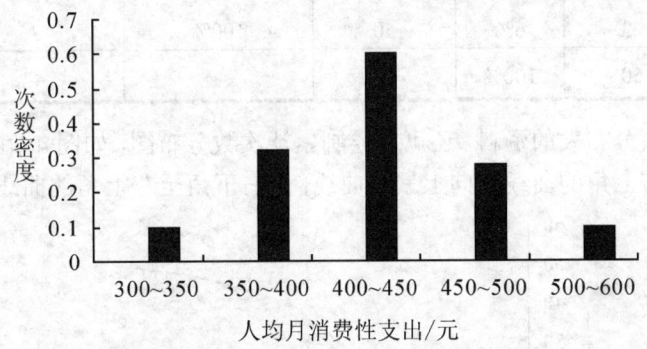

(a) 家庭人均月消费性支出(不等组距)分布直方图

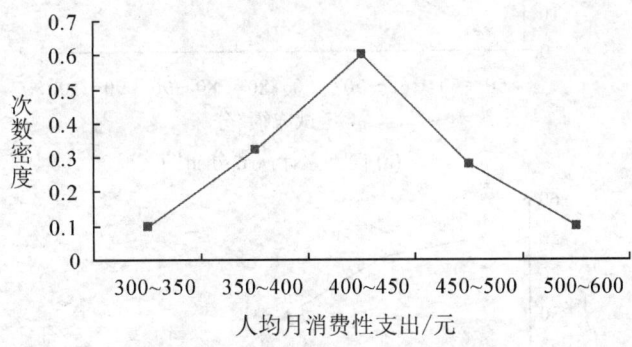

(b) 家庭人均月消费性支出(不等组距)分布折线图

图4.5 家庭人均月消费性支出(不等组距)分布直方图和折线图

2) 累计次数分布表与分布图

为了研究整个变量数列的次数分配状况和进行某种统计计算,统计工作中还常计算累计次数及其频率分布。将变量数列中各组的次数和频率逐组累计相加而成累计资料分布,它表明截止某一变量值以下或以上的对应分布次数是多少,便于帮助进一步了解现象总体的发展进程等情况。

累计次数分布需要计算累计次数和累计频率，其累计方法有两种：一是向上累计，又称以下累计、顺累计，即将各组次数和频率从变量值低的组向变量值高的组累计，此时各组的累计次数或累计频率表示该组上限以下的次数和或频率和；二是向下累计，又称以上累计、倒累计，即将各组次数和频率从变量值高的组向变量值低的组累计，此时各组的累计次数或累计频率表示该组下限以上的次数和或频率和。某班学生考试成绩的两种累计次数结果见表 4-13。

表 4-13　某班学生的考试成绩累计次数分布表

考试成绩/分	学生数/人	频率	向上累计		向下累计	
			次　数	频　率	次　数	频　率
50～60	5	10%	5	10%	50	100%
60～70	15	30%	20	40%	45	90%
70～80	20	40%	40	80%	30	60%
80～90	7	14%	47	94%	10	20%
90～100	3	6%	50	100%	3	6%
合　计	50	100%	—	—	—	—

根据累计次数分布表的资料，还可以绘制累计次数分布图，如图 4.6(a)和图 4.6(b)所示。图中由左下角至右上角的曲线为向上累计曲线；由右下角至左上角的曲线为向下累计曲线。

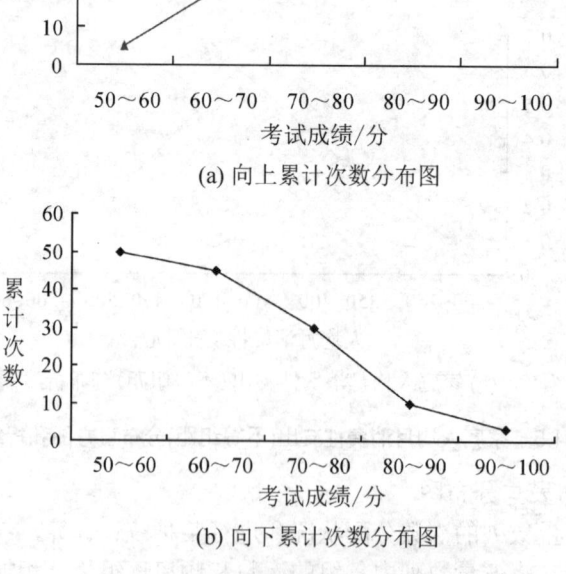

(a) 向上累计次数分布图

(b) 向下累计次数分布图

图 4.6　学生成绩累计次数分布图

2. 次数分布的特征

各种社会经济现象都有着特殊的次数分布,概括起来主要有下列4种类型:钟形分布、U形分布、J形分布和水平分布。

(1) 钟形分布。钟形分布的特征是"中间大,两头小",即靠近中间的变量值分布的次数较多,靠近两端的变量值分布的次数较少,绘制成的曲线图形状像一口古钟,这时就可以称该现象的次数分布为钟形分布,如图4.7(a)所示。钟形分布在社会经济现象中最为常见,也符合人们认识问题的习惯。例如,一个班级学生的考试成绩,差的和好的总是少数,居中游的人数最多。又如,农作物单位面积产量的分布、一般社会居民收入的分布等,基本上都表现为钟形分布或接近钟形分布的分布特征。

(2) U形分布。U形分布的特征与钟形分布正好相反,靠近中间的变量值分布的次数较少,靠近两端的变量值分布次数较多,形成"两头大、中间小"的分布特征。绘制成的曲线图形状像英文字母"U",如图4.7(b)所示。例如,人口死亡率的统计中,幼儿和老年人的死亡率均较高,中年人死亡率较低,按年龄分组的死亡率一般近似地表现为U形分布。

(3) J形分布。J形分布的有正反两种情况:次数随变量值增大而增多,绘成的曲线图如英文字母"J",称为正J形分布,如图4.7(c)所示;次数随变量值增大而减少,绘成的曲线图犹如反写的英文字母"J",称为反J形分布,如图4.7(d)所示。

(4) 水平分布。水平分布的特征是总体内各个变量值分布的次数大体相等,绘制成图形,表现为一条平行于横轴的水平线。例如,某些必需而用途又比较狭窄的商品,如食盐,其价格的需求弹性小,在价格变化不过渡强烈时,不论价格如何变化,其需求量变动都不大,则需求量按价格分组便呈现水平分布。现实生活中,严格的水平分布是极少见的,但对其进行研究,在统计理论上有着特殊的意义。

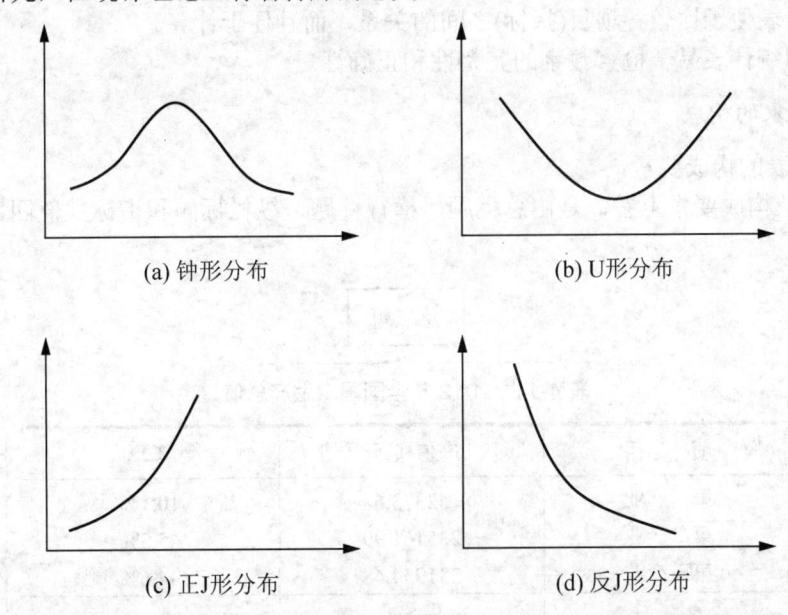

图4.7 次数分布类型

次数分布的类型主要取决于社会经济现象本身的性质,次数分布数列虽然因统计总体所处的客观条件不同而有不同的数量表现,但分布数列的形态仍应符合该社会经济现象的分布。如不相符,说明或者总体发生了异常的变化,或者统计分组整理已违背了现象的内在规律。

4.4 统计表与统计图

统计表和统计图是显示统计数据的重要工具。统计调查所获得的原始资料,经过统计整理,转化为系统化的、科学的统计资料,这些统计资料往往通过统计表和统计图表示。如本章导入案例中就是用统计图的形式表示2010年2月液晶显示器市场品牌关注比例分布情况。

4.4.1 统计表

统计表就是表现统计数据资料的一种主要的常用形式,统计部门也主要是通过统计表的形式向各级领导和管理部门,以及社会各方面提供统计资料。因此,掌握统计表的编制和应用,是统计人员和管理工作者必须具备的基本知识。

1. 统计表的概念与作用

统计表是以纵横交叉的线条所绘制的表格来表现统计资料的一种形式。广义的统计表包括统计工作各阶段中所用的一切表格;狭义的统计表则是指统计整理与分析研究阶段所使用的表格。

统计表的作用有以下几个方面。

(1) 它能使统计资料条理化,更清晰地表述统计资料的内容。

(2) 采用统计表格表达统计资料比用叙述的方式表达统计资料更简明易懂,节省篇幅。

(3) 统计表便于比较各项目(指标)之间的关系,而且便于计算。

(4) 利用统计表易于检查数字的完整性和正确性。

2. 统计表的构成

1) 统计表的构成要素

统计表从构成要素上看,是由总标题、横行标题、纵栏标题和指标数值四部分组成,见表4-14。

表4-14 2012年全国国内生产总值

项目	产值/亿元	比重
第一产业	52373.63	10.1%
第二产业	235161.99	45.3%
第三产业	231934.48	44.6%
合计	519470.10	100.0%

注:资料来源于中国统计年鉴(2013)。

(1) 总标题是统计表的名称,用以概括说明统计表中所反映的统计资料的内容,一般位于表的上端正中央。

(2) 横行标题是横行内容的名称,在统计表中用来说明总体及其各组的名称,是统计表所要说明的对象,一般列在表的左方。

(3) 纵栏标题是纵栏内容的名称,在统计表中通常用来表示总体及其各组成部分数量特征的统计指标的名称,一般位于表的上方。

(4) 指标数值列在各横行标题与各纵栏标题交叉处。统计表中任何一个数字的内容都由横行标题和纵栏标题所限定,横行是其反映的对象,纵栏是其反映的内容。

另外,为了补充统计表中未说明的问题,统计表往往还附有一些说明,包括资料来源、指标计算方法、填报单位、填表人、填表日期等。

2) 统计表的内容

从其内容上看,统计表是由两部分组成:一部分是主词;另一部分是宾词。主词是统计表的主体,也就是统计表所要说明的对象,它可以是各个总体单位名称或总体各个分组的排列,通常用横行标题来表示。宾词亦称宾栏,它是说明主词的各项指标,一般由纵栏标题和指标数值所组成,见表 4-14。

3. 统计表的种类

为了更好地发挥统计表在显示统计数据方面的作用,可以从不同的角度出发来对统计表进行分类。

1) 按用途分类

统计表按用途不同,可分为调查表、整理表和分析表。调查表是在统计调查中用于登记、搜集原始资料的表格;整理表是在统计整理或汇总中使用的表格和用于表现统计整理或汇总结果的表格,又称为汇总表;分析表是在统计分析中用于对整理所得的统计资料进行统计定量分析的表格,表中的数字既会有总量指标,又会有相对指标和平均指标。

2) 按统计数列的性质分类

统计表按所反映统计数列的时空性质不同,分为空间数列表、时间数列表和时空数列结合表。空间数列表又称静态表,是反映在同一时间条件下不同空间范围内的统计数列的表格,它可以说明社会经济现象在不同空间内的数量分布状态;时间数列表又称动态表,是反映在同一空间条件下不同时间上的统计数列的表格,它可以说明在既定的空间范围内,社会经济现象在不同时间上的变动过程;时空数列结合表是指同时反映上述两方面内容的统计表,它既说明某些社会经济现象在不同空间内的数量分布,又说明它们在不同时间上的数量变动,见表 4-15。

表 4-15 我国 2008—2012 年国内生产总值

单位:亿元

年份/年	2008	2009	2010	2011	2012
第一产业	33702.00	35226.00	40533.60	47486.21	52373.63
第二产业	149003.44	157638.78	187383.21	220412.81	235161.99
第三产业	131339.99	148038.04	173595.98	205205.02	231934.48
合 计	314030.34	340902.81	401512.8	473104.05	519470.10

注:资料来源于中国统计年鉴(2013)。

3) 按总体分组情况分类

统计表按对总体分组的情况不同,可分为简单表、分组表和复合表。简单表是指对统计总体未作任何分组,仅按单位名称或时间顺序排列而成的统计表,见表 4-16;分组表又称简单分组表,是指对统计总体仅按一个标志进行分组而形成的统计表,见表 4-10 和表 4-11,利用分组表可以深入分析现象的内部结构和现象之间的相互依存关系;复合表又称复合分组表,是指对统计总体按两个或两个以上标志进行交叉重叠分组而形成的统计表,见表 4-17。

表 4-16　我国 2008—2012 年人均国内生产总值

年份	人均国内生产总值/元
2008	23707.71
2009	25607.53
2010	30015.05
2011	35197.79
2012	38459.47

注：资料来源于中国统计年鉴(2013)。

表 4-17　2008 年全国普通本、专科分学科在校学生数

单位：人

指　　标	总　　计	经济学	法　学	农　学	……
总计	20210249	1028338	695849	366827	
本科	11042207	668269	457098	204809	
专科	9168042	360069	238751	162018	

注：资料来源于中国统计年鉴(2009)。

4. 统计表的设计和制表规则

设计统计表必须遵循科学、实用、简练、美观的原则。

1) 统计表形式的设计

(1) 统计表通常应设计成长方形表格,长、宽之间应保持适当的比例,过于细长、过于粗短的表格均应尽量避免。

(2) 统计表上、下两端应以粗线或双线绘制,表中其他线条应以细线绘制。统计表左、右两端习惯上均不划线,采用"开口"表示。

(3) 统计表各横行如需合计时,一般应将之列在最后一行,各纵栏如需合计时,一般列于最前一栏。

(4) 将复合分组列在横行标题时,应在第一次分组的各组组别下退一字填写第二次分组的组别。此时,第一次分组的组别就成为第二次分组的各组小计,依此类推。若复合分组列在纵栏标题时,应先按第一次分组的组别列为各大栏,再按第二次分组的组别将各大栏分别分为各小栏。

(5) 统计表纵栏较多时,为便于阅读,可编栏号。习惯上在主词和计量单位各栏用(甲)(乙)(丙)(丁)等文字标明,宾词各栏用(1)(2)(3)(4)等数码编号。各栏统计数字之间有一定

关系的,也可用数学符号表示。

2) 统计表内容的设计

(1) 统计表的各种标题,特别是总标题的表述,应十分简明、确切地概括表的内容。另外,还应在标题下写明资料所属的时间和空间范围。

(2) 统计表中主词各行及宾词各栏的排列,应有一个合理的顺序。一般应按先局部后整体的原则进行排列,即先列各分组,后列总计。当没有必要列出所有各组时,可以先列总计,而后列出其中一部分重要数值。

(3) 统计表的主词与宾词之间必须遵守相互对应的原则,以便表明统计表中任何一个指标数值反映的量所属的社会经济性质及其限定的时间、空间和条件。

(4) 统计表中的指标数值有着一定的数量单位。为使统计表阅读方便,计算单位应按如下方法表示:当各指标数都以同一单位计量时,将计量单位写在统计表的右上角;当同栏指标数值以同一单位计量,而各栏的计量单位不同时,则应将单位标写在各纵栏标题的下方或右方;当同行统计资料以同一单位计量,而各行的计量单位不同时,则可在横行标题后添一列计量单位栏,用以表明各行的计量单位。

(5) 统计表中宾词指标的设计主要指统计指标的编排。宾词指标的设计在不要求分组的情况下,可以按照指标的主次先后排列,在需要分组时,宾词指标的设计分为简单设计和复合设计。宾词指标的简单设计是将宾词中的各个指标并列起来做平行的设置,见表 4-18 所示。宾词指标的复合设计是将宾词中的各个指标做层叠的设置,见表 4-19。宾词指标的复合设计能够更全面、更深入地描述所研究总体的特征,但宾词指标分得过多过细,容易造成统计表混乱不清。因此,对宾词指标的复合设计应慎重考虑。

表 4-18 宾词指标平行配置表

企业	职工人数	性 别		工 龄		
		男	女	5 年以下	5~10 年	10 年以上
(甲)	(1)	(2)	(3)	(4)	(5)	(6)
合计						

表 4-19 宾词指标复合配置表

企业	职工人数			工 龄								
				5 年以下			5~10 年			10 年以上		
	计	男	女	计	男	女	计	男	女	计	男	女
(甲)	(1)	(2)	(3)	(4)	(5)	(6)	(7)	(8)	(9)	(10)	(11)	(12)
合计												

3) 统计表制表技术要点

(1) 文字应书写工整、字迹清晰；数字应填写整齐，数位对准，计量单位应按统计制度的规定填写，不得另设不同的计量单位。

(2) 当数字为"0"时应写出来，如不应有数字要用符号"—"表示；当缺某项数字或可略而不计时用符号"…"表示；当某项资料应免填时，用符号"×"表示。统计表中的数字部分不应留下空白。当某数值与相邻数值相同时，仍应填写，不应用"同上""同左""〃"等字样或符号代替。

(3) 对于某些需要特殊说明的统计资料，应在统计表的下方加注说明。

(4) 制表完毕经审核后，制表人及主管负责人应签名，并加盖本单位公章，以示负责。

4.4.2 统计图

1. 统计图的作用和结构

统计表的资料用几何图形或图案等形式表示即成为统计图，统计图也是显示统计数据的一种形式。如果说利用统计表能够集中有序地表现统计资料，那么利用统计图则能够更加形象、简明生动、一目了然地展示统计资料，便于人们直观地认识事物的特征。统计图可显示现象之间的对比关系，揭示总体结构及其发展变化趋势，分析现象之间的依存关系等。

随着计算机技术不断发展，计算机制图功能日益强大，使得统计图的制作更加方便和精确。统计图由标题、图域、标目、尺度和图例五部分构成。

(1) 标题。每个图都应有标题，标题简明确切，通常包括内容、时间和地点，其位置在图域之外，一般放在图域的下方。

(2) 图域。图域的长宽之比一般为 7∶5 比较美观，圆图除外。

(3) 标目。纵横两轴应有标目，即纵标目和横标目，并注明度量衡单位。

(4) 尺度。纵横两轴都有尺度，横轴尺度自左至右，纵轴尺度自下而上，数值一律由小而大，尺度间隔要宽松，用算术尺度时，等长的距离应代表相等量。

(5) 图例。用不同线条或颜色代表不同事物时，需用图例说明。

2. 常见的统计图的绘制

统计图的形式多种多样，下面主要介绍 3 种常用的图形。

(1) 条形图。条形图也称柱形图，是用宽度相同的条形的高度或长度来表示统计指标数值大小或多少的一种图形。条形图可以横置也可以纵置，纵置时又称为柱形图，即当各类别放在纵轴时，称为条形图；当各类别放在横轴时，称为柱形图。它用于说明或比较同一指标在不同时间、地点、单位的变化发展情况。例如，表 4-20 和图 4.8 反映了我国 2003—2012 年全体居民消费水平的变动情况。

表 4-20　我国 2003—2012 年全体居民人均消费水平

年份	人均消费水平/元
2003	4475
2004	5032
2005	5596
2006	6299
2007	7310
2008	8430
2009	9283
2010	10522
2011	12570
2012	14098

注：资料来源于中国统计年鉴(2013)。

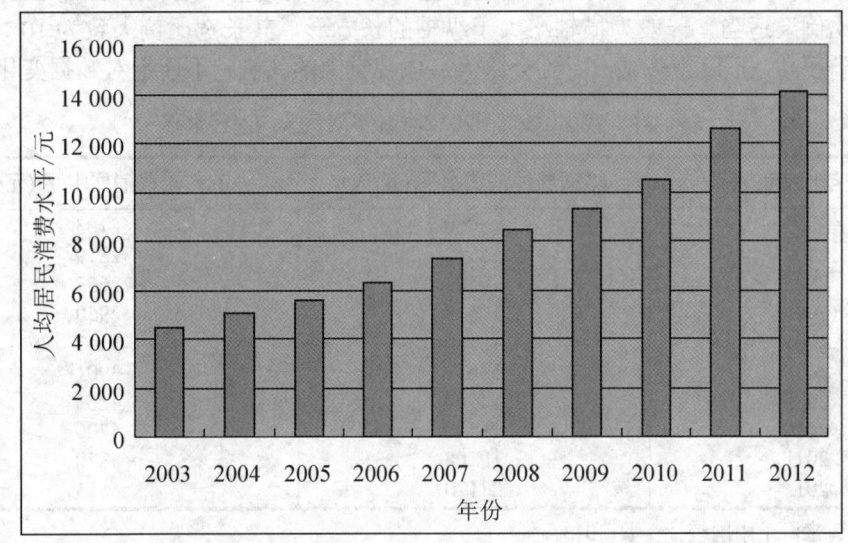

图 4.8　我国 2003—2012 年全体居民人均消费水平柱形图

(2) 圆形图。圆形图又称饼图，是用圆形和圆内扇形的面积大小来表示统计指标数值大小的一种图形。它用于表示总体中各组成部分所占的比例，揭示现象的内部结构及其变化。在绘制圆形图时，总体中各部分所占的百分比用圆内的各个扇形面积表示，这些扇形的中心角度是按各部分百分比占 360°的相应比例确定的。例如，表 4-21 和图 4.9 显示了 2012 年我国按三次产业分类的就业人员构成情况。

表 4-21　2012 年我国按三次产业分类的就业人员构成情况

产业类型	就业人员构成比例
第一产业	33.6%
第二产业	30.3%
第三产业	36.1%

注：资料来源于中国统计年鉴(2013)。

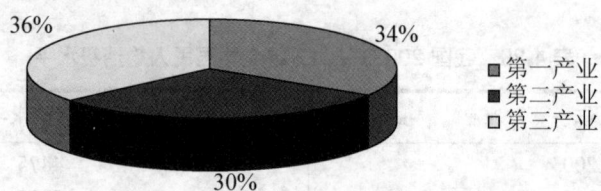

图 4.9　2012 年我国按三次产业分类的就业人员构成情况圆形图

(3) 曲线图。曲线图又称折线图，是利用曲线的升、降变化来表示统计指标数值变化的一种图形。它用于分析社会经济现象的发展变化的规律、趋势以及现象之间的依存关系。

绘制曲线图时，如果是某一现象随时间变化的显示，则应将时间绘制在横坐标轴上，指标绘制在纵坐标轴上；如果是两个现象依存关系的显示，则一般将表示原因的指标绘制在横坐标轴上，指标绘制在纵坐标轴上。例如，2003—2012 年我国城乡居民人均消费水平见表 4-22 和图 4.10。从图 4.10 中可以清楚地看出，城乡居民的人均消费水平逐年提高，城镇居民的人均消费水平高于农村，而且这种差距有扩大的趋势。绘制曲线图时应注意：图形的长宽比例要适当，一般为横轴略大于纵轴的长方形，其长宽比例大致为 10∶7，图形过扁或过于瘦高，不仅不美观，而且会给人造成视觉上的错觉，不便于对数据变化的理解。

表 4-22　我国 2003—2012 年城乡居民人均消费水平

年份/年	城镇居民消费水平/(元/人)	农村居民消费水平/(元/人)
2003	8060	2103
2004	8912	2319
2005	9593	2657
2006	10618	2950
2007	12130	3347
2008	13653	3901
2009	14904	4163
2010	16546	4700
2011	19108	5870
2012	21120	6515

注：资料来源于中国统计年鉴(2013)。

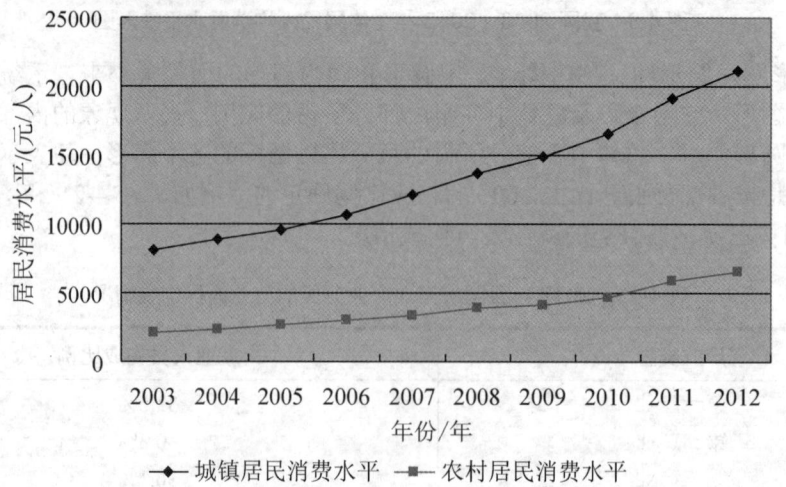

图 4.10　2003—2012 年我国城乡居民人均消费水平曲线图

3. 绘制统计图的基本要求和原则

为了使统计图能准确生动地反映被研究对象的数量特征,在编制统计图时应注意以下编制规则。

(1) 各种图形的适用条件不同,因此,要选择恰当的图形来表示统计数据。
(2) 图的标题要简明扼要地说明所要表达的内容,图的标题一般位于图的下方。
(3) 有纵横轴的图形,横轴表示研究对象,尺度要等距,自左至右由小到大。纵轴一般表示现象出现的频数或频率,从零开始等距分点,由下至上,从小到大。数字位于左侧,要注明单位。
(4) 线条粗细有差别,图形线条较粗,坐标线条较细。
(5) 在同一图形上比较多个事物时取的尺度要相同,比较的对象不宜过多。
(6) 图形上尽量不要写数字,如要说明则应该归于图注中。

本章小结

统计整理在统计工作中起着前承启后的作用,在统计研究中处于中心地位。统计分组是统计整理的主要方法,进行统计分组应注意分组标志的选择及组限、组距的确定。分配数列、统计表及统计图是统计整理结果的表现形式,应掌握分配数列的种类及编制,熟练掌握统计表及统计图的绘制方法、设计要求及技术要点。

习 题

一、名词解释

1. 统计整理   2. 统计分组   3. 分配数列   4. 次数密度
5. 统计表   6. 横行标题   7. 纵栏标题   8. 总标题

二、单项选择题

1. 对职工的生活水平状况进行分组研究,正确地选择分组标志应当用( )。
    A. 职工月工资总额的多少
    B. 职工月人均收入额的多少
    C. 职工家庭成员平均月收入额的多少
    D. 职工的人均月岗位津贴及奖金的多少

2. 有12名工人看管机器台数资料为:2、5、4、4、3、3、4、3、4、4、2、2,按以上资料编制分配数列,应采用( )。
    A. 单项式分组   B. 等距分组
    C. 不等距分组   D. 以上几种分组均可

3. 在分组中,凡是遇到某单位的标志值刚好等于相邻两组上下限数值时,一般是( )。

　　A. 将此值归入上限所在组　　B. 将此值归入下限所在组
　　C. 将此值归入上、下限所在组均可　　D. 另立一组

4. 变量数列各组频率的总和应( )。

　　A. 小于 1　　B. 等于 1　　C. 大于 1　　D. 不等于 1

5. 如果组距式变量数列是异距数列,各组次数的数值受( )的影响。

　　A. 标志值大小　　B. 组距不同　　C. 组中值　　D. 总体分布

6. 由"开口组"变量数列计算组中值时,确定假定组限要根据( )。

　　A. 全距的大小　　B. 邻组的组中值
　　C. 相邻组的组距　　D. 标志值的一般水平

7. 按( )标志分组形成的分布数列称属性分布数列。

　　A. 组距　　B. 数量　　C. 品质　　D. 离散型变量

8. 按离散变量分组形成的变量数列( )。

　　A. 只能是单项式数列
　　B. 只能是组距式数列
　　C. 既可以是单项式数列,也可以是组距式数列
　　D. 既不是单项式数列,也不是组距式数列

9. 某连续变量数列,其末组组限为 500 以上,又知其邻组组中值为 480,则末组组中值为( )。

　　A. 520　　B. 510　　C. 500　　D. 490

10. 在一般情况下,宾词是( )。

　　A. 统计表的构成形式　　B. 统计表要说明的总体
　　C. 说明总体的统计指标　　D. 总体的各个组

11. 统计分组的首要问题是( )。

　　A. 划分各组界限　　B. 确定组数
　　C. 选择分组标志　　D. 确定分组表式

12. 下面属于品质分配数列的资料是( )分配。

　　A. 发行影片按种类　　B. 商场按人数
　　C. 工人按产量　　D. 商店按销售额

13. 下面属于变量分配数列的资料是( )分配。

　　A. 大学生按专业　　B. 电站按发电能力
　　C. 商业企业按类型　　D. 企业按经济部门

14. 向下累计次数的含义是( )累计次数。

　　A. 上限以下　　B. 上限以上　　C. 下限以上　　D. 下限以下

15. 要准确反映异距数列的实际分布情况,必须采用( )。

　　A. 次数　　B. 次数密度　　C. 频率　　D. 累计频率

三、多项选择题

1. 按等距分组时，各组次数分布(　　)。
   A. 不受组距大小的影响　　B. 受组距大小的影响
   C. 它与次数密度的分布一致　　D. 它与次数密度的分布不一致
   E. 一定是正态分布

2. 统计分组方法的主要问题是(　　)。
   A. 对总体进行定性分析　　B. 计算组中值
   C. 选择分组标志　　D. 计算次数
   E. 划分各组界限

3. 影响次数分布的要素是(　　)。
   A. 变量值大小　　B. 变量性质不同
   C. 选择的分组标志　　D. 组数与组距
   E. 组限与组中值

4. 下列(　　)是按品质标志分组的。
   A. 职工按工龄分组　　B. 科技人员按职称分组
   C. 人口按民族分组　　D. 企业按所有制分组
   E. 人口按地区分组

5. 下列(　　)是按数量标志分组的。
   A. 企业按销售计划完成程度分组　　B. 学生按健康状况分组
   C. 工人按产量分组　　D. 职工按工龄分组
   E. 企业按隶属关系分组

6. 分配数列中，各组标志值与频数的关系是(　　)。
   A. 各组标志值的作用大小从频数大小中反映出来
   B. 频数越大的组，标志值对于总体标志水平所起的作用也越大
   C. 频数越大，则组标志值也越大
   D. 标志值很小的组，相应的频数也就小
   E. 组标志值相应的频数很小，对于总体标志水平所起的作用就小

7. 在组距数列中，组中值(　　)。
   A. 上限和下限之间的中点数值　　B. 用来代表各组标志值的平均水平
   C. 在开口组中无法确定　　D. 就是组平均数
   E. 在开口组中，可以参照相邻组的组距来确定

8. 在次数分配数列中(　　)。
   A. 总次数一定，频数和频率成反比
   B. 各组的频数之和等于100
   C. 各组频率大于0，频率之和等于1
   D. 频率越小，则该组的标志值所起的作用越小
   E. 频率表明各组标志值对总体的相对作用程度

9. 统计表按主词是否分组及分组的程度，可分为(   )。
   A．简单表　　　　　　　　　B．一览表
   C．分组表　　　　　　　　　D．复合表
   E．单一表
10．次数分配数列(   )。
   A．由总体按某标志所分的组和各组单位数两个因素构成
   B．由组距和组数、组限和组中值构成的
   C．包括品质分配数列和变量数列两种
   D．可以用图表形式表现
   E．可以表明总体结构和分布特征

四、判断题

1．对统计资料进行分组的目的就是为了区分各组单位之间质的不同。　　　　(　)
2．统计分组的关键问题是确定组距和组数。　　　　(　)
3．组中值是根据各组上限和下限计算的平均值，所以它代表了每一组的平均分配次数。
　　　　(　)
4．分配数列的实质是把总体单位总量按照总体所分的组进行分配。　　　　(　)
5．某企业职工按文化程度分组形成的分配数列是一个单项式分配数列。　　　　(　)
6．任何一个分布都必须满足：各组的频率大于零，各组的频数总和等于1 或100%。
　　　　(　)
7．按数量标志分组形成的分配数列和按品质标志分组形成的分配数列，都可称为次数分布。
　　　　(　)
8．统计分组以后，掩盖了各组内部各单位的差异，而突出了各组之间单位的差异。
　　　　(　)
9．分组以后，各组的频数越大，则组的标志值对于全体标志水平所起的作用也越大；而各组的频率越大，则组的标志值对全体标志水平所起的作用越小。　　　　(　)
10．当统计表中缺乏某项数字时，可用符号"…"表示。　　　　(　)

五、简答题

1．什么是统计整理？它有什么意义？
2．统计整理的步骤有哪些？
3．什么是统计分组？统计分组有哪些作用？
4．选择分组标志应遵循哪些原则？
5．什么是分配数列？它有哪些种类？
6．组距式数列所涉及的要素有哪些？
7．累计次数有哪几种？它们各有什么作用？
8．举例说明次数分布的特征有哪些？
9．简述统计表的基本结构及分类。
10．统计图的作用有哪些？

第4章 统计整理

六、计算题

1．某班级有46名学生，他们统计学原理考试成绩如下：

　　76　72　90　60　60　82　60　80　99　80　70　80　73　75　60
　　76　92　84　80　81　78　80　85　80　99　60　80　84　76　87　91
　　75　95　85　98　70　87　88　92　60　85　60　42　84　58

学校规定：60分以下为不及格，60～70分为及格，70～80分为中，80～90分为良，90～100分为优。

要求：

(1) 将该班学生分为不及格、及格、中、良、优五组，编制一张次数分配表。

(2) 指出分组标志及类型、分组方法的类型；分析本班学生考试情况。

2．某公司销售人员按日销售额分组资料见表4-23。

表4-23　日销售额分组资料

日销售额/元	销售人员人数/人	销售人员人数比重
2000及以下	8	10%
2000～2500	20	25%
2500～3500	30	37.5%
3500～4000	10	12.5%
4000及以上	12	15%
合　　计	80	100%

要求：

(1) 指出上述变量数列的种类并说明此数列的作用。

(2) 指出分组中的变量、变量值、上限、下限、组距、组中值、次数、频率。

(3) 绘制次数分布曲线图(提示：考虑次数密度)。

3．某地区200家企业的有关资料如下：

2000人及以下的企业中，国有企业10家，集体企业5家，合资企业3家；2001～3000人的企业中，国有企业20家，集体企业34家，合资企业4家；3001～4000人的企业中，国有企业15家，集体企业15家，合资企业2家；4001～5000人的企业中，国有企业20家，集体企业15家，合资企业1家；5001～6000人的企业中，国有企业20家，集体企业10家，合资企业1家；6000人及以上的企业中，国有企业15家，集体企业10家，合资企业0家。

要求：

(1) 按品质标志分组编制简单分组表。

(2) 按变量标志分组编制变量数列。

(3) 设计复合表。

4. 为了确定灯泡的使用寿命(小时)，在一批灯泡中随机抽取 100 只进行测试，所得结果如下：

700	716	728	719	685	709	691	684	705	718	706	715	712	722	691
708	690	692	707	701	708	729	694	681	695	685	706	661	735	665	668
710	693	697	674	658	698	666	696	698	706	692	691	747	699	682	698
700	710	722	694	690	736	689	696	651	673	749	708	727	688	689	683
685	702	741	698	713	676	702	701	671	718	707	683	717	733	712	683
692	693	697	664	681	721	720	677	679	695	691	713	699	725	726	704
729	703	696	717	688											

要求：

(1) 整理成组距数列(以组距为 10 进行等距分组)，编制分配数列。

(2) 绘制直方图和次数分布曲线图。

第 5 章

总量指标和相对指标

学习目标

知识目标	技能目标
1. 了解总量指标概念、特点及分类、计量单位 2. 了解相对指标的概念及表现形式 3. 了解相对指标的种类及计算方法、作用	1. 掌握时期指标与时点指标的区分要点 2. 掌握 6 种相对指标的计算方法，及其在现实生活中的应用 3. 掌握强度相对指标与平均指标区分的要点

知识结构

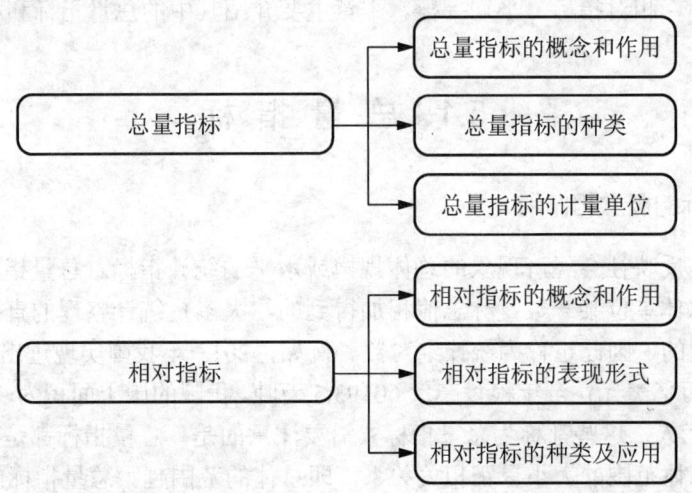

导入案例

近代以前的中国文明

在近代以前时期的所有文明中,没有一个国家的文明比中国文明更发达,更先进。它有众多的人口,在15世纪有1亿~1.3亿人口(而欧洲当时只有5000万~5500万人),有灿烂的文化,有特别肥沃的土壤以及从11世纪起就有由一个杰出的运河系统连接起来的、有灌溉之利的平原,并且有受到儒家良好教育的官吏治理的、统一的、等级制的行政机构,这些使中国社会富于经验,具有一种凝聚力,使外国来访者羡慕不已。中国11世纪就出现了活字印刷,不久就有大量书籍。中国的城市要比中世纪欧洲的城市大得多,商路也四通八达。到11世纪末,中国北部已有可观的冶铁业,每年能生产大约12.5万吨铁,主要为军队和政府所用,比如,100万人以上的军队是铁制品的一个巨大市场。值得指出的是,这一生产数字要比700年以后英国工业革命早期的铁产量还多!据记载,1420年明朝的海军拥有1350艘战船,其中包括400个大型浮动堡垒和250艘设计用于远洋航行的船舶。这样一支力量还不包括许多私人经营的船舶,但后者同海军比起来显得黯然失色。这些私人经营的船只那时已经在与朝鲜、日本、东南亚,甚至东非进行贸易,并为中国国家带来收入,因为国家试图对这种海上贸易征收捐税。最有名的官方海上远征,是1405年和1433年间海军将领郑和进行的7次远洋航行。这支船队有时由数百艘船舶和数万人组成,遍访从马六甲和锡兰到红海口和桑给巴尔的各个港口。其成就让现在的人们都感到钦佩。

资料来源:[英]保罗·肯尼迪. 大国的兴衰[M]. 北京:中信出版社,2013.

为什么说近代以前的所有文明中,没有一个国家的文明比中国文明更发达,更先进呢?因为历史学家手中有大量能够反映社会经济现象总体特征的统计指标,而这些指标一般称为综合指标。

通过统计调查,可以收集到大量能够说明总体单位特征的原始资料,对这些资料加以整理、汇总和计算,就可以得到这些综合指标。综合指标按其反映现象总体数量特征的不同分为总量指标、相对指标、平均指标。本章主要介绍其中的总量指标和相对指标。

5.1 总量指标

5.1.1 总量指标的概念和作用

总量指标是反映社会经济现象的总体规模或水平的统计指标。总量指标通常是将总体单位数相加或总体单位某一数量标志值相加得到的,大多是统计整理的直接成果,是用绝对数的形式表示的,因此也称为统计绝对数。例如,2013年我国实现进出口总值25.83万亿人民币(4.16万亿美元),全年粮食产量60193.5万吨,我国国土面积为960万平方公里,总人口为13.6亿人,这些都称为总量指标。需要注意的是,总量指标都是有名数,且总量指标的大小与总体范围的大小呈正相关关系,即总体的范围越大总量指标的数值就越大。

总量指标是人们认识社会经济现象总体数量特征的基础指标,是经济分析的基础,是最基本的统计指标,在社会经济统计中有着十分重要的作用。

(1) 总量指标是对社会经济现象总体认识的起点。这是因为社会经济现象基本情况往往表现为总量，即总规模、总水平。要想了解一个国家的国情和国力，一个地区或一个企业人、财、物力的基本状况，就必须通过总量指标。如 2013 年末，我国国土面积为 960 万平方公里，人口 13.6 亿人，美国国土面积为 963 万平方公里，人口为 3.15 亿人，加拿大国土面积为 998 万平方公里，人口为 0.35 亿人；通过这些总量指标的对比，我们可以清楚地看到国与国之间，总体与总体之间的特征与区别。掌握了一定的总量指标，人们对事物就有了一个基本的了解，在此基础上就可以进一步分析和研究社会经济现象的发展变动规律和趋势。

(2) 总量指标是制定政策、编制计划、实行管理的依据。无论是宏观调控还是微观管理工作，都要从客观实际出发。在国家或各级政府部门制定政策和计划时，首先要了解客观实际情况，在此基础上才能制定出合理、科学的政策和计划。而总量指标是最具体、最实际的客观数量的反映，从各种社会经济条件到现有生产能力、生产水平都是制定政策和计划时需要考虑的。在检查政策和计划执行情况时，当然也离不开相应的总量指标。

(3) 总量指标是计算相对指标和平均指标的基础。反映现象联系程度的相对指标和反映总体一般水平的平均指标大都是将两个总量指标对比得到的，是在总量指标的基础上派生出来的。总量指标的计算是否科学、结果是否正确，直接关系到相对指标和平均指标的准确与否。

5.1.2 总量指标的种类

总量指标按说明现象的内容不同和反映现象的时间状态不同，有以下几种分类。

1. 总量指标按其反映的内容不同分为总体单位总量和总体标志总量

总体单位总量即总体单位数，它是由每个总体单位加总得到的。总体标志总量即总体各单位某一数量标志值之和，它是总体单位的某一数量标志值加总得到的。例如，研究某个年级统计学总成绩，年级共 6 个班 240 人，总成绩为 18046 分。这里有学生 240 人就是总体单位总量，它反映了总体单位数的多少。而总成绩 18046 分由是总体标志总量，它反映了总体单位某种标志值的总和。与此类似的，如研究全国工业企业生产情况时，"全国工业企业数"为总体单位总量，"全国工业总产值"为总体标志总量；研究某地区工业企业职工工资情况时，"职工人数"为总体单位总量，"工资总额"为总体标志总量。在计算和运用总体标志总量时应注意，有些总体单位标志值加总的结果不是有意义的标志总量指标，而只是在计算其他统计分析指标时运用，如将每个人的年龄加总得到的结果并不具有实际意义，而只是计算其他统计分析指标时使用。

总体单位总量和总体标志总量在某些情况下也是可以相互转化的，如研究全国工业企业生产情况时，全国工业企业为总体，每一个工业企业为总体单位，"全国工业企业职工人数"为各工业企业职工人数之和，为总体标志总量；而当研究全国工业企业职工工资情况时，全国工业企业职工为总体，每一个职工为总体单位，此时"全国工业企业职工人数"就成了总体单位总量。

区别总体单位总量和总体标志总量是计算相对指标和平均指标的基础和依据。

2. 总量指标按反映现象的时间状况不同分为时期指标和时点指标

时期指标是反映总体在某一段时间内发展过程的总数量的总量指标。它反映的是一段时间连续发生变化的过程,如某一年的总产值、某个月的商品零售额、某个月的工资总额、某一年的人口出生数、某一年的毕业人数等。时期指标具有以下特点。

(1) 时期指标可以累计相加。连续的、各不同时期的总量指标相加,会得到一个新的、更长时期的累积总量,表示现象较长时期总的发展水平。这一结果仍然是总量指标。例如,将某商店一年内 12 个月的销售额加总到一起就得到全年的总销售额。

(2) 时期指标数值的大小与时期长短有直接关系。一般情况下,指标包含的时期越长,指标的数值就越大;时期越短,指标数值越小。例如,某商店一个月的商品销售额一定比一年的商品销售额少。

(3) 时期指标数值是连续登记、累计的结果。例如,月销售额是对每天的销售额进行登记然后累计得到的,年销售额是将一年 12 个月的销售额累计得到的。

时点指标是反映总体在某一时点上(某一时刻或某一瞬间)的数量状况的总量指标,如人口数、企业数、商品库存量、银行储蓄存款余额等。时点指标具有以下特点。

(1) 时点指标不能累计相加,即相加后不具有实际意义。例如,人口数每时每刻都在变动,每一时刻的人口数只是反映在该时点上人口数量的水平。若把不同时点上的人口数相加,不仅脱离实际,也是毫无意义的。将 2013 年末和 2014 年末的全国总人口数相加并不等于两年全国人口的总数。

(2) 时点指标数值大小与时点间隔时间长短没有直接关系。例如,年末商品库存额不一定比月末商品库存额大。某商店的商品库存额 1 月 1 日是 100 万元,3 月 31 日是 150 万元,12 月 31 日是 90 万元。1 月 1 日到 3 月 31 日相隔 3 个月,商品库存额增加了 50 万元,而 3 月 31 日到 12 月 31 日相隔 9 个月,商品库存额反而减少了。

(3) 时点指标数值是间断计数的,是通过一次性调查取得的。因为不可能对现象在每一个时点上的数量表现进行登记,所以时点指标通常是隔一段时间登记一次。

5.1.3 总量指标的计量单位

总量指标的计量单位都是有名数,表现为实物单位、货币单位和劳动单位,不同的计量单位表现的总量指标反映和说明的问题都不相同。

1. 实物单位

实物单位是反映现象总体的使用价值总量的计量单位,是根据社会经济现象的自然属性和特点采用的自然物理计量单位,有自然单位、度量衡单位、双重单位、复合单位和标准实物单位等。

(1) 自然单位。自然单位是根据现象的自然状态来度量的,如人口以"人"、汽车以"辆"、电视机以"台"为单位等。

(2) 度量衡单位。度量衡单位以长度、面积、重量等度量衡制度规定的单位来计量,如粮食产量以"吨"或"公斤"、耕地面积按"公顷"、公路长度用"公里"来计量等。

(3) 双重单位。双重单位是同时以两个单位分别反映事物的真实规模和水平,如发电机按"台/千瓦"、轮船按"艘/马力"计量等。

(4) 复合单位。复合单位是把两种计量单位有机地结合在一起来表示事物的数量,如运输业货物运输量用"吨公里"、电力企业发电量用"千瓦时"、博物馆参观人数用"人次"表示等。

第5章 总量指标和相对指标

(5) 标准实物单位。标准实物单位是按照统一折算的标准度量被研究现象数量的一种计量单位。在人们利用实物单位计算产品产量时,对于同一类产品,由于品种、规格、能力或化学成分不同,其使用价值就不同,因而产品混合量往往不能准确地反映生产成果。例如,含氮量80%的氮肥1吨和含氮量70%的氮肥1吨简单加总其产量之和为2吨氮肥,但这种统计是不够准确的。为准确反映氮肥使用价值的总量,需要以含氮量100%的氮肥为标准实物单位,将所有的氮肥折算成含氮100%的氮肥来计算其总量。将前面提到的2吨氮肥折算成标准实物产量的话,只有1.5吨。除氮肥外,标准实物单位在其他产品产量统计时也被经常使用。例如,发热量不同的煤以每公斤发热量7000大卡的煤为标准实物单位、工作能力不同的拖拉机以15牵引马力为一个标准台等。

按实物单位计量的实物量指标,具有十分重要的意义。它可以直接反映产品的使用价值或现象的具体内容,反映各种商品的流通量和物资的消费量,因而能够具体地表明事物的规模和水平。按实物单位计量的统计指标是掌握国民经济基本情况,制定政策,进行国民经济综合平衡分析以及编制国民经济计划的基本依据。实物量指标还是计算价值量指标的基础,在实际工作中占有重要地位。但实物量单位本身也有局限性,主要是无法综合不同事物的数量。由于不同产品的使用价值和计量单位各不相同,内容性质也各不相同,所以不同的产品实物量不能直接相加,如1台电视和1辆汽车就不能直接相加。当统计工作任务是要反映现象的总规模、总水平时,实物量指标的应用会受到限制。例如,要统计全国工业产品总量、统计不同商品的总销售量时,都不能用某一项实物指标来反映。

2. 价值单位

价值单位是以货币来度量社会财富或劳动成果的一种计量单位。当要统计某几个用实物单位来表示的指标时,由于事物之间各有不同,无法直接统计,所以需要用到价值单位。如当统计某一超市卖出的货物时,实物单位有"个""斤""箱""瓶"等,不能直接相加,而只能换算成货币"元"时才能进行统计。价值指标广泛应用于统计研究和经营管理中。但价值指标也有其局限性,综合的价值量容易掩盖具体的物质内容,比较抽象。因此,在实际工作中,应注意把价值指标与实物指标结合起来使用,以便全面认识客观事物,如今日卖出西瓜5个、大米100斤、啤酒一箱、酱油10瓶共计300元。

反映一个国家或一个地区经济运行状况的价值量指标主要有国内生产总值、国民总收入、增加值等。

国内生产总值(GDP)是一个国家或地区在一定时期内其常住单位所生产和提供的最终产品和服务的总价值。它是国民经济总量的核心指标。

国民总收入(GNI)是一个国家或地区在核算期内的国内生产总值与来自国外的劳动者报酬净额和来自国外的财政收入净额之和。在原来的国民经济核算体系中,国民总收入通常被叫做国民生产总值(GNP),1993年联合国统计委员会通过国民经济核算体系的修正稿,正式提出了国民总收入的概念,并且强调国民总收入与国民生产总值在性质上有着显著的不同:前者为收入指标,后者为生产指标。

增加值是一个企业或部门在一定时期内从事生产经营活动所增加的价值,它是总产出减去中间投入后的余额,是计算国内生产总值和国民总收入的基础。

3. 劳动单位

劳动单位是用劳动时间为单位计算产品产量或完成的工作量的一种计量单位,通常有工时或工日等。劳动单位也具有综合性,人们可以把不同种类、规格的产品产量或作业量进行加总。劳动单位在基层生产企业中应用最普遍,主要用于编制和检查企业的生产作业计划和核定工人的劳动成果。

劳动单位一般在经济管理中常常用到,如某企业工人按计件收取工资,学校按课时衡量教师的劳动量等。

5.1.4 计算和应用总量指标过程中需要注意的问题

总量指标虽然是通过对总体单位数或总体单位某一数量标志值加总得到的,其计算看起来很简单,但在计算和应用时,有许多问题是需要加以注意的。

1. 必须明确规定每项统计指标的内容、范围以及与其他有关指标之间的界限

由于社会经济现象纷繁复杂,许多事物之间彼此存在着密切的联系,有些事物之间的界限很模糊。在统计反映这些事物规模或水平的总量指标时,如果不明确规定统计的内容、范围以及与其他有关指标之间的界限,就不可能在数量上得到正确的统计结果。例如,统计工业总产值时,首先要明确工业总产值的内容是一定时期内工业企业生产的以货币表现的产品总量,统计的范围是从事工业生产经营活动的企业,同时还要明确划分工业与农业及其他行业的界限,避免将不属于工业行业的企业的产值计入到工业总产值中来,以获得准确的数据。可见,总量指标的计算和使用绝非是简单的技术性问题,而首先是一个理论问题,在界定每一个总量指标的内容时,都要有科学的理论依据。

2. 要注意总量指标同类性,要有统一的计量单位

在计算实物指标总量时,不同的实物单位代表不同类的现象。在对实物指标进行汇总时,要特别注意现象的同类性,不同类的现象不能加总在一起。例如,钢产量和铜产量就不能简单加在一起。而同类现象有可能因历史或习惯的原因采用不同的计量单位,此时要注意加总在一起的各项数据计量单位是否一致。计量单位如果不一致,就容易造成统计上的差错和混乱。因此,重要的总量指标和实物单位,应按照全国统一规定指标目录中的单位计量。

3. 要注意总量指标的统一性和可比性

必须用科学的方法来确定总量指标的总体范围、计算口径、计算方法和计量单位。实际工作中,如果指标名称相同,而指标的计算范围、计算口径、计算方法和计量单位不统一的话,也不能直接相加。由于总量指标的数值大小与总体范围直接相关,所以在用总量指标进行不同总体的对比时,要注意总量指标的可比性。总体范围相差悬殊时,反映各自总体的总量指标就不应直接对比。如在比较中国和日本粮食生产水平时,不能用粮食总产量在两国之间比较,因为中日两国的耕地面积相差太大,粮食总产量不具有可比性,不能反映其生产水平,应该转化为平均单产或人均粮食产量,然后再进行比较。另外,有些总量指标的内容和包括范围在较长的时期内可能发生过变化,在比较这些不同年份的总量指

标的数值时，要对指标的内容和范围作适当的调整，使之具有可比性。再者，总量指标的计算价格和计算方法也必须统一，否则会产生不同的计算结果，从而影响总量指标之间的可比性。如国内生产总值既可按当年价格计算，又可按不变价格计算。按当年价格计算的结果同时受生产数量和价格两个因素的变动影响，而按不变价格计算的结果只受生产数量因素的变动影响。因此，按不同价格计算的指标所说明的意义是有差别的，没有可比性。

5.2 相对指标

5.2.1 相对指标的概念和作用

上面提到，总量指标可以反应现象的总规模与总水平，但现实中，只考察现象的总规模与总水平是不能全面反映一个事物的特征及规律的。因此，还必须用其他的指标对事物进行考察，这样才能对总体有一个更加深刻的认识。在取得了一定数量的总量指标之后，对总量指标进行相应的处理就可以得到相对指标，通过相对指标就可以更加进一步地研究总体的数量特征与规律了。

相对指标也称为相对数，是将两个有联系的反映社会经济现象的统计指标相互对比得到的一种抽象的比值，是反映社会经济现象间数量对比关系的综合指标。

相对指标有一个基本的公式：

$$相对指标 = \frac{比数}{基数}$$

利用相对指标可以反映事物发生和发展变化的程度、事物之间的关联程度或差别程度以及强度、密度、计划完成程度和经济效益等。例如，将实际完成指标数值与计划数值对比，可以反映某一指标的计划完成程度；将不同时间的同类指标对比，可以反映现象的发展程度；等等。相对指标通过不同指标数值的对比，将现象总体数量上的绝对差异抽象化，因此，可以使那些由于规模不同、条件不同、无法直接对比的现象找到比较的基础。相对指标是经济管理、指标考核以及进行各种经济活动分析的工具，它在统计研究中的作用主要有以下几个方面。

(1) 利用相对指标，能够更加清晰地反映事物之间的对比关系，通过对比，对事物做出正确的结论。例如，我国《2013年国民经济和社会发展统计公报》中公布，经初步核算，全年国内生产总值568845亿元，比上年增长7.7%。其中，第一产业增加值56957亿元，增长4.0%；第二产业增加值249684亿元，增长7.8%；第三产业增加值262204亿元，增长8.3%。第一产业增加值占国内生产总值的比重为10.0%，第二产业增加值比重为43.9%，第三产业增加值比重为46.1%，第三产业增加值占比首次超过第二产业。这些数据反映了2013年我国国民经济发展的程度以及总体的经济结构。

(2) 利用相对指标，可以消除一些不可比因素，使一些不能直接对比的现象找到共同对比的基础。例如，一家大企业的销售额每年以亿记，而小企业则以万计，这样就不能直接将其成果进行直接对比。但如果都以各自的计划指标为基础、计算计划完成相对指标，或者都以各自去年水平为基础，计算增长(或下降)百分比，就能够对比这两家企业的计划完成程度或某一项指标的发展程度。

5.2.2 相对指标的表现形式

相对指标又称相对数,其表现形式有两种:无名数和有名数。无名数表现为一种没有具体单位的数值,而有名数一般都有实际的单位。

1. 无名数

无名数是一种抽象化的数值,当相对指标中相互比较的分子分母两个统计指标计量单位相同时,即可用无名数表示。常见的无名数由系数、倍数、成数、百分数、千分数以及翻番等。

1) 系数和倍数

系数和倍数是将对比的基数抽象为 1 计算出来的相对指标。当两个指标数值对比,其分子和分母差别不大就用系数表示,如果差别很大时就用倍数表示。例如,某企业某种产品出厂价格一级品为 10 元/公斤,二级品价格为 9 元/公斤,则这种产品价格的等级系数为 1.11($\frac{10元/公斤}{9元/公斤} = \frac{1.11}{1} = 1.11$)。又如,某一年甲企业的工业总产值为 1000 万元,乙企业工业总产值为 200 万元,则甲企业工业总产值是乙企业工业总产值的 5 倍。

2) 成数

成数是将对比的基数抽象为 10 计算出来的相对指标。当比数比基数小,且为 10 的倍数的时候,常用成数来表示。例如,某地今年的粮食产量因灾减产 1 成,即今年粮食产量比正常产量减少 10%。

3) 百分数和千分数

百分数是把对比基数抽象为 100 而计算出来的相对数,用符号"%"表示,是相对数中最常见的形式。千分数是将对比基数抽象为 1000 而计算出来的相对数,用符号"‰"表示。一般来讲,如果相对数分子分母相差不大时,采用百分数比较合适;如果分子分母相差较大,则采用千分数形式;如果分子分母相差特别大时,还可以采用万分数的形式。例如,计划完成程度相对数、结构相对数等多用百分数形式,而人口出生率、人口死亡率等则多用千分数形式表示。

这里还要对经济分析中经常用到的"百分点"的概念加以说明。百分点相当于百分数的单位,一个百分点就是 1%。百分点常用于两个百分数相减的场合。例如,上海证交所 2014 年 9 月 15 日某只股票的价格由 15.3 元上升到 15.6 元,价格上涨了 1.96%,就称该股票价格上升了 1.96 个百分点。

4) 翻番

翻番表示基期数值按几何级数成倍地增长,它是发展速度的一种特殊表现形式。翻一番就是比基期数增加一倍,翻两番就是在基期数增加一倍的基础上再增加一倍。例如,我国 1981—2000 年的经济战略发展目标就是使国民生产总值在 1980 年的基础上翻两番,即等于 1980 年国民生产总值的 400%。

2. 有名数

如果相对指标中相互对比的两个统计指标的计量单位不同,就需要将其分子和分母指标的计量单位结合使用,作为相对指标的计量单位。通常反映现象的强度、密度和普遍程度的强度相对指标用有名数表示较为常见,如人口密度用"人/平方公里",人均粮食产量用"公斤/人"等。

5.2.3 相对指标的种类和计算方法

相对指标根据说明问题不同、所起作用不同及在计算方法上的差别,大致可以分为 6 种:结构相对指标、比例相对指标、比较相对指标、动态相对指标、强度相对指标和计划完成程度相对指标。

1. 结构相对指标

总体是在同一性质基础上由各种有差异的部分所组成的。结构相对指标又称为结构相对数,就是利用分组法,将总体区分为具有不同性质的各部分,将总体各部分的总量指标与总体总量指标对比求得的比率或比重,用来反映总体内部的构成情况,其计算公式为

$$结构相对指标 = \frac{总体内某一部分总量指标}{总体总量指标} \times 100\%$$

结构相对指标都表现为无名数,一般用百分数形式表示。同一总体各组成部分的结构相对指标的总和等于 100%或 1。结构相对指标的分子分母在计算过程中不可以互换。

结构相对指标是统计分析中常用的指标,其作用表现在以下几个方面。

1) 反映总体内部的结构特征

例如,我国 2013 年人口统计资料见表 5-1。

表 5-1 2013 年我国年末人口数及其构成

单位:万人

指 标	年末数/万人	比 重
全国总人口	136072	100%
其中:城镇	73111	53.73%
乡村	62961	46.27%
其中:男性	69728	51.2%
女性	66344	48.8%
其中:0~15 岁(含不满 16 周岁)	23875	17.5%
16~59 岁(含不满 60 周岁)	91954	67.6%
60 周岁及以上	20243	14.9%
其中:65 周岁及以上	13161	9.7%

注:资料来源于国家统计局《2013 年国民经济和社会发展统计公报》。

由表 5-1 可以了解到我国总人口中城乡结构、性别结构和年龄结构状况。

2) 通过不同时期结构相对数的变动反映客观事物的变化过程及发展趋势

由表 5-2 可以观察到我国就业人员 2008—2012 年 5 年间的发展变化的过程,也可以判断出我国就业人员结构的发展变动趋势:第一产业从业人员比重逐年下降,第二产业、第三产业从业人员比重不断上升。

表 5-2　我国按三次产业分类的就业人员构成情况

年份/年	2008	2009	2010	2011	2012
第一产业	39.6%	38.1%	36.7%	34.8%	33.6%
第二产业	27.2%	27.8%	28.7%	29.5%	30.3%
第三产业	33.2%	34.1%	34.6%	35.7%	36.1%

注：资料来源于中国统计年鉴(2013)。

2. 比例相对指标

比例相对指标是总体中某一部分指标数值与另一部分指标数值之比，用以分析总体范围内各个组成部分之间的比例关系的一种相对指标，其计算公式为

$$比例相对指标 = \frac{总体中某一部分指标数值}{总体中另一部分指标数值} \times 100\%$$

比例相对指标一般是无名数，通常用系数或倍数形式来表示，也可以用百分数等形式表示。它可以在两个组成部分之间对比，也可以在多个组成部分之间进行连比，但连比数不宜太多。进行连比时，一般选用较小的数值作为基础，将它抽象为 1 或 100，这样便于计算，也便于观察。

例如，根据表 5-1 可知，我国 2013 年年末总人口为 136072 万人，其中男性人口为 69728 万人，女性人口为 66344 万人，则全国总人口中男性与女性的比例为 105.10%(≈69728÷66344)或 1.0510：1。按国际标准来衡量，属正常的性比例关系。

比例相对指标和结构相对指标一样可以反映总体内部的结构比例关系，因此，其作用是相同的。但两者对比的方法不同，结构相对指标是总体指标数值和总体中某一部分指标数值之比，分子和分母是一种包含关系；而比例相对指标是总体中某一部分指标数值与另一部分指标数值之比，分子和分母是一种并列关系。结构相对指标的分子和分母不能颠倒，而比例相对指标的分子和分母可以互换。

3. 比较相对指标

比较相对指标是同一时间不同国家、不同地区、不同单位的同类现象的数值对比的结果。其表现形式为系数、倍数或百分数，其计算公式为

$$比较相对指标 = \frac{某地区某种现象指标数值}{另一地区同种现象指标数值} \times 100\%$$

比较相对指标的分子分母可以颠倒，颠倒后指标数值虽然改变，但二者之间的对比关系不变。比较相对指标主要用于研究客观事物发展的不均衡性，研究某种现象在不同国家、地区、单位之间表现的差异程度。通过将不同国家、不同地区的某项指标数值进行对比，可以揭露二者之间的差距，将先进单位和落后单位的某项指标数值进行对比，可以寻找不足，以利于挖掘潜力。

例如，甲乙两个企业 2014 年的工业总产值分别为 2000 万元和 1000 万元，则甲企业工业总产值为乙企业的 2 倍(=2000/1000)。

比较相对指标在进行对比时一定要注意相互比较的两个指标要具有可比性，即相互对比的两个指标性质相同，指标的含义、范围、计算方法、计量单位及计算价格等都应具有

可比性。比较相对指标在计算时,其分子分母可以是绝对数、相对数或平均数,不过由于用总量指标进行对比时,往往受到总体规模和条件的影响,使分子分母缺乏可比性,因此,在实际工作中多数采用相对数或平均数进行对比。

4. 动态相对指标

动态相对指标也称作发展速度,它是某一同类指标不同时间上的数值对比的结果,用来说明同类现象在不同时间上的发展程度。动态相对指标一般用百分数表示,其计算公式为

$$动态相对指标 = \frac{报告期水平}{基期水平} \times 100\%$$

公式中的基期是指作为比较标准的时期,报告期则是用来与基期对比的时期,是人们观察研究的时期。二者在计算过程中不能互换。

例如,我国进出口总额 2012 年为 38671.19 亿美元,2011 年为 36418.6 亿美元,则 2012 年我国进出口总额为 2011 年的 106.19%(≈38671.19÷36418.6)。

动态相对指标常用于对社会经济现象的发展变化过程的研究,其详细内容将在本书第 8 章中介绍。

5. 强度相对指标

强度相对指标是有两个性质不同而又联系的总量指标对比得到的比值,用来反映现象的强度、密度和普遍程度,其计算公式为

$$强度相对指标 = \frac{某一总量指标数值}{另一性质不同而又联系的总量指标数值} \times 100\%$$

强度相对指标可以用有名数表示,多数是用分子分母的计量单位组成,如人口密度用"人/平方公里",人均粮食产量用"公斤/人"表示等;也有些强度相对指标有独立的计量单位,如商品周转次数用"次"表示。强度相对指标也可以用无名数表示,如人口死亡率、人口迁移率、资金利税率等。

强度相对指标不是同类现象指标的对比,它的分子和分母可能分别属于不同的总体,也可能是同一总体中的不同标志或指标,但二者之间必然有一定的联系,没有联系的两个指标之间的对比是毫无意义的。例如,以人口数与土地面积相比得到的人口密度指标,以国民收入与人口数相比得到的人均国民收入。计算强度相对指标必须从社会经济现象的本质方面去寻找它们之间的内在联系。在社会经济活动中,某一个指标可能与两个或两个以上的指标有联系,这时可以根据统计研究任务的要求来选择对比的指标。

特别指出的是,有些强度相对指标具有平均的意义,但它不是平均数,它与平均指标有着根本的区别,如人均粮食产量、人均国民收入、每万人分摊到的医院床位数等。这些指标表面上看给人以平均数的感觉,但实际上却是强度相对指标。强度相对指标和平均指标之间的区别在于算术平均数是同一总体的各总体单位的某一标志值之和与总体单位数之比,是将总体中的某一数量标志的各个变量值加以平均,其分子分母必然属于同一个总体,分母是分子的直接承担者,分母的任何变化都会反映到分子中去。例如,人均消费额是用社会消费品零售总额与总人数相比,总人数增加必然会影响社会消费品零售总额发生变化,而社会消费品零售总额就是全国总人口消费的。强度相对指标是两个性质不同而有联系的统计指标之比,表明两类现象之间的数量对比关系,其分子分母可以来自于不同的总体,

而且二者之间没有必然的联系，即分母的变化不一定必然会反映到分子中去。又如，前面提到的人均粮食产量是用粮食总产量与总人口相比得到的，但粮食总产量并不是全国总人口生产出来的，而只是农业劳动者生产出来的，全国总人口增加，不会必然影响到粮食产量。

有些强度相对指标的分子和分母可以互换，在此基础上形成了强度相对指标的正指标和逆指标的区分。强度相对指标的数值越大，说明现象的强度、密度和普遍程度越强，二者之间成正比，这样的强度相对指标为正指标；强度相对指标的数值越大，说明现象的强度、密度和普遍程度越弱，二者之间成反比，这样的强度相对指标为逆指标。正指标和逆指标是互为倒数的关系。二者意义是相同的。

【例5.1】 某地区 2014 年总人口为 2734 万人，拥有的医院床位数为 9.9 万张，则反映该地区医疗保障程度的相对指标为

$$每千人拥有医院床位数 = \frac{医院床位数(张)}{总人口(千人)} = \frac{99000}{27340} \approx 3.6(张/千人)$$

这一指标说明该地区每千人分摊到的医院床位数为 3.6 张，指标数值越大说明该地区医疗卫生保障程度越高，是正指标。将这一指标的分子和分母互换可以得到

$$每张医院床位负担的人口数 = \frac{总人口数}{医院床位数} = \frac{2734}{9.9} \approx 276.1(人/张)$$

这一指标说明该地区每张医院床位负担 276.1 人，指标数值越大，说明该地区医疗卫生保障程度越差，是逆指标。

强度相对指标是统计中重要的分析指标，它可以说明一个国家、地区或部门的经济实力及为社会服务的能力，可以用来反映现象的密度或普遍程度，还可以反映社会生产活动的条件和效果。

6. 计划完成程度相对指标

1) 计划完成程度相对指标的基本计算公式

计划完成程度相对指标又称为计划完成相对数或计划完成百分比，它是现象在某一时期内的实际完成指标数值与计划指标数值对比的结果。一般用百分数表示，用来检查和监督计划的执行情况，其基本计算公式为

$$计划完成程度相对指标 = \frac{实际完成指标数值}{计划指标数值} \times 100\%$$

计划完成程度相对指标的分子是根据实际完成情况进行统计而得到的数据，分母是计划指标。由于计划数总是用来衡量计划完成情况的标准，所以该公式的分子和分母不得互换，而且指标在计算过程时，要求分子和分母的指标含义、计算口径、计算方法、计量单位以及空间范围和时间长短等方面都要一致。该公式的分子分母相减则表明计划执行的绝对效果。

2) 计划完成程度相对指标的计算

计划完成相对数的比数和基数在实际计算中可以表现为绝对数除以绝对数、相对数除以相对数和平均数除以平均数 3 种形式，计划指标表现形式不同，计划完成程度相对指标的计算形式有所不同。

(1) 计划任务指标为绝对数。

计划任务指标为绝对数时,计划完成程度相对指标的计算一般就采用上述基本公式,即将实际完成数与计划数值直接对比,其计算公式为

$$计划完成程度相对指标 = \frac{实际完成的总量指标}{计划总量指标} \times 100\%$$

它用来考核社会经济现象规模及水平的计划完成情况。

【例 5.2】 某公司 2014 年计划商品销售额为 200 万元,实际完成了 220 万元,则

$$计划完成程度相对指标 = \frac{220}{200} = 110\%$$

结果表明,该公司 2014 年商品销售额计划完成相对数为 110%,超额 10%完成计划。

(2) 计划任务指标为相对数。

计划任务指标为相对数时,一般有两种情况:一种是由两个计划的总量指标对比得到的相对指标,如计划商品流通费用率是计划商品流通费与计划商品销售额对比的结果,计划销售利润率是计划利润额与计划销售额对比的结果;另一种形式计划指标规定的是提高率或降低率,如劳动生产率计划比上年提高 5%或单位产品成本计划比上年降低 5%等。

计算两个总量指标对比的相对指标的计划完成程度可将实际完成的相对指标数值与计划规定相对指标数值直接对比,其计算公式为

$$计划完成程度相对指标 = \frac{实际完成百分比}{计划完成百分比} \times 100\%$$

【例 5.3】 某公司 2014 年第一季度计划销售利润率为 12%,实际销售利润率为 14%,则

$$销售利润率计划完成程度相对指标 = \frac{14\%}{12\%} \approx 116.67\%$$

结果表明:该公司 2014 年第一季度超额 16.67%完成了销售利润率计划。计划完成较好。由于销售利润的增减只涉及 2014 年这一年,所以在这里只需要将两个百分比直接对比即可,且同时要注意有些指标的计划完成程度相对指标越大,说明计划完成得越好。而有些指标的计划完成程度指标越小,说明计划完成得越好。

【例 5.4】 某公司 2014 年第一季度计划商品流通费用率为 4%,实际为 4.5%,则

$$商品流通费用率计划完成程度相对指标 = \frac{4.5\%}{4\%} \approx 112.5\%$$

结果表明:该公司差 12.5%未完成流通费用率计划,计划完成情况不好。

计划指标为提高率或降低率时,由于计划数是以比上期提高或降低百分之几的形式出现的,所以这里的实际提高率与计划提高率必须要结合去年的数字才能反映全部的变化,要使其符合基本公式的要求,在计算计划完成程度相对指标时,分子、分母都应包括原有的基数 100%在内,不能用实际提高率(或实际降低率)与计划提高率(或降低率)直接对比,其计算公式为

$$计划完成程度相对指标 = \frac{1+实际提高率(或-实际降低率)}{1+计划提高率(或-计划降低率)} \times 100\%$$

【例 5.5】 某企业劳动生产率计划规定 2014 年要比 2013 年提高 5%,实际提高了 7%,则

$$计划完成程度相对指标 = \frac{1+7\%}{1+5\%} \approx 101.9\%$$

结果表明,该企业劳动生产率提高率计划完成程度为 101.9%,超额 1.9%完成任务,完成任务情况较好。

【例5.6】 某企业2014年计划单位产品成本要比上年降低5%，实际降低了3%，则

$$\text{计划完成程度相对指标} = \frac{1-3\%}{1-5\%} \approx 102.11\%$$

结果表明，该企业单位产品成本降低率计划完成程度为102.11%，差2.11%未完成任务。

那么涉及产品成本、消耗等指标的时候，一般将上年实际数作为100%，本年计划为$(100-x)\%$，而本年实际为$(100-y)\%$；当涉及产值、增长量等指标的时候，一般将上年实际数作为100%，本年计划为$(100+x)\%$，而本年实际为$(100+y)\%$。

(3) 计划指标为平均数。

计划指标为平均数时计算计划完成程度相对指标的计算也直接采用基本公式，用实际完成的平均水平与计划平均水平相比较即可，其计算公式为

$$\text{计划完成程度相对指标} = \frac{\text{实际平均水平}}{\text{计划平均水平}} \times 100\%$$

它一般适用于考核以平均指标表示的各项经济技术指标的计划完成情况，如企业生产经营中的劳动生产率、单位产品成本、平均工资、平均亩产量等的计划完成情况。

【例5.7】 某企业2014年计划甲产品单位成本为10元/件，实际为9.5元/件，则

$$\text{计划完成程度相对指标} = \frac{9.5}{10} = 95\%$$

结果说明，该企业甲产品单位成本计划完成情况较好，实际比计划降低了5%。

3) 中长期计划完成情况的检查

前面所述的计划完成程度指标的计算方法主要适用于短期计划(1年)完成情况的检查，对于计划期为5年或5年以上的中长期计划执行情况的检查，根据计划中所规定的指标性质不同、表示方法不同，则要相应采用水平法和累计法来进行。

(1) 水平法。

当计划指标规定的是计划期最后一年应达到的水平时，应该采用水平法来检查计划完成情况。这种方法是以计划期最后一年的水平为考核对象，一般用于检查产量、产值、销售额等指标的计划完成情况，其计算公式为

$$\text{计划完成程度相对指标} = \frac{\text{计划期最末一年实际达到的水平}}{\text{计划规定最后一年应达到的水平}} \times 100\%$$

【例5.8】 某工厂2011—2015年5年计划规定2015年某种产品产量应达到50万件，实际达到了52万件，则

$$\text{计划完成程度相对指标} = \frac{52}{50} = 104\%$$

结果表明，该地区该种产品超额4%完成任务。

从上例中可以看出，水平法所关心的问题并不仅仅是2015年工厂生了52万件产品，同时水平法还关心2015年本工厂是不是具有了生产50万件产品的能力，如果达到了，那么计算比计划的水平还能多生产的比例。

按水平法检查中长期计划完成情况，除了要计算计划完成百分比以外，有时还需要计算提前完成任务的时间。结合上例，可以知道，当工厂能够有一年的连续时间可以生产50万件产品，就说它有这样的能力或有这样的水平，因此，判断计划完成的标准是：只要有连续一年的时间(可以跨年度)的实际完成指标数值达到计划规定最后一年应达到的水平时，就算完成了任务，而剩下的时间为提前完成任务的时间。

【例 5.9】 承【例 5.8】，假定该工厂计划期间各年产品产量具体资料见表 5-3。

表 5-3 某工厂计划期间某种产品各年产量

单位：万件

年份	2011	2012	2013	2014				2015			
				一季度	二季度	三季度	四季度	一季度	二季度	三季度	四季度
产品产量	42	45	47	10	11	13	13	13	12	14	13

从本例中可以看出，当将 2014 年第一季度至第四季度的产量相加，得到产量为 47，这时连续一年的时间里，并没有达到生产 50 万件的能力，所以没有完成任务。将 2014 年第二季度至 2015 年的第一季度相加，正好得到 50 万件。这样就是说在 2014 年第二季度开始到 2015 年第一季度结束，工厂就有年生产 50 万件的能力了，这样就说，该工厂产品产量提前 3 个季度完成计划。

如果不能取得各季度的产量数据，或连续一年时间里的实际产量已超过计划数时，可以假定在这一年或一个季度里产品生产是均衡的，由此可以推算出提前完成任务的具体时间。

(2) 累计法。

当计划指标规定的是计划期内各年累计总量应达到某一水平时，应采用累计法检查计划完成情况。这种方法以计划期内各年计划数量的累积总和为考核对象，一般用于检查固定资产投资额、新增生产能力、造林面积等指标等。计算时用整个计划期间实际累计完成数与计划指标相比较来检查计划完成程度，其计算公式为

$$计划完成程度相对指标 = \frac{计划全期实际累计完成数}{计划全期计划累计完成数} \times 100\%$$

【例 5.10】 某地区"十二五"计划规定 2011—2015 年间固定资产投资额为 1296 亿元，实际 5 年间累计完成固定资产投资额为 1450 亿元，则

$$计划完成程度相对指标 = \frac{1450}{1296} \approx 111.88\%$$

结果表明，该地区超额 11.88% 完成"十二五"期间固定资产投资额计划任务。

按累计法检查中长期计划完成情况，除了要计算计划完成百分比以外，有时也需要计算提前完成任务的时间。判断计划完成的标准是：只要计划期开始至某一时间止实际完成数达到了计划规定的累积应完成数值就算完成计划，剩下的时间就是提前完成任务的时间。

【例 5.11】 承【例 5.10】，假定该地区"十二五"期间各年固定资产投资额的具体情况见表 5-4。

表 5-4 某地区"十二五"计划期间各年固定资产投资额

单位：亿元

年份	2011	2012	2013	2014	2015			
					一季度	二季度	三季度	四季度
固定资产投资额	260	280	290	296	69	101	100	54

则该地区固定资产投资额累计到 2015 年第二季度时就已经达到 1296 亿元，因此可以确定该地区提前半年时间完成固定资产投资额计划。

如果不能取得各季度的固定资产投资额数据，或连续一年时间里的实际固定资产投资额已超过计划数时，可以假定在这一年或一个季度里固定资产投资是均衡的，由此可以推算出提前完成任务的具体时间。

4) 计划进度执行情况检查

为了保证计划能均衡地完成，避免前松后紧的现象产生，检查计划完成情况时还要考虑计划执行的进度，要计算一个与计划完成相对指标密切相关的计划进度执行情况指标来监督计划的顺利完成。计划进度执行情况指标是将计划期内自计划执行之日起至某一时期止的实际累计完成数与全计划期计划任务数对比计算的比值，通常也用百分数表示，其计算公式为

$$计划进度执行情况 = \frac{累计至本期止实际完成数}{全期计划数} \times 100\%$$

【例 5.12】某企业某年计划工业总产值为 500 万元，至 6 月末实际完成 300 万元，则

$$上半年计划进度执行情况 = \frac{300}{500} \times 100\% = 60\%$$

结果表明，该企业在这一年时间过半时，进度已完成计划任务的 60%，说明计划进度执行较快。

计划完成相对指标在社会经济活动中有着广泛的应用，发挥着重要的作用。计划完成相对指标可以准确地说明国民经济计划完成程度，为正确评估工作成绩提供了依据，也是监督检查计划执行情况的重要方法和计划管理的重要依据。通过对计划完成相对指标的比较分析，可以反映国民经济计划执行过程中的薄弱环节，为采取措施进行补救和完善提供了依据；通过将计划执行进度与计划进度相比较可以及时发现问题，采取措施，改进工作，更有效地督促计划的均衡执行。

5.2.4 相对指标计算和运用的原则

以上 6 种相对指标是从不同角度来反映社会经济现象之间的数量对比关系，为正确运用相对指标，使之充分发挥作用，在计算和运用相对指标时应遵循以下原则。

1. 要注意相互比较的指标之间的可比性

相对指标是运用对比的方法揭示现象之间的联系程度，反映现象之间的差异程度。对比的两个指标是否可比是计算结果能否正确反映现象之间数量联系的重要条件，如果将不可比的两个指标硬凑在一起进行对比，必然歪曲事实，导致错误判断。严格保持相互对比的两个指标的可比性是计算和运用相对指标的基本要求。所谓指标的可比性，就是指用来对比的分子指标和分母指标在经济内容、计算范围、计算方法、计量单位以及资料所属时间等方面必须完全一致，或者符合对比要求。例如，比较两个企业的劳动生产率水平，如果一个企业的劳动生产率是产品产量与全体职工人数相比的全员劳动生产率，而另一个企业的劳动生产率是产品产量与生产工人数相比的生产工人劳动生产率，那么这两种劳动生产率由于计算方法不一致，就不能直接对比。某些经济指标进行国际比较时，计算方法上的统一尤其重要。又如，研究某一个地区的工业总产值的发展变动情况需要计算动态相对

第 5 章 总量指标和相对指标

指标,如果这个地区的行政区划范围在对比前后发生过改变的话,就不能直接利用现成的统计数据进行对比,因为计算范围已经发生了改变,必须经过调整,使不同时期的工业总产值的计算范围一致才能进行对比。

不过对于可比性也不能机械地理解,应辩证地看待指标的可比性,灵活地运用相对指标。既要防止过分强求可比性而不敢进行事物的对比分析,又不能忽视指标的可比性,盲目地进行对比分析。某些指标可能在这一场合不可比,在另一场合有可能可比。在计算时必须依据研究目的,对被研究现象的具体条件和具体情况进行具体分析,灵活运用相对指标。只要两个指标比得合理,比得符合实际,符合研究目的,对比的结果才能够确切地反映对象固有的联系,这样的对比才符合可比性的原则。

2. 相对指标要与总量指标结合运用

由于相对指标通常是由两个总量指标对比而得到的,在反映两个现象的数量关系时,将现象具体规模与水平抽象化了,掩盖了现象之间绝对量的差别,所以在统计分析时,需要将相对指标与总量指标结合起来运用,才能得出较全面的结论。

【例 5.13】 甲乙两个企业 2013—2014 年产品销售额的情况见表 5-5。

表 5-5 甲、乙企业产品销售额

企　　业	2013 年/万元	2014 年/万元	动态相对数
甲	5000	5500	110%
乙	80	88	110%

从上表可知,甲、乙两个企业动态相对数相同,2014 年产品销售额均比 2013 年增长 10%,但实际上二者取得的成绩是不同的,甲企业产品销售额增长 10% 的绝对额是 500 万,而乙企业增长 10% 的绝对额只有 8 万元,相对来讲,甲企业产品销售额的增加难度更大一些,成绩也更大。

要全面分析问题,必须将相对指标与计算相对指标时所依据的总量指标联系起来,考察隐藏在相对指标背后的总量指标。在实际工作中,人们总结出了总量指标和相对指标结合运用的两种方法:一是计算分子与分母的绝对差额;二是计算每增长 1% 的绝对值。如【例 5.13】中,甲企业产品销售额 2014 年比 2013 年增长了 10%,增加的绝对金额是 500 万元,增加 1% 的绝对值为 50 万元;乙企业产品销售额 2014 年比 2013 年增长 10%,增加的绝对金额是 8 万元,增长 1% 的绝对值为 0.8 万元。

3. 要把各种相对指标结合起来运用

为了全面分析和综合评价,在研究社会经济现象时,往往需要将各种相对指标结合起来才能全面说明现象所处的状态和水平。例如:为评价某企业的生产情况,可以计算计划完成程度相对数,说明其计划执行的情况;可以用报告期水平与上期水平或历史最好水平相比较计算动态相对数,说明其发展变动情况及与历史最好水平的差距;可以用本企业本期指标数值与同行业先进水平或平均水平对比,分析本企业所处的水平,寻找差距,采取措施,挖掘潜力;还可以计算结构相对数和强度相对数,分析总体的结构构成状况;等等。只有这样进行综合研究,才能获得有关企业的生产情况的全面正确的评价结论。

本章小结

总量指标和相对指标是在研究社会经济现象数量特征时最常用、最基本的统计指标,也是在社会经济生活中最常用的统计分析指标。在学习过程中要注意掌握总量指标的分类及应用原则;注意掌握各种相对指标的计算方法和相互联系;尤其注意掌握结构相对指标与比例相对指标、强度相对指标和平均指标的区别;还要注意掌握计划完成相对数的计算。

习 题

一、选择题

1. 某产品单位成本计划今年比去年降低 10%,实际降低 15%,则计划完成程度为(   )。
   A. 150%　　　　　B. 94.4%　　　　　C. 104.5%　　　　　D. 66.7%
2. 2002 年我国人口出生率为 12.86‰是(   )。
   A. 结构相对指标　　　　　　　　　B. 比较相对指标
   C. 比例相对指标　　　　　　　　　D. 强度相对指标
3. 平均每百户城居民拥有小轿车数是(   )。
   A. 平均指标　　　　　　　　　　　B. 结构相对指标
   C. 比较相对指标　　　　　　　　　D. 强度相对指标
4. 我国国内生产总值 2013 年为 2012 年的 107.7%,这是(   )。
   A. 比例相对指标　　　　　　　　　B. 动态相对指标
   C. 结构相对指标　　　　　　　　　D. 计划完成相对指标
5. 长期计划指标是按计划期内各年的总和规定任务时,检查其计划执行情况应按(   )。
   A. 水平法　　　　B. 累计法　　　　C. 推算法　　　　D. 直接法
6. 某种商品年末库存额是(   )。
   A. 时期指标　　　B. 时点指标　　　C. 相对指标　　　D. 平均指标
7. 总量指标数值大小(   )。
   A. 随总体范围扩大而增加　　　　　B. 随总体范围扩大而减少
   C. 随总体范围缩小而增大　　　　　D. 与总体范围大小无关
8. 某地 2014 年轻工业增加值为重工业增加值的 89.9%,该指标为(   )。
   A. 结构相对指标　　　　　　　　　B. 比例相对指标
   C. 比较相对指标　　　　　　　　　D. 动态相对指标
9. 比较相对指标可用于(   )的比较。
   A. 实际水平与计划水平
   B. 先进单位与落后单位
   C. 总体某一部分数值与另一部分数值
   D. 同类现象不同时期

10. 人均粮食产量属于( )相对指标。
    A. 结构　　　　　B. 比较　　　　　C. 比例　　　　　D. 强度
11. 某月份某工厂工人出勤率属于( )相对数。
    A. 结构　　　　　B. 比较　　　　　C. 强度　　　　　D. 动态
12. 在相对指标中,主要用名数来表现指标数值的是( )。
    A. 结构相对数　　B. 强度相对数　　C. 比较相对数　　D. 动态相对数
13. 时期指标和时点指标的最根本区别是在于各自反映现象的( )。
    A. 指标值是否可以相加　　　　　B. 指标值是如何得到的
    C. 时间状况不同　　　　　　　　D. 指标值是否与时间长短有关

二、多选题

1. 下边属于相对指标的有( )。
    A. 人口出生率　　　　　　　　　B. 商品流通费用率
    C. 人均国民收入　　　　　　　　D. 人口密度
    E. 某市每千人拥有病床数
2. 下面属于时点指标的有( )。
    A. 职工人数　　　　　　　　　　B. 大学毕业生人数
    C. 拖拉机拥有量　　　　　　　　D. 婴儿出生率
    E. 工业净产值
3. 国有工业企业总产值是( )。
    A. 数量指标　　　　　　　　　　B. 质量指标
    C. 时期指标　　　　　　　　　　D. 时点指标
    E. 总量指标
4. 实物计量单位包括( )单位。
    A. 货币　　　　　　　　　　　　B. 劳动
    C. 自然　　　　　　　　　　　　D. 度量衡
    E. 标准实物
5. 相对指标的表现形式可以是( )。
    A. 无名数　　　　　　　　　　　B. 有名数
    C. 系数　　　　　　　　　　　　D. 成数
    E. 百分数
6. 下列不属于强度相对指标的指标有( )。
    A. 平均单位成本　　　　　　　　B. 人口出生率
    C. 人口死亡率　　　　　　　　　D. 人口性别比例
    E. 人口密度
7. 有关强度相对指标的正确论述是( )。
    A. 是不同情况下同一指标对比的比率
    B. 反映现象的强度、密度和普遍程度
    C. 一般有正指标与逆指标之分
    D. 是两个性质不同而又密切联系的总量指标对比的结果
    E. 一般是以有名数表示的,但也有采用千分数等形式表示的

8. 在相对指标中,分子和分母可以互换的指标有( )相对指标。
   A. 结构 B. 比较
   C. 比例 D. 强度
   E. 动态

9. 时点指标的特征是指标的数值( )。
   A. 可以连续计量 B. 只能间断计量
   C. 可以直接相加 D. 不能直接相加
   E. 与时间间隔长短无关

10. 在相对指标中,属于同一总体数值对比的指标有( )相对指标。
    A. 动态 B. 结构
    C. 强度 D. 比例
    E. 计划完成

11. 由两个同类指标对比计算出来的相对指标包括( )相对指标。
    A. 结构 B. 比较
    C. 比例 D. 强度
    E. 动态

三、计算题

1. 某地区就业人员情况见下表:。

单位:人

年　份	就业人员合计	第一产业	第二产业	第三产业
2013	73025	36513	16284	20228
2014	73740	36870	15780	21090

要求:

(1) 计算 2013 年和 2014 年三次产业就业人员的结构相对指标和比例相对指标(以第一产业就业人数为1)。

(2) 计算就业人数的动态相对指标。

2. 某企业 9 月份生产情况见下表。

单位:万件

分厂	计划产量	实际产量	上月实际产量
一分厂	440	440	380
二分厂	440	400	410
三分厂	700	650	690

要求:

(1) 计算该企业及各分厂计划完成情况。

(2) 和上月相比的动态相对指标。

第5章 总量指标和相对指标

3．某地区 2010—2014 年固定资产投资额计划安排 25 亿元，实际各年执行情况见下表。

单位：亿元

指标	2010年	2011年	2012年	2013年	2014年			
					第一季度	第二季度	第三季度	第四季度
固定资产投资总额	4.5	4.5	5.1	5.9	2.5	2.5	1.3	1.7

要求：

(1) 计算该地区 2010—2014 年固定资产投资计划完成程度。

(2) 该地区提前多少时间完成固定资产投资五年计划规定指标。

4．某地区的某种产品按五年计划规定最后一年产量应达到 500 万吨，计划执行情况如下表。

单位：万吨

年份	第一年	第二年	第三年	第四年				第五年			
				一季度	二季度	三季度	四季度	一季度	二季度	三季度	四季度
产量	440	450	460	110	120	125	125	130	125	125	130

试计算该产品计划完成程度及提前多长时间完成五年计划规定的目标。

第6章

平均指标

学习目标

知识目标	技能目标
1. 了解平均指标概念、作用和种类	1. 能够运用平均指标描述社会经济现象
2. 了解算术平均数的计算方法	2. 学会运用算术平均数反映社会经济现象数量特征
3. 了解调和平均数计算方法	3. 学会运用调和平均数反映社会经济现象数量特征
4. 了解几何平均数计算方法	4. 学会运用几何平均数反映现象发展的平均比率和平均速度
5. 了解众数和中位数的计算方法	5. 掌握众数和中位数在实际工作中的应用

知识结构

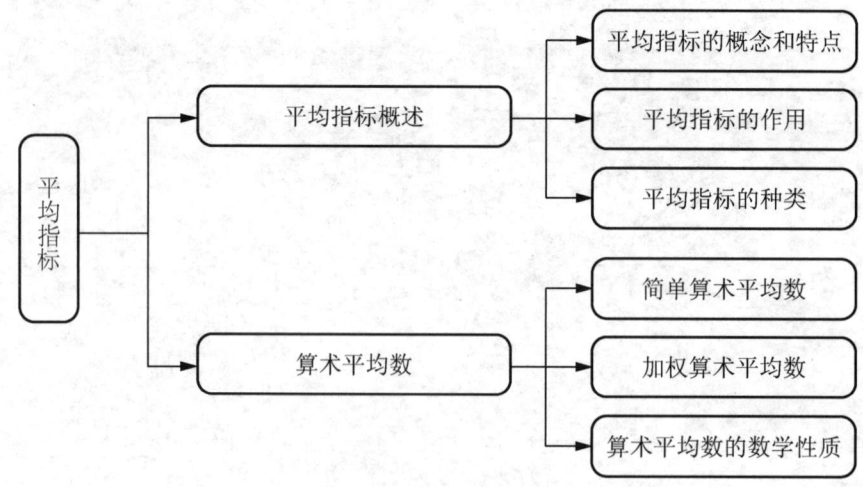

第6章 平均指标

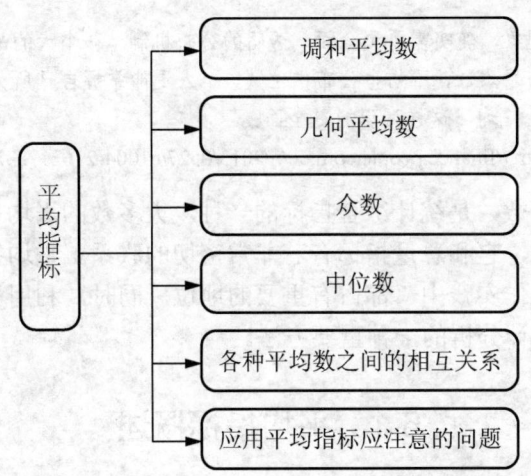

导入案例

"平均工资",我们被平均了吗

国家统计局日前发布的数据显示,2012 全国城镇非私营单位就业人员年平均工资 46769 元,全国城镇私营单位就业人员年平均工资 28752 元,增长 14%。

数据公布后,工资"被平均""被增长"的感慨不少,一些网友调侃自己"拖了平均工资的后腿"。"平均工资"如何得出?为何许多人感觉自己低于平均?

1. "平均工资"到底有什么用

记者了解得知,"职工平均工资"这个关键数据并不是数字游戏,它是经济和社会管理的重要工具。企业进行管理和决策,劳动者维护个人权益,这个数据都必不可少。它还是最低工资的测算依据、工伤等赔偿制度的法律依据。

统计专家说,有了职工平均工资的数据,每年对低收入人群的"托底"、对高收入人群缴纳社保的"限高",才有依据。

据了解,在调整最低工资标准等一系列民生保障待遇标准,包括社保缴费基数上、下限等,都要参考上一年的职工平均工资。而从宏观经济的管理和调控角度看,平均工资统计的根本目的是反映劳动力用工成本核算,进行市场竞争力比较。

2. 不妨也公布中位数

还有不少人感慨"怎么就统计出那么高的工资增幅了呢"。

记者了解到,平均工资确实在增长,企业的用工成本的确逐年上升。在经济增长减速的背景下,政策力度为工资较快增长提供了支撑。

结构性的"招工难"与"就业难"交错显现,每个个体对工资增长的感受因此不完全相同。由于结构性用工矛盾突出,一些企业为吸引和稳定科技人才、技术工人,提高员工工资、改善福利待遇,拉动了平均工资水平的增长。但同时,在劳动力供大于求的领域,多人争抢就业机会,总体薪酬水平提高并不快。

然而,"被平均"的情况确实也存在。统计专家指出,工资水平的地区差距、行业差距、岗位差距,有的表现比较突出。比如,在城镇非私营单位就业人员中,对占全部就业人员 41.2%的制造业和建筑业就业人员而言,其年平均工资远低于金融业,也比总体平均水平低。即便在同一行业、同一单位,高管的收入可能是基层员工的若干倍。

对于这些"被平均"现象，确实需要更全面、透明的公布机制。一个大的平均数，显示不出内在的各种结构。有人提议除了公布平均数，不妨也公布中位数，个人更能掌握自己所处的位置；而从业者除了看总体平均，也可关注各行业平均，这样认识能更全面。

资料来源：人民网，http://finance.people.com.cn/n/2013/0527/c1004-21621783.html，2013 年 05 月 27 日。

平均指标又称平均数，是统计综合指标的一种。大多数的平均指标都是利用总量指标相互对比求得的，因此，它和总量指标有着非常密切的联系。平均指标无论是在统计理论研究上，还是在统计工作实践中，都占有重要的地位。同时，利用平均指标反映社会经济现象的数量特征也是统计分析的一种重要方法。

6.1 平均指标概述

6.1.1 平均指标的概念和特点

平均指标是反映总体各单位某一数量标志值一般水平的综合指标，又称统计平均数。它是人们认识事物一般特征的重要指标。例如，要说明全国工业企业职工在一定时期内的收入水平，显然不能用个别职工的工资额来代表，因为总体各单位的某一标志值在客观上存在数量差异，每个职工的工资额由于受行业、工龄等多种因素影响各不相同；同时也不能用全部职工的工资总额来表示，因为工资总额随着人数的多少而变化，不能说明职工的收入水平。只有计算每个职工的平均工资，才可以反映我国工业企业职工收入的一般水平。平均指标与其他统计指标相比具有以下特点。

(1) 平均指标是一个代表性的数值，说明总体各单位某一数量标志值的一般水平。统计总体存在着差异性的特点，虽然总体各单位某一标志值大小不同，但可以用平均指标这一个数值来代表总体各单位某一数量标志值的一般水平。

(2) 平均指标是一个抽象化的数值，把总体单位某一数量标志上的差异抽象掉了。虽然总体内各单位标志值之间存在着差异，但平均指标把各单位标志值之间的差异抽象化了。当人们根据统计资料计算出平均指标，并用平均指标来代替现象的一般水平时，每个总体单位标志值之间的数量差异就被掩盖了。

6.1.2 平均指标的作用

平均指标在认识社会经济现象总体数量特征方面有着重要作用。

1. 平均指标可以反映现象总体的综合特征

总体各单位的数量标志值的大小受多种因素的综合影响，其中有些是必然影响因素，对所有的变量值都会起着决定性的作用；有些是偶然影响因素，对某些总体单位标志值起着影响作用，使各单位在数量上存在差异。通过平均，可以消除偶然因素造成的差异，显示出由于必然因素影响达到的一般水平。

2. 平均指标可以反映总体各单位变量值分布的集中趋势

社会经济现象总体中，每个总体单位都有区别于其他单位的特征，这些特征表现在数量上就是大小不一、高低有别。但就绝大多数社会经济现象而言，把总体按某一标志分组形成分布数列后，总体各单位的次数分布都呈正态分布或近似于正态分布，总体各单位标志值分布的一般规律是，接近于平均数的标志值居多，而远离平均数的标志值很少，并且与平均数离差越小的标志值出现次数越多，而离差越大的标志值出现次数越小，形成正离差和负离差大体相等，整个变量数列以平均数为中心左右波动。人们把这种总体中各单位的次数分布从两边向中间集中的趋势叫做集中趋势，也叫趋中性，作为中心的变量值就是平均指标，所以可以用平均指标来反映变量数列的集中趋势。

3. 平均指标经常用来揭示现象在不同时间的发展趋势

平均指标经常用来进行同类现象在不同时间、不同空间条件下的对比分析，从而反映现象在不同地区之间的差异，揭示现象在不同时间的发展趋势。由于受到总体规模不同的影响，许多现象指标不能够直接对比。例如，评价生产同类产品的两个工业企业产品成本水平时，由于受企业产量规模大小的影响，如果用总成本直接进行对比就不能说明两个企业产品成本水平的差别。但是，如果用平均单位成本这一指标比较，就可以反映不同企业成本水平的差异。又如，比较同一企业不同时期产品成本水平时，同样由于不同时期企业产品产量不同，所以不能用总成本直接对比，而需要用不同时期的单位成本进行对比才能说明问题。如果将连续若干年的平均单位成本资料按时间先后顺序排列起来，并且进行比较，就可以观察到企业成本水平的变动趋势。

4. 平均指标可以用于分析现象之间的依存关系

世界上任何事物都不是孤立存在的，很多现象之间都存在着相互依存的关系，而研究现象之间相互依存关系的数量表现，也需要计算平均指标。例如，劳动生产率与收入水平之间、农作物的施肥量与产量之间、商品流转规模与流通费用之间都存在着相互依存的关系，分析这些依存关系时，都需要计算平均指标。

5. 平均指标在抽样推断中是一个重要指标

平均指标是抽样推断中应用得最广泛的指标之一。抽样推断的一项重要工作内容就是用样本的平均数来推断总体平均数，进而可以估计总体总量。

6.1.3 平均指标的种类

1. 按所反映现象的时间状态分类

按所反映现象的时间状态不同，平均指标可以分为静态平均数和动态平均数两种。

(1) 静态平均数。又称一般平均数，是反映现象在同一时间条件下不同总体单位标志值的一般水平的平均指标。例如，在掌握某企业全部职工 2014 年工资额的基础上，计算每位职工的平均工资。

(2) 动态平均数。又称序时平均数，是反映同一事物在不同时间条件下具体表现的一般水平的平均指标。例如，在掌握某商店 2001—2014 年各年商品销售额的基础上，计算平均每年商品销售额。本章所介绍的平均指标主要是指静态平均数，动态平均数将在第 8 章详细介绍。

2. 按计算和确定的方法分类

按计算和确定的方法不同，平均指标可以分为算术平均数、调和平均数、几何平均数、众数和中位数 5 种。

算术平均数、调和平均数、几何平均数、众数和中位数这 5 种平均数的计算方法各不同，其含义和应用的条件也不相同。其中，算术平均数、调和平均数、几何平均数是根据总体各单位的标志值来计算的，称为数值平均数；众数和中位数则是根据总体单位标志值在总体中所处的位置决定的，称为位置平均数。本章将依次介绍这 5 种平均指标的计算方法和特点，其中算术平均数是介绍的重点。

6.2 算术平均数

算术平均数是计算平均指标的基本方法，因为平均指标是表示社会经济现象总体单位某一标志值的平均水平的，而算术平均数的计算方法与许多社会经济现象中客观存在的数量关系相符合，因而是最适合于计算标志值的平均水平的方法。算术平均数是统计研究和统计实务中应用得最广泛的一种平均指标。

6.2.1 算术平均数的基本形式

算术平均数的基本形式是总体标志总量与总体单位总量之比，其计算公式为

$$算术平均数 = \frac{总体标志总量}{总体单位总量}$$

例如，某企业某月工人工资总额为 860000 元，工人人数为 200 人，则该月工人的平均工资为 4300 元/人(=860000÷200=4300)。

运用算术平均数方法计算平均数指标时，总体标志总量(即总体单位某一数量标志值之和)与总体单位总量(即总体单位数)必须属于同一个总体，分子、分母所包含的口径必须一致；否则，计算出来的平均指标就会失去其科学性。

在理解算术平均数时要注意：算术平均数和相对指标中的强度相对指标在计算方法上都是两个总量指标相互对比，但二者有严格的区别，算术平均数是一个同质总体的标志总量和单位总量之比，分子和分母在经济内容上有着从属关系，分母的改变会影响到分子；而许多强度相对指标虽然有平均的意思，但其分子和分母可以来自于不同的总体，分子和分母不存在从属的关系，分母的改变也不一定会影响到分子。例如，人均粮食产量是全国粮食产量与全国人口数之比，反映粮食生产与人口之间的密切关系，但是全国粮食产量和全国人口数是来自于不同总体的两个总量指标，粮食产量并非全国人口每个人都具有的标志，粮食总产量不依附全国人口数，所以人均粮食产量为强度相对指标。

算术平均数在计算过程中，根据掌握的资料不同，在计算方法上又可以分为简单算术平均数和加权算术平均数两种。二者的主要区别在于计算总体标志总量的方法不同。

6.2.2 简单算术平均数

简单算术平均数是根据总体各单位标志值的原始资料，通过直接加总的方式计算总体

第6章 平均指标

标志总量，进而计算算术平均数的方法。简单算术平均数主要适用于未分组资料，其计算公式为

$$\bar{x} = \frac{x_1 + x_2 + x_3 + \cdots + x_n}{n} = \frac{\sum x}{n}$$

式中： $\bar{x}$——算术平均数；
$x_1, x_2, x_3, \cdots, x_n$——各单位的标志值；
n——总体单位数。

【例 6.1】 某村民小组有 10 户农民，每户人口分别为 2 人、3 人、5 人、7 人、6 人、5 人、4 人、6 人、8 人、4 人，则平均每户人口数为

$$\bar{x} = \frac{\sum x}{n} = \frac{2+3+5+7+6+5+4+6+8+4}{10} = 5(人/户)$$

6.2.3 加权算术平均数

如果所掌握资料是分组资料，计算平均指标时则需采用加权算术平均数。加权算术平均数计算时，先用各组标志值乘以相应的各组次数，求出各组标志总量，然后将各组标志总量加总求得总体标志总量。同时将各组次数相加求出总体单位数，用总体标志总量除以总体单位数即得加权算术平均数，其计算公式为

$$\bar{x} = \frac{x_1 f_1 + x_2 f_2 + \cdots + x_n f_n}{f_1 + f_2 + \cdots + f_n} = \frac{\sum xf}{\sum f}$$

式中：$x_1, x_2, \cdots, x_n$——各组变量值；
$f_1, f_2, \cdots, f_n$——各组次数，也称为权数。

【例 6.2】 某车间工人按日产量分组资料见表 6-1。

表 6-1 某车间工人日产量

按日产量分组/件 x	工人人数/人 f	各组产量/件 xf
19	5	95
20	15	300
21	17	357
22	11	242
23	2	46
合　　计	50	1040

该车间工人平均日产量为

$$\bar{x} = \frac{\sum xf}{\sum f} = \frac{19 \times 5 + 20 \times 15 + 21 \times 17 + 22 \times 11 + 23 \times 2}{5+15+17+11+2} = \frac{1040}{50} = 20.8(件/人)$$

【例 6.2】是根据单项式数列计算算术平均数的，由于各组只有一个变量值，所以可以准确地求出各组的标志总量。不过如果掌握的是一个组距式变量数列，由于各组可以有多个变量值，而且各个变量值在分组过程中就已经被抽象掉了，所以，各组标志总量就不能准确计算。这时可以用组中值代替各组变量值计算平均数。

【例 6.3】 某储蓄所某年年末为 120 个贷款户贷款情况见表 6-2。

表 6-2 某储蓄所某年贷款情况表

贷款额/万元	组中值 x	贷款户数/户 f	各组贷款额/万元 xf
20 以下	10	16	160
20～40	30	28	840
40～60	50	45	2250
60～80	70	21	1470
80～100	90	10	900
合　　计	—	120	5620

则该储蓄所平均每个贷款户贷款额为

$$\bar{x} = \frac{\sum xf}{\sum f} = \frac{10 \times 16 + 30 \times 28 + 50 \times 45 + 70 \times 21 + 90 \times 10}{16 + 28 + 45 + 21 + 10} = \frac{5620}{120} \approx 46.83(万元)$$

这里需要说明的是，利用组中值计算算术平均数具有假定性，即假定各组内部的标志值分布是均匀的，从组距下限到上限逐渐以等差级数递增，组平均数正好等于组中值。而在现实生活中，这种情况是非常少见的。因此，利用组中值计算算术平均数，其计算结果与用未分组资料计算的结果会有出入。根据组距数列计算的加权算术平均数只是近似值，而不是准确数值。还要指出，根据组距数列计算算术平均数时，有时往往会遇到开口组，表 6-2 中，第一组的 20 万元以下，这时一般就以相邻组组距作为这一组的假定组距，据此来计算组中值。因此，根据开口组计算的算术平均数就更具有假定性。尽管如此，但就整个数列来看，由于分组引起的影响变量数值高低的各种因素会起到相互抵消的作用，所以由此而计算的平均数仍然具有足够的代表性。分组工作做得越好，则算术平均数也就越接近于实际。

由加权算术平均数计算公式可知，分组条件下算术平均数 $\bar{x}$ 受两个因素影响，一是受各组标志值 x 大小的影响；二是受各组标志值出现次数 f 多少的影响。各组次数不变时，各组标志值水平越高，加权算术平均数越大；当各组标志值不变时，出现次数多的标志值对平均数的影响作用大些，使平均数向其靠拢；出现次数少的标志值对平均数影响小些，使平均数远离该标志值。各组标志值出现次数 f 的多少在计算平均数过程中起着权衡轻重的作用，所以又称为权数。求得的算术平均数也因此称为加权算术平均数。

加权算术平均数中的权数可以用绝对数表示，也可以用相对数表示。用相对数表示的权数也称为比重权数，即各组的频率。实际上权数对平均数的影响作用，不决定于权数本身绝对数值的大小，而决定于作为权数的各组单位数在总体单位数中所占比重的大小。哪一组单位数所占的比重大，哪一组标志值对平均数的影响就大。在许多情况下，可以直接利用各组标志值乘以相应的比重，然后加总来计算加权算术平均数，其计算公式为

$$\bar{x} = x_1 \cdot \frac{f_1}{\sum f} + x_2 \cdot \frac{f_2}{\sum f} + \cdots + x_n \cdot \frac{f_n}{\sum f} = \sum x \cdot \frac{f}{\sum f}$$

【例 6.4】 根据表 6-1 中的资料计算加权算术平均数，见表 6-3。

第6章 平均指标

表6-3 加权算术平均数计算表

日产量/件 x	工人人数/人 f	各组工人数占总人数比重 $\dfrac{f}{\sum f}$	$x \cdot \dfrac{f}{\sum f}$
19	5	10%	1.9
20	15	30%	6
21	17	34%	7.14
22	11	22%	4.84
23	2	4%	0.92
合　　计	50	100%	20.8

则平均每人日产量为

$$\bar{x} = \sum x \cdot \frac{f}{\sum f} = 19 \times 10\% + 20 \times 30\% + 21 \times 34\% + 22 \times 22\% + 23 \times 4\% = 20.8(件/人)$$

计算结果和前面采用绝对数权数计算的加权算术平均数完全相同。由此看出，各组单位数占总体单位数的比重是计算加权算术平均数的实质权数。它比绝对数权数更能准确地表现出各组次数在总体中所占的份额。

加权算术平均数计算过程中，如果各组单位数相等，即 $f_1 = f_2 = \cdots = f_n = f$，则

$$\bar{x} = \frac{\sum xf}{\sum f} = \frac{f \sum x}{nf} = \frac{\sum x}{n}$$

因此，简单算术平均数是加权算术平均数的一个特例，是在各组次数都相等的条件下的加权算术平均数。

计算加权算术平均数就会遇到权数选择的问题，如果被平均的标志值本身是绝对数且根据分配数列计算算术平均数时，一般来说，各组次数就是权数。但如果被平均的标志值本身是相对数或平均数，次数就不一定适合作权数，此时，必须寻找有意义的权数，使各组标志值与权数相乘有经济意义，正好等于相对数或平均数基本公式中的分子，然后再计算平均数。

【例6.5】某煤矿管理局所属10个煤矿企业产值计划完成情况见表6-4，求该管理局10个煤矿的平均计划完成程度。

表6-4 某煤矿管理局所属企业产值计划完成情况

计划完成程度%	组中值 x	企业数	计划产值/万元 f	实际产值/万元 xf
90~100	95	2	300	285
100~110	105	5	1000	1050
110~120	115	3	550	632.5
合计	—	10	1850	1967.5

本例中，由于该管理局10个企业的计划完成程度各不相同，产值多少也有差别，所以不能用简单算术平均数的形式计算平均计划完成程度，必须用加权算术平均数形式。此时，

虽然企业数为总体单位在各组分布的次数，但它并不适合做权数，因为计划完成程度与企业数相乘没有任何经济意义。正确计算产值的平均计划完成程度，需要用计划产值来加权，计划产值与计划完成程度相乘正好等于实际产值，即相对指标计划完成程度的分子，这样才符合这一指标的性质，计算如下：

$$\text{平均计划完成程度} = \frac{95\% \times 300 + 105\% \times 1000 + 115\% \times 550}{300 + 1000 + 550} = \frac{1967.5}{1850} \approx 106.35\%$$

6.2.4 算术平均数的数学性质

为了加深理解和正确运用算术平均数，简化计算过程，需要掌握算术平均数的一些重要的数学性质。

【性质1】 算术平均数与总体单位数的乘积等于各变量值的总和。

对于未分组资料，这个数学性质可写成

$$n \cdot \bar{x} = \sum x$$

证明：因为 $\bar{x} = \dfrac{\sum x}{n}$

所以 $n \cdot \bar{x} = \sum x$

对于分组资料，这个数学性质可写成

$$\sum f \cdot \bar{x} = \sum xf$$

这个性质说明，平均数是所有变量值的代表数值，并且根据平均数与次数，可以推算出总体标志总量。

【性质2】 各变量值与其算术平均数的离差之和等于零，即

未分组资料：$\sum(x - \bar{x}) = 0$

证明：$\sum(x - \bar{x}) = \sum x - n\bar{x} = \sum x - n\dfrac{\sum x}{n} = \sum x - \sum x = 0$

分组资料：$\sum(x - \bar{x})f = 0$

证明：$\sum(x - \bar{x})f = \sum xf - \bar{x}\sum f = \sum xf - \dfrac{\sum xf}{\sum f}\sum f = \sum xf - \sum xf = 0$

这个性质说明，不论总体单位标志值之间有无差异，也不论差异有多大，各变量值与平均数的正、负离差可以相互抵消，离差之和为零。

【性质3】 各变量值与其算术平均数的离差平方之和为最小值，即

未分组资料：$\sum(x - \bar{x})^2 = \min$

分组资料：$\sum(x - \bar{x})^2 f = \min$

证明：设 x_0 为任意数，$c = \bar{x} - x_0$，则 $x_0 = \bar{x} - c$

以 x_0 为中心的离差平方之和为

$$\sum(x - x_0)^2 = \sum[x - (\bar{x} - c)]^2 = \sum[(x - \bar{x}) + c]^2 = \sum(x - \bar{x})^2 + 2c\sum(x - \bar{x}) + nc^2$$
$$= \sum(x - \bar{x})^2 + nc^2$$

因为 $nc^2 \geqslant 0$

所以 $\sum(x-x_0)^2 \geqslant \sum(x-\bar{x})^2$

所以 $\sum(x-\bar{x})^2 = \min$

同理，有 $\sum(x-\bar{x})^2 f = \min$

【性质 4】 如果每个变量值都增加或减少任意常数 A，则平均数也要增减这个数 A。

未分组资料：$\dfrac{\sum(x \pm A)}{n} = \dfrac{\sum x \pm nA}{n} = \bar{x} \pm A$

分组资料：$\dfrac{\sum(x \pm A)f}{\sum f} = \dfrac{\sum xf \pm A\sum f}{\sum f} = \bar{x} \pm A$

【性质 5】 如果每一个变量值都乘以或除以任意常数 A，则平均数也要乘以或除以这个数 A。

乘以 A 时，未分组资料：$\dfrac{\sum Ax}{n} = \dfrac{A\sum x}{n} = A\bar{x}$

分组资料：$\dfrac{\sum Axf}{\sum f} = \dfrac{A\sum xf}{\sum f} = A\bar{x}$

除以 $A(A \neq 0)$ 时，未分组资料：$\dfrac{\sum \frac{x}{A}}{n} = \dfrac{\frac{1}{A}\sum x}{n} = \dfrac{\bar{x}}{A}$

分组资料：$\dfrac{\sum \frac{x}{A}f}{\sum f} = \dfrac{\frac{1}{A}\sum xf}{\sum f} = \dfrac{\bar{x}}{A}$

6.2.5 算术平均数的简捷算法

在计算算术平均数时，往往会遇到标志值与权数较大的资料，计算过程就显得繁复，计算工作量较大，为了计算简便，可以采用简捷算法。

算术平均数的简捷算法主要是直接运用算术平均数的第 4 个数学性质，或者是第 4 个和第 5 个数学性质联合运用，得出实际工作中常用的组距数列求加权算术平均数的简捷计算公式为

$$\bar{x} = \dfrac{\sum \left(\dfrac{x-A}{d}\right) \cdot f}{\sum f} \cdot d + A$$

式中：A——假定平均数，一般取靠近数列中间那一组的组中值；

d——组距，一般情况下，d 取 $(x-A)$ 差数的最大公约数。

【例 6.6】 某轧棉厂从一批棉包中抽取 16 包，称得其重量(单位：千克)如下。

106　108　100　97　98　115　93　95　104　112　107　100　105　103　105　110

要求计算它们的平均重量。

计算时可利用第 4 个数学性质，由于上述数据都在 100 千克左右波动，所以可以将上面各项数据同时减去 100，得到一组新的数据。

6　8　0　-3　-2　15　-7　-5　4　12　7　0　5　3　5　10

这些数据之和为 58，将这些数据加以平均后，得到这组新数据的平均数 $\bar{x}_0$，再加上 100 就是求得的平均重量。

$$\bar{x} = \bar{x}_0 + A = \frac{58}{16} + 100 = 3.625 + 100 = 103.625 (千克)$$

【例 6.7】 仍以表 6-2 为例，令 $A = 50$，$d = 20$，得出组距式资料算术平均数简捷法计算表见表 6-5。

表 6-5　某储蓄所某年平均每户贷款额简捷法计算表

贷款额/万元	组中值 x	贷款户数/户 f	$\frac{x-50}{20}$	$\frac{x-50}{20}f$
20 以下	10	16	−2	−32
20～40	30	28	−1	−28
40～60	50	45	0	0
60～80	70	21	1	21
80～100	90	10	2	20
合　计	—	120		−19

$$\bar{x} = \frac{\sum \frac{(x-A)}{d} \cdot f}{\sum f} \cdot d + A = \frac{-19}{120} \times 20 + 50 \approx 46.83 (万元)$$

计算结果与普通方法计算结果相同。

6.3　调和平均数

调和平均数是算术平均数的一种变形，是计算同质总体各单位标志值平均水平的另一种表现形式。它是标志值的倒数的算术平均数的倒数，又称为倒数平均数。根据掌握资料的不同，调和平均数可分为简单调和平均数和加权调和平均数两种计算方法。

6.3.1　简单调和平均数

简单调和平均数是先计算总体单位标志值倒数的简单算术平均数，然后求其倒数，主要用于未分组资料，其计算公式为

$$H = \frac{1}{\frac{\frac{1}{x_1} + \frac{1}{x_2} + \cdots + \frac{1}{x_n}}{n}} = \frac{n}{\frac{1}{x_1} + \frac{1}{x_2} + \cdots + \frac{1}{x_n}} = \frac{n}{\sum \frac{1}{x}}$$

式中：H——调和平均数；
　　　x——各总体单位标志值；
　　　n——总体单位数。

【例 6.8】 早市上某种蔬菜的价格为 0.5 元/斤，中午市场价格为 0.4 元/斤，晚上市场价格为 0.25 元/斤，现在市场上早、中、晚各买 1 元钱的菜，求平均价格。

第6章 平均指标

$$H = \frac{3}{\frac{1}{0.5} + \frac{1}{0.4} + \frac{1}{0.25}} = \frac{3}{8.5} \approx 0.35 (\text{元/斤})$$

6.3.2 加权调和平均数

加权调和平均数用于分组资料的计算，它是先计算总体单位标志值倒数的加权算术平均数，然后求其倒数，计算公式为

$$H = \frac{1}{\dfrac{\frac{1}{x_1}m_1 + \frac{1}{x_2}m_2 + \cdots + \frac{1}{x_n}m_n}{m_1 + m_2 + \cdots + m_n}} = \frac{m_1 + m_2 + \cdots + m_n}{\frac{1}{x_1}m_1 + \frac{1}{x_2}m_2 + \cdots + \frac{1}{x_n}m_n} = \frac{\sum m}{\sum \frac{1}{x}m}$$

式中：m——权数，即各组的标志总量。

【例 6.9】 仍用工人日产量资料说明，见表 6-6。

表6-6 某车间工人日产量

按日产量分组/件 x	各组产量/件 m	工人人数/人 $\dfrac{m}{x}$
19	95	5
20	300	15
21	357	17
22	242	11
23	46	2
合计	1040	50

则工人平均日产量为

$$H = \frac{\sum m}{\sum \frac{m}{x}} = \frac{95 + 300 + 357 + 242 + 46}{\frac{95}{19} + \frac{300}{20} + \frac{357}{21} + \frac{242}{22} + \frac{46}{23}} = \frac{1040}{50} = 20.8 (\text{件/人})$$

由计算结果可以看出，调和平均数的计算结果和算术平均数相同，这是因为各组总产量 m 等于日产量 x 与各组人数 f 的乘积，即 $m = xf$，则

$$H = \frac{\sum m}{\sum \frac{m}{x}} = \frac{\sum xf}{\sum \frac{xf}{f}} = \frac{\sum xf}{\sum f}$$

可见，调和平均数实际是算术平均数的一种变形，它仍然是总体标志总量除以总体单位总量。调和平均数和算术平均数在经济意义上是一致的。在社会经济统计过程中，由于受到所掌握资料的限制，有时算术平均数很难计算。此时，计算平均指标就可以考虑采用调和平均法。

在实际工作中，究竟采用算术平均数，还是采用调和平均数，应根据掌握的资料来确定。已知各组的变量值，又知各组单位数或次数时，采用算术平均数公式；已知各组变量值，不知各组单位数或次数，而已知各组标志总量时，应采用调和平均数公式。

6.3.3 相对指标和平均指标平均数的计算

在社会经济活动中，除了对总量指标计算平均数外，还经常计算相对指标和平均指标的平均数，如平均利润率、平均合格率、平均计划完成程度、平均劳动生产率、平均单位生产成本等。计算这些平均数时，首先要写出被平均相对指标或平均指标的基本计算公式，然后根据掌握资料的不同，分别采用算术平均数和调和平均数的公式来计算。如果掌握相对指标或平均指标的分子资料，不掌握分母资料，采用调和平均数公式计算，其分子即为权数 m；如果掌握相对指标或平均指标的分母资料，不掌握分子资料，采用算术平均数形式计算，其分母即为权数 f。下面举例说明。

1. 由相对指标计算平均数

【例 6.10】 设某公司下属 3 个企业的产值资料见表 6-7。

表 6-7 某公司所属企业计划完成情况

企 业	计划完成程度 x	计划产值/万元 f	实际产值/万元 xf
甲	110%	70	77
乙	105%	100	105
丙	94%	50	47
合 计	—	220	229

根据上述资料如何计算该公司平均计划完成程度呢？因为平均计划完成程度指标等于实际产值与计划产值之比，本例属于掌握分母计划产值资料而不掌握分子实际产值资料，所以应采用算术平均数方法计算，分母计划产值即为 f，而 xf 即为实际产值。

$$\bar{x} = \frac{\sum xf}{\sum f} = \frac{229}{220} \approx 104.09\%$$

如果只掌握实际总产值，而无计划总产值资料，则应采用调和平均数公式计算，分子实际产值即为 m，而 $\frac{m}{x}$ 即为计划产值。

【例 6.11】 设某公司下属 3 个企业的产值资料见表 6-8。

表 6-8 某公司所属企业计划完成情况

企 业	计划完成程度 x	实际产值/万元 m	计划产值/万元 $\frac{m}{x}$
甲	110%	77	70
乙	105%	105	100
丙	94%	47	50
合 计	—	229	220

平均计划完成程度为

第6章 平均指标

$$H = \frac{\sum m}{\sum \frac{m}{x}} = \frac{229}{220} \approx 104.09\%$$

两种方法计算结果完全一致。

2. 由平均指标计算平均数

【例6.12】 某企业两车间生产同种产品产量和成本资料见表6-9。

表6-9 某企业车间产品成本

车间	单位成本/元 x	产量/吨 f	总成本/元 xf
甲	600	1200	720000
乙	700	1800	1260000
合计	—	3000	1980000

同样,应以总平均单位成本的计算公式为依据,平均单位成本 = $\frac{产品总成本}{产品总产量}$,本例属于掌握分母总产量,而不掌握分子总成本,因此应采用算术平均数公式,分母产品产量即为权数 f。

平均单位产品成本为

$$\bar{x} = \frac{\sum xf}{\sum f} = \frac{1980000}{3000} = 660 \,(元/吨)$$

若只有分子资料时,应采用调和平均数公式计算,分子产品总成本即为权数 m。

【例6.13】 某企业两车间生产同种产品产量和成本资料见表6-10。

表6-10 某企业车间产品成本

车间	单位成本/元 x	总成本/元 m	产量/吨 $\frac{m}{x}$
甲	600	720000	1200
乙	700	1260000	1800
合计	—	1980000	3000

则平均单位产品成本为

$$H = \frac{\sum m}{\sum \frac{m}{x}} = \frac{1980000}{3000} = 660 \,(元/吨)$$

6.4 几何平均数

几何平均数是另一种平均指标,是 n 个变量值连乘积的 n 次方根,用字母 G 表示。社会经济统计中,几何平均数适用于计算平均比率和平均速度。几何平均数应用时应满足两个条件：一是若干个比率或速度的连乘积等于总比率或总速度；二是相乘的各比率或速度不得为负值。几何平均数又分为简单几何平均数和加权几何平均数两种。

6.4.1 简单几何平均数

简单几何平均数适用于计算未分组资料的平均比率或平均速度，其公式为

$$G = \sqrt[n]{x_1 \cdot x_2 \cdots x_n} = \sqrt[n]{\prod x}$$

式中： G ——几何平均数；

$x_1, x_2, \cdots, x_n$ ——总体各单位标志值；

n ——标志值的个数；

$\prod$ ——连乘符号。

【例 6.14】 某企业有 5 个流水作业的车间，1 月份第一车间产品合格率为 98%，第二车间产品合格率为 96%，第三车间产品合格率为 95%，第四车间产品合格率为 94%，第五车间产品合格率为 92%。试求该厂 1 月份平均产品合格率。

由于这 5 个车间是流水作业车间，各车间的产品合格率都会影响产品总合格率，各车间产品合格率的连乘积等于产品总合格率，所以计算平均产品合格率不能用算术平均数或调和平均数，而应采取几何平均数计算，即 1 月份平均产品合格率为

$$G = \sqrt[n]{\prod x} = \sqrt[5]{98\% \times 96\% \times 95\% \times 94\% \times 92\%} \approx 94.98\%$$

在无法开高次方，不能直接得出计算结果时，也可采用两边先取对数，然后再求反对数的方法来计算平均产品合格率。

$$\lg G = \frac{\sum \lg x}{n}$$

$$G = \text{arc} \lg G$$

6.4.2 加权几何平均数

加权几何平均数适用于计算分组资料的平均比率或平均速度，其公式为

$$G = \sqrt[f_1+f_2+\cdots+f_n]{x_1^{f_1} \cdot x_2^{f_2} \cdots x_n^{f_n}} = \sqrt[\sum f]{\prod x^f}$$

式中： $f_1, f_2, \cdots, f_n$ ——各变量值出现的次数。

【例 6.15】 某企业一笔长期贷款按复利计算利息，10 年间年利率为 9% 的有 3 年，年利率为 11% 的有 4 年，年利率为 12% 的有 2 年，年利率为 13% 的有 1 年。试计算 10 年间该笔贷款的平均年利率。

$$G = \sqrt[3+4+2+1]{1.09^3 \times 1.11^4 \times 1.12^2 \times 1.13^1} = \sqrt[10]{2.786\,672} \approx 110.79\%$$

$$110.79\% - 1 = 10.79\%$$

因此，该笔贷款 10 年间平均年利率为 10.79%。

同样，在不能直接得出计算结果时，也可采用对数方法计算平均产品合格率。

$$\lg G = \frac{f_1 \lg x_1 + f_2 \lg x_2 + \cdots + f_n \lg x_n}{f_1 + f_2 + \cdots + f_n} = \frac{\sum f \lg x}{\sum f}$$

$$G = \text{arc} \lg G$$

关于几何平均数，本书在第 8 章中还要重点介绍。

第6章 平均指标

6.5 众数和中位数

算术平均数、调和平均数和几何平均数都是数值平均数,它们都是根据总体中各个标志值计算的,其数值的大小容易受到极端变量值的影响。因此,当总体中出现极端变量值时,平均数的代表性就会受到影响。位置平均数即众数和中位数可以弥补这一缺点,位置平均数不需要根据总体中各个标志值来确定,只根据变量值在次数分布数列中所处的特殊位置来确定,因而不受极端变量值的影响。众数和中位数是两个特殊的平均数,它本身不是平均值,而只是总体一般水平的代表值,是算术平均数的补充形式。

6.5.1 众数

1. 众数的概念

众数是总体中重复出现次数最多的标志值,用字母 M_0 表示。在实际工作中,当没有掌握总体的所有资料,或者为研究问题的需要,只需掌握总体中普遍的、一般的水平时,可以采用众数来代表变量值的一般水平。例如,当要了解服装、鞋帽等商品的尺寸、型号并确定其生产数量时,可以用需求量最大的尺寸、型号作为服装、鞋帽等商品的尺寸、型号的代表数值,并以此为依据组织生产和销售,这个需求量最大的尺寸、型号就是众数。又如,调查市场上某种商品的平均价格时,可以不调查各个销售点该种商品的价格和销售数量,只要了解市场上该种商品最普遍的成交价格,就可以用它来代表该种商品价格的一般水平,这个最普遍的成交价格也就是众数。

由众数的概念可以看出,众数存在的条件是:总体单位数较多,各标志值的次数分布又有明显的集中趋势时才存在众数。

2. 众数的确定方法

根据所掌握资料的不同,确定众数可采用不同的方法。

1) 根据未分组资料和单项式数列确定众数

根据未分组资料和单项式数列确定众数时,可直接以出现次数最多的标志值为众数。

【例 6.16】 某日销售 15 双某种女鞋的型号分别为:36 号、36 号、37 号、37 号、37 号、38 号、38 号、38 号、38 号、38 号、38 号、39 号、39 号、39 号、40 号,则出现次数最多的 38 号为众数。

【例 6.17】 某种商品的价格情况见表 6-11。

表 6-11 某种商品价格资料

价格/(元/千克)	销售数量/千克
2.00	20
2.40	60
3.00	140
4.00	80
合　　计	300

上面数列中销售量最大的一组是第三组,此即为众数所在的组,这一组的价格是 3.00 元/千克,则众数 $M_0 = 3.00$ 元/千克。

2) 根据组距式数列确定众数

根据组距式数列确定众数,一般也是以出现次数最多的一组的标志值为众数,但这一数值往往随着分组的变化而不同,为使所得众数更接近于实际众数,可用下列比例插值法公式进行较精确的计算。

下限公式: $M_0 = L + \dfrac{\Delta_1}{\Delta_1 + \Delta_2} d$

上限公式: $M_0 = U - \dfrac{\Delta_2}{\Delta_1 + \Delta_2} d$

式中: L ——众数所在组下限;

U ——众数所在组上限;

Δ_1 ——众数所在组次数 f_m 与前一组次数 f_{m-1} 之差;

Δ_2 ——众数所在组次数 f_m 与后一组次数 f_{m+1} 之差;

d ——众数所在组组距。

【例 6.18】 某企业调查某种产品的使用寿命情况,共抽查 1000 件产品,取得的相关资料见表 6-12。

表 6-12 某种产品使用寿命情况

使用寿命/小时	件 数
800 以下	60
800~1000	110
1000~1200	150
1200~1400	500
1400~1600	130
1600 以上	50
合 计	1000

由表 6-12 可知,平均使用寿命在 1200~1400 小时的产品数最多,所以 1200~1400 组是众数所在组,$L = 1200$,$U = 1400$,$d = 200$,$\Delta_1 = 500 - 150 = 350$,$\Delta_2 = 500 - 130 = 370$。

用下限公式计算: $M_0 = L + \dfrac{\Delta_1}{\Delta_1 + \Delta_2} d = 1200 + \dfrac{350}{350 + 370} \times 200 \approx 1297.22$ (小时)

用上限公式计算: $M_0 = U - \dfrac{\Delta_2}{\Delta_1 + \Delta_2} d = 1400 - \dfrac{370}{350 + 370} \times 200 \approx 1297.22$ (小时)

众数是由标志值出现次数多少决定的,不受资料中极端数值和开口组的影响,这样增强了众数对总体一般水平的代表性,方法简便,易于应用。但当总体分布没有明显的集中趋势,而趋于均匀分布时,则没有众数。由于众数本身的局限性,使其在实际工作中不如算术平均数应用得广泛。

6.5.2 中位数

1. 中位数的概念

中位数是将标志值按大小顺序排成数列后，处在该数列中点位置的标志值，用 M_e 表示。中位数也是一种位置平均数。在许多情况下，可以用中位数来反映现象的一般水平。它主要不是通过计算，而是通过排队观察来确定总体的一般水平。中位数的大小不受数列中极端数值和开口组的影响。当总体的次数分布呈明显的偏态分布时，中位数能比算术平均数更准确地反映该现象的集中趋势，具有更好的代表性。实际统计工作中，中位数有着特殊的意义。例如，在职工收入悬殊的国家或地区，用职工收入的中位数来反映职工收入的一般水平往往比算术平均数更具有代表性。

2. 中位数的确定方法

确定中位数的方法也要根据掌握的具体资料而定。

1) 由未分组资料确定中位数

根据未分组资料计算中位数时，先把总体各单位的标志值按大小顺序排列，然后确定中位数的位次，再根据中位数的位次确定出对应的标志值。这里也有两种情况：当总体单位数为奇数时，用 $\frac{n+1}{2}$ 来确定中位数的位次；当总体单位数为偶数时，数列中间两个位置的标志值的平均数才是中位数。

【例 6.19】 某企业有 11 个工人，生产 A 产品的日产量按大小顺序排列分别是 20 件、21 件、21 件、22 件、22 件、22 件、23 件、23 件、24 件、24 件、25 件，则

中位数的位次 $= \frac{n+1}{2} = \frac{11+1}{2} = 6$

第 6 个位次对应的标志值 22 即为中位数，即 $M_e = 22$ (件)

如果上例新增一个工人日产量 25 件，则

中位数位次 $= \frac{n+1}{2} = \frac{12+1}{2} = 6.5$

该位次在第 6、第 7 个位次的中间，则中位数为第 6、第 7 个位次对应的标志值的平均数，即

$$M_e = \frac{22+23}{2} = 22.5 \text{(件)}$$

2) 由单项式分组资料计算中位数

单项式分组资料确定中位数时，资料经过整理已编制成标志值按大小顺序排列的变量数列，计算时可先计算分组数列的累计次数，再用公式 $\frac{\sum f}{2}$ 确定中位数的位次，然后根据中位数的位次将累计次数刚超过中位数位次的组确定为中位数组，该组的标志值即为中位数。

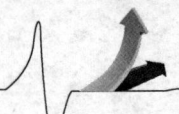

【例6.20】 某班50名学生按年龄分组的资料见表6-13。

表6-13 某班学生年龄情况

年龄/岁	人数/人	向上累计次数	向下累计次数
20	4	4	50
21	10	14	46
22	20	34	36
23	13	47	16
24	3	50	3
合　计	50	—	—

利用公式可知，中位数位次 $=\dfrac{\sum f}{2}=\dfrac{50}{2}=25$

从表6-13中向上累计次数可知，第一组、第二组的累计次数小于25，到第三组累计次数为34，刚好包含了中点位置25，所以中位数在第三组，该组对应的标志值22件即为中位数。同理，也可根据向上累计次数计算中位数，结果相同。

3) 由组距式分组资料计算中位数

组距式分组资料确定中位数与单项式分组资料相似，先计算各组次数的累计数，再用公式 $\dfrac{\sum f}{2}$ 确定中位数的位次，并确定中位数所在组。不同的是由于组距式资料各组变量值表现为一个变量区间，在确定中位数组后，无法直接得到中位数的准确数值，而要用公式计算，其计算公式为

下限公式：$M_e = L + \dfrac{\dfrac{\sum f}{2} - S_{m-1}}{f_m} \cdot d$

上限公式：$M_e = U - \dfrac{\dfrac{\sum f}{2} - S_{m+1}}{f_m} \cdot d$

式中：L——中位数组下限；

U——中位数组上限；

f_m——中位数所在组的次数；

S_{m-1}——中位数所在组以前各组的累计次数；

S_{m+1}——中位数所在组以后各组累计次数；

$\sum f$——总次数；

d——中位数组组距。

第 6 章 平均指标

【例 6.21】 某地 2014 年某种粮食产量资料见表 6-14，试确定中位数。

表 6-14 某地 2014 年某种粮食产量资料

按单位面积产量分组/(千克/公顷)	播种面积/公顷	向上累计次数	向下累计次数
3000 以下	30	30	350
3000~4000	78	108	320
4000~5000	110	218	242
5000~6000	90	308	132
6000 以上	42	350	42
合　计	350	—	—

利用公式可知，中位数位次 $=\dfrac{\sum f}{2}=\dfrac{350}{2}=175$ (公顷)

从表 6-14 中向上累计次数可知，第一组、第二组的累计次数小于 175，到第三组是累计次数为 218，刚好包含了中点位置 175，所以中位数在第三组，该组即为中位数所在组。$L=4000$，$U=5000$，$\sum f=350$，$S_{m-1}=108$，$S_{m+1}=132$，$f_m=110$，$d=1000$，则

下限公式： $M_e = L + \dfrac{\dfrac{\sum f}{2} - S_{m-1}}{f_m} \cdot d = 4000 + \dfrac{\dfrac{350}{2} - 108}{110} \times 1000 \approx 4609.09$ (千克/公顷)

上限公式： $M_e = U - \dfrac{\dfrac{\sum f}{2} - S_{m+1}}{f_m} \cdot d = 5000 - \dfrac{\dfrac{350}{2} - 132}{110} \times 1000 \approx 4609.09$ (千克/公顷)

计算结果表明，该地粮食平均单产的中位数为 4609.09 千克/公顷。同理，也可根据向上累计次数计算中位数，结果相同。

在组距数列中，中位数受所在组以上与以下各组次数之和即 S_{m-1} 和 S_{m+1} 大小的影响。S_{m-1} 比 S_{m+1} 大，则中位数靠近所在组下限；S_{m-1} 比 S_{m+1} 小，则中位数靠近所在组上限；$S_{m-1} = S_{m+1}$ 时，则中位数就是所在组的组中值。

6.6　各种平均数之间的相互关系

6.6.1　算术平均数、几何平均数和调和平均数三者之间的关系

当一组变量值不完全相等时，用同一组变量值计算算术平均数、几何平均数和调和平均数的计算结果是几何平均数大于调和平均数而小于算术平均数，只有当所有变量值都相等时，这 3 种平均数才相等。它们的关系用不等式表示为

$$H \leqslant G \leqslant \bar{x}$$

证明：设 x_1, x_2 为两个不相等的变量值，则

因为 $\left(\sqrt{x_1} - \sqrt{x_2}\right)^2 = x_1 + x_2 - 2\sqrt{x_1 \cdot x_2} \geqslant 0$

所以 $\dfrac{x_1+x_2}{2} \geqslant \sqrt{x_1 \cdot x_2}$

即 $\bar{x} \geqslant G$

又因为 $\dfrac{x_1+x_2}{2} \geqslant \sqrt{x_1 \cdot x_2} = \dfrac{x_1 \cdot x_2}{\sqrt{x_1 \cdot x_2}}$

所以 $\sqrt{x_1 \cdot x_2} \geqslant \dfrac{2x_1 \cdot x_2}{x_1+x_2} = \dfrac{2}{\dfrac{1}{x_1}+\dfrac{1}{x_2}}$

即 $G \geqslant H$

因此，$H \leqslant G \leqslant \bar{x}$ 成立。

【例 6.22】 有一组变量值 10、12、15、16，对其计算 3 种平均数，则

$$\bar{x} = \dfrac{\sum x}{n} = \dfrac{10+12+15+16}{4} = 13.25$$

$$H = \dfrac{n}{\sum \dfrac{1}{x}} = \dfrac{4}{\dfrac{1}{10}+\dfrac{1}{12}+\dfrac{1}{15}+\dfrac{1}{16}} = 12.80$$

$$G = \sqrt[4]{10 \times 12 \times 15 \times 16} \approx 13.03$$

$$H \leqslant G \leqslant \bar{x}$$

6.6.2 算术平均数与众数、中位数之间的关系

算术平均数与众数、中位数在数值上存在一定的联系，这种联系与总体分布的特征有关，可以分为以下 3 种情况。

(1) 总体分布呈对称的正态分布状态时，算术平均数、众数和中位数三者合而为一，即 $\bar{x} = M_e = M_0$（图 6.1）

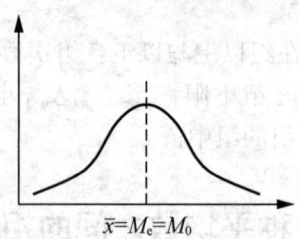

图 6.1 正态分布

在这种情况下，选择哪种平均数来代表现象的一般水平都是一样的。

(2) 当总体呈偏态分布时，算术平均数、众数和中位数之间就存在一定的差别，这种差别和总体次数分布的偏斜度有关，偏斜度小，三者的差别也小；偏斜度大，三者的差别也大。当次数分布呈右偏(或叫正偏)分布时，$M_0 < M_e < \bar{x}$；当次数分布呈左偏(或叫负偏)分布时，$\bar{x} < M_e < M_0$（图 6.2 和图 6.3）。

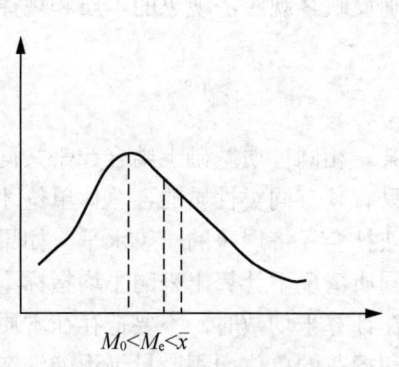

图 6.2　右偏分布　　　　　　　　图 6.3　左偏分布

由以上分析可知，在对称的正态分布中，算术平均数、众数和中位数完全重合。而在非对称的偏态分布中，三者由重合的一点，被分离为三点，随着偏斜度的加大，三者之间差别也越来越大。英国统计学家卡尔·皮尔逊认为，当分布只是适当偏态，偏斜度不严重时，三者之间的距离构成了一种固定关系：众数与算术平均数距离最远，中位数在两者之间，中位数 M_e 与算术平均数 $\bar{x}$ 的距离是众数 M_0 与算术平均数 $\bar{x}$ 距离的三分之一，即关系式为 $|\bar{x} - M_0| = 3|\bar{x} - M_e|$。如果 $(\bar{x} - M_0) > 0$，则说明总体次数分布右偏；如果 $(\bar{x} - M_0) < 0$，则说明总体次数分布左偏；如果 $(\bar{x} - M_0) = 0$，则说明是对称分布。

根据皮尔逊的公式还可以推算出，在轻微偏态的次数分布中，如果已知算术平均数、众数和中位数三者中的两者时，就可以近似的估算出第三者，其推算公式为

$$M_0 = 3M_e - 2\bar{x}$$

$$M_e = \frac{M_0 + 2\bar{x}}{3}$$

$$\bar{x} = \frac{3M_e - M_0}{2}$$

【例 6.23】根据表 6-14 中的资料计算的算术平均数 $\bar{x} = 4602.857$，众数 $M_0 = 4615.385$，中位数 $M_e = 4609.09$，推算可知

$$M_0 = 3M_e - 2\bar{x} = 3 \times 4609.09 - 2 \times 4602.857 = 4640.44$$

$$M_e = \frac{M_0 + 2\bar{x}}{3} = \frac{4615.385 + 2 \times 4602.857}{3} = 4607.033$$

$$\bar{x} = \frac{3M_e - M_0}{2} = \frac{3 \times 4609.09 - 4615.385}{2} = 4605.943$$

已知数与推算数相比，最接近的是中位数，其次是算术平均数，众数差异较大。$\bar{x} < M_e < M_0$，$(\bar{x} - M_0) < 0$，说明该地粮食平均单产次数分布呈左偏分布，即多数播种面积单产较高，少部分播种面积的单产较低，从而影响了平均粮食单产。

6.7　应用平均指标应注意的问题

平均指标是应用科学抽象的方法，用一个指标来代表总体各单位标志值的一般水平。在实际统计工作中，应用平均指标来反映现象总体的数量特征，进行统计分析，是非常常

用的方法。在计算和应用平均指标时，为使其能正确反映客观经济现象的本质和规律性，注意以下几方面的问题。

1. 平均指标只能用于同质总体

现象的同质性是指被研究的总体的各单位是在某一相同性质基础上结合起来共同构成总体，各总体单位在某一标志上具有相同的性质。只有具有同类性质的各总体单位才有共同的规律性，由此计算所得的平均指标才能正确反映社会经济现象的一般水平。如果各单位不是同质的，那就根本不存在什么一般水平。不同质情况下计算出来的平均指标不仅不具有代表性，相反会歪曲现象的真实情况。因此，在计算平均数时，不要把存在本质差异的现象混在一起计算。例如，粮食的单位面积产量和棉花的单位面积产量绝不能混在一起计算总平均单位面积产量；研究居民的生活水平，计算其平均收入和平均生活费支出，也应把城镇居民和农村居民分开研究，因为城镇居民和农村居民在收入来源和消费构成方面具有不同的特点，将它们混为一谈，将影响对居民生活水平本质的认识。

2. 用组平均数补充说明总平均数

在做统计分析时，仅用总平均数来说明总体的数量特征还不全面。因为总平均数虽然是以同质总体为基础计算出来的，能够说明总体各单位的一般水平。但是，它只保证了总体各单位在某一方面的性质相同，而其他性质仍然存在着重要的差别，由于这些差别的影响，总平均数不能充分反映总体的数量特征。只有结合统计分组，计算各组的平均数，对总平均数作分析、补充，才能得到对所研究的现象总体全面、深入的认识；否则，仅仅根据总平均数就下结论，往往是片面的。

【例6.24】 某企业2012—2013年职工工资资料见表6-15。

表6-15 某企业职工工资

工人类别	2012年			2013年		
	工人人数/人	工资总额/万元	平均工资/(元/人)	工人人数/人	工资总额/万元	平均工资/(元/人)
技术工人	550	330	6000	300	195	6500
普通工人	450	180	4000	700	301	4300
合　　计	1000	510	5100	1000	496	4960

从表6-15中全部工人平均工资看，2012年为5100元/人，2013年为4960元/人，似乎该企业工人工资水平在下降。但实际上，从各组工人工资水平看，技术工人和普通工人的工资水平都有所提高。总平均工资之所以下降，完全是因为2012年与2013年相比较，工人的构成发生了变化。工资水平高的技术工人所占的比重由2012年的55%下降到2013年的30%，而工资水平比较低的普通工人所占的比重由2012年的45%上升到70%，由于权数的作用导致2013年的总平均工资被拉低。如果单纯用总平均工资反映该企业工人的工资水平，就会掩盖两组工人构成变化的差异，引起人们对该企业工人工资水平变动的错误认识。因此，运用平均指标进行统计分析，不仅要看到总平均数的差异，而且还要看到各组水平的差异，用组平均数补充说明总平均数。

第6章 平均指标

3. 利用分配数列或典型资料补充说明总平均数

由于平均数将总体各单位标志值之间的差别平均化、抽象化了，只能用来说明总体的一般水平，不能具体地反映总体各单位之间某一标志表现的差别。为深入、全面地说明问题，在应用平均数时，常常需要按照被平均的标志将总体单位分组，编制分配数列，以说明各单位的分配情况。通过不同时期总体各单位分配情况的对比，可以反映总体内各单位分布的变动过程。用分配数列补充总平均数，可以使人们对社会经济现象的认识更深入、更具体。

【例6.25】 某煤矿管理局所属10个煤矿企业产值计划完成情况见表6-16。

表6-16 某煤矿管理局所属企业产值计划完成情况

计划完成程度	企业数	计划产值(万元)
90%~100%	2	300
100%~110%	5	1000
110%~120%	3	550
合　　计	10	1850

经过计算，该煤矿管理局所属10个企业平均计划完成程度为106.35%，超额6.35%完成任务，计划完成情况较好。但如果结合分配数列来观察就会发现，实际上，还有两个企业没有完成计划任务，那么就有必要研究这两个企业未完成计划任务的原因。

4. 要与总量指标、相对指标结合运用

总量指标、相对指标和平均指标的性质各不相同，从不同的角度说明现象的数量表现。因此，在进行统计分析时，必须把三者结合起来运用，充分发挥各自的作用，以达到全面、深入地分析问题的目的。

例如，在评价某工业企业的生产经营状况时，不仅要看其劳动生产率、平均单位成本的高低，而且要看其产品产量、产值的多少，同时还要看其生产计划完成情况、生产增长速度、产品质量及资金利用、上缴利税等情况。只有把它们联系起来，才能对企业的生产经营情况做出全面正确的判断。

本章小结

在本章介绍的5种平均指标中，算术平均数可以严格地用数学公式加以确定，且计算简便，容易理解，是最常用、最容易理解的平均数。它在研究社会经济现象总体特征及进行抽样推断时占有非常重要的地位。但与位置平均数相比容易受极端数值的影响，当数列中存在极端数值时，平均数的代表性较低。因此，有时需要使用中位数和众数。

调和平均数是算术平均数的一种变形，当人们掌握的资料无法计算算术平均数时，可以采用调和平均数的形式。不过调和平均数不易为初学者所理解，计算较为繁杂，且当有一数据为0时，就不能计算调和平均数。

几何平均数通常用于计算平均比率和平均速度，不过由于有一系列的应用条件，所以应用范围受到一定限制，而且数列中也不能有数值为0。

众数和中位数不易受极端数值影响，尤其对开口组组距数列更具有代表性。

在实际工作中，要根据掌握的资料和研究对象的特点，采用适当的方法来计算平均数。

习 题

一、单项选择题

1. 对同一变量数列，直接利用未分组资料计算算术平均数，其结果和先分组再计算算术平均数相比较是( )。
   A. 一致的   B. 不一致的
   C. 在某些情况下是一致的   D. 在多数情况下是一致的
2. 各个变量值与算术平均数的离差平方和为( )。
   A. 零   B. 正数   C. 任意数   D. 最小值
3. 分配数列各组标志值不变，每组次数均增加20%，加权算术平均数的数值( )。
   A. 增加20%   B. 不变化   C. 减少20%   D. 无法判断
4. 分配数列各组标志值都增加2倍，每组次数都减少1/2，算术平均数( )。
   A. 不变   B. 增加2倍   C. 减少1/2   D. 无法确定
5. 在变量数列中，若标志值较小的组，而权数较大时，计算出来的平均数( )。
   A. 接近于标志值小的一方   B. 接近于标志值大的一方
   C. 不受权数的影响   D. 接近于中位数
6. 某企业在基期老职工占60%，在报告期准备招收一批青年工人，估计新职工所占比重将比基期增加20%，假定老职工和新职工工资水平不变，老职工工资高于新职工，则全厂的总平均工资将( )。
   A. 提高   B. 降低   C. 不变   D. 条件不够，无法判断
7. 某公司下属5个企业，共有2000名工人，已知每个企业某月产值计划完成程度和产值，要计算该公司月平均产值计划完成程度，采用加权调和平均数方法计算，其权数是( )。
   A. 计划产值   B. 实际产值   C. 工人数   D. 企业数
8. 根据某管理局8家企业每一家的工人月平均工资和每家企业工人数占所有企业工人数的比重资料，要计算该管理局工人的月平均工资，应采用的计算形式是( )。
   A. 简单算术平均数   B. 简单调和平均数
   C. 加权算术平均数   D. 加权调和平均数

二、多项选择题

1. 算术平均数的计算公式有( )。
   A. $\dfrac{\sum xf}{\sum f}$ B. $\dfrac{\sum x}{n}$
   C. $\sum x \cdot \dfrac{f}{\sum f}$ D. $\dfrac{\sum n}{\sum \dfrac{n}{x}}$
   E. $\dfrac{\text{总体标志总量}}{\text{总体单位总量}}$

第6章 平均指标

2. 影响加权算术平均数数值大小的因素有( )。
   A. 各组变量值水平高低
   B. 各组变量值次数多少
   C. 各组变量值次数的绝对数值的大小
   D. 组数的多少
   E. 各组变量值的次数占总次数的比重大小

3. 下列属于平均指标的有( )。
   A. 全国人均粮食产量
   B. 每平方公里上的人口数
   C. 某企业的生产工人劳动生产率
   D. 某企业各车间的平均产品合格率
   E. 某种产品的平均等级

4. 平均指标( )。
   A. 是一个代表性的数值
   B. 反映总体的一般水平
   C. 反映总体分布的集中趋势
   D. 是数量指标
   E. 是质量指标

5. 几何平均数适合于计算( )。
   A. 平均比率
   B. 平均价格
   C. 平均速度
   D. 逆指标的一般水平
   E. 倒数的一般水平

6. 计算加权算术平均数,在选定权数时,应具备的条件是( )。
   A. 权数与标志值相乘能够构成标志总量
   B. 权数必须表现为标志值的直接承担者
   C. 权数与标志值相乘具有经济意义
   D. 权数必须为总体单位数
   E. 权数必须为各组单位数占总体总数的比重

7. 运用调和平均数方法,计算平均数应具有的条件是( )。
   A. 掌握各组的变量值和相应的标志总量
   B. 掌握总体标志总量和各组单位数资料
   C. 缺少算术平均数基本形式的分母资料
   D. 掌握变量为相对数和总体单位数
   E. 掌握变量为平均数和相应的各组的标志总量

8. 下列应采取加权调和平均数的是( )。
   A. 已知各级工人的月工资水平和工资总额,求平均工资
   B. 已知某工厂各车间废品率和废品量,求平均废品率
   C. 已知某工厂计划完成程度和计划产量,求平均计划完成程度
   D. 假定企业按工人劳动生产率分组,并已知各组产量,求平均劳动生产率
   E. 已知某工厂各种产品产量及单位成本,求平均单位成本

9. 由总体所有单位标志值计算的平均数有( )。
   A. 算术平均数
   B. 调和平均数
   C. 几何平均数
   D. 中位数
   E. 众数

三、简答题

1. 什么是平均指标？它有哪些作用？
2. 平均指标有哪些种类？
3. 什么是算术平均数？如何计算？
4. 什么是调和平均数？如何计算？
5. 什么是几何平均数、众数及中位数？
6. 什么是权数？权数有什么意义？
7. 算术平均数与调和平均数的关系如何？分别在什么情况下应用？
8. 数值平均数和位置平均数有什么异同？
9. 正确计算和运用平均指标需要注意哪些问题？

四、计算题

1. 某工业集团公司所属22个企业的工人、工资情况见下表。

按月工资分组/元	企业数/个	各组工人所占比重
4000~4500	3	20%
4500~5000	6	25%
5000~5500	4	30%
5500~6000	4	15%
6000 元及以上	5	10%
合 计	22	100%

计算该集团工人的平均工资。

2. 某工厂50名工人日加工零件数分组见下表。

日加工零件数/件	工人数/人
60 以下	4
60~70	9
70~80	12
80~90	14
90~100	10
合 计	50

计算50名工人日加工零件的平均数。

3. 某商店某种商品的销售情况见下表。

等 级	单价/(元/千克)	销售量/千克	销售额/元
一级	2.4	2000	4800
二级	2.1	3000	6300
三级	1.8	4000	7200

分别用加权算术平均数和加权调和平均数两种方法计算该种商品的平均销售价格。

4. 某地甲乙两个农贸市场 3 种主要蔬菜价格及销售额资料见下表。

品　种	价格/(元/千克)	销售额/万元	
		甲市场	乙市场
A	1.2	75.0	37.5
B	1.4	44.8	79.8
C	1.7	45.9	51.0

试计算比较该地区哪个农贸市场蔬菜平均价格高并说明原因。

5. 某企业装配车间各工段计划完成情况资料见下表。

工　段	计划完成	实际产量
1	110%	220
2	90%	198
3	105%	315

计算该车间各工段平均计划完成程度。

6. 某学校某系学生体重资料见下表。

体重/kg	学生人数/人
52 以下	24
52～56	35
56～60	51
60～64	30
64 以上	20
合　计	160

试根据所给资料计算学生体重的算术平均数、中位数和众数。

第 7 章

标志变异指标

学习目标

知识目标	技能目标
1. 了解标志变异指标的概念、作用和种类 2. 了解全距、平均差的计算方法 3. 了解标准差的计算方法 4. 了解标志变动系数的计算方法	能够运用标志变异指标分析社会经济现象总体单位标志值的差异程度及平均数代表性大小

知识结构

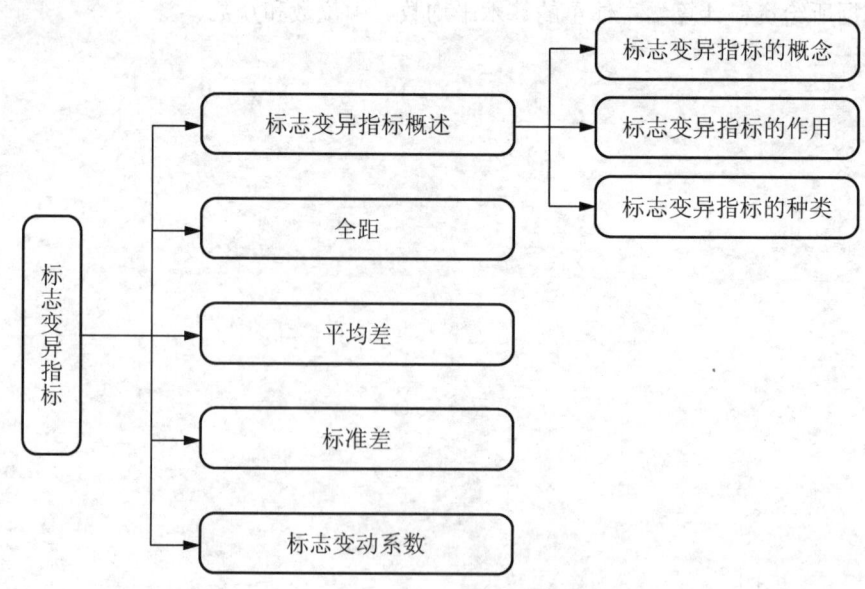

第7章 标志变异指标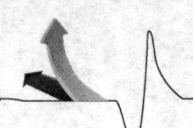

导入案例

某地城镇职工工资差异

2006—2013年,虽然某地城镇职工人均年工资额获得较快增长,增幅均在10%以上。但是,由于受多种因素的影响,该地城镇职工人均年工资额仍存在较大差距。

为分析城镇职工人均收入的差异情况,按照收入水平高低不同将该地城镇职工分为低收入组、中等偏下收入组、中等收入组、中等偏上收入组、高收入组五个等级收入层次,其不同年份的人均年工资额见表7-1。

表7-1 某地城镇职工不同收入组的人均年工资额

单位:元

年份	人均年工资	低收入组	中等偏下组	中等收入组	中等偏上组	高收入组
1995	6620	5016	6306	7590	9268	11958
2000	10248	5762	7402	9414	12084	15642
2005	16544	6816	10904	13994	17946	30622
2006	18536	7802	12036	15696	20524	34422
2007	21526	8996	13710	18250	24214	40574
2008	25716	10314	16694	22422	29556	50052
2009	28258	11302	18246	24346	32628	53728
2010	31390	12526	21042	27706	35870	58460
2011	36490	15730	25034	32680	41932	66194
2012	41466	18262	28566	37622	47658	76288

数据显示,在各年份间该地区城镇职工人均年工资额呈现不断增长的趋势,但是各收入组人均年工资额的差距在逐渐拉大。1995年全部城镇职工人均年工资额为6620元,低收入组人均年工资额为5016元,高收入组为11958元,高低收入组的差距为6942元;2000年差距扩大到9880元,2005年突破20000元关口,2012年差距则达到58026元。从1995年到2012年该地区城镇居民人均年工资额增长了5.26倍,而高低收入组人均年工资额差距则扩大了7.36倍。人均年工资额指标虽然能够代表城镇职工年平均收入水平,但是它把总体单位之间的差异抽象掉了,不能反映总体单位以及各组平均水平之间的差异程度,要想全面反映工人收入的情况,还需要用到标志变异指标。

统计在研究大量社会经济现象时,构成统计总体的各个单位一方面要求是同质的,另一方面要求总体单位的标志表现又应是有差异的。例如,在研究全国工业企业总产值时,构成全国工业企业这一统计总体的单位必须具有工业企业这一共同的性质,同时,各企业的总产值等数值又应是有差异的,不能完全相同,否则,统计工作就失去了它的意义。统计上把总体各单位标志表现的差异叫作变异。要研究总体标志变异的数量表现,就需要计算标志变异指标。

7.1 标志变异指标概述

7.1.1 标志变异指标的概念和作用

标志变异指标是反映总体各单位标志值的差异程度的,即反映分配数列中各标志值的变动范围或离差程度的综合指标,也叫标志变动度,简称变异指标。

研究社会经济现象总体数量特征时,可以运用平均指标反映总体单位某一数量标志值的一般水平,但由于平均指标是一个抽象化的数值,它不能反映总体各单位标志值之间的差异程度,所以只用平均指标表示不能充分说明总体各单位的数量特征。要想对被抽象化了的各单位的标志值的差异程度进行测定,就需要计算标志变异指标。如果说平均指标能说明分配数列中变量值的集中趋势,说明总体各单位某一标志值的共性,那么标志变异指标就能说明变量值的离中趋势,说明总体各单位标志值的差异性。在应用平均指标表现总体单位标志值的一般水平时,必须应用标志变异指标来补充说明各单位标志值的差异,以全面分析现象总体的共同特征。

在统计研究过程中,标志变异指标的作用主要表现在以下几个方面。

(1) 标志变异指标可以用来衡量平均数代表性的大小。平均指标是一个代表性的数值,可以代表现象总体各单位某一数量标志值的一般水平,但不同数列的变量值差异程度不同,因此,平均数的代表性大小也不相同。例如,有两组人口,每组 5 人,甲组 5 个人的年龄分别为 18 岁、19 岁、20 岁、21 岁、22 岁;乙组 5 个人的年龄分别为 10 岁、15 岁、20 岁、25 岁、30 岁。两组人口的平均年龄均为 20 岁,但很显然,由于甲组 5 个人年龄差异较小,平均年龄 20 岁就能代表 5 个人年龄的一般水平;而乙组平均年龄的代表性就要差一些。可见,标志变异程度越大,平均数的代表性越小;反之,标志变异程度越小,平均数的代表性就越大。

(2) 标志变异指标是反映社会经济活动过程均衡性和节奏性及产品质量稳定性的一个重要指标。在社会经济统计中,经常运用标志变异指标分析工农业生产过程的均衡性和节奏性。例如,在研究农业劳动力的合理利用问题时,不仅要计算全年 12 个月的平均用工量,而且必须进一步分析每个月用工量的差异程度,计算标志变异指标。标志变异指标越小,说明劳动力利用越均衡,对劳动力的利用越合理;反之亦然。又如,对某种灯泡的质量进行检验,除了要检查其发光效率外,还要检查它的使用寿命,如果被检验灯泡的平均使用寿命长,同时使用寿命的变动幅度小,则说明产品质量好,同时质量稳定性强;否则,如果使用寿命的变动幅度大,则说明该种产品质量的稳定性差。

7.1.2 标志变异指标的种类

标志变异指标按照计算方法不同有全距、平均差、标准差和标志变动系数 4 种。下面 7.2 节和 7.3 节将对这 4 种指标进行详细介绍。

7.2 全距和平均差

7.2.1 全距

全距又称极差,是指总体各单位标志值中最大值与最小值之差,其计算公式为

$$R = x_{\max} - x_{\min}$$

式中:R——变异全距;
$x_{\max}$——最大标志值;
$x_{\min}$——最小标志值。

从定义上可以看出,全距是根据标志值差距的大小来表明标志值在总体范围内变动的最大距离。全距数值大,说明标志值变动范围大,平均数代表性小;反之,则说明标志值变动范围小,平均数代表性大。

【例 7.1】有甲、乙两组学生,每组有学生 7 名,其考试成绩资料见表 7-2。

表 7-2 两组学生学习资料

单位:分

组别	1	2	3	4	5	6	7
甲	74	76	78	80	82	84	86
乙	65	70	75	80	85	90	95

甲组全距:$R_甲 = 86 - 74 = 12$(分)
乙组全距:$R_乙 = 95 - 65 = 30$(分)

可见,甲、乙两组平均数虽然相同,均为 80 分,但乙组全距要比甲组大,说明乙组学生学习成绩差异程度大,乙组学生学习成绩平均数代表性小。

如果统计资料已经过分组,形成了组距分配数列的话,则可以用最高组的上限作为 $x_{\max}$,用最低组的下限作为 $x_{\min}$,全距公式可以写成最高组上限与最低组下限之差。

用全距测定标志变异程度的优点是计算方法简便,容易理解,意义明确,能比较准确地反映总体中标志值的变动范围,据以衡量平均数的代表性。因此,全距用于检查产品质量的稳定性和进行产品质量控制时就比较方便。当生产出现波动时,全距就变大,此时就应采取相应措施,以保证产品质量。此外,全距在编制次数分配数列时,可作为确定组数、组距的重要依据。

但全距也有明显的缺点,全距的大小取决于总体中两个极端数值的差距,容易受极端数值的影响,而且无法反映众多中间数值的差异情况,因而测定的结果往往不能充分反映现象的离散程度。在组距资料中遇到开口组时较难准确确定组距。

7.2.2 平均差

平均差是指总体各单位标志值对其算术平均数的平均离差,用 $A \cdot D$ 表示。
根据概念,平均差应是计算 $(x - \bar{x})$ 的算术平均数,计算公式在根据未分组资料计算时

应为 $\frac{\sum(x-\bar{x})}{n}$，但由于各标志值与其算术平均数的离差有正有负，根据算术平均数的数学性质可知 $\sum(x-\bar{x})=0$，此时，平均差难以计算。为消除离差的正、负号，平均差在计算时采用的是离差的绝对值，即 $\sum|x-\bar{x}|$ 的算术平均数的形式。

根据掌握资料不同，平均差可以分为简单式和加权式两种。

1. 简单平均差

根据未分组资料计算平均差应该采用简单式，其计算公式为

$$A\cdot D=\frac{\sum|x-\bar{x}|}{n}$$

式中：$A\cdot D$——平均差；
　　　x——总体各单位标志值；
　　　$\bar{x}$——总体各单位标志值的算术平均数；
　　　n——标志值的项数。

【例7.2】 由甲、乙两组各 7 名工人的日产量资料见表 7-3。

表 7-3　甲、乙两组工人日产量平均差计算表

甲			乙		
日产量/件	$x-\bar{x}_甲$	$|x-\bar{x}_甲|$	日产量(件)	$x-\bar{x}_乙$	$|x-\bar{x}_乙|$
17	-3	3	10	-10	10
18	-2	2	14	-6	6
19	-1	1	17	-3	3
20	0	0	20	0	0
21	1	1	23	3	3
22	2	2	26	6	6
23	3	3	30	10	10
合　计	0	12	合　计	0	38

甲组工人平均日产量和平均差为

$$\bar{x}_甲=\frac{\sum x}{n}=\frac{17+18+19+20+21+22+23}{7}=20(件)$$

$$A\cdot D_甲=\frac{\sum|x-\bar{x}_甲|}{n}=\frac{12}{7}\approx1.71(件)$$

乙组工人平均日产量和平均差为

$$\bar{x}_乙=\frac{\sum x}{n}=\frac{10+14+17+20+23+26+30}{7}=20(件)$$

$$A\cdot D_乙=\frac{\sum|x-\bar{x}_乙|}{n}=\frac{38}{7}\approx5.43(件)$$

比较两组工人日产量平均差，甲组为 1.71 件，乙组为 5.43 件，在两组工人平均日产量均为 20 件的情况下，说明乙组工人日产量差异大于甲组工人，乙组工人平均日产量的代表性比甲组小。

2. 加权平均差

根据分组资料计算平均差时宜采用加权式平均差，其计算公式为

$$A \cdot D = \frac{\sum |x - \bar{x}| f}{\sum f}$$

式中：f——权数。

【例 7.3】 某车间 50 名工人日产量资料见表 7-4。

表 7-4 某车间工人日产量加权平均差计算表

按日产量分组/件 x	工人人数/人 f	各组产量/件 xf	$\|x-\bar{x}\|$	$\|x-\bar{x}\|f$
19	5	95	1.8	9.0
20	15	300	0.8	12.0
21	17	357	0.2	3.4
22	11	242	1.2	13.2
23	2	46	2.2	4.4
合　计	50	1040	—	42.0

$$\bar{x} = \frac{\sum xf}{\sum f} = \frac{1040}{50} = 20.8 (件)$$

$$A \cdot D = \frac{\sum |x - \bar{x}| f}{\sum f} = \frac{42}{50} = 0.84 (件)$$

计算结果说明 50 个工人日产量的差异程度平均为 0.84 件。

平均差的优点在于相对于全距来讲，平均差能将总体中各单位的标志值的差异情况全部包括进去，较准确地反映了总体各单位标志值的离差程度，受极端数值的影响比全距小，而且计算也较简便，意义明确。平均差的缺点在于运用绝对值的方法消除离差的正、负号，虽然解决了正、负离差相互抵消的问题，但公式中的绝对值不利于数学处理。

7.3 标准差和标志变动系数

由于全距是以数列两个极端数值的差距来反映标志值的变动程度，没有考虑全部标志值的变化，容易受极端数值的影响，所以，应用范围较小。平均差虽是总体各单位标志值与其算术平均数之间离差的平均，计算过程中考虑了所有标志值的变动情况，但由于离差的绝对值不是消除正、负差的最好方法，不利于进行数学处理，所以一般用得也比较少。为克服以上两者的缺点，在现实统计工作中，常用标准差来测定标志变异程度。

7.3.1 标准差

标准差是总体各单位标志值与其算术平均数离差平方的算术平均数的平方根，简称均方差，通常用 σ 表示。标准差的平方称为方差，用 σ^2 表示。

标准差与平均差的意义其实是相同的,也是标志值对其算术平均数的平均离差,只不过数学处理方法不同。标准差是用平方来消除正、负号的,而平均差用的是绝对值。标准差更利于进行数学处理。

同平均差一样,标准差的数学公式也分为简单式和加权式两种。

1. 简单标准差

根据未分组资料计算标准差时,采用简单式,其计算公式为

$$\sigma = \sqrt{\frac{\sum(x-\bar{x})^2}{n}}$$

式中:σ——标准差;
　　　x——总体各单位标志值;
　　　$\bar{x}$——总体各单位标志值的算术平均数;
　　　n——标志值的项数。

【例 7.4】 仍用表 7-3 中的数据,标准差计算见表 7-5。

表 7-5　甲、乙两组工人日产量标准差计算表

甲			乙		
日产量/件	$x-\bar{x}_甲$	$(x-\bar{x}_甲)^2$	日产量(件)	$x-\bar{x}_乙$	$(x-\bar{x}_乙)^2$
17	-3	9	10	-10	100
18	-2	4	14	-6	36
19	-1	1	17	-3	9
20	0	0	20	0	0
21	1	1	23	3	9
22	2	4	26	6	36
23	3	9	30	10	100
合　计	0	28	合　计	0	290

甲组工人日产量平均数为 20 件,标准差为

$$\sigma_甲 = \sqrt{\frac{\sum(x-\bar{x})^2}{n}} = \sqrt{\frac{28}{7}} = 2 \text{(件)}$$

乙组工人平均日产量也为 20 件,标准差为

$$\sigma_乙 = \sqrt{\frac{\sum(x-\bar{x})^2}{n}} = \sqrt{\frac{290}{7}} = 6.44 \text{(件)}$$

同样,虽然甲、乙两组工人平均日产量相同,但由于 $\sigma_甲 < \sigma_乙$,所以甲组工人平均日产量更具代表性。

2. 加权标准差

根据分组资料计算标准差时采用,其计算公式为

$$\sigma = \sqrt{\frac{\sum(x-\bar{x})^2 f}{\sum f}}$$

式中：f——权数。

【例 7.5】 某村劳动力全年劳动情况见表 7-6。

表 7-6 某村劳动力全年劳动情况

全年劳动天数/天	组中值 x	劳力数/人 f	xf	$(x-\bar{x})^2$	$(x-\bar{x})^2 f$
240 以下	230	8	1840	3969	31752
240~260	250	11	2750	1849	20339
260~280	270	13	3510	529	6877
280~300	290	24	6960	9	216
300~320	310	20	6200	289	5780
320~340	330	18	5940	1369	24642
340 以上	350	6	2100	3249	19494
合　　计	—	100	29300	—	109100

该村劳动力全年平均劳动天数和标准差为

$$\bar{x} = \frac{\sum xf}{\sum f} = \frac{29300}{100} = 293\,(\text{天})$$

$$\sigma = \sqrt{\frac{\sum(x-\bar{x})^2 f}{\sum f}} = \sqrt{\frac{109100}{100}} = 33.03\,(\text{天})$$

3. 标准差的简捷算法

1) 简单式

标准差简捷算法的简单式为

$$\sigma = \sqrt{\frac{\sum(x-A)^2}{n} - \left[\frac{\sum(x-A)}{n}\right]^2}$$

式中：A——一般取中间位置的标志值或组中值。

2) 加权式

标准差简捷算法的加权式为

$$\sigma = \sqrt{\frac{\sum(x-A)^2 f}{\sum f} - \left[\frac{\sum(x-A)f}{\sum f}\right]^2}$$

在组距数列中，结合算术平均数的简捷法公式，可得出标准差的简捷法公式为

$$\sigma = \sqrt{\frac{\sum\left(\frac{x-A}{d}\right)^2 f}{\sum f} - \left[\frac{\sum\left(\frac{x-A}{d}\right)f}{\sum f}\right]^2} \times d$$

式中：A——假定平均数，一般取靠近数列中间的某组中值；
d——该组组距。

【例 7.6】 现以表 7-6 中的资料为例，令 $A=290$，$d=20$，用简捷法计算标准差，见表 7-7。

表 7-7 某村劳动力劳动情况简捷法标准差计算表

组中值/天 x	劳力数/人 f	xf	$\dfrac{x-290}{20}$	$\dfrac{x-290}{20}f$	$\left(\dfrac{x-290}{20}\right)^2$	$\left(\dfrac{x-290}{20}\right)^2 f$
230	8	1840	−3	−24	9	72
250	11	2750	−2	−22	4	44
270	13	3510	−1	−13	1	13
290	24	6960	0	0	0	0
310	20	6200	1	20	1	20
330	18	5940	2	36	4	72
350	6	2100	3	18	9	54
—	100	29300	—	15	—	275

则有

$$\sigma=\sqrt{\dfrac{\sum\left(\dfrac{x-A}{d}\right)^2 f}{\sum f}-\left[\dfrac{\sum\left(\dfrac{x-A}{d}\right)f}{\sum f}\right]^2}\times d=\sqrt{\dfrac{275}{100}-\left(\dfrac{15}{100}\right)^2}\times 20=33.03(\text{天})$$

7.3.2 交替标志的标准差

当一个总体可以按某一标志划分为两个组成部分，其中一部分总体单位具有某一标志，而另一部分总体单位不具有这一标志时，可以用"是""否""有""无"来表示的标志即交替标志，也叫是非标志。在社会经济现象中，有些现象的特征只表现为两种性质上的差别。例如，人的性别表现为男或女；产品的质量表现为合格或不合格；对某一电视节目，观众表现为收看或不收看；农田按灌溉情况分为水浇田或旱田等。这样在进行统计调查时，如统计合格产品数量时，若某件产品合格，则标志表现为"是"；若某件产品不合格，则标志表现为"否"。这就是交替标志。在进行抽样估计时，交替标志的标准差或方差有着重要的意义。

1. 成数

总体中，交替标志只有两种表现，一般把具有某种表现或不具有某种表现的单位数占全部总体单位数的比重称为成数。例如，一批产品共 5000 件，其中合格品 4750 件，不合格品 250 件，合格品占全部产品的 95%(=4750÷5000)，不合格品占全部产品的 5%(=250÷5000)。在这里 95%和 5%均为成数。若用 N_1 表示具有某一标志的总体单位数，N_0 表示不具有这一标志的总体单位数，N 表示总体单位数，则成数可以写成

第7章 标志变异指标

$$p = \frac{N_1}{N} \text{ 或 } q = \frac{N_0}{N}$$

式中：p, q——分别表示具有与不具有某种标志的成数。

由于
$$N_1 + N_0 = N$$

所以，同一总体两种成数之和等于1。用公式表示为
$$p + q = 1 \text{ 或 } q = 1 - p$$

2. 交替标志的平均数

交替标志表现了现象质的差别，其标志表现为文字，若想计算其平均数，首先必须将其标志表现进行量化处理。由于交替标志只有"是或否""有或无"两种表现。所以可以用"1"代表"是"或"有"，表示总体单位具有某种表现；用"0"代表"否"或"无"，表示总体单位不具有某种表现。例如，在前面例子中，以"1"代表合格，以"0"代表不合格，然后以"1"和"0"作为变量值，计算其加权算术平均数，其公式为

$$\bar{x} = \frac{1 \times N_1 + 0 \times N_0}{N_1 + N_0} = \frac{N_1}{N} = p$$

或

$$\bar{x} = 1 \times p + 0 \times q = p$$

【例 7.7】 仍用前面的例子说明，见表 7-8。

表 7-8 交替标志平均数计算表

交替标志	变量值 x	单位数/件 N_i	成数
合格	1	4750	95%
不合格	0	250	5%
合计		5000	100%

$$\bar{x} = \frac{1 \times 4750 + 0 \times 250}{4750 + 250} = \frac{4750}{5000} = 95\%$$

或
$$\bar{x} = 1 \times 95\% + 0 \times 5\% = 95\%$$

可以看出，交替标志的平均数即为被研究标志表现的成数。在上例中，合格品占全部产品的比重，即合格率。

3. 交替标志的标准差

根据前面所述的标准差的计算方法，交替标志的标准差是将变量值"1""0"分别减去其平均数"p"的离差平方的平均数再开方，即

$$\sigma = \sqrt{\frac{(1-p)^2 \cdot N_1 + (0-p)^2 \cdot N_0}{N}}$$

$$= \sqrt{(1-p)^2 \cdot \frac{N_1}{N} + (0-p)^2 \cdot \frac{N_0}{N}}$$

$$= \sqrt{(1-p)^2 \cdot p + (0-p)^2 \cdot q}$$

$$= \sqrt{q^2 \cdot p + p^2 \cdot q}$$

$$= \sqrt{pq(q+p)} = \sqrt{pq} = \sqrt{p(1-p)}$$

由此可见，交替标志的标准差为被研究标志表现的成数 p 与另一种表现的成数 $q[=(1-p)]$ 乘积的平方根。

【例 7.8】 仍用前面例子，其合格品的成数(即合格率)是 95%，其标准差为

$$\sigma = \sqrt{p(1-p)} = \sqrt{95\% \times 5\%} \approx 21.79\%$$

4. 总方差、组内方差和组间方差

用组距分组数列计算标准差时，可以按总体各单位标志值来计算，也可以按组距分组的组平均数代表各组平均水平来计算，其结果是不同的，前者是整个总体的总离差，它是各单位标志值与总平均数计算的标准差，后者是组间离差，它是各组平均数与总平均数计算的标准差。前者称为总方差，后者称为组间方差。总方差除了包括组间方差外，还包括组内方差。组内方差是各组内各单位标志值与组平均数计算的方差。它们的关系为：总方差=组间方差+组内方差的算术平均数，即

$$\sigma_{总}^2 = \sigma_{组间}^2 + \overline{\sigma^2}_{组内}$$

上面各个方差的计算公式如下。

1) 组内方差

组内方差计算公式为

$$\sigma_{组内}^2 = \frac{\sum(x_i - \overline{x})^2}{n_i} \quad (i = 1, 2, 3, \cdots)$$

式中：$\sigma_{组内}^2$ ——组内方差；

　　　x_i ——各组内单位的标志值；

　　　$\overline{x_i}$ ——各组的平均数；

　　　n_i ——各组的单位数。

组内方差的算术平均数为

$$\overline{\sigma^2}_{组内} = \frac{\sum \sigma_{组内}^2 \cdot n_i}{\sum n}$$

2) 组间方差

组间方差计算公式为

$$\sigma_{组间}^2 = \frac{\sum(\overline{x_i} - \overline{X})^2 \cdot n_i}{\sum n_i}$$

式中：$\sigma_{组间}^2$ ——组间方差；

　　　$\overline{X}$ ——总体平均数。

3) 总方差

总方差计算公式为

$$\sigma_{总}^2 = \sigma_{组间}^2 + \overline{\sigma^2}_{组内}$$

或

$$\sigma_{总}^2 = \frac{\sum(x_i - \overline{X})^2}{n_i} \quad (i=1,2,3,\cdots)$$

式中：x_i——总体的每个单位的标志值。

【例7.9】 某班10名同学数学考试成绩(分)如下：

50　52　62　66　71　73　76　78　80　82

按学习成绩分为以下两组。

第一组：50　52

第二组：62　66　71　73　76　78　80　82

根据上面资料可计算得出以下结果。

总平均学习成绩 $\overline{X}$ =69 分

学习成绩的总方差：$\sigma_{总}^2$ =114.8 分

第一组平均学习成绩：$\overline{x_1}$ =51 分

组内方差：σ_1^2 =1

第二组平均学习成绩：$\overline{x_2}$ =73.5 分

组内方差：σ_2^2 =42 分

组内方差的算术平均数：$\overline{\sigma^2}_{组内} = \frac{1\times 2 + 42\times 8}{10} = \frac{338}{10} = 33.8 (分)$

组间方差：$\sigma_{组间}^2 = \frac{(51-69)^2 \times 2 + (73.5-69)^2 \times 8}{10} = \frac{648+162}{10} = \frac{810}{10} = 81(分)$

$$\sigma_{总}^2 = \sigma_{组间}^2 + \overline{\sigma^2}_{组内}$$

可见，114.8=81+33.8

计算结果与前面直接用各单位标志值与总平均数的离差计算的总方差完全一致。

7.3.3　标志变动系数

以上所计算的全距、平均差、标准差都是有名数，可以说明总体内部数值变动的绝对程度和平均程度。这3种标志变异指标的大小不仅受总体单位标志值变动程度的影响，同时也受标志值本身数量水平高低的影响。对于不同水平的标志值数列来说，同样大小的标志变异指标所表明的经济意义是不一样的。例如，人均收入标准差同样是50元，对于人均收入5000元的高收入家庭组来说，这变异不算大；但对于人均收入300元的低收入家庭来说，这样的变异就相当可观了。因此，对具有不同平均水平的数列或总体，就不宜通过全距、平均差、标准差这类标志变异指标来说明比较其标志变异程度的大小，而要将全距、平均差或标准差与相应的平均数对比，计算全距系数、平均差系数、标准差系数等标志变动系数来比较相应的标志变异程度。另外，如果总体计量单位不一致，不同总体的全距、平均差、标准差也不能直接对比。此时，也要用全距系数、平均差系数、标准差系数等标志变动系数来衡量不同总体平均数代表性的大小。

标志变动系数是指全距、平均差、标准差这类标志变异指标与相应的算术平均数相对比计算出来的相对数，又称为离散系数、变异系数。其计算公式为

标志变动系数可以分别用全距系数、平均差系数、标准差系数表示，具体计算方法为

全距系数：

$$V_R = \frac{R}{\bar{x}} \times 100\%$$

平均差系数：

$$V_{A\cdot D} = \frac{A\cdot D}{\bar{x}} \times 100\%$$

标准差系数：

$$V_\sigma = \frac{\sigma}{\bar{x}} \times 100\%$$

由于绝对数标志变异指标中应用最广泛的是标准差，所以与之相对应的标准差系数应用也十分广泛，下面举例说明其应用。

【例 7.10】 甲、乙两地区早稻生产情况见表 7-9。

表 7-9 甲、乙两地区早稻生产情况

地 区	平均亩产/千克	标准差/千克	标准差系数
甲	490	24	4.9%
乙	350	18	5.1%

从标准差看，甲地区标准差比乙地区大，但这并不能说明甲地区的标志变异程度高，平均数代表性低。因为甲地区早稻平均亩产比乙地区高，虽然甲地区标准差大于乙地区，但相对于较高的平均亩产而言，其标准差系数还是低于乙地区，所以相对来说，甲地区标志变异程度低于乙地区，甲地区平均亩产比乙地区更具代表性。

本章小结

平均指标和标志变异指标是从两个相反方向描述同一事物的，但它们之间又存在着密切的联系，是总体分布的两个最常用的特征值。但平均指标代表程度如何，需要通过标志变动度补充说明。只有将两者结合运用，才能更全面、准确地分析研究问题。标志变异指标在衡量平均数代表性和抽样推断中都有非常重要的作用。在应用过程中要注意在两个总体性质相同、数列平均水平相同、计量单位相同时，可以用全距、平均差、标准差来进行对比标志变异程度，否则，必须使用标志变动系数。

习 题

一、单项选择题

1. 标准差系数是反映标志变异程度的相对指标，它的比较基数是(　　)。
   A．算术平均数　　B．调和平均数　　C．几何平均数　　D．中位数
2. 标志变异指标中最易受极端数值影响的是(　　)。
   A．平均差　　　　B．标准差　　　　C．全距　　　　　D．标准差系数

3. 标志变异指标与平均数代表性大小之间存在( )关系。
   A. 正比   B. 反比   C. 恒等   D. 倒数
4. 标志变异指标反映了分配数列的( )趋势。
   A. 上升   B. 下降   C. 集中   D. 离中
5. 用标准差比较两个总体的平均数代表性大小时，要求这两个总体的平均数( )。
   A. 相等   B. 相差不大   C. 不等   D. 相差很大
6. 平均差与标准差的主要区别是( )不同。
   A. 说明意义   B. 计算条件   C. 计算结果   D. 数学处理方法
7. 标准差属于( )指标。
   A. 强度相对   B. 绝对数   C. 相对   D. 平均
8. 两个总体平均数不等，但标准差相等，则( )。
   A. 平均数小，代表性大   B. 平均数大，代表性大
   C. 两个平均数代表性相同   D. 无法判断
9. 已知甲、乙两班工人的日产量分别为 $\bar{x}_甲=5$ 件，$\bar{x}_乙=7.5$ 件，其日产量的方差分别为 $\sigma_甲^2=4$，$\sigma_乙^2=9$，则( )。
   A. 甲班平均数代表性大   B. 乙班平均数代表性大
   C. 甲乙两班的平均数代表性相同 D. 不可比
10. 标准差系数抽象了( )的影响。
    A. 总体指标数值的多少   B. 总体单位数
    C. 标志变异度   D. 平均水平高低
11. 是非标志的标准差的最大值是( )。
    A. 1   B. 0.5   C. 0.25   D. 0.4

二、多项选择题

1. 标准差( )。
   A. 表明总体单位标志值对算术平均数的平均离差
   B. 反映总体单位标志值一般水平
   C. 反映总体单位标志值离散程度
   D. 反映总体分布的集中趋势
   E. 反映总体分布的离中趋势
2. 不同总体间的标准差不能直接对比，是因为( )。
   A. 计量单位不一致   B. 离差平方和不一致
   C. 总体单位数不一致   D. 标准差不一致
   E. 平均数不一致
3. 下列标志变异指标中用有名数表示的有( )。
   A. 全距   B. 平均差
   C. 标准差   D. 平均差系数
   E. 标准差系数

4. 平均差与标准差的相同点是( )。
   A. 不易受极端数值的影响
   B. 以平均数为标准来测定各变量值的离散程度
   C. 计算公式有简单式和加权式两种
   D. 对正负离差综合平均方法相同
   E. 把所有的变量值都考虑在内
5. 是非标志的标准差是( )。
   A. $\sqrt{q+p}$ B. $\sqrt{pq}$
   C. $\sqrt{p-q}$ D. $\sqrt{(1-p)(1-q)}$
   E. $\sqrt{p(1-p)}$

三、判断题

1. 标志变动程度指标与平均数代表性成正比关系。( )
2. 反映总体各单位标志值的离散程度只能用相对数，不能用绝对数。( )
3. 标志变异指标中，平均差最好。( )
4. 如果根据组距式分组资料计算全距，则计算公式为：全距=最高组的下限-最低组的下限。( )
5. 标准差是总体中各单位标志值与算术平均数的离差平方的算术平均数的平方根。( )
6. 标准差的实质和平均差基本相同，也是各个标志值对其算术平均数的平均距离。( )

四、简答题

1. 什么是标志变异指标？它是如何分类的？
2. 测定标志变异程度的指标有哪些？它们各有什么特点？最常用的标志变异指标是什么？
3. 什么是标志变动系数？为什么要研究标志变动系数？
4. 简要说明平均指标与标志变异指标在说明同质总体数量特征方面的联系和区别。

五、计算题

1. 某工厂生产一批零件共 10 万件，为了解这批产品的质量，采取不重复抽样的方法抽取 1000 件进行检查，其结果见下表。

使用寿命/小时	零件数/件
700 及以下	10
700～800	60
800～900	230
900～1000	450
1000～1200	190
1200 及以上	60
合　　计	1000

根据质量标准,使用寿命在 800 小时以上者为合格品。

试计算:

(1) 1000 件产品的平均使用寿命。

(2) 产品使用寿命的标准差。

(3) 平均合格率、标准差及标准差系数。

2. 某企业职工工资分组资料见下表。

工 人		技术及管理人员	
工资水平/元	人数/人	工资水平/元	人数/人
3000～3500	200	4000～4500	50
3500～4000	350	4500～5000	120
4000～4500	50	5000～5500	60
		5500～6000	10
合 计	600	合 计	240

试分别计算工人和技术及管理人员的平均工资及标准差,并比较哪一组工资平均数代表性大。

3. 某高校学生参加英语四级考试的学生共计 5000 人,其中成绩优秀的学生有 750 人,合格的学生有 4500 人。

试计算:

(1) 该校学生英语四级考试成绩的优秀率和合格率。

(2) 优秀率和合格率的方差和标准差。

4. 两个橡胶厂某年生产某种轮胎的行驶里程资料见下表。

行驶里程/km	轮胎数占总数的比重	
	甲 厂	乙 厂
15000～20000	3.8%	14.5%
20000～25000	5.6%	21.2%
25000～30000	50.4%	30.2%
30000～35000	35.2%	23.6%
35000 及以上	5.0%	10.5%
合 计	100.0%	100.0%

试比较两厂轮胎质量,并说明哪一个工厂的产品质量更稳定。

第 8 章

时间数列

学习目标

知识目标	技能目标
1. 了解时间数列的含义、分类及编制原则 2. 了解时间数列水平指标的分析原理、方法 3. 了解时间数列数度指标的分析原理、方法 4. 了解时间数列长期趋势变动测定的方法 5. 了解季节变动测定的方法	1. 学会区分时间数列的种类 2. 掌握时间数列水平指标的经济应用 3. 熟悉时间数列速度指标的经济应用 4. 学会测定现象的长期发展变动趋势，并掌握相应统计预测的手段 5. 熟悉季节变动测定在现实生活中的运用

知识结构

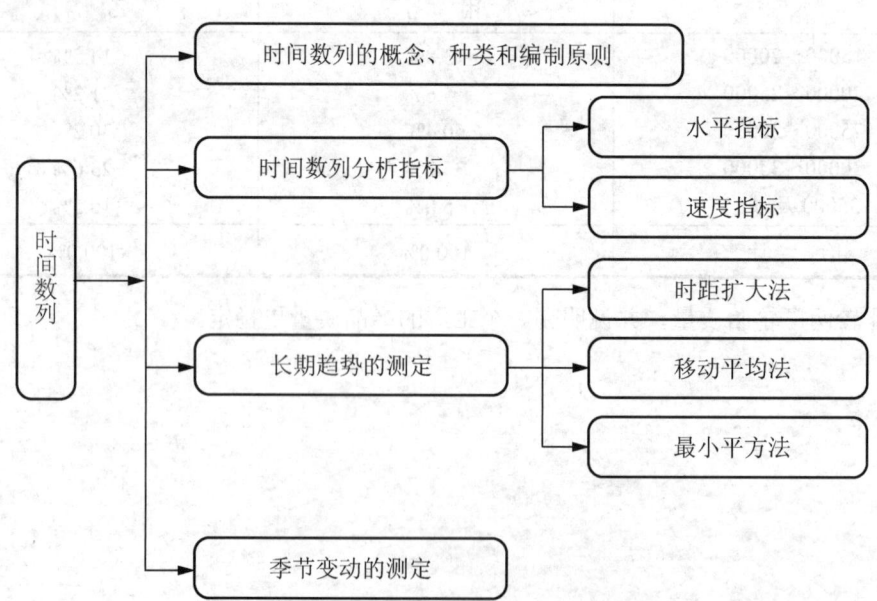

第8章 时间数列

导入案例

2013年国民经济和社会发展统计公报中的时间数列分析

在国家统计局公布的2013年国民经济和社会发展统计公报中,为说明国民经济和社会发展变动情况,公报在编制时间数列的基础上绘制了时间数列分析图,并对国内生产总值、物价变动情况等进行了分析:

国民经济平稳较快增长。初步核算,全年国内生产总值568845亿元,比上年增长7.7%。其中,第一产业增加值56957亿元,增长4.0%;第二产业增加值249684亿元,增长7.8%;第三产业增加值262204亿元,增长8.3%。第一产业增加值占国内生产总值的比重为10.0%,第二产业增加值比重为43.9%,第三产业增加值比重为46.1%,第三产业增加值占比首次超过第二产业,如图8.1所示。

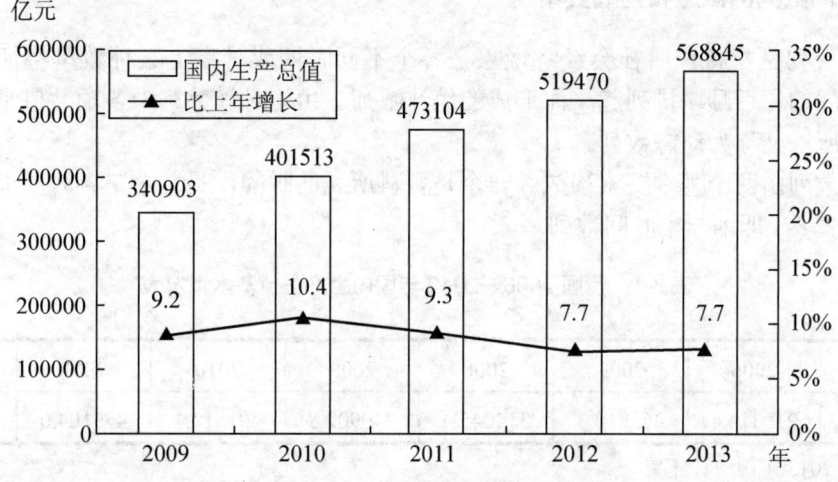

图8.1 2009—2013年国内生产总值及其增长速度

居民消费价格基本稳定。全年居民消费价格比上年上涨2.6%,其中食品价格上涨4.7%。固定资产投资价格上涨0.3%。工业生产者出厂价格下降1.9%。工业生产者购进价格下降2.0%。农产品生产者价格上涨3.2%,如图8.2所示。

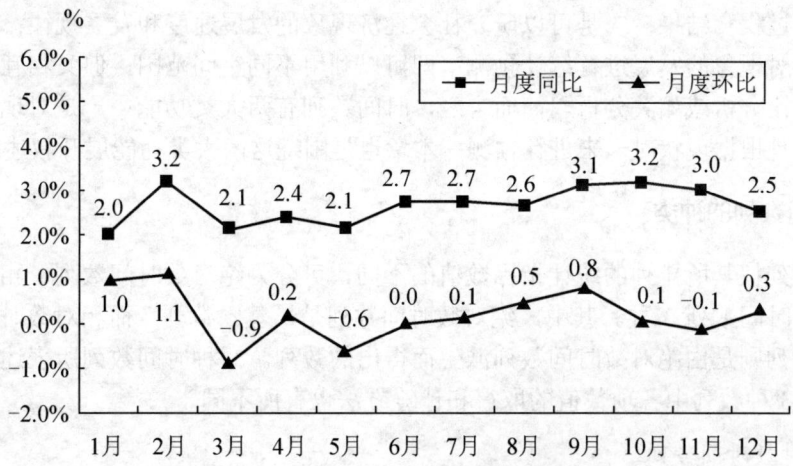

图8.2 2013年居民消费价格月度涨跌幅度

资料来源:摘自国家统计局,《2013年国民经济和社会发展统计公报》。

社会经济现象总是不断地变化着,这是不以人的意志为转移的。但是,社会经济现象的发展变化是有规律的,这种规律可以通过人们的实践活动来认识。时间数列是社会经济现象发展变化的真实记录,是人们认识社会经济现象的一种重要方法。人们通过对时间数列的长期观察和研究,就可以发现社会经济现象发展过程的特点、趋势和规律性;通过比较计算时间数列上的各项数值,就可以找到社会经济现象之间在数量上的联系。

8.1 时间数列概述

8.1.1 时间数列的概念和构成要素

时间数列是指将说明社会经济现象在各个不同时期或时点上某种数量特征的指标数值,按时间的先后顺序排列起来而形成的统计数列。由于时间数列中各项数值是与时间相对应的,所以又称为动态数列。

时间数列由两个基本要素构成:一个是资料所属的时间,另一个是各时间上的统计指标数值。表 8-1 即为一个时间数列。

表 8-1 我国 2006—2012 年国内生产总值基本情况表

单位:亿元

年份	2006	2007	2008	2009	2010	2011	2012
GDP	216314.4	265810.3	314045.4	340902.8	401512.8	473104.0	518942.1

资料来源:2013 中国统计年鉴。

由以上时间数列可以看出,我国 GDP 呈逐年增长的趋势。动态分析法就是应用统计分析方法研究现象总体数量方面随时间变化而变化发展的过程,而时间数列则是动态分析时必须具备的统计资料。

研究时间数列具有重要的作用。通过时间数列的编制和分析:一是可以描述社会经济现象发展的过程和结果;二是可以研究社会经济现象的发展速度和发展规律;三是可以根据时间数列对现象的发展进行统计预测;四可以利用不同空间范围,但又相互联系的时间数列进行对比分析或相关分析。简而言之,时间数列有两大类功能:一是对现有的现象进行分析,二是根据现状对未来进行预测,本章也是围绕这两大类功能展开叙述的。

8.1.2 时间数列的种类

时间数列按其所排列的统计指标数值的不同,可分为绝对数时间数列、相对数时间数列和平均数时间数列 3 种。其中,绝对数时间数列是最基本数列,而相对数时间数列和平均数时间数列则是由绝对数时间数列派生而得出的数列。3 种时间数列所表述的现象特性有所不同,3 种数列中各项数值的取得和计算方法也有所不同。

1. 绝对数时间数列

绝对数时间数列是由一系列同类的总量指标,按着时间的先后顺序排列而成的时间数列,用以反映所研究现象的规模或水平的变动情况,又称为总量指标时间数列。如果按照指标所反映的社会经济现象所属的时间不同,绝对数时间数列又可分为时期数列和时点数列两种。

1) 时期数列

在绝对数时间数列中,如果各项指标都是反映某种现象在一段时间内发展过程的总量,这种绝对数时间数列就称为时期数列。表8-1中所列的我国2006—2012年国内生产总值就是一个时期数列。时期数列具有以下特点。

(1) 数列中各个指标的数值是可以相加的,即相加具有一定的经济意义。由于时期数列中每个指标的数值都是表示在一段时间内发展过程的总量,从本质上讲属于流量指标,所以相加后的数值就表示现象在更长一段时间内发展过程的总量。如表8-1中将2006—2010年的国内生产总值相加,就是我国"十一五"期间国内生产总值。

(2) 数列中每一个指标数值的大小与所属的时期长短有直接的联系。在时期数列中,每个指标所属时间的长度称为"时期"。时期的长短,主要根据研究目的而定,可以是一日、一旬、一月、一季或更长时期。由于每个指标都是反映现象在某一段时期内发展过程的总量,除了个别可能出现负值的总量指标(如利润总额等),一般来说,时期越长,指标的数值就越大。

(3) 数列中每个指标数值,通常是通过连续不断的登记取得的。

2) 时点数列

在绝对数时间数列中,如果每个指标反映的是现象在某一时点上(瞬间)所处状态的数量水平,这种绝对数时间数列就称为时点数列。在时点数列中,相邻两个指标值在时间上的间距称为"间隔"。表8-2即为一个时点数列。

表8-2 我国2006—2012年年末人口数

单位:万人

年份	2006	2007	2008	2009	2010	2011	2012
人口数	131448	132129	132802	133450	134091	134735	135404

资料来源:2013中国统计年鉴。

从以上数列可以反映出2006—2012年,我国人口变动的基本情况。由于该数列的每个指标数值都说明在该年年底时点上的人口数,所以为时点数列。时点数列具有以下特点。

(1) 数列中每个指标数值除非计算过程需要相加外,一般不能相加。由于时点数列中每个指标数值表明在某一时点上现象的数量,从本质上讲,属于存量指标,几个指标相加后无法说明属于哪一个时点的数量,所以时点指标相加不具有实际经济意义。

(2) 数列中每一个指标数值的大小与其间隔长短没有直接的联系。由于时点数列中每个指标的数值,只表明现象在某一时点上的数量,所以它的指标数值大小与时间间隔长短没有直接联系。

(3) 数列中每个指标数值,通常是间隔一段时间登记一次而取得的。

2. 相对数时间数列

由一系列同类的相对指标,按着时间先后顺序排列而成的时间数列,用以反映现象之间的数量对比关系或相互联系的发展变化状况及过程，又称为相对指标时间数列。表 8-3 即为一个相对数时间数列。

表 8-3 我国 2006—2012 年男性人口在总人口中所占比重

年份	2006	2007	2008	2009	2010	2011	2012
比重	51.52%	51.50%	51.47%	51.44%	51.27%	51.26%	51.25%

资料来源：2013 中国统计年鉴。

相对数时间数列是由两个绝对数时间数列对比计算而产生，由于绝对数时间数列可以分为时期数列和时点数列，所以相对数时间数列可以由两个时期数列对比所派生，也可以是两个时点数列对比所派生，或者是一个时期数列和一个时点数列对比所派生。相对数时间数列中的各个指标数值是不能直接相加的。

3. 平均数时间数列

由一系列同类的平均数指标数值，按时间先后顺序排列而成的数列，用以反映现象一般水平的发展变化过程及趋势，又称为平均指标时间数列。例如，表 8-4 为我国 2006—2012 年城镇就业人员平均工资。

表 8-4 我国 2006—2012 年城镇就业人员平均工资

单位：元

年份	2006	2007	2008	2009	2010	2011	2012
职工年平均工资	20856	24721	28898	32244	36539	41799	46769

资料来源：2013 中国统计年鉴。

显然，平均数时间数列中，各个指标数值也是不能相加的，因为相加后没有实际意义。但有时为了计算序时平均数，在计算过程中需要相加。

为了对社会经济现象发展过程进行全面分析，在实际工作中，上述各种时间数列经常结合起来进行运用。

8.1.3　时间数列的编制原则

编制时间数列的目的，主要是通过数列中各项指标的对比来反映社会经济现象的发展过程及其规律。因此，保证数列中各项数值之间的可比性，就应成为正确编制时间数列要遵循的基本原则。为此，在编制时间数列时必须注意以下几个方面。

1. 时期与时间间隔相等

在编制时期数列时，因为时期数列中指标各项数值的大小与时期长短有直接的关系，如果时期长短不同，指标各项数值之间就无法对比，所以各个指标所属的时期长短应当前后统一。但这个原则不能绝对化，有时为了特殊的研究目的，也可将时期不等的指标编成时期数列，见表 8-5。

从表 8-5 的资料中，可以明显看出，我国"一五"时期的钢产量超过旧中国将近半个世纪钢产量 1 倍以上,"八五"时期钢产量又比"一五"时期有了更快的发展,增长了 24 倍以上。

表 8-5　我国不同历史时期的钢产量

单位:万吨

时期(年)	1900—1948	1953—1957	1991—1995
钢产量	760	1667	42708

在编制时点数列时,因为各个指标只反映现象在某一时点的状态,时点数列中指标各项数值的大小与时点间隔长短无直接关系,所以就不必考虑两个时点之间间隔是否相等,但为了更有利于对比,时点间隔最好能保持一致。

需要说明的是,时期相等与间隔相等是两个不同的概念。所谓的时期相等,是指连续累加计算的时期指标数值的时间长短相等。而所谓的间隔相等,是指相邻两个时点之间的时间差相等。在资料齐全的情况下,应尽可能编制时期长短与时间间隔长短都相等的时期数列和时点数列,这样更有利于说明现象发展变化的规律性。

2. 总体范围一致

所谓总体范围一致,就是在时间数列中要求各项指标数值所包含的总体范围前后应该一致。例如,要研究某地区工业生产发展情况,如果那个地区的行政区划有了变动,则前后指标数值不能直接对比,在编制时间数列时就要考虑将资料进行适当调整,以求得总体范围的统一,这样便于对数列进行动态分析。

3. 计算方法统一

在时间数列中各项指标数值的计算方法和计量单位不统一是不能进行对比分析的。在编制时间数列时必须做到前后指标数值之间计算口径一致和计量单位的统一。例如,要研究企业劳动生产率的变化,在计算劳动生产率指标时,子项是用实物量指标还是用价值量指标;母项是用全部职工人数还是用生产工人人数,前后一定要统一起来。再如,当要用价值指标编制一个时期较长的时间数列时,为保证前后指标数值的可比性,就要注意价格水平的变化,应采用统一不变的价格来表示,使其具有可比性。

总之,在编制时间数列时,如果出现不可比的情况,就应加以调整使其可比。但是也不能把可比性绝对化,统计研究的目的决定其是否可比。

8.2　时间数列水平指标

时间数列虽描述了现象的发展过程和结果,但它还不能直接反映现象各期的增减数量、变动速度和规律性。为深刻揭示现象的这些特征,需计算一系列的动态分析指标,常用的有发展水平、平均发展水平、增长量、平均增长量、发展速度、增长速度、平均发展速度、平均增长速度等。其中前 4 种称为动态分析的水平指标,后 4 种称为动态分析的速度指标。

8.2.1 发展水平

时间数列中按时间顺序记录下来的，反映现象在不同时期或时点所达到的水平的指标数值就是发展水平，它可以是总量指标、相对指标或平均指标。发展水平是计算其他动态分析指标的基础。根据各指标值在时间数列中所处的位置，通常把时间数列中的第一个指标值称为最初水平，最后一个指标值称为最末水平，其他中间各指标值称为中间水平。在对比时间数列中的两个发展水平时，把用作比较基础的数值称为基期发展水平，把要分析计算的那个时间上的指标数值称为报告期发展水平，如果用符号 a 代表各期的发展水平，则 $a_1, a_2, \cdots, a_n$ 就代表数列中各期的发展水平。当然，这些发展水平的概念并不是固定不变的，而是随着研究的目的和时间的改变会相应地变化。发展水平在文字表达上，常常用"增加到""增加为"以及"降低到""降低为"表示。

8.2.2 平均发展水平

平均发展水平是不同时期的发展水平的平均数，也称为序时平均数或动态平均数。它与一般的平均数有相同之处，又存在着明显的区别。两者的相同之处是：序时平均数和一般平均数都是将现象的个别数量差异抽象化，概括地反映现象的一般水平。两者的区别在于：第一，平均发展水平是根据时间数列来计算的，从动态上说明同一现象在某一段时间内发展的一般水平；而一般平均数是根据变量数列来计算的，从静态上说明同质总体在一定的时间、地点条件下的一般水平。第二，平均发展水平是对同一现象不同时间上的数值差异的抽象化，而一般平均数是对同一时间总体某一数量标志值差异的抽象化，用以反映总体在具体历史条件下的一般水平，是根据变量数列计算的。

平均发展水平可以由绝对数时间数列计算，也可由相对数或平均数时间数列计算。其中，由绝对数时间数列计算序时平均数是最基本的方法。

1. 根据绝对数时间数列计算序时平均数

(1) 时期数列计算序时平均数的计算。由于时期数列中的各指标是反映事物的一段时期内发展过程的结果，其数值可以相加，而且编制时期数列一般要求时期长短相等，所以计算方法较为简单，可以采用简单算术平均法，即时期数列中各个指标数值之和除以时期项数，其计算公式为

$$\bar{a} = \frac{a_1 + a_2 + \cdots + a_n}{n} = \frac{\sum a}{n}$$

其中　　$\bar{a}$——序时平均数；

$a_1、a_2\ldots a_n$——各期发展水平；

n——时期项数。

(2) 时点数列计算序时平均数的计算。由于资料不同，时点数列有连续时点和间断时点之分，其计算序时平均数的方法也不同。

①连续时点数列。如果时间数列的资料是按日登记按日排列的，或根据数列能够掌握现象每日的指标数值，则为连续时点数列。它又可分为间隔相等和间隔不等两种。

a. 间隔相等的连续时点数列。即数列中各时点指标值之间的时间间隔相等，可用简单算术平均法计算，其计算公式为

第 8 章 时间数列

$$\bar{a} = \frac{\sum a}{n}$$

【例 8.1】某企业 7 月上旬每天的职工人数见表 8-6。

表 8-6 某企业职工人数

日　　期	1	2	3	4	5	6	7	8	9	10
职工人数	250	260	240	262	261	263	258	266	272	272

则有

$$\bar{a} = \frac{\sum a}{n} = \frac{250+260+240+262+261+263+258+266+272+272}{10}$$
$$\approx 260(人)$$

b. 间隔不等的连续时点数列。如果被研究对象每隔一段时间才有变动，时间数列中每变动一次，才记录一次，此时，应用加权算术平均法计算，用每次变动持续的时间间隔长度(f)为权数对各时点水平(a)加权，其计算公式为

$$\bar{a} = \frac{a_1 f_1 + a_2 f_2 + \cdots + a_n f_n}{f_1 + f_2 + \cdots + f_n} = \frac{\sum af}{\sum f}$$

【例 8.2】某企业 9 月初职工人数为 1200 人，9 月 9 日增加了 40 人，9 月 14 日减少了 20 人，9 月 25 日增加了 10 人，编制成时点数列，资料如表 8-7 所示。

表 8-7 某企业九月份职工人数

日　　期	9月初	9.9	9.14	9.25
职工人数	1200	1240	1220	1230

则有

$$\bar{a} = \frac{\sum af}{\sum f} = \frac{1200 \times 8 + 1240 \times 5 + 1220 \times 11 + 1230 \times 6}{30} = 1220(人)$$

②间断时点数列。在实际统计工作中，要统计每一个时点上的数字显然是一项相当繁杂的工作，为方便起见，通常只能每隔一定的时间统计一次，时点一般定在期初或期末(如月初月末、年初年末等)，每次统计的时间间隔可以相等，也可以不相等。

a. 间隔相等的间断时点数列。它是根据间隔相等的各期期初或期末时点资料编制的时点数列。此时可以假定相邻两个时点之间的现象变动是均匀的，于是将这两个时点指标数值相加除以 2，即可得到这两个时点之间的序时平均数，再用简单算术平均法求得整个时点数列的序时平均数。

【例 8.3】某企业 2013 年第二季度的商品库存额见表 8-8。

表 8-8 某企业 2013 年第二季度商品库存额

单位：万元

日　　期	3月	4月	5月	6月
月末库存额	100	86	104	114

根据表 8-8 中的资料，可计算各月和第二季度平均商品库存额。

4 月份的平均库存额 $= \dfrac{100+86}{2} = 93$(万元)

5 月份的平均库存额 $= \dfrac{86+104}{2} = 95$(万元)

6 月份的平均库存额 $= \dfrac{104+114}{2} = 109$(万元)

则第二季度的平均库存额 $= \dfrac{93+95+109}{3} = 99$(万元)

上述计算第二季度平均库存额的两个步骤，可以合并简化为

$$\text{第二季度平均库存额} = \dfrac{\dfrac{100+86}{2} + \dfrac{86+104}{2} + \dfrac{104+114}{2}}{3}$$

$$= \dfrac{93+95+109}{3} = 99(\text{万元})$$

上面计算过程概括为一般公式

$$\bar{a} = \dfrac{\dfrac{a_1+a_2}{2} + \dfrac{a_2+a_3}{2} + \cdots + \dfrac{a_{n-1}+a_n}{2}}{n-1}$$

$$= \dfrac{\dfrac{a_1}{2} + a_2 + a_3 + \cdots + a_{n-1} + \dfrac{a_n}{2}}{n-1}$$

式中：$\bar{a}$——序时平均数；

a——各项时点指标数值；

n——时点个数。

根据上述计算公式，间隔相等间断时点数列的序时平均数等于首末项两指标数值之半，加中间各项指标数值，除以时点数列项数减一，所以称为"首末折半法"。

b. 间隔不等的间断时点数列。它是根据间隔不等的各期期初或期末时点资料编制的时点数列。同样要假定间断的各时点之间的指标值是均匀变动的，由于各时点之间的间隔不等，可用各个间隔的长度(f)为权数，对各相应时点的平均值进行加权平均，求得序时平均数，计算公式为

$$\bar{a} = \dfrac{\dfrac{a_1+a_2}{2}f_1 + \dfrac{a_2+a_3}{2}f_2 + \cdots + \dfrac{a_{n-1}+a_n}{2}f_{n-1}}{f_1+f_2+\cdots+f_{n-1}}$$

【例 8.4】根据表 8-9 资料计算 2013 年某商品的平均库存量。

表 8-9 某商品 2013 年平均库存量

时间	1月初	3月初	7月初	10月初	12月末
库存量/套	1500	600	900	1600	1000

根据上表资料，计算某商品 2005 年的平均库存量为

$$\bar{a} = \dfrac{\dfrac{1500+600}{2}\times 2 + \dfrac{600+900}{2}\times 4 + \dfrac{900+1600}{2}\times 3 + \dfrac{1600+1000}{2}\times 3}{2+4+3+3} \approx 1062.5(\text{套})$$

根据间断时点数列计算序时平均数，是假定两个相邻时点之间现象数量的变动是均匀的，而实际上各种现象不可能都是均匀变动的，故所得的结果只能是一个近似值。如果时点数列的间隔越小，则所求得的结果越接近实际。因此，间断时点数列的间隔不宜太长。

2. 根据相对数时间数列计算序时平均数

由于相对数时间数列是派生数列，不能用相对指标时间数列的各个指标数值直接相加除以项数来求得，而要利用其分子、分母相应的两个绝对数时间数列，分别计算分子数列的序时平均数($\bar{a}$)和分母数列的序时平均数($\bar{b}$)，而后加以对比，即可求得。其基本计算公式为

$$\bar{c} = \frac{\bar{a}}{\bar{b}}$$

计算时，应先分析对比的分子和分母是时期数列还是时点数列，是哪一种时点数列，然后再按照前面所述的相应公式计算。具体有下列三种情形。

(1) 分子和分母均为时期数列，则有

$$\bar{c} = \frac{\bar{a}}{\bar{b}} = \frac{\sum a}{n} \div \frac{\sum b}{n} = \frac{\sum a}{\sum b}$$

上式中 $\bar{a}$、$\bar{b}$ 需根据所掌握的资料不同采取不同的计算，当所掌握的资料不全时，即 a、b、c 有缺项时，同样可以计算 $\bar{c}$。

因为 $c = \frac{a}{b}$

所以 $a = bc$

代入上式，得 $\bar{c} = \frac{\sum bc}{\sum b}$

这个公式实际就是加权算术平均数公式。

同理，因为 $c = \frac{a}{b}$

所以 $b = \frac{a}{c}$

代入上式，得 $\bar{c} = \frac{\sum a}{\sum \frac{a}{c}}$

这个公式实际就是加权调和平均数公式。

根据所掌握的实际资料来确定选用哪个公式，3个公式的计算结果应完全相同。

【例 8.5】某企业第一季度产量计划完成情况见表 8-10。

表 8-10 某企业产品第一季度产量完成情况表

时间	一月	二月	三月
a(实际产量)/吨	420	560	714
b(计划产量)/吨	400	500	700
c(计划完成程度)	105%	112%	102%

则有

$$\bar{c} = \frac{\sum a}{\sum b} = \frac{420+560+714}{400+500+700} \approx 1.059 = 105.9\%$$

$$\bar{c} = \frac{\sum bc}{\sum b} = \frac{400 \times 105\% + 500 \times 112\% + 700 \times 102\%}{400+500+700} \approx 1.059 = 105.9\%$$

或

$$\bar{c} = \frac{\sum a}{\sum \frac{a}{c}} = \frac{420+560+714}{\frac{420}{105\%}+\frac{560}{112\%}+\frac{714}{102\%}} \approx 1.059 = 105.9\%$$

(2) 分子和分母均为时点数列。由于时点数列计算序时平均数,有连续与间断之分,而每种又有间隔相等和间隔不等之分,这就形成 4 种不同的情况,但其基本的计算方法不变。现以最常见的间隔相等间断时点数列对比所形成的相对指标和间隔不相等的间断时点数列对比所形成的相对指标时间数列序时平均数的计算为例,说明其一般的计算方法。

① 时间间隔相等间断时点数列。对于该数列,根据前边的基本思路,可采用公式为

$$\bar{c} = \frac{\bar{a}}{\bar{b}} = \frac{\frac{\frac{a_1}{2}+a_2+\cdots+\frac{a_n}{2}}{n-1}}{\frac{\frac{b_1}{2}+b_2+\cdots+\frac{b_n}{2}}{n-1}} = \frac{\frac{a_1}{2}+a_2+\cdots+\frac{a_n}{2}}{\frac{b_1}{2}+b_2+\cdots+\frac{b_n}{2}}$$

当所掌握的资料不全时,可将 $a=bc$ 及 $b=\frac{a}{c}$ 代入上式,即可得出两个变形公式为

$$\bar{c} = \frac{\bar{a}}{\bar{b}} = \frac{\frac{b_1 c_1}{2}+b_2 c_2+\cdots+\frac{b_n c_n}{2}}{\frac{b_1}{2}+b_2+\cdots+\frac{b_n}{2}}$$

或

$$\bar{c} = \frac{\bar{a}}{\bar{b}} = \frac{\frac{a_1}{2}+a_2+\cdots+\frac{a_n}{2}}{\frac{a_1}{2c_1}+\frac{a_2}{c_2}+\cdots+\frac{a_n}{2c_n}}$$

【例 8.6】 某地区 2009—2013 年年末第三产业从业人员情况见表 8-11。

表 8-11 某地区 2009—2013 年年末第三产业从业人员情况表

年 份	2009	2010	2011	2012	2013
A(第三产业从业人员数)/百人	15456	16851	17901	18375	18679
B(全部从业人员数)/百人	67199	67947	68850	69600	69957
C(第三产业从业人员所占比重)	23.0%	24.8%	26.0%	26.4%	26.7%

根据表 8-11 的资料,某地区 2009—2013 年间第三产业从业人员数占全部从业人员数的年平均比重为

$$\bar{c} = \frac{\bar{a}}{\bar{b}} = \frac{\frac{15456}{2}+16851+17901+18375+\frac{18679}{2}}{\frac{67199}{2}+67947+68850+69600+\frac{69957}{2}} \approx 25.53\%$$

若用两个变形公式计算，则

$$\bar{c} = \frac{\frac{67199}{2}\times 0.23+67947\times 0.248+68850\times 0.26+69600\times 0.264+\frac{69957}{2}\times 0.267}{\frac{67199}{2}+67947+68850+69600+\frac{69957}{2}} \approx 25.53\%$$

或

$$\bar{c} = \frac{\frac{15456}{2}+16851+17901+18375+\frac{18679}{2}}{\frac{15456}{2\times 0.23}+\frac{16851}{0.248}+\frac{17901}{0.26}+\frac{18375}{0.264}+\frac{18679}{2\times 0.267}} \approx 25.53\%$$

② 时间间隔不等间断时点数列。如果间隔不等，则要用各个间隔长度作权数，用加权平均法计算分子和分母的序时平均数，然后再对比，其计算公式为

$$\bar{c} = \frac{\bar{a}}{\bar{b}} = \frac{\left(\frac{a_1+a_2}{2}f_1+\frac{a_2+a_3}{2}f_2+\cdots+\frac{a_{n-1}+a_n}{2}f_{n-1}\right)\div \sum f}{\left(\frac{b_1+b_2}{2}f_1+\frac{b_2+b_3}{2}f_2+\cdots+\frac{b_{n-1}+b_n}{2}f_{n-1}\right)\div \sum f}$$

(3) 分子和分母为不同性质的时期数列和时点数列。其基本公式不变，仅分子数列和分母数列的序时平均数的计算方法，应依据数列的具体性质、类别而定。

【例 8.7】 某地区 2013 年 6 月～9 月各月商品流转次数见表 8-12。要求计算该商场 6 月～9 月平均商品流转次数和 6 月～9 月商品流转次数。

表 8-12 某地区 2013 年 6 月～9 月各月商品流转次数

月　份	6 月	7 月	8 月	9 月
A(商品销售额)/万元	—	144.0	148.2	154.7
B(月末商品库存额)/万元	64.2	51.0	47.8	52.0
C(商品流转次数)/次	—	2.5	3.0	3.1

由于商品销售额是时期指标，月末商品库存额是时点指标，故两者不能直接比较，需求出各月平均商品库存额，才能对比求出各月的商品流转次数。计算 6 月～9 月月平均商品流转次数，不能直接将各月的商品流转次数相加平均，而应按照基本公式分别求出分子数列和分母数列的序时平均数，再对比求得。即

$$\bar{c} = \frac{\bar{a}}{\bar{b}} = \frac{\frac{\sum a}{3}}{\frac{\left(\frac{b_1}{2}+b_2+b_3+\frac{b_4}{2}\right)}{(4-1)}} = \frac{\frac{(144.0+148.2+154.7)}{3}}{\frac{\left(\frac{64.2}{2}+51.0+47.8+\frac{52.0}{2}\right)}{3}} \approx 2.848$$

计算 6 月～9 月商品流转次数，同样也不能将各月的商品流转次数直接加总，它等于 6 月～9 月的商品销售总额除以 6 月～9 月月平均商品库存额；或等于 6 月～9 月的月平均商品流转次数乘以月数。即

$$6\text{月} \sim 9\text{月商品流转次数} = \frac{\sum a}{\bar{b}} = \frac{144.0 + 148.2 + 154.7}{\dfrac{(\dfrac{64.2}{2} + 51.0 + 47.8 + \dfrac{52.0}{2})}{3}} \approx 8.544$$

或者 2.848×3=8.544(次)

3. 根据平均数时间数列计算序时平均数

平均指标时间数列可分为一般平均数时间数列和序时平均数时间数列两种。

(1) 由一般平均数组成的平均指标时间数列，实际上由是两个总量指标时间数列对比形成的，其方法和由相对数时间数列计算序时平均数的方法基本相同，即分别计算分子数列和分母数列的序时平均数，然后将这两个序时平均数进行对比，就可求得这两个平均数时间数列的序时平均数。其中分子是标志总量数列，通常为时期数列，分母是总体单位总数数列，一般为时点数列。其具体计算方法可参照前例中平均商品流转次数的计算。

(2) 由序时平均数组成的平均指标时间数列计算序时平均数，在时期相等时，可直接采用简单算术平均法来计算；如时期不相等，则可以以时期为权数，采用加权算术平均法计算。

【例 8.8】 某商场 2013 年第二季度各月平均商品库存额见表 8-13。

表 8-13 某商场 2013 年第二季度各月平均商品库存额

月　份	4月	5月	6月
平均商品库存额/万元	57.6	49.4	49.9

则该商场 2013 年第二季度月平均商品库存额为

$$\bar{a} = \frac{\sum a}{n} = \frac{57.6 + 49.4 + 49.9}{3} = 52.3 (\text{万元})$$

【例 8.9】 某商场 2013 年各月商品库存额情况见表 8-14。

表 8-14 某商场 2013 年各月商品库存额

月　份	1月~5月	6月~7月	8月~11月	12月
平均商品库存额/万元	50	48	70	65

则该商场 2013 年全年平均各月的库存额为

$$\bar{a} = \frac{\sum af}{\sum f} = \frac{50 \times 5 + 48 \times 2 + 70 \times 4 + 65 \times 1}{5 + 2 + 4 + 1} \approx 57.58 (\text{万元})$$

8.2.3 增长量和平均增长量

1. 增长量

增长量是指某种现象在一定时其内所增长的绝对数量，它是报告期水平与基期水平之差，即

$$\text{增长量} = \text{报告期水平} - \text{基期水平}$$

第8章 时间数列

增长量可以为正,表示增加额;也可以为负数,表示减少额。

增长量由于采用的基期不同,可以分为逐期增长量和累计增长量。逐期增长量是报告期水平与前一时期水平之差,说明本期比上期增长或减少的绝对数量;累计增长量是报告期水平与某一固定时期水平之差,用以说明本期比某一固定时期水平增长或减少的绝对数,进而说明在某一段较长时期内总的增长(或减少)量。

可用符号表示如下。

逐期增长量:$a_1-a_0,a_2-a_1,\cdots,a_n-a_{n-1}$

累计增长量:$a_1-a_0,a_2-a_0,\cdots,a_n-a_0$

显见,两者之间具有一定的关系,累计增长理等于相应各个逐期增长量之和,即

$$a_n-a_0=(a_1-a_0)+(a_2-a_1)+\cdots+(a_n-a_{n-1})$$

【例 8.10】 某地区国民收入情况见表 8-15。

表 8-15 某地区国民收入情况统计表

单位:千万元

年份 项目	2007	2008	2009	2010	2011	2012	2013
发展水平	16386.04	18903.64	21715.25	26396.47	31649.29	38760.20	51321.78
逐期增长量	—	2517.6	2811.61	4681.22	5252.82	7110.91	12561.58
累计增长量	—	2517.6	5329.21	10010.43	15263.25	22374.16	34935.74

另外,在统计实务中还使用年距增长量,它是报告某年某月(季)水平与其上年同月(季)水平之差。其计算公式为

年距增长量=报告期发展水平面-上年同期发展水平

【例 8.11】 某地区 2013 年第一季度钢产量为 300 万吨,2012 年第一季度的产量为 240 万吨,则

年距增长量=300-240=60(万吨)

这说明 2013 年第一季度钢产量比上年同期增长了 60 万吨。

计算年距增长量可以消除季节变动的影响,表明报告期水平较上年同期水平增加(或减少)的绝对数量。

2. 平均增长量

平均增长量是说明社会经济现象在一定时期内平均每期增长的数量。从广义来说,它也是一种序时平均数,即是逐期增长量时间数列的序时平均数,反映现象平均增长水平。它是将各个逐期增长量相加后,除以逐期增长量的个数;或者将累积增长量除以时间数列项数减1,即

$$平均增长量=\frac{逐期增长量之和}{逐期增长量个数}=\frac{累计增长量}{时间数列项数-1}$$

【例 8.12】 表 8-15 中,某地区国民收入平均增长量为

(2517.6+2811.61+4681.22+5252.82+7110.91+12561.58)÷6≈5822.57(千万元)

或者 34935.74÷6≈5822.57(千万元)

8.3 时间数列速度指标

8.3.1 发展速度

发展速度是将现象报告期水平除以基期水平，是两个不同时期发展水平的比值，表明现象发展程度的动态相对指标，其基本公式为

$$发展速度 = \frac{报告期水平}{基期水平}$$

发展速度由于采用的基期不同，可分为定基发展速度和环比发展速度。定基发展速度是报告期水平与某一固定时期水平(通常为最初水平)之比，说明报告期水平对某一固定时期水平已发展到(增加到)若干倍(或百分之几)，表明这种现象在较长时期内总的发展速度，因而有时也叫"总速度"。环比发展速度是报告期水平与前一期水平之比，用以说明报告期水平已经发展到前一时期水平的百分之几(或多少倍)，表明现象逐期的发展程度。若计算时期为一年，有时也可叫"年速度"。这两种发展速度的计算公式可表示为

$$定基发展速度：\frac{a_1}{a_0}, \frac{a_2}{a_0}, \cdots, \frac{a_n}{a_0}$$

$$环比发展速度：\frac{a_1}{a_0}, \frac{a_2}{a_1}, \cdots, \frac{a_n}{a_{n-1}}$$

【例 8.13】表 8-16 中国民收入情况测算便可应用发展速度指标。

表 8-16 某地区国民收入情况统计表

年份 项目	2007	2008	2009	2010	2011	2012	2013
发展水平/千万元	16386.04	18903.64	21715.25	26396.47	31649.29	38760.20	51321.78
环比发展速度	—	115.36%	114.87%	121.56%	119.90%	122.47%	132.41%
定基发展速度	—	115.36%	132.52%	161.09%	193.15%	236.54%	313.20%
环比增长速度	—	15.36%	14.87%	21.56%	19.90%	22.47%	32.41%
定基增长速度	—	15.36%	32.52%	61.09%	93.15%	136.54%	213.20%
增长 1%的绝对量	—	163.86	189.03	217.15	263.96	316.49	387.60

定基发展速度与环比发展速度之间存在着一定的换算关系。
(1) 定基发展速度等于相应的各环比发展速度的连乘积。

$$\frac{a_n}{a_0} = \frac{a_1}{a_0} \times \frac{a_2}{a_1} \times \frac{a_3}{a_2} \times \cdots \times \frac{a_n}{a_{n-1}}$$

表 8-16 中 2013 年的定基发展速度=115.36%×114.87%×121.56%×119.90%×122.47%×132.41%=313.20%

(2) 两个相邻时期的定期发展速度相除之商等于相应的环比发展速度。

$$\frac{a_n}{a_0} \div \frac{a_{n-1}}{a_0} = \frac{a_n}{a_{n-1}}$$

表 8-16 中 2012 年的环比发展速度 = $\frac{236.54\%}{193.15\%}$ = 122.47%

根据以上换算关系，可以进行定基发展速度和环比发展速度的相互推算。

在实际统计分析工作中，为了消除季节变动的影响，常计算年距发展速度，表明本期发展水平与去年同期发展水平对比而达到的相对发展程度。其计算公式为

$$年距发展速度 = \frac{报告期发展水平}{去年同期发展水平}$$

8.3.2 增长速度

增长速度是表现社会经济现象增长程度的相对指标，是增长量与基期发展水平的比值，说明报告期水平比基期水平增加了若干倍(或百分之几)，其计算公式为

$$增长速度 = \frac{增长量}{基期水平} = \frac{报告期水平 - 基期水平}{基期水平}$$

由上式可得

$$增长速度 = 发展速度 - 1$$

因此，增长速度与发展速度具有密切的关系，两者仅差一个基数。

由于采用基期不同，增长速度也有定基增长速度和环比增长速度两种。定基增长速度是累计增长量与某一固定时期水平之比，用以说明某种社会经济现象在较长时期内总的增长程度；环比增长速度是逐期增长量与前一期发展水平之比，用以说明某种社会经济现象本期比上期的增长程度。但这两个指标不能直接进行互相换算，不存在定基发展速度与环比发展速度之间的直接换算关系，但由于定基增长速度与定基发展速度之间，以及环比增长速度与环比发展速度之间仅相差一个基数"1"，所以如果需要换算，可以先将增长速度加上"1"转化为发展速度，再通过两种发展速度之间的换算关系进行换算，得到的结果再减去"1"，就可求得相应的增长速度。即

$$环比增长速度 = 环比发展速度 - 1$$
$$定基增长速度 = 定基发展速度 - 1$$

显然增长速度有正有负，发展速度大于"1"，则增长速度就为正值，表明现象增长的程度；反之，若发展速度小于"1"，则增长速度就为负值，表明现象降低的程度，如成本降低率等。

在实际统计分析工作中，为了消除季节变动的影响，也常计算"年距增长速度"，说明与去年同期发展水平相对比达到的相对增长速度。

8.3.3 平均发展速度与平均增长速度

为了研究社会经济现象总体在一个较长时期的发展或增长程度的一般水平，就需要对各个环比发展速度的数量差异抽象化，计算各个环比发展速度的平均数，即为平均速度指标。平均速度有平均发展速度和平均增长速度两种，前者说明现象在一个较长时期内逐年平均发展变化的程度，后者说明期限逐年平均增长变化的程度。

1. 平均发展速度

平均发展速度是各期环比发展速度的序时平均数。由于环比发展速度是根据同一现象

不同时期发展水平对比得到的动态相对数,它不能用前述计算一般平均数时间数列的序时平均数方法进行计算。在实际工作中,计算平均发展速度的方法主要有两种,即几何平均法和方程法。两种方法理论依据不同,具体计算和应用场合也不一样。

1) 几何平均法

计算平均发展速度时,因为总速度不等于各期环比发展速度的算术总和,而等于各期环比发展速度的连乘积,所以不能应用算术平均法,而要应用几何平均法来计算。在实践中,如果用水平法制定长期计划,则要求用几何平均法计算期平均发展速度,按此平均发展速度发展,可以保证在最后一年达到规定的 a_n 水平,所以几何平均法也称"水平法"。即从最初水平 a_0 出发,以平均发展速度 $\bar{X}$ 代替各环比发展速度 $X_1, X_2, X_3, \cdots, X_n$,经过 n 期发展,就可以发展到最末水平 a_n,用公式表示为

$$a_0 \cdot X_1 \cdot X_2 \cdot X_3 \cdots X_n = a_n$$

用平均发展速度 $\bar{X}$ 分别代替 $X_1, X_2, X_3, \cdots, X_n$,得到

$$a_0 \cdot \bar{X} \cdot \bar{X} \cdot \bar{X} \cdots \bar{X} = a_n \text{(共有 } n \text{ 个 } \bar{X}\text{)}$$

所以

$$\bar{X}^n = \frac{a_n}{a_0}$$

因此,平均发展速度 $\bar{X}$ 的计算公式为

$$\bar{X} = \sqrt[n]{\frac{a_n}{a_0}} \qquad ①$$

因为 $\frac{a_n}{a_0}$ 为 n 期的定基发展速度,根据定基发展速度等于相应时期各环比发展速度的连乘积的关系,所以计算平均发展速度也可以用下列公式:

$$\bar{X} = \sqrt[n]{\frac{a_n}{a_0}} = \sqrt[n]{X_1 \cdot X_2 \cdot X_3 \cdots X_n} = \sqrt[n]{\prod X} \qquad ②$$

又因为 $\frac{a_n}{a_0}$ 也是整个时期的总速度,所以平均发展速度还可以根据总速度计算,公式如下:

$$\bar{X} = \sqrt[n]{\frac{a_n}{a_0}} = \sqrt[n]{R} \qquad ③$$

上述①、②、③公式中,

$\bar{X}$ ——平均发展速度;

$X_1, X_2, X_3 \cdots X_n$ ——各期环比发展速度;

R ——总速度。

计算平均发展速度时,根据所掌握的资料可选用以上任何一个公式来进行,如果掌握了最初水平和最末水平,可用①式来计算;如果掌握了各期环比发展速度,可用②式计算;如果掌握了总速度,则可直接用③式计算。3 个公式的计算结果是一致的。但不管应用哪个公式,由于用算术方法开高次方十分困难,所以在实际工作中解决这个问题的方法有以下两种方法:一是用计算器直接开几次方根,这是最简便的;二是采用对数的方法求解。将上面所计算平均发展速度公式两边各取对数,再利用查对数表查找所求的值。具体方法如下。

公式一: $\bar{X} = \sqrt{X_1 \cdot X_2 \cdot X_3 \cdots X_n}$

两边取对数：$\lg \bar{X} = \dfrac{1}{n}(\lg X_1 + \lg X_2 + \lg X_3 + \cdots + \lg X_n) = \dfrac{\sum \lg X}{n}$

以表 8-16 为例，则平均发展速度为

$\lg \bar{X} = \dfrac{\lg 1.1536 + \lg 1.1487 + \lg 1.2156 + \lg 1.199 + \lg 1.2247 + \lg 1.3241}{6} = 0.082637$

查反对数表得：$\bar{X} = 1.2096$

公式二：$\bar{X} = \sqrt[n]{\dfrac{a_n}{a_0}}$

两边取对数：$\lg \bar{X} = \dfrac{1}{n}(\lg a_n - \lg a_0)$

以表 8-16 为例，则平均发展速度为

$\lg \bar{X} = \dfrac{1}{6}(\lg 51321.78 - \lg 16386.04) = \dfrac{\lg 3.1320}{6} = 0.082637$

查反对数表得：$\bar{X} = 1.2096$

2) 方程法

在实践中，如果长期计划按累计法制定，则要求用方程法计算平均发展速度，按此平均速度发展，可保证计划内各期发展水平的累计达到计划规定的总数，所以方程法也称为累计法。即从最初水平 a_0 出发，各期按平均发展速度 $\bar{X}$ 计算发展水平，则计算的各期发展水平累计总和，应与实际所具有的各期发展水平的累计总和相等。列出方程式，再求解，便得出平均发展速度。

设 $\bar{X}$ 为平均发展速度，各期实际发展水平为 $a_1, a_2, a_3, \cdots, a_n$，按平均发展速度计算的各期水平的假定值如下。

第一期：$a_0 \bar{X}$；

第二期：$a_1 \bar{X} = a_0 \bar{X}^2$

第三期：$a_2 \bar{X} = a_1 \bar{X}^2 = a_0 \bar{X}^3$

　　　⋮

第 n 期：$a_{n-1} \bar{X} = a_{n-2} \bar{X}^2 \cdots = a_0 \bar{X}^n$

故各期假定水平之和为

$$a_0 \bar{X} + a_0 \bar{X}^2 + a_0 \bar{X}^3 + \cdots + a_0 \bar{X}^n = a_0(\bar{X} + \bar{X}^1 + \bar{X}^2 + \cdots + \bar{X}^n)$$

而各期实际水平之和为

$$a_1 + a_2 + a_3 + \cdots + a_n = \sum_{i=1}^{n} a_i$$

由于两者相等，故可列如下方程式：

$$a_0(\bar{X} + \bar{X}^2 + \bar{X}^3 + \cdots + \bar{X}^n) = \sum_{i=1}^{n} a_i$$

即

$$\bar{X} + \bar{X}^2 + \bar{X}^3 + \cdots + \bar{X}^n = \dfrac{\sum_{i=1}^{n} a_i}{a_0}$$

解此所得的正根就是要计算的平均发展速度。但要解这个高次方程比较复杂，实际工作中都根据事先编就的《平均增长速度查对表》来计算的。

【例 8.14】 某地区 2008—2013 年财政收入总额见表 8-17。

表 8-17　某地区 2008—2013 年财政收入总额

单位：亿元

时　间	2008	2009	2010	2011	2012	2013
财政收入总额	4348.95	5218.10	6242.20	7407.99	8651.14	9875.95

应用方程法求 2009—2013 年 5 年期间每年平均发展速度，则

$$\frac{\sum_{i=1}^{5} a_i}{a_0} = \frac{37395.38}{4348.95} \approx 8.5987 = 859.87\%$$

现将与此有关的《平均增长速度查对表》的一部分资料摘录如下，见表 8-18。

表 8-18　平均增长速度查对表(部分)

平均每年增长(%)	各年发展总和为基期的百分比				
	1 年	2 年	3 年	4 年	5 年
⋮	⋮	⋮	⋮	⋮	⋮
18.4%	118.40	258.59	424.57	621.09	853.77
18.5%	118.50	258.92	425.32	622.51	856.17
18.6%	118.60	259.26	426.08	623.93	858.58
18.7%	118.70	259.60	426.84	625.36	861.00

在《平均增长速度查对表》中递增部分 $n=5$，找到 859.87% 介于 858.58% 和 861.00% 之间，即平均每年增长速度介于 18.6% 和 18.7% 之间，运用比例插入法，可得以下结果。

平均增长速度约为：$18.6\% + \frac{859.87\% - 858.58\%}{861\% - 858.58\%} \times 0.1\% \approx 18.653\%$

即平均发展速度约为 118.653%。

2. 平均增长速度

平均增长速度是各环比增长速度的序时平均数，它表明现象在一定时期内逐期平均增长变化的程度。根据增长速度与发展速度之间的运算关系，要计算平均增长速度，首先要计算出平均发展速度指标，然后将其减"1"(或 100%)求得，即

平均增长速度 = 平均发展速度 − 1

平均发展速度大于"1"，平均增长速度就是正值，表示某种现象在一个较长时期内逐期平均递增的程度，这个指标也叫作"平均递增速度"或"平均递增率"；反之，平均发展速度小于"1"，平均增长速度为负值，表示某种现象在一个较长时期内逐期平均递减程度，这个指标也叫作"平均递减速度"或"平均递减率"。具体运算见上例。

3. 应用平均发展速度时的注意问题

(1) 根据统计研究目的选择计算方法。前述计算平均发展速度有几何平均法(水平法)和方程法(累计法)两种方法，这两种方法在具体运用上各有其特点和局限性。当目的在于考察最末一年发展水平而不关心各期水平总和时，可采用水平法；当目的在于考察各期发

展水平总和而不关心最末一年水平时,可采用累计法。这样可扬长避短,发挥两种计算方法的作用。

(2) 要注意社会经济现象的特点。当现象随着时间的发展比较稳定地逐年上升或逐年下降时,一般采用水平法计算平均发展速度。但要注意,如果编制的时间数列中,最初水平和最末水平受特殊因素的影响而出现过高或过低的情况,则不可计算平均发展速度。当现象的发展不是有规律地逐年上升或下降,而是经常表示为升降交替时,一般采用累计法计算平均发展速度。但要注意,如果资料中间有几年环比速度增长得特别快,而有几年又降低得较多,出现显著的悬殊和不同的发展方向,就不可计算平均发展速度,因为用这样的资料计算的平均发展速度会降低这一指标的意义,从而不能确切说明实际情况。

(3) 应采取分段平均发展速度来补充说明总平均速度。这在分析较长期历史资料时尤为重要。因为根据一个总的平均速度指标只能笼统地反映其在很长时期内逐年平均发展或增长的程度,对深入了解这种现象的发展过程和变化情况往往是不够的。例如,要分析新中国成立以来粮食产量的平均发展速度和平均增长速度时,就有必要分别以国民经济恢复时期、各个五年计划时期和各个特定时期(如某几年受自然灾害的影响,产量逐年下降)等分段计算其平均速度加以补充说明。

(4) 平均速度指标要与其他指标结合应用。要注意与发展水平、增长量、环比发展速度、定基发展速度等各项基本指标结合应用,起到分析研究和补充说明的作用,以便对现象有比较确切和完整的认识。另外,在经济分析中,要与其他有关的经济现象的平均速度指标结合运用。例如,工农业生产的平均速度、基本建设投资额与新增固定资产的平均速度、商品销售额与利润额的平均速度等,都可结合进行比较研究,以便深入了解有关现象在各个研究时期中每年平均发展和增长程度等,为研究国民经济各种具有密切联系的现象的发展动态提供数据。

8.3.4 增长1%的绝对量

增长1%的绝对量是将水平指标与速度指标结合起来的唯一指标,其基本的计算公式为

$$增长1\%的绝对量 = \frac{逐期增长量}{环比增长速度} \div 100$$

但在实际的计算过程中,经常用到"$增长1\%的绝对量 = \frac{上一期的水平}{100}$"来计算,二者计算结果是一致的,即

$$增长1\%的绝对量 = \frac{逐期增长量}{环比增长速度} \div 100 = \frac{a_n - a_{n-1}}{\left(\frac{a_n - a_{n-1}}{a_{n-1}}\right)} \div 100 = \frac{a_{n-1}}{100}$$

8.4 长期趋势的测定

时间数列反映现象的发展变化,是由多种复杂因素共同作用的结果。不同的因素所起的作用不同,产生的结果也相应不同。影响因素按其性质和作用大致可以归纳为以下4种。

(1) 长期趋势(T)。即时时间数列中最基本的规律性变动,是指由各个时期普遍和长期

起作用的基本因素引起的变动,也指现象在一个相当长的时期内持续发展变动的总趋势,持续上升、下降和基本持平。例如,一般情况下,由于人口增长、资源开发、科技进步等因素影响,社会生产总量呈增长变动的趋势。

(2) 季节因素(S)。即由自然季节变换和社会习俗等因素引起的有规律的周期性波动,如许多商品的销售随季节变动而呈现淡旺季之分。季节变动的周期为一年或一年以内(如一月、一周等)。

(3) 循环变动(C)。即指社会经济发展中一种近乎规律性的盛衰交替变动。其成因比较复杂,周期一般在一年以上,长短不一。循环变动按引起的原因和周期长短不同又可分为 4 种类型,并以最早发现它的经济学家的名字命名。一是康德拉季耶夫循环,为长期循环变动,主要是受重大技术革命影响的结果,周期可长达 50～60 年;二是库兹涅茨循环,为中长期的循环变动,周期在 20 年左右,造成这种循环变动的物质基础是由于建筑业的周期性波动;三是朱格拉循环,为中期循环变动,周期为 8～10 年,资本主义周期性的经济危机,主要就是指这种循环变动,其变动的物质基础是周期性的固定资产的大规模更新;四是基钦循环,短期循环变动,周期为 2～4 年,其形成原因可能是固定资源共享产生更新和周期性的技术变革。

(4) 不规则变动(I)。即剩余变动或随机变动,它是时间数列中除了上述 3 种变动之外,还存在受临时的、偶然的因素或不明原因而引起的非趋势性、非周期性的随机变动。这种变动无规则可循,如地震、水灾、战争等所引起的变动。从长期来看,有些偶然因素的个别影响是可以抵消一部分的。

时间数列的上述 4 种变动按一定的方式组合,成为一种模式,称为时间数列的经典模式。根据这 4 种变动因素相互关系的不同,时间数列可分为加法模式和乘法模式。

当 4 种变动因素呈现出相互独立的关系时,时间数列总变动(Y)体现为各种因素的总和,即 $Y = T + S + C + I$。此加法模式中,Y、T 是总量指标,S、C、I 是季节变动、循环变动与不规则变动对长期趋势所产生的偏差,或是正值、或是负值。

当 4 种变动因素呈现出相互影响的关系时,时间数列总变动(Y)体现为各种因素的乘积,即 $Y = T \cdot S \cdot C \cdot I$。此乘法模式中,$Y$、$T$ 为总量指标,S、C、I 则是比率,用百分数表示。

时间数列分析一般采用乘法模式,把受各个因素影响的变动分别测定出来,为决策提供依据。事实上,有些现象的时间数列并非各变动俱在,从长期来看,提示经济现象发展的长期趋势和测定其受季节变动的影响,则对于每一个具体的时间数列来讲都是十分重要的问题。

8.4.1 长期趋势测定与预测的意义

长期趋势就是研究某种现象在一个相当长的时期内持续向上或向下发展变动的趋势。如我国的工农业生产在社会主义市场经济运行中,会呈现不断上升的长期趋势。测定长期趋势的主要目的是:首先,在于把握现象的趋势变化;其次,从数量方面来研究现象发展的规律性,探求合适趋势线,为进行统计预测提供必要条件;最后,测定长期趋势,可以消除原有时间数列中长期趋势的影响,以便更好地显示和测定季节变动。

在实际工作中,常常把趋势分析与统计预测结合在一起。趋势分析与统计预测是现代

第 8 章 时间数列

化管理方法,它可以反映社会经济现象发展变化的规律,从而使人们对未来有比较科学的认识,通过预测为领导机关和管理部门制定正确的决策提供依据。

反映现象发展的长期趋势有两种基本形式:一种是直线趋势,另一种是非直线趋势即趋势曲线。当所研究现象在一个相当长的时期内呈现出比较一致上升或下降的变动,如循一直线发展时,则为直线趋势,可求出一直线代表之,这条直线也可叫作趋势直线。趋势直线上升或下降,表示这种现象的数值逐年俱增或俱减,且每年所增加或减少的数量大致相同。因此,直线趋势的变化率或趋势线的斜率基本上是不变的;而非直线趋势,其变化率或趋势线的斜率是变动的。

8.4.2 长期趋势测定的方法

研究现象发展的长期趋势,就必须对原来的时间数列进行统计处理,一般称为时间数列修匀,即进行长期趋势测定。测定长期趋势常用的主要方法有间隔扩大法、移动平均法、最小平方法。

1. 间隔扩大法

间隔扩大法又称为时距扩大法,就是把时间数列中间隔较短的各个时期或时点的指标数值加以归并,得到间隔较长的各个数值,形成一个新的时间数列,以消除原时间数列中的季节变动和各种偶然因素的影响,呈现出长期趋势。时距扩大法可以采用时距扩大总数,也可采用时距扩大平均数对时间数列进行修匀。前者适用于时期数列,后者可用于时期数列和时点数列。经过对原始时间数列扩大时距修匀,可以整理出新的能明显表示现象发展趋势的时间数列。现用某企业某年利润额资料加以说明。

【例 8.15】 某企业某年各月利润额见表 8-19。

表 8-19 某企业某年各月利润额

单位:万元

月份	1	2	3	4	5	6	7	8	9	10	11	12
利润额	40.5	35.0	42.0	41.5	40.4	45.5	43.0	48.4	47.0	49.2	48.0	50.5

从表 8-19 可以看出,数列变化并不均匀,即各月的利润额有升降交替的现象,起伏不定,用这一时间数列不能清楚地反映该厂利润额变动的趋势。如果将各月的利润额资料整理成季度的资料,即扩大时距,则可整理出表 8-20 中的新的时间数列。

表 8-20 某企业某年各季度利润额

单位:万元

季 度	第一季度	第二季度	第三季度	第四季度
利润额	107.5	117.4	128.4	137.7
平均利润额	35.83	39.13	42.8	45.9

在整理后得到的时间数列中,利润额呈现出明显的上升趋势。

运用时距扩大法来修匀时间数列应注意的是:一是要求所扩大的各个时期的时距应该相等,这样才便于相互比较,看出现象的变动趋势;二是时距的大小要适中,应根据具体现象的性质和特点来确定。如果时距扩大不够,就不能消除现象变动中的偶然因素;反之,如果时距过大,修匀后得出的新数列指标就少,则会掩盖现象发展的具体趋势。

2. 移动平均法

这也是对原有时间数列进行修匀,测定其长期趋势的一个常用而又较为简单的方法。它是采用逐项递推移动的办法,分别计算一系列移动的序时平均数,形成一个新的派生的序时平均数时间数列,来代替原有的时间数列。通过这种修匀法,也可以消除由于偶然因素引起的不规则变动,因而削弱原有数列的短期波动,从而使新的派生数列呈现出现象在较长时期里的基本发展趋势。

【例8.16】现仍以表8-19某企业某年各月利润额资料,采取3项和5项移动平均法分别进行修匀,计算其各个移动平均数,见表8-21。

表8-21 某企业某年各月利润额的移动平均数

单位:万元

月份	利润额	3项移动平均数	5项移动平均数	4项移动平均	修正移动平均
1	40.5	—	—	—	—
2	35.0	39.2	—	39.75	—
3	42.0	39.5	39.9	39.725	39.7375
4	41.5	41.3	40.9	42.35	41.0375
5	40.4	42.5	42.5	42.6	42.475
6	45.5	43.0	43.7	44.325	43.4625
7	43.0	45.6	44.8	45.975	45.15
8	48.4	46.1	46.6	46.9	46.4375
9	47.0	48.2	47.1	48.15	47.525
10	49.2	48.1	48.6	48.675	48.4125
11	48.0	49.4	—	—	—
12	50.5	—	—	—	—

应用移动平均法分析长期趋势时,应注意以下几个问题。

(1) 移动平均法采用奇数项求得的平均值都可以对正各时期的原值,一次即求得趋势值。如上例的3项移动平均,第一个平均数为$(40.5+35+42)÷3≈39.2$,即可对正2月份的原值,依次类推即可得修匀后的时间数值。若采用偶数项移动平均时,由于偶数项移动平均数都是在两项中间位置,所以要将第一次移动的平均值,再进行两项"移正平均",才能得出结果对正期的时间数列。比如4项移动平均,则所得第一个移动平均数处于原数列3月份和4月份之间,第二个移动平均数处于4月份和5月份之间,依次类推,然后再将上述第一个移动平均数与第二个移动平均数再进行"移正平均",求出的平均数对正原数列的3月份,其余方法类推。显然,偶数项计算工作量较大较为繁杂,故一般多用奇数项移动平均。

(2) 用移动平均法对原时间数列修匀程度的大小,取决于移动平均的项数。如上例中的计算结果表明,用5项移动平均比3项移动平均修匀的程度更好。因此,修匀的项数越多,效果越好,即趋势线越平滑。

(3) 移动平均法可取项数的多少,应视资料的特点而定。原有时间数列如有循环性周期变动,则应以循环周期的长度作为平均数的项数;如根据各年的季度资料,应取四项移

第8章 时间数列

动平均；如根据各年的月份资料，则应取 12 项移动平均，这样可消除季节变动的影响，能更为准确地揭示现象发展的长期趋势。

(4) 移动平均后所得的修匀数列，比原数列项数要减少。移动时采用的项数越多，虽然能更好地修匀数列，但所得的趋势值项数越少。奇数项移动平均所形的新数列，首尾各少 $\frac{n-1}{2}$ 项数值（n 为移动平均项数）；偶数项移动平均所形成的新数列，首尾各少 $\frac{n}{2}$ 项数值。如采用 3 项移动平均，首尾各少一项数值，4 项或 5 项移动平均首尾各少两项数值等。如减少项数过多，则不宜于分析长期趋势，所以计算移动平均数时，移动平均项数也不宜过多。在进行统计分析时，如果需要两端数值，则移动平均数不宜采用。

3. 最小平方法

应用最小平方法研究现象的发展趋势，就是用一定的数学模型，对原有的时间数列配合一条适当的趋势线来进行修匀。根据最小平方法的原理，这条趋势线必须满足两个最基本的要求：一是原有数列的实际数值与趋势线的估计数只的离差平方之和为最小；二是原有数列的实际数值与趋势线的估计数值的离差之和为零。用公式表示为

$$\sum(y-y_c)^2 = 最小值$$
$$\sum(y-y_c) = 0$$

式中：y_c——趋势线的估计数值；
y——原有数列的实际数值。

这两个要求中，第一个要求是最基本的要求，如果能满足第一个要求，第二个要求自然就能满足了。

长期趋势的类型很多，有直线型，也有曲线型，而最小平方法既可用于配合直线，也可用于配合曲线，所以它是分析长期趋势的十分普遍和理想的方法。下面主要介绍最小平方法配合直线方程法、加权拟合直线方程法、对数趋势法、二次曲线方程等。

1) 直线方程法

如果现象的发展，其逐期增长量大体上相等，则可考虑配合直线趋势。直线方程的一般形式为

$$\hat{y}_t = a + bt$$

式中：$\hat{y}_t$——第 t 期的预测值；
t——时间数列中的时间；
a——趋势直线在 y 轴上的截距；
b——趋势线的斜率。

假设：y_t 为时间序列第 t 期观察值（$t=1, 2, 3, \cdots, n$），$\hat{y}_t$ 为趋势直线的第 t 期预测值，e_i 为第 i 个实际观察值与期预测值的离差。

$$e_i = (y_t - \hat{y}_t) = y_t - a - bt$$

假设 Q 为总离差平方和，则

$$Q = \sum e^2_i = \sum(y_t - \hat{y}_t)^2 = \sum(y_t - a - bt)^2$$

为使 Q 为最小值，可分别对 a、b 求偏导数，并令之为零，即

$$\frac{\partial Q}{\partial a} = \frac{\partial}{\partial a}\sum(y_t - a - bt)^2 = -2\sum(y_t - a - bt) = 0$$

即 $\sum y_t - na - b\sum t = 0$

$$\frac{\partial Q}{\partial b} = \frac{\partial}{\partial b}\sum(y_t - a - bt)^2 = -2t\sum(y_t - a - bt) = 0$$

即 $\sum ty_t - a\sum t - b\sum t^2 = 0$

将上面两式联立求解，可得

$$a = \frac{1}{n}\left(\sum y_t - b\sum t\right) = \bar{y}_t - b\bar{t}$$

$$b = \frac{n\sum ty_t - (\sum t)(\sum y_t)}{n\sum t^2 - (\sum t)^2}$$

由于 t 代表时间序列的时间编号，从直线趋势法的原理来讲，自变量 t 有多种编号方法，可从 0 开始顺序编号；也可从 1 开始顺序编号；还可以从任意一个自然数开始顺序编号。但其中有一种运算上工作量最小的编号方法称之为正、负数对称编号法，即当时间数列的数据数(n)为奇数时，取中间数 $\left(\frac{n+1}{2}\right)$ 的编号为 0，那么 t 的编号就构成了以 0 号为中心的正负对称的顺序编号。如果 $n = 9$ 年，$\frac{9+1}{2} = 5$，那么就可以编成 -4，-3，-2，-1，0，1，2，3，4。如果时间数列的数据数(n)为偶数，时间项数的排列依次为：…，-5，-3，-1，1，3，5，…，这时，原点 0 实际上是在数列中相邻两个时间的中点。采用以上两种时间编号的方法，由于 $\sum t = 0$，从而达到简化计算的目的，这时

$$a = \frac{\sum y_t}{n} = \bar{y}_t$$

$$b = \frac{\sum ty_t}{\sum t^2}$$

【例 8.17】 某家用电器厂 2003—2013 年利润额数据资料见表 8-22，试预测 2014、2015 年企业利润额各为多少万元？

解：

(1) 绘制时间序列数据散点图，或进行一阶差分运算，看出趋势线大致为一条直线，所以可配合一条直线趋势方程进行预测。

(2) 表 8-22 的左边以 $\sum t = 0$ 来进行自变量 t 的编号，求得 $\sum y_t = 6650$，$\sum t^2 = 110$；$\sum ty_t = 9100$。

表 8-22 右边以 0，1，2，…，10 对自变量 t 进行编号，并求得

$$\sum t = 55 \quad \sum t^2 = 385 \quad \sum ty_t = 42350$$

(3) 确定待定系数，建立预测模型。

按表 8-22 左边的 t 编号规则，有

$$a = \frac{\sum y_t}{n} = \frac{6650}{11} = 604.5 \quad b = \frac{\sum ty_t}{\sum t^2} = \frac{9100}{110} = 82.7$$

所以直线方程为：$\hat{y}_t = 604.5 + 82.7t$ (8-1)

某家用电器厂 2003—2013 年年利润及拟合直线方程法计算表见表 8-22。

表 8-22　某家用电器厂 2003—2013 年年利润及拟合直线方程法计算表

年份	利润额 y_t	t	t^2	ty_t	$\hat{y}_t$	t	t^2	ty_t	$\hat{y}_t$
2003	200	−5	25	−1000	191.0	0	0	0	191.0
2004	300	−4	16	−1200	273.7	1	1	300	273.7
2005	350	−3	9	−1050	356.4	2	4	700	356.4
2006	400	−2	4	−800	439.1	3	9	1200	439.1
2007	500	−1	1	−500	521.8	4	16	2000	521.8
2008	630	0	0	0	604.5	5	25	3150	604.5
2009	700	1	1	700	687.2	6	36	4200	687.2
2010	750	2	4	1500	769.9	7	49	5250	769.9
2011	850	3	9	2550	852.6	8	64	6800	852.6
2012	950	4	16	3800	935.3	9	81	8550	935.3
2013	1020	5	25	5100	1018.0	10	100	10200	1018.0
∑	6650	0	110	9100		55	385	42350	

按表 8-22 右边的 t 的编号方法，有

$$b = \frac{n\sum xy_t - \sum t \cdot \sum y_t}{n\sum t^2 - (\sum t^2)} = \frac{11 \times 42350 - 55 \times 6650}{11 \times 385 - 55^2} = 82.7$$

$$a = \frac{1}{n}\left(\sum y_t - b\sum t\right) = \frac{1}{11} \times (6650 - 82.7 \times 55) = 191.0$$

所以直线方程为

$$\hat{y}_t = 191.0 + 82.7t \tag{8-2}$$

(4) 求预测值。

按式(8-1)进行预测如下：

$$\hat{y}_{2014} = 604.5 + 82.7 \times 6 = 1100.7(万元)$$
$$\hat{y}_{2015} = 604.5 + 82.7 \times 7 = 1183.4(万元)$$

按式(8-2)进行预测如下：

$$\hat{y}_{2014} = 191 + 82.7 \times 11 = 1100.7(万元)$$
$$\hat{y}_{2015} = 191 + 82.7 \times 12 = 1183.4(万元)$$

可见，由于两种时间序列编号方法不同，$x=0$ 的原点不同，所以两个直线方程式的截距不同，但斜率相同，两个拟合直线方程所求得的预测结果完全一样。

2) 加权拟合直线方程法

拟合直线方程法根据最小平方法原理，使观察值对于估计值的离差平方和 $Q = \sum(y_t - \hat{y}_t)^2$ 达到最小，再应用数学上求偏导数并令之等于零的求极值方法计算待定参数 a、b，然后建立直线方程并用来预测。但此法存在缺陷是在拟合直线过程中，对时间

序列数据不分远期或近期，都一视同仁，同等对待。然而实际上往往近期的数据资料对预测值的影响比远期的数据资料要重要得多。因此，在市场预测的实践中，要按照时间先后本着重近轻远的原则，对离差平方和进行赋权，然后再按最小平方法原理，使离差平方和达到最小，求出加权拟合直线方程，称为加权拟合直线方程法。

假设：由近及远的离差平方和的权重分别为：α^0，α^1，α^2，…，α^{n-1}，其中 $0 \leq \alpha < 1$。当 $\alpha^0 = 1$ 时，说明对最近期数据赋予最大权重，而后由近及远，按 α 比例递减。各期权数衰减速度取决于 α 的取值，α 取值越大(越接近于1)，则衰减速度越慢；反之，α 的取值越小(越接近于0)，则衰减速度越快。如 $\alpha = 1$，则就转化为如上述的非加权拟合直线方程法。

加权拟合直线方程法的数学模型为

$$\hat{y}_t = a + bt$$

加权离差平方和为

$$Q = \sum \alpha^{n-t}(y_t - a - bt)^2$$

要使 $Q \to \min$，应用高等数学求极值方法，分别求 a、b 的偏导数，并令之为零。

$$\frac{\partial Q}{\partial a} = \sum \alpha^{n-t} y_t - a \sum \alpha^{n-t} - b \sum \alpha^{n-t} t = 0$$

$$\frac{\partial Q}{\partial b} = \sum \alpha^{n-t} t y_t - a \sum \alpha^{n-t} t - b \sum \alpha^{n-t} t^2 = 0$$

经整理后得待定参数 a、b 的标准方程如下：

$$\begin{cases} \sum \alpha^{n-t} y_t = a \sum \alpha^{n-t} + b \sum \alpha^{n-t} t \\ \sum \alpha^{n-t} t y_t = a \sum \alpha^{n-t} t + b \sum \alpha^{n-t} t^2 \end{cases} \tag{8-3}$$

对上式联立求解可得待定参数 a、b 的值。

【例 8.18】 数据资料见表 8-22，求当 $\alpha = 0.8$ 时，试用加权拟合直线方程法预测 2014 年、2015 年的利润额各为多少万元？

解：
(1) 列表计算有关数据，计算结果见表 8-23，计算过程按式(8-3)的要求，分别计算各年的 $n-t$、α^{n-t}、$\alpha^{n-t} y_t$、$\alpha^{n-t} t y_t$、$\alpha^{n-t} t$、$\alpha^{n-t} t^2$，并加总求和，然后代入式(8-3)中，有

$$\begin{cases} 3536.57 = 4.5705a + 36.717b \\ 31302.71 = 36.7179a + 329.5377b \end{cases}$$

联立求解得 $\begin{cases} a = 101.68 \\ b = 83.66 \end{cases}$ \tag{8-4}

所以预测模型为 $\hat{y} = 101.68 + 83.66t$

(2) 求预测值。当 $t = 12$ 时：

$$\hat{y}_{2014} = 101.68 + 83.66 \times 12 = 1105.6(万元)$$

当 $t = 13$ 时：

$$\hat{y}_{2015} = 101.68 + 83.66 \times 13 = 1189.26(万元)$$

即 2014 年、2015 年该家用电器厂的利润额分别为 1105.6 万元、1189.26 万元。

某家电厂 2003—2013 年年利润及加权拟合直线方程法计算表见表 8-23。

表 8-23 某家用电器厂 2003—2013 年年利润及加权拟合直线方程法计算表

年份	t	利润额 y_t	$n-t$	α^{n-t}	$\alpha^{n-t}y_t$	$\alpha^{n-t}ty_t$	$\alpha^{n-t}t$	$\alpha^{n-t}t^2$	$\hat{y}_t$
2003	1	200	10	0.1074	21.48	21.48	0.1074	0.1074	185.34
2004	2	300	9	0.1342	40.27	80.52	0.2684	0.5368	269.0
2005	3	350	8	0.1678	58.72	176.19	0.5034	1.5102	352.66
2006	4	400	7	0.2097	83.87	335.52	0.8388	3.3552	436.32
2007	5	500	6	0.2621	131.07	655.25	1.3105	6.5525	519.98
2008	6	630	5	0.3227	206.44	1238.71	1.9662	11.7992	603.64
2009	7	700	4	0.4096	286.72	2007.04	2.8672	20.0704	687.30
2010	8	750	3	0.5120	384.00	3072.00	4.0960	32.7680	770.96
2011	9	850	2	0.6400	544.00	4896.00	5.7600	51.8400	854.62
2012	10	950	1	0.8000	260.00	7600.00	8.0000	80.0000	938.28
2013	11	1020	0	1.000	1020.00	11220.00	11.0000	121.000	1021.94
Σ				4.5705	3536.57	31302.71	36.7179	329.537	

比较上例，可以发现，由于时间序列数据的线性趋势比较明显，又由于加权拟合直线方程法的加权系数取值比较大($\alpha = 0.8$)，使得加权与不加权两种拟合直线方程法的预测效果很接近。但就一般而言，由于加权拟合直线方程法按重近轻远的赋权原则，使其预测结果更接近实际观察值。而且随着 α 取值越小，则对近期数据所赋权数就越大，因此近期预测值就越接近实际观察值。但是选择一个比较合的 α 是一个比较麻烦的事，一般要经过若干次试探，使得加权离差平方和 $\alpha^{n-t}(y_t - \hat{y}_t)^2$ 达到最小为好。

3) 对数趋势法

对数趋势法又称指数趋势法。它是指时间序列观察值的长期趋势呈指数曲线变化时，运用观察值的对数与最小平方法原理求得预测模型的方法。对数趋势法用于时间序列数据按指数曲线规律增减变化的场合。其数学模型为

$$y = ab^t$$

对上式两边取对数，有

$$\lg y = \lg a + t \lg b$$

令 $\lg y = y'$，$\lg a = a'$，$\lg b = b'$，有

$$y' = a' + b't$$

运用前面学过的拟合直线方程法，可求得

$$\begin{cases} \lg a = \dfrac{\sum \lg y}{n} \\ \lg b = \dfrac{\sum t \lg y}{\sum t^2} \end{cases} \tag{8-5}$$

【例 8.19】 某公司 2001—2013 年商品销售额见表 8-24，试预测 2007 年的销售额为多少万元？

表 8-24 某公司 2001—2013 年历年销售额资料表

单位：万元

年份	2001	2002	2003	2004	2005	2006	2007	2008	2009	2010	2011	2012	2013
销售额	18	72	90	210	270	390	570	900	1500	2310	4050	4800	5400

解：

(1) 描绘时间序列数据散点图，并观察其变化趋势是否呈指数曲线规律变化(可借助 EXCEL 软件来完成)。

(2) 列表计算求解待定参数所需的数据。本例中 $n=13$，$\dfrac{n+1}{2}=7$，所以 t 的编号为 -6，-5，-4，-3，-2，-1，0，1，2，3，4，5，6。根据拟合直线方程式及其待定参数计算公式，列表计算 $\sum \lg y$、$\sum t \lg y$、$\sum t^2$，并将计算结果填入对数趋势法计算表内，见表 8-25。

表 8-25 某公司 2001—2013 年历年销售额资料及对数趋势法计算表

年份	销售额 y_t	t	t^2	$\lg y_t$	$t \lg y_t$	$\hat{y}_t$
2001	18	-6	36	1.2553	-7.5316	37.31
2002	72	-5	25	1.8573	-9.2867	58.52
2003	90	-4	16	1.9542	-7.8170	91.79
2004	210	-3	9	2.3222	-6.9667	143.98
2005	270	-2	4	2.4314	-4.8627	225.84
2006	390	-1	1	2.5911	-2.5911	354.24
2007	570	0	0	2.7559	0	555.65
2008	900	1	1	2.9542	2.9543	871.57
2009	1500	2	4	3.1761	6.3522	1367.10
2010	2310	3	9	3.3636	10.0908	2144.37
2011	4050	4	16	3.6075	14.4298	3363.57
2012	4800	5	25	3.6812	18.4068	5275.94
2013	5400	6	36	3.7324	22.3944	8275.16
∑	20580	0	182	35.6824	35.5724	

(3) 建立数学模型，计算预测值。

$$\lg a = \frac{\sum \lg y_t}{n} = \frac{35.6824}{13} = 2.7448$$

$$\lg b = \frac{\sum t \cdot \lg y_t}{\sum t^2} = \frac{35.5724}{182} = 0.1955$$

所以，预测模型为
$$\lg \hat{y}_t = 2.7448 + 0.1955x$$
$$\lg \hat{y}_{2014} = 2.7448 + 0.1955 \times 7 = 4.1129$$

查反对数表，有
$$\hat{y}_{2014} = 12980.76(万元)$$

即 2014 年的销售额预测值为 12980.76 万元。

4) 其他曲线法

当时间数列各期水平的逐期增长量按近似相同的百分比变动时，可配合修正指数曲线
$$y_c = k + ab^t$$

当时间数列各期水平的环比增长速度(即对数一次差)按一定的常数百分比变动时，可配合龚伯兹曲线
$$y_c = kab^t$$

当时间数列的倒数一次差按一定的百分比变动时，可配合逻辑思蒂曲线
$$\frac{1}{y_c} = k + ab^t$$

5) 二次曲线方程法

二次曲线方程法是研究时间序列观察值数据随时间变动呈现一种由高到低再升高(或由低到高再降低)的趋势变化的曲线外推预测方法。由于时间序列观察值的散点图呈抛物线形状，故也称为二次抛物线预测模型。

其数学模型为
$$\hat{y}_t = a + bx + cx^2$$

其中：a、b、c 为方程的待定参数。

用最小二乘法确定待定参数：

假设 y_t——第 t 期时间序列观察值；

$\hat{y}_t$——第 t 期的预测值；

e_t——第 t 期的离差；

Q——离差的平方和。

那么
$$e_t = y_t - \hat{y}_t = y_t - a - bx - cx^2$$
$$Q = \sum e_t^2 = \sum (y_t - a - bx - cx^2)^2$$

利用高等数学的求极值原量理，对上式求 $\dfrac{\partial Q}{\partial a}$、$\dfrac{\partial Q}{\partial b}$、$\dfrac{\partial Q}{\partial c}$，并分别令其等于零，则可得：

$$\begin{cases} \sum y_t = na + b\sum x + c\sum x^2 \\ \sum xy_t = a\sum x + b\sum x^2 + c\sum x^3 \\ \sum x^2 y_t = a\sum x^2 + b\sum x^3 + c\sum x^4 \end{cases} \quad (8\text{-}6)$$

由于 x 是表示时间序列观察期，如同拟合直线方程法一样，当时间序列观察期的项数为奇数时，则其中间项 $\left(\dfrac{n+1}{2}\right)$ 为时间原点，那么，$\sum x = 0$，$\sum x^3 = 0$，…，则(式 8-6)可进一步的简化为

$$\begin{cases} \sum y_t = na + c\sum x^2 \\ \sum xy_t = b\sum x^2 \\ \sum x^2 y_t = a\sum x^2 + c\sum x^4 \end{cases} \quad (8\text{-}7)$$

解得

$$\begin{cases} a = \dfrac{\sum x^4 \sum y_t - \sum x^2 \cdot \sum x^2 y_t}{n\sum x^4 - \left(\sum x^2\right)^2} \\ b = \dfrac{\sum xy_t}{\sum x^2} \\ c = \dfrac{n\sum x^2 y_t - \sum x^2 \cdot \sum y_t}{n\sum x^4 - \left(\sum x^2\right)^2} \end{cases} \quad (8\text{-}8)$$

【例 8.20】某公司 2005—2013 年商品销售额如表 8-26 所示，试预测 2014 年的销售额为多少万元？

表 8-26　某公司 2005—2013 年历年销售额资料表

单位：万元

年份(x)	2005	2006	2007	2008	2009	2010	2011	2012	2013
销售额(y_t)	545	641	764	923	1107	1322	1568	1836	2140

解：

(1) 描绘时间序列数据散点图，并观察其变化趋势是否呈二次曲线规律变化(可借助 EXCEL 软件来完成)。

(2) 根据观察值的散点图的变化趋势确定其属于二次曲线变化趋势后，列表计算二次曲线待定参数所需的数据，见表 8-27。

表 8-27　某公司 2005—2013 年历年销售额资料及二次曲线趋势计算表

单位：万元

年份	x	销售量 y_t	x^2	x^4	xy_t	$x^2 y_t$	$\hat{y}_t$	$(y_t - \hat{y}_t)^2$
2005	-4	545	16	256	-2180	8720	543.89	1.23
2006	-3	641	9	81	-1923	5769	640.73	0.07
2007	-2	764	4	16	-1528	3056	766.91	8.47
2008	-1	923	1	1	-923	923	922.43	0.32
2009	0	1107	0	0	0	0	1107.29	0.08
2010	1	1322	1	1	1322	1322	1321.49	0.26
2011	2	1568	4	16	3136	6272	1565.03	8.82
2012	3	1836	9	81	5508	16524	1837.91	3.65
2013	4	2140	16	256	8560	34240	2140.13	0.02
∑	0	10846	25	708	11972	76826		22.92

(3) 计算待定参数，建立数学模型。

利用表 8-27 中的数据，代入式(8-8)中，则有

$$\begin{cases} a = \dfrac{708 \times 10846 - 60 \times 76826}{9 \times 708 - 60^2} = 1107.29 \\ b = \dfrac{11972}{60} = 199.53 \\ c = \dfrac{9 \times 76826 - 60 \times 10846}{9 \times 708 - 60^2} = 14.67 \end{cases}$$

所以，二次曲线预测模型为

$$\hat{y}_t = 1107.29 + 199.53x + 14.67x^2$$

将 $x = 5$ 代入，可得 $\hat{y}_{2014} = 1107.29 + 199.53 \times 5 + 14.67 \times 5^2 = 2471.89$ (万元)

即 2014 年的预测销售额为 2471.89 万元。

8.5 季节变动的测定

8.5.1 季节变动及其测定的目的

在一个时间数列中，除存在长期趋势外，往往还存在季节变动。例如，夏天汗衫、背心、冷饮的销售量就高于其他季节；冬天围巾、取暖器的销售量就比较大；铁路客运量以春节前后为高峰。季节变动会引起设备和劳动力使用不平衡，原料供应不足，运输量不够，这给生产和人们生活带来某些影响。研究季节变动主要的目的有二：一是通过分析了解季节因素的影响作用大小，掌握季节变动的规律；二是通过季节变动分析消除时间数列中的季节波动，使时间数列更明显地反映趋势及其他因素的影响。

8.5.2 季节变动分析的原理与方法

测定季节变动的方法很多，从其是否考虑长期趋势的影响来看，有两种方法：一是不考虑长期趋势的影响，直接根据原始社会的时间数列来计算，常用的方法是按月平均法；另一种是根据剔除长期趋势影响后的数列资料来计算，常用的方法是移动平均趋势剔除法。不管用哪种方法来计算季节变动，都须用 3 年或更多年份的资料(至少 3 年)作为基本数据进行计算分析，这样才能较好地消除偶然因素的影响，使季节变动的规律性更切合实际。

1. 按月平均法

按月平均法也称为按季平均法。若是月资料就是按月平均；若是季资料则是按季平均。其计算的一般步骤如下。

(1) 列表。将各年同月(季)的数值列在同一栏内。
(2) 将各年同月(季)的数值加总，并求出月(季)平均数。
(3) 将所有月(季)数值加总，求出总的月(季)平均数。
(4) 求季节比率(或季节指数)S.I.，其计算公式为

$$\text{S.I.} = \dfrac{\text{各月平均数}}{\text{全期各月平均数}} \times 100\%$$

【例 8.21】 某服装厂近四年西装的销售量资料见表 8-28，不考虑长期趋势，试进行季节变动分析。

表 8-28 某服装厂近四年西装销售量资料表

单位：万件

年份	2010				2011			
季度	1	2	3	4	1	2	3	4
销售量	8	10	19	12	7	11	22	14
年份	2012				2013			
季度	1	2	3	4	1	2	3	4
销售量	11	15	25	20	14	18	29	22

将表 8-28 的资料进行列表，见表 8-29。

表 8-29 某服装厂西装销售量资料季节变动分析表

年\季度	1 季度	2 季度	3 季度	4 季度	合计
2010	8	10	19	12	49
2011	7	11	22	14	54
2012	11	15	25	20	71
2013	14	18	29	22	83
合计	40	54	95	68	257
季平均	10.00	13.50	23.75	17.00	16.06
季节比率	62.30%	84.06%	147.88%	105.85%	400.09%

表 8-29 中的总平均数等于 16.06，是资料全期 16 年季度资料的总平均数，也是各季平均数的简单平均数，即

$$各季的总平均 = \frac{49+54+71+83}{16} = \frac{10.00+13.50+23.75+17.00}{4} \approx 16.06$$

求出季平均行中的各数字之后，用各季的平均数分别除以总平均数(全期各月的平均数)，得出最后一行的季节比率，4 个季度的季节比率之和应等于 400%(如按月的合计应为 1200%)。不等于 400%时要加以调整。调整的方法是用 400%除以比率的合计得出调整系数，再用调整系数分别乘以各季的季节比率才是各季的准确比率。如本例，调整系数为 $\frac{400\%}{400.09\%} \approx 0.9998$，调整第 1 季度的季节比率约为 62.29%(62.30×0.9998)，第 2 季度约为 84.04%(84.06×0.9998)，第 3 季度约为 147.85%(147.88×0.9998)，第 4 季度约为 105.82 (105.82×0.9998)。

运用季节比率进行预测，如 2014 年第 1 季度完成销售量 16 万件，则以季节比率预测 2014 年第 2 季度的销售量为

$$\frac{84.04\%}{62.29\%} \times 16 \approx 21.6 (万件)$$

按月(季)平均法的优点是计算简单，缺点是没有考虑数列中长期趋势的影响。从理论上来说，在计算季节比率所依据的月(季)平均数中，各年同月(季)的数值应起同等重要的作用，不应过分倚重或倚轻。但在上例中明显可见，后一年的数字比前一年的同期数字高，

这样,会造成月(季)平均数中后期各月(季)的数字比前期同月(季)的数字具有更大的作用,从而对平均数的影响较大。所以在有长期趋势变动情况时,使用按月(季)平均法得出的季节比率不够精确。为了弥补这个缺点,可以采用移动平均趋势剔除法来测定季节变动。

2. 移动平均趋势剔除法

这个方法是利用移动平均法来剔除长期趋势影响后,再来测定其季节变动。用移动平均法求长期趋势和用按月(季)平均法求季节比率,前边已经介绍过,这里着重介绍如何剔除长期趋势。

一般来说,对于各因素属于乘积形式的现象,应采用原数列除以长期趋势的方法剔除长期趋势;对于各因素属于和的形式的现象,应采用原数列减去长期趋势的方法剔除长期趋势。现仍以表 8-28 的资料为例来介绍移动平均趋势剔除法。

1) 除法剔除长期趋势求季节比率

举例如下,具体资料见表 8-30。

表 8-30 某服装厂西装销售量资料剔除长期趋势季节变动分析表

年别	季别	销售量 y /万件	四项移动平均	修正移动平均 (趋势值)t	趋势值剔除	
					除法 $\dfrac{y}{t} \times 100\%$	减法 $y-t$
2010	1	8	—	—	—	—
	2	10	—	—	—	—
	3	19	12.25	12.125	156.7	6.875
	4	12	12.00	12.125	99.0	-0.125
2011	1	7	12.25	12.625	55.4	-5.625
	2	11	13.00	13.250	83.0	-2.250
	3	22	13.50	14.000	157.1	8.000
	4	14	14.50	15.000	93.3	-1.000
2012	1	11	15.50	15.875	69.3	-4.875
	2	15	16.25	17.000	88.2	-2.000
	3	25	17.75	18.125	137.9	6.875
	4	20	18.50	18.875	106.0	1.125
2013	1	14	19.25	19.750	70.9	-5.750
	2	18	20.25	20.500	87.8	-2.500
	3	29	20.75	—	—	—
	4	22	—	—	—	—

第一步,利用原动态数列的资料计算以 4 个季度为周期的移动平均数,因是进行偶数项移动平均,这两个数列都放在 4 个季度的中点,依次类推。

第二步,因移动项数 4 为偶数,需要在表中相应的两项进行两项移动平均(又称修正移动平均),求得趋势值。

第三步，用第三栏的观察值 y 除以第5栏的趋势值 t，即为最后一栏消除了长期趋势的季节比率。

第四步，将消除了长期趋势的季节比率重新编排，成为表 8-31 的基本数据。

表 8-31　除法剔除长期趋势后季节比率计算表

年份\季度	1季度	2季度	3季度	4季度	合计
2010	—	—	156.7%	99.0%	
2011	55.4%	83.0%	157.1%	93.3%	
2012	69.3%	88.2%	137.9%	106.0%	
2013	70.9%	87.8%	—	—	
合计	195.6%	259.0%	451.7%	298.3%	-
季节指数	65.2%	86.3%	150.6%	99.4%	401.5%
调整后的季节指数	64.96%	85.98%	150.04%	99.02%	400.00%

第五步，调整季节指数，将求得的平均季节比率相加，各季的季节比率之和应为 400%，各月的季节比率之和应为 1200%，如果大于或小于 400% 或 1200%，应计算校正系数进行校正。

2) 减法剔除趋势值求季节变差

仍以上例来说明计算方法。

第一步，用移动平均法求出长期趋势。

第二步，剔除长期趋势。用原数列减去同一时期的趋势值。如表 8-30 中，2010 年第三季度：19-12.125=6.875；第四季度：12-12.125=-0.125。其余依次类推。

第三步，计算同期平均数。用表 8-30 中的 $y-t$ 得到数据重新编排，成为表 8-32 的基本数据，再计算同季平均数，见表 8-32，第一季度 $\frac{(-5.625)+(-4.875)+(-5.750)}{3} \approx -5.417$。

第四步，分摊余数得季节变差 S.V.。把同期平均数合计数分摊到各时期的同期平均数中去，即

$$S.V.=同期平均数-\frac{\sum 同期平均数}{时期数}$$

见表 8-32，第一季度变差=$(-5.417)+\frac{0.416}{4}=-5.313$

季节变差的意义是，以移动平均的长期趋势为基础，各季度上下波动的标准幅度。

表 8-32　减法剔除长期趋势后季节变差计算表

年份\季度	1季度	2季度	3季度	4季度	合计
2010	—	—	6.875	-0.125	
2011	-5.625	-2.250	8.000	-1.000	
2012	-4.875	-2.000	6.875	1.125	
2013	-5.750	-2.500	—	—	

续表

年份 \ 季度	1季度	2季度	3季度	4季度	合计
合计	-16.250	-6.750	21.75	0	
平均	-5.417	-2.25	7.25	0	-0.4167
校正数	0.1042	0.1042	0.1042	0.1042	
季节变差	-5.3128	-2.1458	7.3542	0.1042	0

8.5.3 循环变动分析

循环变动与季节变动的主要区别在于：循环变动的波动周期在一年以上且长短不一，而季节变动是一年内的有规律的周期波动。分析循环变动的主要目的在于探索循环变动的规律，或从时间数列中剔除循环变动的影响。测定循环变动的方法有多种，如剩余法、直接法和循环平均法等，但最常用的是剩余法。其基本原理是：先从影响时间数列变动的基本因素中，通过分解法逐步消除长期趋势及季节变动，然后再用移动平均法消除不规则变动，余下部分大体上能呈现出循环变动。

由于对长期趋势和季节变动因素所采用取的消除步骤不同，剩余法又可分为三种：

(1) 先消除季节变动，后消除长期趋势变动，用公式表示为

先消除季节变动：
$$\frac{Y}{S} = \frac{T \cdot S \cdot C \cdot I}{S} = T \cdot C \cdot I$$

再消除长期趋势：
$$\frac{T \cdot C \cdot I}{T} = C \cdot I$$

(2) 先消除长期趋势，后消除季节变动，用公式表示为

先消除长期趋势：
$$\frac{Y}{T} = \frac{T \cdot S \cdot C \cdot I}{T} = S \cdot C \cdot I$$

再消除季节变动：
$$\frac{S \cdot C \cdot I}{S} = C \cdot I$$

(3) 同时消除季节变动和长期趋势变动，用公式表示为

消除季节和趋势变动：
$$\frac{Y}{T \cdot S} = \frac{T \cdot S \cdot C \cdot I}{T \cdot S} = C \cdot I$$

3种方法均为乘法模型，计算结果应该相同，但究竟采用哪一种为好，应根据具体情况而定。一般采用第一种方法，因为资料经整理为无季节变动的情况较为常见，而经整理不存在长期趋势的情况较为少见。

【例 8.22】 兹有某食品店 15 年来的月饼销售资料见表 8-33，用剩余法对表中资料的循环变动进行分析测定。

第一步，测定 15 年销售额的长期趋势，用最小平方法配合直线趋势方程为

$$T = 34.17 + 3.17t$$

第二步，根据趋势方程计算各年销售额的趋势值，结果列于表中第 3 列。

第三步，由于年度资料没有季节影响，所以可直接计算剔除长期趋势后的销售额 $C \cdot I$，结果列于表第 4 列。

第四步，计算三年移动平均值，所得结果就在于是循环变动系数，见表第 5 列。

表 8-33 剩余法循环变动测定分析表

年份	销售额 $Y = T \cdot C \cdot I$	长期趋势值 T	$C \cdot I = Y/T$	三年移动平均 C
1999	30.8	37.34	0.825	—
2000	38.8	40.51	0.958	0.919
2001	42.5	43.68	0.973	1.056
2002	58.0	46.85	1.238	1.088
2003	52.6	50.02	1.052	1.076
2004	49.9	53.19	0.938	1.001
2005	57.1	56.36	1.013	0.974
2006	57.8	59.53	0.971	0.963
2007	56.8	62.70	0.906	0.934
2008	61.0	65.87	0.926	0.997
2009	80.0	69.04	1.159	1.087
2010	85.0	72.21	1.177	1.108
2011	74.4	75.38	0.987	1.029
2012	72.6	78.55	0.924	0.945
2013	75.5	81.72	0.924	—

本章小结

时间数列是将说明社会经济现象在各个不同时期或时点上某种数量特征的指标数值，按着时间的先后顺序排列起来而形成的一种统计数列。时间数列分为绝对数时间数列、相对数时间数列和平均数时间数列 3 种。其中，绝对数时间数列是最基本数列，而相对数时间数列和平均数时间数列则是由绝对数时间数列派生而得出的数列。编制时间数列的原则有：时期与时间间隔相等；总体范围一致；计算方法统一。

时间数列分析指标主要有水平指标和速度指标两大类。其中水平指标主要有：发展水平、平均发展水平、增长量、平均增长量；速度指标主要有：发展速度、平均发展速度、增长速度、平均增长速度。1%的增长量是将水平指标与速度指标相联系的一个指标。

数列在较长时期内发展的方向与态势就是长期趋势。测定长期趋势的主要方法有间隔扩大法、移动平均法、最小平方法等。

按月或按季编制的时间数列中，往往存在着一种周而复始的周期性变动，这就是季节性变动。测定季节变动的方法有两类：一类是不考虑长期趋势，即假定不存在长期趋势；另一类是考虑长期趋势的存在。循环变动是周期在一年以上，且长短不定的一种变动，多用剩余法来分析循环变动的趋势。

习 题

一、单项选择题

1. 根据时期数列计算序时平均数应采用(　　)。

    A．平均法 　　　　　　　　　　B．算术平均法

C. 简单算术平均法　　　　　　D. 首末折半法
2. 下面(　)属于时间数列。
   A. 学生按成绩分组形成的数列　　B. 人口按性别分组形成的数列
   C. 家禽按重量分组形成的数列　　D. 产量按时间先后形成的数列
3. 把最近10年来每年的居民储蓄存款额按时间先后排列形成的时间数列称为(　)。
   A. 变量数列　　B. 时期数列　　C. 时点数列　　D. 平均数数列
4. 某企业2014年1月初职工人数为190人，2月初职工人数为215人，3月初职工人数为220人，4月初职工人数为230人，则第一季度的平均职工人数为(　)。
   A. 209人　　B. 208人　　C. 214人　　D. 215人
5. 在时间数列中，累计增长量等于与之对应的各个逐期增长量之(　)。
   A. 和　　　B. 差　　　C. 积　　　D. 商
6. 平均发展速度是(　)。
   A. 定基发展速度的算术平均数
   B. 环比发展速度的算术平均数
   C. 环比发展速度的几何平均数
   D. 增减速度加上100%
7. 根据间隔不相等的间断时点数列计算平均发展水平的方法是(　)。
   A. 简单算术平均法　　　　　　B. 加权序时平均法
   C. 加权算术平均法　　　　　　D. 首末折半法
8. 已知环比增长速度分别为20%、15%、12%和8%，则定基增长速度为(　)。
   A. 20%×15%×12%×8%
   B. 120%×115%×112%×108%
   C. (20%×15%×12%×8%)−100%
   D. (120%×115%×112%×108%)−100%
9. 某产品产量2014年比2009年增长了35%，那么该产品产量的平均发展速度是(　)。
   A. 35%的5次方根
   B. 135%的5次方根
   C. 35%的6次方根
   D. 135%的6次方根
10. 某企业生产某种产品，其产量年年增加5万吨，则该产品产量的环比发展速度(　)。
    A. 年年下降　　B. 年年增长　　C. 保持不变　　D. 无法做出结论
11. 有某公司2010—2014年商品销售额资料，以该时间数列中间项为原点，配合直线趋势方程 $y=610+73t$，利用该直线趋势方程预测2016年商品销售额为(　)。
    A. 683　　　B. 756　　　C. 829　　　D. 902
12. 已知中国海关出口商品总额1999年比上年增长6.11%、2000年比上年增长27.84%、2001年比上年增长6.8%、2002年比上年增长22.33%，则中国海关出口商品总额2002年比1998年增长了(　)。
    A. 6.11%×27.84%×6.8%×22.33%
    B. 6.11%+27.84%+6.8%+22.33%
    C. 106.11%×127.84%×106.8%×122.33%
    D. (106.11%×127.84%×106.8%×122.33%)−100%

13. 影响时间数列的因素不包括( )。
    A. 长期趋势　　　　　　　　　　B. 季节变动与循环变动
    C. 确定性变动　　　　　　　　　D. 不规则变动
14. 若某公司2014年第二季度商品库存量为：3月末66件、4月末72件、5月末64件、6月末68件。则该公司第二季度商品月平均库存量为( )。
    A. (66+72+64+68)÷4　　　　　　B. (72+64+68)÷3
    C. (66÷2+72+64+68÷2)÷3　　　D. (66/2+72+64+68/2)÷4
15. 计算平均发展速度时，如果是侧重于所研究现象最末期的水平，则应采用( )。
    A. 算术平均法　　　　　　　　　B. 调和平均法
    C. 几何平均法　　　　　　　　　D. 方程式法
16. 时期数列与时点数列的特点之一是( )。
    A. 时期数列与时点数列都具有可累加性
    B. 时期数列与时点数列都不具有可累加性
    C. 时期数列具有可累加性，时点数列不具有可累加性
    D. 时期数列不具有可累加性，时点数列具有可累加性
17. 季节比率说明的是( )。
    A. 各季节趋势的影响　　　　　　B. 各季节的不规则差异
    C. 各季节绝对水平的差异　　　　D. 各季节相对差异
18. 以1981年为基期，2014年为报告期，计算某现象的平均发展速度应开( )次方。
    A. 33　　　B. 32　　　C. 31　　　D. 30
19. 增长1%的绝对值是( )。
    A. 水平指标　　　　　　　　　　B. 速度指标
    C. 水平与速度相结合的指标　　　D. 以上均不正确

二、多项选择题

1. 下面( )是时期数列。
    A. 我国历年来的新增人口数　　　B. 我国2014年年末的人口数
    C. 我国历年图书出版量　　　　　D. 我国历年的大学毕业生人数
    E. 我国近年的贸易进出口总额
2. 增长速度的计算方法有( )。
    A. 报告期发展水平与基期发展水平之比
    B. 增长量与基期水平之比
    C. 增长量与报告期水平之比
    D. 平均增长量与基期水平之比
    E. 发展速度−1
3. 用几何平均法计算平均发展速度时，被开方的指标是( )。
    A. 环比发展速度的连乘积
    B. 环比增长速度的连乘积
    C. 发展总速度

D. 最末发展水平与最初发展水平之比
E. 发展水平之和

4. 一般而言，影响时间数列的因素有（　　）。
   A. 长期趋势　　　　　　　　B. 季节变动
   C. 循环变动　　　　　　　　D. 确定性变动
   E. 不规则变动

5. 关于序时平均数的计算下列描述正确的是（　　）。
   A. 时点数列都采用序时平均法计算
   B. 时期数列应采用算术平均法计算
   C. 逐日登记的时点数列也应采用算术平均法计算
   D. 间隔相等的时点数列可采用首末折半法计算
   E. 间隔不相等的时点数列采用加权序时平均法计算

6. 时间数列的水平分析指标有（　　）。
   A. 发展速度　　　　　　　　B. 发展水平
   C. 平均发展水平　　　　　　D. 增长速度
   E. 平均增长量

7. 计算平均发展速度的方法有（　　）。
   A. 算术平均法　　　　　　　B. 几何平均法
   C. 方程式法　　　　　　　　D. 调和平均法
   E. 加权平均法

8. 增长1%的绝对量（　　）。
   A. 等于前期水平除以100
   B. 等于逐期增减量除以环比增减速度
   C. 等于逐期增减量除以环比发展速度
   D. 表示增加一个百分点所增加的绝对量
   E. 表示增加一个百分点所增加的相对量

三、判断题

1. 时间数列中的各项指标数值都可以直接相加。　　　　　　　　　　　　（　　）
2. 依据间断时点数列计算序时平均数，一般假设相邻时点之间现象是均匀的。因此，以此种假设为前提计算出的只是一个近似值。　　　　　　　　　　　　　　　　　　（　　）
3. 由于定基发展速度等于相应各环比发展速度的连乘积，所以定基增长速度也等于相应各环比增长速度的连乘积。　　　　　　　　　　　　　　　　　　　　　　　　（　　）
4. 某企业产量10年内翻了两番，则表示该企业产量10年内增加了4倍。　　（　　）
5. 某企业2014年产值比2005年增长了4倍，比2010年增长了50%，则2010年产值比2005年增长了50%。　　　　　　　　　　　　　　　　　　　　　　　　　　（　　）
6. 采用几何平均法计算平均发展速度时，只要时间数列的最初和最末水平确定，中间水平的变化不会影响计算结果。　　　　　　　　　　　　　　　　　　　　　　（　　）

7. 用最小平方方法配合长期趋势方程时,只能配合直线,不能配合曲线。 ( )
8. 定基发展速度也叫"总速度",它等于各期环比发展速度的算术总和。 ( )
9. 季节比率一定是按季度计算的。 ( )
10. 若逐期增减量每年相等,则其各年的环比发展速度是年年下降的。 ( )

四、简答题

1. 何谓时间数列,它包括哪些构成要素?
2. 比较时期数列与时点数列的不同。
3. 为什么计算平均发展速度不用算术平均而用几何平均?
4. 时间数列的编制原则有哪些?

五、计算题

1. 某地区 2009 年年底人口数为 2000 万人,假定以后每年以 9‰的增长率增长;又假定该地区 2009 年粮食产量为 6 亿千克,要求到 2014 年平均每人粮食达到 400 千克。试计算 2014 年粮食产量应该达到多少?粮食产量每年平均增长速度如何?

2. 某企业 2008—2013 年某产品产量资料见下表。

年　份	2008	2009	2010	2011	2012	2013
产量/万件	500					
逐期增长量/万件		50				
累计增长量/万件			104			
环比发展速度/%				110		105
定基增长速度/%						
增长 1%的绝对值/万件						7

要求:

(1) 将表中空格数据填齐。

(2) 计算 2008—2013 年该企业的年平均产量、年平均增长量和年平均发展速度、年平均增长速度。

(3) 如果按(2)所求的平均速度增长,试问 2017 年的产量将是多少?

(4) 试列出用方程法求 2008—2013 年平均发展速度的计算式。

(5) 假定各年产量变化符合线性变化,试估计 2014 年的产量。

3. 试把下列表格补充完整再计算。

年份	产值/万元	与上一年水平比较			
		增长量/万元	发展速度/%	增长速度/%	增长 1%绝对量
2009	120	—	—	—	—
2010		8			

续表

年份	产值/万元	与上一年水平比较			
		增长量/万元	发展速度/%	增长速度/%	增长1%绝对量
2011			108		
2012					
2013				6	1.46

(1) 把上述表格填完整。
(2) 计算各年的平均发展水平、平均增长量。
(3) 计算各年的平均发展速度、平均增长速度。
(4) 试用最小平方法拟合直线方程，并预测 2014 年的产值。

4. 某地区 2009—2013 年历年年初人口数资料见下表。

年　　份	2009	2010	2011	2012	2013
年初人口数/万人	25	25.3	25.59	25.9	26.3

要求：

(1) 用最小平方法拟合直线趋势方程。
(2) 根据直线趋势方程预测 2016 年年初人口数。

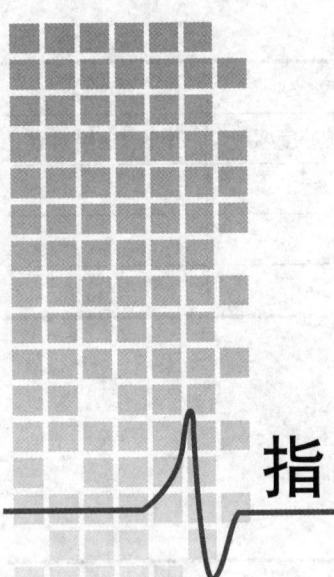

第 9 章

指 数

学习目标

知识目标	技能目标
1. 了解统计指数的含义、作用和分类 2. 了解综合指数和平均数指数的编制方法 3. 了解指数体系的概念、作用及构建原则 4. 了解总量指标因素分析方法 5. 了解平均指标因素分析方法	1. 掌握数量指标指数和质量指标指数的编制应用 2. 掌握指数体系中各指数之间的数量关系，学会构建指数体系 3. 能运用指数体系开展因素分析

知识结构

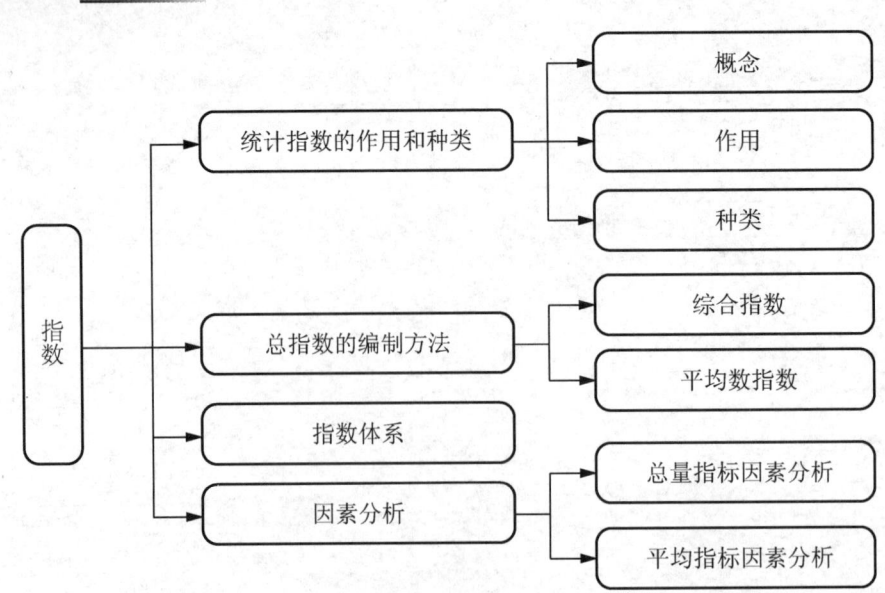

第9章 指 数

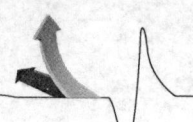

导入案例

2014年3月份居民消费价格变动情况

2014年3月份，全国居民消费价格总水平(图9.1)同比上涨2.4%。其中，城市上涨2.5%，农村上涨2.1%；食品价格上涨4.1%，非食品价格上涨1.5%；消费品价格上涨2.2%，服务价格上涨2.8%。1～3月平均全国居民消费价格总水平比去年同期上涨2.3%。

3月份，全国居民消费价格总水平环比下降0.5%。其中，城市下降0.5%，农村下降0.6%；食品价格下降1.6%，非食品价格上涨0.1%；消费品价格下降0.6%，服务价格下降0.1%。

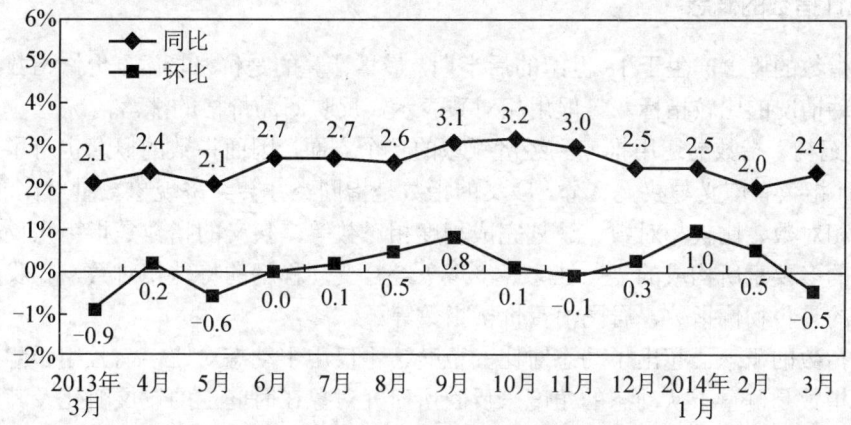

图9.1 3月份全国居民消费价格涨跌幅

3月份，食品价格同比上涨4.1%，影响居民消费价格总水平同比上涨约1.35个百分点。其中，鲜菜价格上涨12.9%，影响居民消费价格总水平上涨约0.41个百分点；鲜果价格上涨17.3%，影响居民消费价格总水平上涨约0.37个百分点；水产品价格上涨7.7%，影响居民消费价格总水平上涨约0.20个百分点；粮食价格上涨2.7%，影响居民消费价格总水平上涨约0.08个百分点；肉禽及其制品价格下降1.8%，影响居民消费价格总水平下降约0.14个百分点(猪肉价格下降6.7%，影响居民消费价格总水平下降约0.21个百分点)。

烟酒及用品价格同比下降0.7%。其中，酒类价格下降1.8%，烟草价格上涨0.2%。

衣着价格同比上涨2.3%。其中，服装价格上涨2.6%，鞋类价格上涨1.6%。

家庭设备用品及维修服务价格同比上涨1.2%。其中，家庭服务及加工维修服务价格上涨6.9%，耐用消费品价格上涨0.4%。

医疗保健和个人用品价格同比上涨1.2%。其中，中药材及中成药价格上涨4.1%，医疗保健服务价格上涨1.1%，西药价格上涨0.5%，医疗器具及用品价格上涨0.5%。

交通和通信价格同比下降0.4%。其中，通信工具价格下降5.4%，车用燃料及零配件价格下降1.2%，交通工具价格下降1.0%，车辆使用及维修价格上涨2.6%。

娱乐教育文化用品及服务价格同比上涨2.1%。其中，旅游价格上涨8.3%，教育服务价格上涨2.3%，文娱费价格上涨1.3%。

居住价格同比上涨2.5%。其中，住房租金价格上涨4.1%，建房及装修材料价格上涨1.4%，水、电、燃料价格上涨1.0%。

据测算，在 3 月份 2.4%的居民消费价格总水平同比涨幅中，去年价格上涨的翘尾因素约为 1.3 个百分点，新涨价因素约为 1.1 个百分点。

资料来源：国家统计局，《2014 年 3 月居民消费价格变动情况》。

统计指数是一种非常重要的统计分析方法，它在社会经济活动中的应用很广泛，既可以用于静态分析，又可以用于动态分析。本章所谈及的指数是侧重于从动态上来分析复杂社会经济现象总体的综合变动程度。

9.1 统计指数的作用和种类

9.1.1 统计指数的概念

统计指数的概念产生于 18 世纪的后半期，最早计算的是价格指数。价格指数是说明商品价格变动情况的比较指标，一般用相对数表示，反映商品价格的涨落情况。

20 世纪初，指数的运用推广到经济领域的各个方面，因而指数的概念也有了进一步的扩展。统计指数有广义与狭义之分。广义的指数是指同类社会经济现象数量对比的相对数，包括动态相对数、比较相对数、计划完成程度相对数等。狭义的指数是指用来反映由不能直接加总的多要素所构成的复杂社会经济现象综合变动程度的特殊相对数，如我国国家统计局编制的零售物价指数、居民消费价格指数等。

统计指数的概念已超出了动态对比的范畴，不仅用于动态对比，而且用于静态对比。统计中的指数是侧重于从动态的角度来反映所研究对象在时间上的发展变化及其程度的相对数。

9.1.2 统计指数的作用

统计指数被广泛用于分析研究社会经济现象的数量关系，其主要作用如下。

1. 利用统计指数可以综合反映复杂社会经济现象变动的方向和程度

复杂社会经济现象往往是由不能直接相加的许多个别事物构成的，统计指数的主要作用就在于对这些复杂总体能够进行科学综合，并能反映其总的变动方向和变动程度。指数的计算结果一般是用百分比来表示的。这个百分比大于或小于 100%，表示升降变动的方向，比 100%大多少或小多少，就是升降变动的程度。例如，某市商品零售价格总指数为 110%，说明报告期与基期相比，各种商品的零售价格可能有升有降，但总的来说是上升的，上升的幅度为 10%。此外，在总指数的计算中，由于指数的子项与母项是两个总量指标，所以还可以通过子项与母项的差额来分析由于指数变动后所产生的实际效果。

2. 利用统计指数可以分析受多种因素影响的复杂现象的总变动中，各因素的影响方向和影响程度

社会经济现象的数量变动往往是许多因素共同作用的结果。例如，商品销售额的变动要受商品销售量和商品销售价格两个因素的影响；企业生产多种产品的某种主要材料支出总额的变动要受产品产量、单位产品原材料消耗量和单位材料的购进价格 3 个因素的影响。

统计指数是利用各因素之间的联系编制成指数体系,再运用指数体系中各指数之间的数量关系来分析现象总变动中各个因素的变动对其所产生的影响。例如,为了研究商品销售额的变动,就必须计算商品销售量变动的总指数以及商品销售价格变动的总指数。

3. 利用统计指数可以测定平均指标变动中各组标志值水平和总体构成变动的程度

在分组条件下,平均指标的变动,除了取决于各组标志值水平的变动外,还受总体结构变动的影响。例如,企业职工平均工资的变动,不仅取决于各类职工工资水平的变动,而且还取决于各类职工人数占职工总人数比重的变动。运用统计指数可以分析这两个因素变动对全部职工平均工资的影响方向和程度。

4. 利用统计指数可以研究事物在长时间内的变动趋势

运用编制的动态指数所形成的连续指数数列,可以对所研究的社会经济现象总体在长时间内的发展变化趋势进行分析。同时,还可以把反映不同现象而又有联系的指数数列加以比较分析。例如,将工业品零售价格指数数列与农产品收购价格指数数列作对比,可获得工农业产品的综合比价指数数列,从而分析工农业产品交换过程中的价格变化趋势。

9.1.3 统计指数的种类

为了研究的需要,统计指数可以按照不同的标准进行分类,常用的分类有以下几种。

1. 个体指数与总指数

统计指数按其所反映的对象范围不同,可分为个体指数和总指数。

个体指数是反映某一个别现象或单一现象数量变动的相对数,属于广义指数。例如,说明一种工业产品产量变动的个体产量指数,说明一种商品价格变动的个体价格指数等。个体指数是报告期水平与基期水平的比值。常用的个体指数有以下几种。

个体物量指数 $k_q = \dfrac{q_1}{q_0}$,q_0 与 q_1 分别代表基期与报告期的物量

个体价格指数 $k_p = \dfrac{p_1}{p_0}$,p_0 与 p_1 分别代表基期与报告期的价格

个体成本指数 $k_z = \dfrac{z_1}{z_0}$,z_0 与 z_1 分别代表基期与报告期的成本

总指数是反映由不能直接相加的许多个别事物构成的现象总体变动的相对数,属于狭义指数。例如,说明多种产品产量总变动的产量指数,说明多种商品零售价格总变动的零售价格指数等。总指数根据编制形式不同,可以分为综合指数和平均数指数。

指数分析法常常与统计分组法结合运用,即对总体进行分类(分组),并按类(组)编制指数,这样在总指数与个体指数之间又产生了一个类(组)指数。例如,全部商品价格总指数与每种商品价格个体指数之间,还可以编制食品类、服装类、烟酒类、日用品类等类指数。类指数实质上也是总指数,因为它也是反映不能直接相加的复杂现象总体综合变动情况的相对数。

2. 数量指标指数与质量指标指数

统计指数按其所说明社会经济现象的性质不同,可分为数量指标指数与质量指标指数。

数量指标指数是反映现象总体的规模、水平等数量指标发展变动情况的相对数，比如销售量指数、职工人数指数等。

质量指标指数是反映管理水平、工作质量等质量指标发展变化情况的相对数，比如成本指数、价格指数、劳动生产率指数等。

3. 定基指数与环比指数

统计指数按其在指数数列中所采用的基期不同，可分为定基指数和环比指数。

指数数列是指将不同时期的某种指数按时间先后顺序加以排列而形成的数列，它是一种相对数动态数列。定基指数是指在指数数列中各个指数都以某一固定时期为对比基期而编制的指数；环比指数是指在指数数列中各个指数都以其前一期为对比基期而编制的指数。可见，定基指数的基期不依分析时期的变化而变化，可用来反映现象在一个较长时期的变动情况；而环比指数的基期随报告期的变化而变化，可用来反映被研究现象逐期变动的情况。

4. 动态指数与静态指数

统计指数按其对比的两个数值是否为同一时间，可分为动态指数与静态指数。

动态指数是指研究对象在两个不同时间的数值对比而形成的指数。指数本来的含义就是动态指数，而动态指数是指数分析法的基础。

静态指数是动态指数的推广，它是指研究对象在同一时间条件下两个不同数值相比较而形成的指数。这两个数值可以是两个不同空间同类现象的数值，如比较相对指标，也可以是同一时间、同一空间的实际指标与计划指标，如计划完成情况指数。

5. 现象总体指数与影响因素指数

统计指数按其在指数体系中所处的位置与作用不同，可分为现象总体指数与影响因素指数。

现象总体指数是指包括两个或两个以上因素同时变动的相对数，如销售额指数，既有销售量的变动，又有价格的变动。

影响因素指数是指只有一个因素变动，并从属于某一现象总体指数的相对数，如销售量指数，只有销售量一个因素变动，并从属于销售额指数；又如价格指数，只有价格一个因素变动，并从属于销售额指数。

现象总体指数与影响因素指数的关系不能随意形成，而是由现象的客观联系决定的。如"销售额=销售量×价格"，由此形成了"销售额指数=销售量指数×价格指数"的关系。

9.2 综合指数

总指数有两种表现形式：一是综合指数；二是平均数指数。综合指数是直接以被研究现象总体中的两个总量指标为基础编制的总指数，它是总指数的基本形式；平均数指数是以被研究现象总体中的个体指数为基础，对若干个体指数进行加权平均而编制的总指数，它是综合指数的变形，但又具有相对独立的意义。

9.2.1 综合指数的概念

综合指数是将不能同度量的个别现象的量,通过另一因素作媒介,使其过渡为可同度量的量,然后再将过渡后的报告期数值与基期数值进行对比,以此来综合说明复杂现象总体的变动方向和变动程度。

例如,要研究全国工业产品产量的变动,首先遇到的一个问题是各种不同类的产品产量不能直接相加,如一吨钢材和一万双皮鞋是不能直接相加的。这在统计上就是不能同度量。这些产品为什么不能同度量呢?这是因为不同种类产品的使用价值不同,计量单位不同。马克思指出:"作为使用价值,商品首先有质的差别。"因此,不同质的使用价值,是不能同度量的。但是,在商品货币存在的条件下,各种商品有一个共同点,即它们都是人类一般劳动的凝结物,这就是商品的价值量。作为商品的价值量,都是同质的。由此,可以找到一条把不可同度量的现象过渡到可以同度量的途径。这就是把具有不同使用价值的各种产品,由使用价值形态变为价值形态。例如,可以将不同使用价值的产品数量乘以其价格,即

产品产量×产品价格=总产值

商品销售量×商品价格=商品销售额

这样,具有不同使用价值的产品产量和商品销售量,通过价格这个因素过渡到可以同度量的价值量。

9.2.2 综合指数的编制方法

综合指数按其所说明社会经济现象的性质不同,可分为数量指标指数与质量指标指数。这两种综合指数编制的基本原理相同,但在编制方法上略有差异。

1. 数量指标综合指数的编制方法

数量指标综合指数是用来反映研究对象的数量和总体规模变动情况的指数,如产品产量指数、商品销售量指数等。

【例 9.1】现以表 9-1 中的商品销售量资料为例,说明数量指标指数的编制原则和方法。

表 9-1 某商业企业的商品销售量与商品价格资料

商品名称	计量单位	销售量		价格/元	
		基期 q_0	报告期 q_1	基期 p_0	报告期 p_1
甲	台	100	115	100	120
乙	吨	200	220	50	50
丙	件	300	280	20	15
合计	—	—	—	—	—

根据表 9-2 中的资料,可以计算出 3 种商品的销售量个体指数。

甲商品:$k_q = \dfrac{q_1}{q_0} = \dfrac{115}{100} = 115.00\%$

乙商品：$k_q = \dfrac{q_1}{q_0} = \dfrac{220}{200} = 110.00\%$

丙商品：$k_q = \dfrac{q_1}{q_0} = \dfrac{280}{300} \approx 93.33\%$

从计算结果来看，甲、乙两种商品的报告期销售量与基期销售量相比都增长了，而丙商品的报告期销售量比基期降低了 6.67%。那么 3 种商品销售量的综合变动情况是多少呢？为此要计算销售量综合指数。其编制原则与过程如下。

(1) 加入同度量因素，使不能直接相加的个别现象的量转化为可以相加的量。

编制销售量指数，要求把各种商品报告期与基期的销售量分别加总，然后将两个时期的销售总量进行对比。但是，由于各种商品的使用价值不同，计量单位不同，所以其销售量不能直接相加，也就无法将两个不同时期的销售总量进行对比。因此，需要加入价格这个同度量因素，将各种商品的销售量乘以其单位价格，得出每一种商品的销售额，即

$$商品销售量 \times 价格 = 商品销售额$$

在这里，商品销售量是被研究对象，即要说明变动方向和变动程度所指的事物，统计中称为指数化因素；价格将不能同度量的销售量转化为可以同度量的销售额，是起媒介作用的事物，统计中称为同度量因素。这一因素不仅起到媒介作用，而且还有权数的作用。

通过价格这个同度量因素，将两个不同时期各种商品的销售量转化为销售额后，再进行加总对比，即得销售额总指数的计算公式为

$$\bar{K}_{qp} = \dfrac{\sum q_1 p_1}{\sum q_0 p_0} \tag{9-1}$$

式中：$\bar{K}_{qp}$ ——销售额总指数；

q_1 ——各种商品报告期的销售量；

q_0 ——各种商品基期的销售量；

p_1 ——各种商品报告期的价格；

p_0 ——各种商品基期的价格。

由表 9-1 中的资料可整理出商品销售额总指数的计算表(表 9-2)。

表 9-2 综合指数计算表

商品名称	计量单位	销售量		价格/元		销售额/元			
		基期 q_0	报告期 q_1	基期 p_0	报告期 p_1	基期 $p_0 q_0$	报告期 $p_1 q_1$	$p_1 q_0$	$p_0 q_1$
甲	台	100	115	100	120	10000	13800	12000	11500
乙	吨	200	220	50	50	10000	11000	10000	11000
丙	件	300	280	20	15	6000	4200	4500	5600
合计	—	—	—	—	—	26000	29000	26500	28100

则

$$\bar{K}_{qp} = \dfrac{\sum q_1 p_1}{\sum q_0 p_0} = \dfrac{29000}{26000} \approx 111.54\%$$

$$\sum q_1 p_1 - \sum q_0 p_0 = 29000 - 26000 = 3000 (元)$$

计算结果表明，3 种商品销售额总指数为 111.54%，报告期的销售总额比基期增长了 11.54%，增加的绝对额为 3000 元。

通过商品价格这个同度量因素，解决了 3 种商品销售量不能同度量的问题，但是，这里计算的是销售额总指数，而销售额的总变动是受商品销售量与商品价格两个因素共同影响的。因此，要想单纯反映销售量综合变动情况的总指数，就必须从销售额的变动中排除同度量因素(价格)变动的影响。

(2) 固定同度量因素，排除同度量因素变动的影响。

要想从两个时期的销售额对比中单纯地反映出多种商品销售量总的变动情况，就必须假定价格因素没有变动，即报告期与基期所用的价格要相同，或者用基期价格，或者用报告期价格，或者用某一时期的不变价格。由此可形成 3 个计算公式。

以基期价格作为同度量因素，其销售量总指数的公式为

$$\bar{K}_q = \frac{\sum q_1 p_0}{\sum q_0 p_0} \tag{9-2}$$

以基期价格作为同度量因素的数量指标综合指数计算公式是 1864 年德国学者拉斯佩尔首次提出的，因此被称为拉氏公式。

运用这一公式，以表 9-2 中资料计算的 3 种商品销售量总指数为

$$\bar{K}_q = \frac{\sum q_1 p_0}{\sum q_0 p_0} = \frac{28100}{26000} \approx 108.08\%$$

计算结果表明，3 种商品的销售量综合指数为 108.08%，报告期的销售量比基期增长了 8.08%；由于 3 种商品的报告期销售量比基期增长了 8.08%，在价格不变的条件下，使得销售额增加的绝对量为

$$\sum q_1 p_0 - \sum q_0 p_0 = 28100 - 26000 = 2100 (元)$$

以报告期价格作为同度量因素，其销售量总指数的公式为

$$\bar{K}_q = \frac{\sum q_1 p_1}{\sum q_0 p_1} \tag{9-3}$$

以报告期价格作为同度量因素的数量指标综合指数计算公式是 1874 年德国学者派许首次提出的，因此被称为派氏公式。

运用这一公式，以表 9-2 中资料计算的 3 种商品销售量总指数为

$$\bar{K}_q = \frac{\sum q_1 p_1}{\sum q_0 p_1} = \frac{29000}{26500} \approx 109.43\%$$

计算结果表明，3 种商品的销售量综合指数为 109.43%，报告期的销售量比基期增长了 9.43%；由于 3 种商品的报告期销售量比基期增长了 9.43%，在价格不变的条件下，使得销售额增加的绝对量为

$$\sum q_1 p_1 - \sum q_0 p_1 = 29000 - 26500 = 2500 (元)$$

以某一不变价格作为同度量因素，其销售量总指数的公式为

$$\bar{K}_q = \frac{\sum q_1 p_n}{\sum q_0 p_n} \tag{9-4}$$

以不变价格作为同度量因素的数量指标综合指数计算公式是 1818 年由扬格提出的，因

而也称为扬格公式。

从以上计算可以看出,采用不同时期的同度量因素,计算出来的商品销售量综合指数是不一样的结果。那么,数量指标指数的同度量因素究竟固定在什么时期为宜呢?这是编制销售量综合指数时必须解决的又一个重要问题。

(3) 确定同度量因素的所属时期。

究竟采用哪一个公式,应根据实际情况和研究目的而定。编制销售量总指数的目的在于综合反映多种商品的销售量变动情况,即从总体来说是增加了还是减少了,增加或减少的幅度有多大,以及由此带来的经济效果如何。

用式(9-2)计算的 3 种商品销售量指数,是报告期商品销售量按基期价格计算的假定销售额与基期实际销售额的对比。即假定价格不变,报告期销售总额的计算不受价格变动的影响,因而对比的结果纯粹反映了销售量的变动方向和程度。可见,用基期价格作同度量因素计算销售量总指数,符合统计研究的目的。

用式(9-3)计算的 3 种商品销售量指数,是报告期实际销售总额与基期销售量按报告期价格计算的假定销售总额的对比。观察这个指数可以发现,报告期价格 p_1 是由基期价格 p_0 变化而来的,用 p_1 作同度量因素,就会把价格变化的影响带入到销售量指数中去,显然是不合理的。

综上所述,编制数量指标综合指数时,应将作为同度量因素的质量指标固定在基期,即采用式(9-2)。

2. 质量指标综合指数的编制方法

质量指标综合指数是说明总体内部数量变动的指数,如商品价格指数、产品成本指数、劳动生产率指数等。

【例 9.2】现仍以表 9-1 中的商品价格资料为例,说明质量指标指数的编制原则与方法。根据表 9-1 的资料,可以计算出 3 种商品价格的个体指数。

甲商品: $k_p = \dfrac{p_1}{p_0} = \dfrac{120}{100} = 120.00\%$

乙商品: $k_p = \dfrac{p_1}{p_0} = \dfrac{50}{50} = 100.00\%$

丙商品: $k_p = \dfrac{p_1}{p_0} = \dfrac{15}{20} = 75.00\%$

从计算结果来看,甲商品的报告期价格比基期提高了 20%,乙商品的报告期价格与基期持平,而丙商品的报告期价格比基期降低了 25%。那么 3 种商品价格的综合变动情况是多少呢?为此要计算价格综合指数。其编制原则与过程如下。

(1) 加入同度量因素,使不能直接相加的个别现象的量转化为可以相加的量。

在不同情况下,同度量因素是不同的。例如,要研究各种商品价格的变动,同样也会碰到各种商品的价格不能直接相加的情况。从表面来看,商品的价格都是以货币表现的,似乎可以相加。其实不然,首先,各种不同商品的价格代表着不同质的商品价值,简单相加是没有意义的;其次,各种商品的销售量是不同的,如果不考虑各种商品销售量的大小,不加区别地直接将它们在报告期和基期的价格分别相加并进行对比,那么,价格变动幅度大的商品，即使销售量很小，其价格变动对价格总变动的影响仍很大，这显然是不合理的；再次，各种商品的价格都是单位价格，而商品数量的计量单位是可大可小的(如重量的单位可以是吨、千克、克等)，那么，其单位价格也会随着扩大或缩小，随着计量单位的改动，将各种商品的单位价格相加计算的总指数，会得出不同的结果，这显然是不科学的。为了将不能直接同度量的商品价格过渡到可以同度量，则可用商品的价格乘其销售量，得出商品的销售额，即

$$商品价格 \times 商品销售量 = 商品销售额$$

同理，将单位产品成本乘以其产量，得出产品的总成本，即

$$单位产品成本 \times 产量 = 总成本$$

在这里，价格是指数化因素，即要说明变动方向和变动程度所指的事物；商品销售量是同度量因素，它将不能同度量的价格转化为可以同度量的销售额，起着媒介作用。

(2) 固定同度量因素，排除同度量因素变动的影响。

和编制销售量指数一样，在编制价格总指数时，要想从两个时期的销售额对比中单纯地反映出多种商品价格总的变动情况，就必须假定销售量因素没有变动，即报告期与基期所采用的销售量要相同，或者用基期销售量、报告期销售量或某一时期的特定销售量。由此可形成3个计算公式。

以基期销售量 q_0 作为同度量因素，其价格总指数的公式为

$$\bar{K}_p = \frac{\sum q_0 p_1}{\sum q_0 p_0} \tag{9-5}$$

以基期销售量作为同度量因素的质量指标综合指数计算公式也称为拉氏公式。

运用这一公式，根据表 9-2 中资料计算的 3 种商品价格总指数为

$$\bar{K}_p = \frac{\sum q_0 p_1}{\sum q_0 p_0} = \frac{26500}{26000} \approx 101.92\%$$

计算结果表明，3 种商品的价格综合指数为 101.92%，报告期的价格比基期增长了 1.92%；由于 3 种商品的报告期价格比基期增长了 1.92%，在销售量不变的条件下，使得销售额增加的绝对量为

$$\sum q_0 p_1 - \sum q_0 p_0 = 26500 - 26000 = 500(元)$$

以报告期销售量 q_1 作为同度量因素，其价格总指数的计算公式为

$$\bar{K}_p = \frac{\sum q_1 p_1}{\sum q_1 p_0} \tag{9-6}$$

以报告期销售量作为同度量因素的质量指标综合指数计算公式也称为派氏公式。

运用这一公式，根据表 9-2 中资料计算的 3 种商品价格总指数为

$$\bar{K}_p = \frac{\sum q_1 p_1}{\sum q_1 p_0} = \frac{29000}{28100} \approx 103.20\%$$

计算结果表明，3 种商品的价格综合指数为 103.20%，报告期的价格比基期增长了 3.20%；由于 3 种商品的报告期价格比基期增长了 3.20%，在销售量不变的条件下，使得销售额增加的绝对量为

$$\sum q_1 p_1 - \sum q_0 p_1 = 29000 - 28100 = 900(元)$$

以某一特定销售量作为同度量因素，其价格总指数的公式为

$$\bar{K}_p = \frac{\sum q_n p_1}{\sum q_n p_0} \tag{9-7}$$

以某一特定销售量作为同度量因素的质量指标综合指数计算公式也称为扬格公式。

从以上计算可以看出，采用不同时期的同度量因素，计算出来的商品价格综合指数是不一样的结果。那么，质量指标指数的同度量因素究竟固定在什么时期为宜呢？这是编制质量指标综合指数时必须解决的又一个重要问题。

(3) 确定同度量因素的所属时期。

究竟采用哪一个公式，应根据实际情况和研究目的而定。编制价格总指数的目的，在于综合反映多种商品价格的变动情况，即从总体来说是上升了还是下降了，上升或下降的幅度多大，以及由此带来的经济效果如何。

用式(9-5)计算的3种商品价格指数，是报告期价格按基期销售量计算的假定销售总额与基期实际销售总额的对比，即以基期销售量不变为前提。这种假定虽然排除了销售量变动的影响，但其分子与分母的差额是个假定值，即假定报告期的销售量与基期销售量相同时销售额变动的绝对量，而实际上报告期销售量与基期往往是不同的，所以没有现实经济意义。因此，在编制质量指标综合指数时，一般不宜用基期的数量指标作为同度量因素。

用式(9-6)计算3种商品价格指数，是报告期实际销售总额与报告期销售量按基期价格计算的假定销售总额的对比，所观察和测定的是报告期实际销售商品的价格水平变动情况，以及由此带来的实际经济效果。这样计算的商品价格总指数有明显的现实经济意义，符合统计研究的目的，因此在实际工作中被广泛运用。

式(9-7)主要用于质量指标的计划完成指数。例如，检查成本计划执行情况时，需要编制成本计划完成指数，其同度量因素是计划数量指标。

综上所述，编制质量指标综合指数时，应将作为同度量因素的数量指标固定在报告期，即采用式(9-6)。

9.3 平均数指数

综合指数是总指数的基本形式。但是在实际中，用综合指数公式计算总指数时常常会遇到资料不易取得的困难，因为不论是采用什么综合指数形式，都必须计算出一个假定的价值量指标，要计算出这个假定的价值量指标就必须掌握相应的资料。例如，计算商品价格综合指数时，必须有各种商品的价格资料和销售量资料，但实际工作部门只有价格资料，而各商品的销售量资料就不易取得。这样，综合指数公式在实际应用上就受到一定的限制，因此，需要采用总指数的其他形式，即平均数指数。

9.3.1 平均数指数的概念

平均数指数是对个体指数进行加权平均而求得的一种总指数形式，平均数指数不仅是综合指数的变形，而且它本身具有独立的意义。平均数指数与综合指数相比有两个特点：一是综合指数要有全面的原始资料，而平均数指数可以根据代表性资料计算；二是综合指数必须用数量指标或质量指标实际资料作为权数，而平均数指数除了可用实际资料作权数外，也可以在实际资料的基础上推算确定比重后再进行加权平均。

9.3.2 平均数指数的基本形式

平均数指数的基本形式有两种：一是加权算术平均数指数；二是加权调和平均数指数。在每种平均数指数中，由于所用权数的不同，可再分为综合指数变形权数和固定权数两种。

1. 加权算术平均数指数

加权算术平均数指数是指对个体指数采用加权算术平均的方法求得的平均数指数。它主要适用于编制数量指标指数。加权算术平均数指数可以由综合指数演变而来。在 9.2 节介绍的数量指标综合指数的计算公式为

$$\bar{K}_q = \frac{\sum q_1 p_0}{\sum q_0 p_0}$$

根据销售量个体指数 $k_q = \dfrac{q_1}{q_0}$，得 $q_1 = k_q q_0$，将此式代入到数量指标综合指数公式中得

$$\bar{K}_q = \frac{\sum k_q q_0 p_0}{\sum q_0 p_0} \tag{9-8}$$

这个加权算术平均数指数的计算公式与加权算术平均数的公式 $\bar{x} = \dfrac{\sum xf}{\sum f}$ 相似，故称为加权算术平均数指数。现以商品销售量指数为例来说明加权算术平均数指数的编制。

【例 9.3】 对表 9-1 的资料进行了改动，计算过程见表 9-3。

$$\bar{K}_q = \frac{\sum k_q q_0 p_0}{\sum q_0 p_0} = \frac{28100}{26000} \approx 108.08\%$$

$$\sum k_q q_0 p_0 - \sum q_0 p_0 = 28100 - 26000 = 2100 (元)$$

上述计算结果与数量指标综合指数公式计算的结果完全相同。

表 9-3 加权算术平均数指数计算表

商品名称	计量单位	销售量		个体指数 $k_q = \dfrac{q_1}{q_0}$	销售额/元	
		基期 q_0	报告期 q_1		基期 $p_0 q_0$	$k_q p_0 q_0$
甲	台	100	115	115.00%	10000	11500
乙	吨	200	220	110.00%	10000	11000
丙	件	300	280	93.33%	6000	5600
合计	—	—	—		26000	28100

2. 加权调和平均数指数

加权调和平均数指数，是采用对个体指数进行加权调和平均方法计算的平均数指数。加权调和平均数指数可以由综合指数演变而来。加权调和平均数指数主要适合编制质量指标指数。在 9.2 节介绍的质量指标综合指数的计算公式为

$$\bar{K}_p = \frac{\sum q_1 p_1}{\sum q_1 p_0}$$

根据个体价格指数 $k_p = \dfrac{p_1}{p_0}$，得 $p_0 = \dfrac{p_1}{k_p}$ 代入质量指标综合指数的计算公式中得

$$\overline{K}_p = \dfrac{\sum p_1 q_1}{\sum \dfrac{p_1 q_1}{k_p}} \tag{9-9}$$

这个加权调和平均数指数的计算公式与加权调和平均数的公式 $\overline{x} = \dfrac{\sum m}{\sum \dfrac{m}{x}}$ 相似，故称为加权调和平均数指数。

【例 9.4】 现以价格指数为例，说明加权调和平均数指数的编制过程。对表 9-1 的资料进行了改动，计算过程见表 9-4。

表 9-4　加权调和平均数指数计算表

商品名称	计量单位	价格/元		个体指数 $k_p = \dfrac{p_1}{p_0}$	销售额/元	
		基期 p_0	报告期 p_1		报告期 $p_1 q_1$	$\dfrac{p_1 q_1}{k_p}$
甲	台	100	120	120.00%	13800	11500
乙	吨	50	50	100.00%	11000	11000
丙	件	20	15	75.00%	4200	5600
合计	—	—	—	—	29000	28100

$$\overline{K}_p = \dfrac{\sum p_1 q_1}{\sum \dfrac{p_1 q_1}{k_p}} = \dfrac{29000}{28100} \approx 103.2\%$$

$$\sum p_1 q_1 - \sum \dfrac{p_1 q_1}{k_p} = 29000 - 28100 = 900 \,(\text{元})$$

上述计算结果与质量指标综合指数的计算结果完全相同。

3. 固定权数加权算术平均数指数

在实际应用中，平均数指数除了是综合指数的变形形式外，还广泛采用以固定权数加权计算的平均数指数。

固定权数加权算术平均数指数是计算总指数的一种独立形式。有些情况下，由于缺乏全面的统计资料，直接用综合指数公式或综合指数的变形公式都有困难，这时就需要利用固定权数加权算术平均数指数。固定权数加权算术平均数指数的应用相当广泛，我国统计实践中的居民消费价格指数(CIP)采用的就是这种方法。

我国现行的居民消费价格指数的编制要点为以下几项。

(1) 指数的分类。全部零售商品分为食品、衣着、日用杂品、文化用品、医药、燃料等若干大类，大类以下再分小类，小类以下再分若干细类。例如，在食品这一大类中，分为粮食、副食品、烟茶酒、其他食品四小类；在粮食这一小类中，再分为细粮与粗粮两个细类；在细粮这一细类中，还可再分为大米与面粉两个商品集团。当然，全社会零售商品种类很多，分类只能适可而止。因此，在编制指数时，只能在商品集团中选取一种或几种代表品。

(2) 代表品的选择。各地应根据实际情况参考统一规定的《商品目录》确定应选择哪

些价格变动能够反映该商品集团价格变动趋势的商品作为代表品。

(3) 典型地区的选择。居民消费价格指数反映的是全国平均价格水平，包括全国价格上涨幅度不同的地区，选择具有代表性的典型地区作为物价调查点是很重要的。

(4) 商品价格的确定。居民消费价格指数中所采用的商品价格，是按月、季、年编制的平均价格。

(5) 权数的确定。居民消费价格指数是长期连续不断地进行编制的，所采用的权数必须是固定权数。居民消费价格指数的权数，一般根据上年的实际销售额，并参照本年度市场变动情况加以确定。在确定权数时，首先确定大类的权数；其次确定小类的权数；再次确定商品的权数。大类权数之和、大类中的小类权数之和、小类中各商品集团的权数之和，均应等于 100。

(6) 基期的选择。价格指数的基期，应根据不同的研究目的采用不同的基期。例如，为了观察价格的连续变动，则应选择上期为基期；为了测定消除季节影响的价格变动，则应选择往年同季度的水平为基期。

我国居民消费价格指数的编制程序是：先小类指数，再大类指数，最后编制总指数。其计算公式为

$$\bar{K}_p = \frac{\sum k_p w}{\sum w} \tag{9-10}$$

式中：$k_p = \frac{p_1}{p_0}$；

$w = \frac{p_0 q_0}{\sum p_0 q_0}$。

【例 9.5】 现举例说明居民消费价格指数的编制过程，见表 9-5。

表 9-5 居民消费价格指数计算表

类别	代表品	计量单位	平均价格/元		权数 w	指数 k_p	$k_p w$
			上年同月	本月			
一、食品类					54	102.8%	5552%
1.粮食					46	102.6%	4720%
(1) 细粮					60	103.6%	6216%
①面粉	富强粉	千克	2.64	2.88	40	109.1%	4364%
②大米	标二	千克	2.40	2.40	60	100.0%	6000%
(2)粗粮					40	101%	4040%
2.副食品					42	102.5%	4305%
3.烟酒					8	108.4%	867%
4.其他					4	97.2%	389%
二、衣着类					21	99.9%	2098%
三、日杂类					11	98.8%	1087%
四、文化用品					5	108%	540%
五、医药类					3	110%	330%
六、燃料类					6	101.5%	609%
……					…	…	…
总计					100	102.2%	10216%

第一步，计算各代表品的价格指数。例如，面粉价格指数为 2.88/2.64=109.1%；大米价格指数为 2.4/2.4=100%。

第二步，根据各代表品的价格指数及给出的权数，计算各细类价格指数。

$$细粮价格指数=\frac{109.1\%\times 40+100\%\times 60}{100}\approx 103.6\%$$

第三步，根据各细类价格指数及给出的权数，计算各小类价格指数。

$$粮食价格指数=\frac{103.6\%\times 60+101\%\times 40}{100}\approx 102.6\%$$

第四步，根据各小类价格指数及给出的权数，计算各大类价格指数。

$$食品类价格指数=\frac{102.6\%\times 46+102.5\%\times 42+108.4\%\times 8+97.2\%\times 4}{100}\approx 102.8\%$$

第五步，根据各大类价格指数及给出的权数，计算价格总指数。

$$价格总指数=\frac{102.8\%\times 54+99.9\%\times 21+98.8\%\times 11+108\%\times 5+110\%\times 3+101.5\%\times 6}{100}$$

$$\approx 102.2\%$$

9.4 指数体系与因素分析

9.4.1 指数体系

1. 指数体系的概念

社会经济现象不是孤立存在的，而是相互联系、相互依存的。在复杂现象总体的变动中，往往存在着若干因素的影响，而这些因素在意义和数量上都有必然联系。这种联系不仅存在于静态中，而且也存在于动态中。

例如，在静态上，商品销售额等于商品销售量乘以商品价格，即

商品销售额=商品价格×商品销售量

由此可见，商品销售量和商品价格是影响商品销售额的两个因素。

类似这种因果关系的还有很多，可以用下列经济关系式表示：

总产值=产品产量×产品价格
总成本=单位产品成本×产品产量
原材料费用总额=产品产量×单位产品原材料消耗量×原材料单价

上述因素之间的数量联系是静态指标之间的联系。如果现象之间存在静态指标之间的联系，则动态指标也具有同样的联系，公式如下：

总产值指数=产品产量指数×产品价格指数
总成本指数=单位产品成本指数×产量指数
原材料费用总额指数=产品产量指数×单位产品原材料消耗量指数×原材料单价指数

这种动态上的联系就是指数体系。可见，指数体系是指由一系列相互联系的指数所构成的整体。

2. 建立指数体系的基本要求

1) 分析被研究对象中各因素间存在的必然联系

上述指数体系中各指数间的数量关系，反映了客观经济现象与其影响因素间的动态联

系，而这种动态联系是由它们固有的内在经济联系所决定的。因此，在建立指数体系时，首先要分析研究对象与影响因素之间的内在经济联系。

2) 确定质量指标指数、数量指标指数及其相互关系

无论是含有两个因素的指数体系还是含有 3 个以上因素的指数体系，等式右边的影响因素指数中，总是由质量指标指数与数量指标指数所构成的。它们的顺次乘积必须有实际经济意义。例如，产品产量指数乘单位产品原材料消耗量指数构成原材料总耗指数；单位产品原材料消耗量指数乘原材料单价指数构成单位产品原材料成本指数。

3) 区分各指数内的指数化因素和同度量因素

在指数体系的影响因素指数中，均包含指数化因素与同度量因素。统计研究时，只有一个是指数化因素，其余都为同度量因素。例如，要研究产量变动对原材料费用总额的影响时，产品产量是指数化因素，而单位产品原材料消耗量与原材料单价都是同度量因素。指数化因素与同度量因素的区分应与质量指标和数量指标的准确定位相衔接，以便科学地选择同度量因素的固定时期。

3. 指数体系的作用

指数体系是统计因素分析法的基本依据，在统计分析中得到广泛运用，其作用表现在以下几方面。

1) 运用指数体系可以进行因素分析

指数体系中各指数间的数量关系有相对数和绝对数两个方面，运用指数体系可以从相对数与绝对数两个方面来分析各影响因素变动对现象总体变动的影响。

2) 为确定同度量因素所属时期提供依据

确定同度量因素所属时期是编制统计指数的重要问题，同度量因素所属时期的确定不是随意的，必须以指数体系为依据，既要考虑指数本身的经济意义，还要保持指数体系的完整性和科学性。

3) 利用指数体系进行指数之间的相互推算

指数体系表现为各指数之间的数量对等关系，这样要根据指数体系中的各指数之间的联系，利用已知的某几个指数，推算出另一个未知的指数。例如，已知产品产值指数和产品价格指数，就可以推算出产品产量指数，即

$$产品产量指数 = \frac{产品产值指数}{产品价格指数}$$

4. 指数体系的种类

按照因素分析的指标不同，指数体系可分为个体指数体系、总指数体系和平均指标指数体系。

个体指数体系是指由若干个在数量上有联系的个体指数所构成的整体。例如，某商品的销售额指数=某商品销售量指数×该商品销售价格指数。在个体指数体系中，各指数之间的数量关系表现在以下两方面。

从相对数上看，总变动个体指数等于各影响因素变动的个体指数的连乘积，即

$$\frac{p_1 q_1}{p_0 q_0} = \frac{p_1}{p_0} \times \frac{q_1}{q_0}$$

从绝对数上看，总变动因素增加或减少的绝对量等于各影响因素变动使其增加或减少的绝对量之和，即

$$p_1q_1 - p_0q_0 = (q_1p_0 - q_0p_0) + (q_1p_1 - q_1p_0)$$

总指数体系是指由若干个在数量上有联系的总指数所构成的一个整体。例如，某市零售商品销售额指数=某市零售商品销售量指数×该市零售商品价格指数。在总指数体系中，各总指数之间的数量关系表现在以下两方面。

从相对数上看，总变动因素综合指数等于各影响因素变动的综合指数的连乘积，即

$$\frac{\sum p_1q_1}{\sum p_0q_0} = \frac{\sum q_1p_0}{\sum q_0p_0} \times \frac{\sum p_1q_1}{\sum p_0q_1}$$

从绝对数上看，总变动因素增加或减少的绝对量等于各影响因素变动使其增加或减少的绝对量之和，即

$$(\sum p_1q_1 - \sum p_0q_0) = (\sum p_0q_1 - \sum p_0q_0) + (\sum p_1q_1 - \sum p_0q_1)$$

平均指标指数体系是指由反映现象总体的总平均数变动的指数所构成的一个整体。例如，某企业职工平均工资指数=某企业各组职工工资水平指数×该企业各组职工在总职工人数中所占比重指数。关于平均指标指数体系的有关内容，将在 9.5 节中进行详细介绍。

9.4.2 因素分析

因素分析是依据指数体系的理论，分析受多种因素影响的社会经济现象总变动中，各影响因素的影响方向和程度的方法。

因素分析法按分析的指标种类不同可分为总量指标的因素分析和平均指标的因素分析。

1. 总量指标的因素分析

总量指标的因素分析可按其影响因素的多少不同，分为两因素分析和多因素分析。

(1) 总量指标的两因素分析。即将现象总量分解为两个构成因素，对其总量变动进行因素分析。

【例 9.6】 假定某企业 3 种产品产量及单位产品成本资料见表 9-6。

表 9-6 某企业产品产量与产品成本资料

产品名称	计量单位	产量		单位产品成本/元		产品总成本/元		
		基期 q_0	报告期 q_1	基期 z_0	报告期 z_1	z_0q_0	z_1q_1	z_0q_1
甲	个	320	350	350	340	112000	119000	122500
乙	件	1300	1500	160	180	208000	270000	240000
丙	台	480	470	1100	1000	528000	470000	517000
合计	—	—	—	—	—	848000	859000	879500

产品总成本指数 $\bar{K} = \dfrac{\sum q_1z_1}{\sum q_0z_0} = \dfrac{859000}{848000} \approx 101.3\%$

$$\sum q_1 z_1 - \sum q_0 z_0 = 859000 - 848000 = 11000 (元)$$

以上计算结果表明,该企业 3 种产品的总成本报告期比基期提高了 1.3%,增加的绝对数量为 11000 元。

产品总成本的变动是由于产品产量和单位产品成本两个因素相互作用的结果,所以要分别计算这两个因素变动对总成本变动的影响。

产品产量指数 $\overline{K}_q = \dfrac{\sum q_1 z_0}{\sum q_0 z_0} = \dfrac{879500}{848000} \approx 103.7\%$

$$\sum q_1 z_0 - \sum q_0 z_0 = 879500 - 848000 = 31500 (元)$$

以上计算结果表明,3 种产品的报告期产量比基期提高了 3.7%,由于产量提高了 3.7%,使得报告期的产品总成本比基期增加了 31500 元。

单位产品成本指数 $\overline{K}_z = \dfrac{\sum q_1 z_1}{\sum q_1 z_0} \approx \dfrac{859000}{879500} = 97.7\%$

$$\sum q_1 z_1 - \sum q_1 z_0 = 859000 - 879500 = -20500 (元)$$

以上计算结果表明,三种产品的报告期单位产品成本比基期降低了 2.3%,由于单位产品成本降低了 2.3%,使得报告期的产品总成本比基期减少了 20500 元。

综上所述,该企业产品总成本报告期比基期提高了 1.3%,这是由于产品产量提高了 3.7%,单位产品成本下降了 2.3%共同影响的结果。产品总成本增加了 11000 元,这是由于产量提高使其增加 31500 元,单位产品成本下降使其减少 20500 元综合影响的结果。用指数体系加以反映,即

$$101.3\% \approx 103.7\% \times 97.7\%$$
$$11000 \text{ 元} = 31500 \text{ 元} + (-20500) \text{元}$$

(2) 总量指标的多因素分析。即将现象总量分解为 3 个或 3 个以上的构成因素,对其总量变动进行因素分析。例如,工业企业总产值是工人人数、人均产量与产品价格三因素的乘积。其指数关系为

总产值指数=工人人数指数×人均产量指数×产品价格指数

受多因素影响的现象是很多的,即使是受两个因素影响的现象,也常常可以分解为多因素。多因素现象的指数体系,由于所包括的影响因素较多,指数的编制过程比较复杂,所以在进行总量指标的多因素分析时,需要注意以下两点。

① 测定某一因素的变动影响时,要把其他两个或两个以上因素固定不变。例如,分析工人人数变动对总产值的影响时,必须假定人均产量与产品价格保持不变。

② 要注意分清各因素指标的性质和各因素的排列顺序。判断各因素之间的排列顺序是否正确,可以用如下的两条原则来检验:一是数量指标在前,质量指标在后的原则。如果相邻两个指标同时都是数量指标或质量指标,则把相对来看属于数量指标的因素排在前面。二是两个相邻指标相乘必须有实际经济意义,只有这样排列,才能保持各因素之间彼此适应和相互结合。掌握了这两条原则,就能够合理排列各因素的先后顺序,然后再逐项测定变动,凡是已经测定过的指标都固定在报告期,未测定过的都固定在基期,这与综合指数关于同度量因素的时期确定原则是一致的。

【例 9.7】 现以表 9-7 中的资料为例,说明总量指标的多因素分析方法。

表 9-7 某企业产量资料

产品	单位	工人人数		人均产量		产品价格/元		总产值/万元			
		基期 m_0	报告期 m_1	基期 t_0	报告期 t_1	基期 p_0	报告期 p_1	$m_0 t_0 p_0$	$m_1 t_0 p_0$	$m_1 t_1 p_0$	$m_1 t_1 p_1$
甲	台	150	180	50	55	600	570	450	540.5	594.5	546.30
乙	件	100	70	500	480	35	42	175	122.5	117.6	141.12
丙	个	200	250	140	150	220	190	616	77.5	825.5	712.50
合计	—	—	—	—	—	—	—	1241	1432.5	1536.6	1417.92

$$总产值指数 = \frac{\sum m_1 t_1 p_1}{\sum m_0 t_0 p_0} = \frac{1417.92}{1241} \approx 114.26\%$$

$$\sum m_1 t_1 p_1 - \sum m_0 t_0 p_0 = 1417.92 - 1241 = 176.92 (万元)$$

以上计算结果表明,报告期总产值比基期增长了 14.26%,总产值增加的绝对量为 176.92 万元。

由于总产值是工人人数、人均产量和产品价格 3 个因素的乘积,所以必须注意根据指标的性质及因素乘积的经济意义来确定因素的排列顺序和时期固定问题。

工人人数是数量指标,相对于工人人数来说,人均产量与价格的乘积为人均产值,人均产值是质量指标。计算工人人数指数时,必须将人均产量与产品价格同时固定在基期,即

$$\overline{K}_m = \frac{\sum m_1 t_0 p_0}{\sum m_0 t_0 p_0} = \frac{1432.5}{1241} \approx 115.43\%$$

$$\sum m_1 t_0 p_0 - \sum m_0 t_0 p_0 = 1432.5 - 1241 = 191.5 (万元)$$

以上计算结果表明,在人均产量与产品价格不变的条件下,由于工人人数增长了 15.43%,使得总产值增加 191.5 万元。

人均产量与工人人数的乘积是总产量,人均产量与产品价格的乘积是人均产值,具有明显的经济意义,且产品价格是质量指标,所以人均产量应排在中间位置。人均产量相对于工人人数来说是质量指标,但相对于产品单价来说是数量指标。因此,人均产量指数为

$$\overline{K}_t = \frac{\sum m_1 t_1 p_0}{\sum m_1 t_0 p_0} = \frac{1536.6}{1432.5} \approx 107.27\%$$

$$\sum m_1 t_1 p_0 - \sum m_1 t_0 p_0 = 1536.6 - 1432.5 = 104.1 (万元)$$

以上计算结果表明,在工人人数与产品价格不变的条件下,由于人均产量报告期比基期增长了 7.27%,使得总产值增加了 104.1 万元。

产品单价是质量指标,相对于价格来说,工人人数与人均产量的乘积是总产量,总产量是数量指标。因此,产品单价指数为

$$\overline{K}_p = \frac{\sum m_1 t_1 p_1}{\sum m_1 t_1 p_0} = \frac{1417.92}{1536.6} \approx 92.28\%$$

第9章 指 数

$$\sum m_1t_1p_1 - \sum m_1t_1p_0 = 1417.92 - 1536.6 = -118.68 \text{(万元)}$$

以上计算结果表明,在工人人数与人均产量不变的条件下,由于产品价格下降了 7.72%,使得总产值减少了 118.68 万元。

上述 4 个指数组成一个指数体系,各指数之间在数量上的关系表现为以下两方面。

从相对数上看:
$$\bar{K} = \bar{K}_m \times \bar{K}_t \times \bar{K}_p$$
$$114.26\% = 115.43\% \times 107.27\% \times 92.28\%$$

从绝对数上看:
$$\sum m_1t_1p_1 - \sum m_0t_0p_0 = (\sum m_1t_0p_0 - \sum m_0t_0p_0) + (\sum m_1t_1p_0 - \sum m_1t_0p_0) + (\sum m_1t_1p_1 - \sum m_1t_1p_0)$$
$$176.92 \text{ 万元} = 191.5 \text{ 万元} + 104.1 \text{ 万元} + (-118.68) \text{万元}$$

2. 平均指标的因素分析

这里所讲的平均指标是指总体在分组的条件下,用加权算术平均法计算出来的平均指标。这种平均指标可分解为两个因素:一是各组的比重;二是各组的水平。平均指标的变动,既受总体结构变动的影响,也受各组标志值变动的影响。要分别分析各因素的变动对平均指标变动的影响,就要建立平均指标指数体系。此部分内容在 9.5 节中进行详细介绍。

9.5 平均指标指数

9.5.1 平均指标指数的概念

平均指标指数是指将两个不同时期、同一经济内容的平均指标值作对比,以说明同类现象在两个不同时期平均水平的动态变化情况。其公式为

$$\bar{K} = \frac{\bar{x}_1}{\bar{x}_0}$$

式中:$\bar{x}_1$——报告期的平均指标;
　　　$\bar{x}_0$——基期的平均指标。

在第 6 章中,已经介绍了总平均数的计算公式为

$$\bar{x} = \frac{\sum xf}{\sum f}$$

将此式代入上式,则得平均指标指数的计算公式为

$$\bar{K} = \frac{\bar{x}_1}{\bar{x}_0} = \frac{\dfrac{\sum x_1f_1}{\sum f_1}}{\dfrac{\sum x_0f_0}{\sum f_0}}$$

在分组条件下,总平均数的变动,往往取决于两个因素:一个因素是各组平均水平的变动影响;另一个因素是各组单位数在总体中的比重变动影响。用公式表示为

$$\bar{x} = \frac{\sum xf}{\sum f} = \sum x \cdot \frac{f}{\sum f}$$

所以，上面的平均指标指数还可以写成以下形式：

$$\bar{K} = \frac{\bar{x}_1}{\bar{x}_0} = \frac{\sum x_1 \cdot \frac{f_1}{\sum f_1}}{\sum x_0 \cdot \frac{f_0}{\sum f_0}}$$

式中：x_1——报告期各组平均水平；

x_0——基期各组平均水平；

f_1——报告期各组单位数；

f_0——基期各组单位数。

常见的平均指标指数有平均工资指数、平均劳动生产率指数、平均单位成本指数、平均价格指数等。

9.5.2 平均指标指数体系的因素分析

为了考察和分析总平均指标的动态及其构成因素的变动影响，需要编制相互联系的平均指标指数，形成一个平均指标指数体系。在平均指标指数体系中，有以下3种指数。

1. 可变构成指数

可变构成指数是反映总平均指标变动方向和程度的指数。可变构成指数不仅反映了总平均指标的动态，而且反映了各组平均水平及总体内部结构变动对其产生的影响，其计算公式为

$$\bar{K} = \frac{\bar{x}_1}{\bar{x}_0} = \frac{\frac{\sum x_1 f_1}{\sum f_1}}{\frac{\sum x_0 f_0}{\sum f_0}} \tag{9-11}$$

【例 9.8】 现以表 9-8 中的资料为例，说明平均指标指数体系的分析方法。

表 9-8 某企业职工工资水平和人数资料

职工类别	工资水平/元		职工人数/人		工资总额/元		
	基期 x_0	报告期 x_1	基期 f_0	报告期 f_1	$x_0 f_0$	$x_1 f_1$	$x_0 f_1$
新职工	1200	1400	400	720	480000	1008000	864000
老职工	1500	1600	600	480	900000	768000	720000
合计	1380	1480	1000	1200	1380000	1776000	1584000

$$\bar{K} = \frac{\bar{x}_1}{\bar{x}_0} = \frac{\frac{\sum x_1 f_1}{\sum f_1}}{\frac{\sum x_0 f_0}{\sum f_0}} = \frac{1480}{1380} \approx 107.25\%$$

$$\frac{\sum x_1 f_1}{\sum f_1} - \frac{\sum x_0 f_0}{\sum f_0} = 1480 - 1380 = 100 \, (\text{元})$$

计算结果表明，全厂总平均工资报告期与基期相比提高了 7.25%，报告期的总平均工资比基期增加了 100 元。

2. 固定构成指数

固定构成指数是指在平均指标的动态分析中，把作为权数的总体结构固定下来，只反映各组平均水平变动影响程度的指数。

构成加权算术平均数的两个因素 x 与 f，其指标性质是：x 为质量指标，f 为数量指标。为了分析组平均水平 x 的变动对总平均数变动的影响，必须将权数 f 固定下来，根据质量指标指数的编制原则，应把 f 固定在报告期，其计算公式为

$$\bar{K}_x = \frac{\dfrac{\sum x_1 f_1}{\sum f_1}}{\dfrac{\sum x_0 f_1}{\sum f_1}} \tag{9-12}$$

将表 9-9 中的资料代入到公式中，得

$$\bar{K}_x = \frac{\dfrac{\sum x_1 f_1}{\sum f_1}}{\dfrac{\sum x_0 f_1}{\sum f_1}} = \frac{1480}{1320} \approx 112.12\%$$

$$\frac{\sum x_1 f_1}{\sum f_1} - \frac{\sum x_0 f_1}{\sum f_1} = 1480 - 1320 = 160 \, (\text{元})$$

计算结果表明，消除职工结构因素变动的影响，单纯由于各组工资水平的变动，使报告期的平均工资比基期提高了 12.12%，报告期平均工资比基期增加 160 元。

3. 结构影响指数

结构影响指数是指在平均指标的动态分析中，将各组平均水平固定下来，只反映总体各组结构变动影响程度的指数。

为了分析总体结构变动对总平均数变动的影响，必须将组平均水平 x 固定下来，根据数量指标指数的编制原则，应把 x 固定在基期，其计算公式为

$$\bar{K}_f = \frac{\dfrac{\sum x_0 f_1}{\sum f_1}}{\dfrac{\sum x_0 f_0}{\sum f_0}} \tag{9-13}$$

将表 9-9 中的资料代入到公式中，得

$$\bar{K}_f = \frac{\dfrac{\sum x_0 f_1}{\sum f_1}}{\dfrac{\sum x_0 f_0}{\sum f_0}} \approx \frac{1320}{1380} = 95.65\%$$

$$\frac{\sum x_0 f_1}{\sum f_1} - \frac{\sum x_0 f_0}{\sum f_0} = 1320 - 1380 = -60\,(元)$$

计算结果表明，消除各组平均水平变动的影响，单纯由于各组职工结构的变动，使报告期的平均工资比基期降低了 4.35%，报告期每人的平均工资比基期减少 60 元。那么，该企业职工结构是怎样变动的呢？基期老职工所占的结构为 60%，新职工所占的结构为 40%；报告期老职工所占的结构为 40%，新职工所占的结构为 60%，由于报告期新职工所占的比例提高，再加上新职工的工资较老职工低，所以使得平均工资减少 60 元。

综上所述，可以得出平均指标指数体系中各指数之间的数量关系。

从相对数上看，

$$可变构成指数 = 固定构成指数 \times 结构影响指数$$

$$\bar{K} = \frac{\dfrac{\sum x_1 f_1}{\sum f_1}}{\dfrac{\sum x_0 f_0}{\sum f_0}} = \dfrac{\dfrac{\sum x_1 f_1}{\sum f_1}}{\dfrac{\sum x_0 f_1}{\sum f_1}} \times \dfrac{\dfrac{\sum x_0 f_1}{\sum f_1}}{\dfrac{\sum x_0 f_0}{\sum f_0}}$$

从绝对数上看，

$$\frac{\sum x_1 f_1}{\sum f_1} - \frac{\sum x_0 f_0}{\sum f_0} = \left(\frac{\sum x_1 f_1}{\sum f_1} - \frac{\sum x_0 f_1}{\sum f_1}\right) + \left(\frac{\sum x_0 f_1}{\sum f_1} - \frac{\sum x_0 f_0}{\sum f_0}\right)$$

9.5.3 综合指数与平均指标指数的结合应用

综合指数体系是用来研究在复杂现象总体的总动态中，数量指标因素与质量指标因素的变动所引起的影响。平均指标指数体系是在分组条件下，分析总平均指标(质量指标)的动态变动中，各组平均指标与总体内部结构的变动对总平均指标的影响。因此，这两种指数体系的分析内容和作用是有区别的。

在某些场合，即在指数体系内的数量指标指数中，当数量指标能够加总(如人数、播种面积等)的条件下，这两种指数体系可结合起来运用。

【例 9.9】 现仍以表 9-8 中的资料为例来进行分析。

(1) 运用综合指数体系分析该企业工资总额的变动中，各个影响因素变动对其所产生的影响。

$$工资总额指数 = \frac{\sum x_1 f_1}{\sum x_0 f_0} = \frac{1776000}{1380000} \approx 128.70\%$$

$$\sum x_1 f_1 - \sum x_0 f_0 = 1776000 - 1380000 = 396000\,(元)$$

计算结果表明，该企业报告期的工资总额与基期的工资总额相比提高了 28.70%，增加了 396000 元。

$$职工人数指数 = \frac{\sum f_1}{\sum f_0} = \frac{1200}{1000} = 120\%$$

$$\left(\sum f_1 - \sum f_0\right)\bar{x}_0 = 200 \times 1380 = 276000\,(元)$$

计算结果表明，该企业报告期职工人数比基期人数增长了 20%，即增加了 200 人。在平均工资不变的条件下，由于报告期比基期增加了 200 人，使得工资总额增加了 276000 元。

$$\text{平均工资指数} = \frac{\bar{x}_1}{\bar{x}_0} = \frac{\dfrac{\sum x_1 f_1}{\sum f_1}}{\dfrac{\sum x_0 f_0}{\sum f_0}} = \frac{1480}{1380} \approx 107.25\%$$

$$\left(\frac{\sum x_1 f_1}{\sum f_1} - \frac{\sum x_0 f_0}{\sum f_0}\right)\sum f_1 = (1480 - 1380) \times 1200 = 120000\,(元)$$

计算结果表明，该企业报告期职工平均工资比基期提高了 7.25%，报告期与基期相比平均每人工资增加了 100 元。在职工人数不变的条件下，由于每人工资增加 100 元，使得工资总额增加 120000 元。

上述综合指数体系中，各指数之间的数量关系表现为
从相对数上看，

工资总额指数＝工人人数指数×平均工资指数
128.70%=120%×107.25%

从绝对数上看，
工资总额增加的绝对量＝职工人数变动使其增加的绝对量+平均工资变动使其增加的绝对量。

396000 元=276000 元+120000 元

(2) 运用平均指标指数体系分析平均工资的总变动中，各影响因素变动对其所产生的影响。

$$\text{固定构成指数}\,\bar{K}_x = \frac{\dfrac{\sum x_1 f_1}{\sum f_1}}{\dfrac{\sum x_0 f_1}{\sum f_1}} = \frac{1480}{1320} \approx 112.12\%$$

$$\left(\frac{\sum x_1 f_1}{\sum f_1} - \frac{\sum x_0 f_1}{\sum f_1}\right)\sum f_1 = (1480 - 1320) \times 1200 = 160 \times 1200 = 192000\,(元)$$

计算结果表明，该企业各组职工的工资水平报告期比基期提高了 12.12%，每个职工的平均工资增加了 160 元，在职工人数不变的条件下，使得工资总额增加 192000 元。

$$\text{结构影响指数}\,\bar{K}_f = \frac{\dfrac{\sum x_0 f_1}{\sum f_1}}{\dfrac{\sum x_0 f_0}{\sum f_0}} = \frac{1320}{1380} \approx 95.65\%$$

$$\left(\frac{\sum x_0 f_1}{\sum f_1} - \frac{\sum x_0 f_0}{\sum f_0}\right)\sum f_1 = (1320 - 1380) \times 1200 = -60 \times 1200 = -72000\,(元)$$

计算结果表明，由于职工结构的变动，使得报告期的平均工资比基期降低了 4.35%，每个职工的平均工资减少 60 元，在职工人数不变的条件下，使得工资总额减少 72000 元。

上述平均指标指数体系中，各指数之间的数量关系表现在以下两方面。
从相对数上看，

平均工资可变构成指数＝固定构成指数×结构影响指数

$$107.25\% \approx 112.12\% \times 95.65\%$$

从绝对数上看,

平均工资变动的绝对量=各组工资水平变动使其变动的绝对量+职工结构变动使其变动的绝对量

$$100 \text{ 元}=160 \text{ 元}+(-60 \text{ 元})$$
$$120000 \text{ 元}=192000 \text{ 元}+(-72000)\text{元}$$

本章小结

本章所介绍的统计指数主要是指狭义上的总指数,即不能直接同度量的受多种因素影响的复杂社会经济现象综合变动的相对数。利用统计指数不仅可以反映社会经济现象总体的综合变动情况,而且还可以反映在现象总体的总变动中各因素变动的影响方向和影响程度。

总指数有两种形式:综合指数和平均数指数。综合指数有数量指标指数与质量指标指数两种,在编制数量指标指数时,需要加入的同度量因素是质量指标,通常将质量指标固定在基期;在编制质量指标指数时,需要加入的同度量因素是数量指标,通常将数量指标固定在报告期。

平均数指数是指对个体指数进行加权平均而得到的总指数。平均数指数按其平均的方法不同,可分为加权算术平均数指数与加权调和平均数指数两种。实际工作中究竟采用哪种平均数指数,要依据资料取得的条件而定,通常加权算术平均数指数适合编制数量指标指数,而加权调和平均数指数适合编制质量指标指数。

指数体系与因素分析是统计指数的重要内容之一。运用指数体系可以从相对数与绝对数两个方面来分析被研究现象内各因素间存在的数量联系。在进行因素分析时,要注意解决好两个问题:一是要区分数量指标指数与质量指标指数;二是要区分指数化因素与同度量因素。

习 题

一、单项选择题

1. 总指数的基本形式是(   )。
  A. 加权算术平均数指数   B. 平均数指数
  C. 综合指数   D. 个体指数

2. 某商店本年同上年比较,商品销售额没有变化,而各种商品价格上涨了7%,则商品销售量增(或减)的百分比为(   )。
  A. -6.54% B. -3% C. +6.00% D. +14.29%

3. 某商店在价格不变的条件下,报告期销售量比基期增加10%,那么报告期商品销售额比基期增加(   )。
  A. 1% B. 5% C. 10% D. 3%

4. 某厂有两个车间,2013年甲车间工人平均工资为4820元,乙车间为4930元;2014年,甲车间工人在全厂工人中的比重提高,乙车间的比重下降。在两车间工人平均工资没有变化的情况下,2014年全厂总平均工资比2013年全厂总平均工资将(   )。
  A. 增加 B. 减少 C. 持平 D. 不能作结论

5. 在物价上涨后，同样多的人民币少购买商品 3%，则物价指数为(　　)
   A. 97%　　　　　　B. 103.09%　　　　　　C. 3%　　　　　　D. 109.13%

6. 若销售量增加，销售额持平，则物价指数(　　)。
   A. 降低　　　　　　B. 增长　　　　　　C. 不变　　　　　　D. 趋势无法确定

7. 作为综合指数变形使用的平均数指数，下列(　　)可以作为加权调和平均指数的权数。
   A. p_0q_0　　　　　B. p_1q_1　　　　　C. p_0q_1　　　　　D. p_1q_0

8. 按指数的性质不同，指数可以分为(　　)。
   A. 个体指数和总指数　　　　　　B. 简单指数和加权指数
   C. 数量指标指数和质量指标指数　　D. 动态指数和静态指数

9. 下列(　　)是数量指标指数。
   A. 商品物价指数　　　　　　B. 单位产品成本指数
   C. 平均工资指数　　　　　　D. 销售量指数

10. 如果平均工资提高 5%，职工人数减少 5%，则工资总额(　　)。
    A. 降低 0.25%　　B. 降低 2.5%　　C. 提高 2.5%　　D. 不变

11. 在掌握基期商品销售额和几种商品销售量个体指数资料的条件下，要测定产品物量总变动，应采用(　　)指数。
    A. 综合　　　　　　B. 加权算术平均
    C. 加权调和平均　　D. 可变构成

12. 在掌握报告期几种产品实际总成本和这些产品的个体成本指数资料的条件下，要计算产品成本的平均变动，应采用(　　)指数。
    A. 综合　　　　　　B. 加权算术平均
    C. 加权调和平均　　D. 可变构成

13. 在由 3 个指数所组成的指数体系中，两个因素指数的同度量因素通常(　　)。
    A. 都固定在基期
    B. 都固定在报告期
    C. 一个固定在基期，一个固定在报告期
    D. 采用基期、报告期交叉

14. 已知劳动生产率可变组成指数为 134.2%，职工人数结构影响指数为 96.3%，则劳动生产率固定构成指数为(　　)。
    A. 139.36%　　　B. 129.73%　　　C. 71.76%　　　D. 39.36%

15. 如果生活费用指数上涨 20%，则现在的 1 元钱(　　)。
    A. 只值原来的 0.80 元　　　　B. 只值原来的 0.83 元
    C. 与原来的 1 元钱等值　　　　D. 无法与过去比较

二、多项选择题

1. 下列指数中，属于质量指标指数的有(　　)。
   A. 农产品产量指数　　　　　　B. 农产品收购价格指数
   C. 某种工业产品总成本指数　　D. 全部商品批发价格指数

E. 职工平均工资指数

2. 某地区商业企业职工去年平均工资指数为132%，这是(　　)。
   A. 个体指数　　　　　　　　B. 总指数
   C. 平均指标指数　　　　　　D. 数量指标指数
   E. 质量指标指数

3. 某类产品的总成本报告期为20万元，比基期多支出4000元，产品的单位成本报告期比基期降低2%，所以(　　)。
   A. 总成本总指数为102%　　　B. 单位成本总指数为2%
   C. 产品产量总指数为104%　　D. 总成本总指数为125%
   E. 由于单位成本降低而节约0.408万元

4. 总指数包括(　　)。
   A. 个体指数　　　　　　　　B. 加权平均指数
   C. 综合指数　　　　　　　　D. 平均指标指数
   E. 可变组成指数

5. 报告期数值与基期数值之比可以称为(　　)。
   A. 动态相对数　　　　　　　B. 发展速度
   C. 增长速度　　　　　　　　D. 比例相对数
   E. 统计指数

三、简答题

1. 什么是统计指数？它有什么作用？
2. 编制综合指数的原则是什么？
3. 说明综合指数与平均数指数的联系与区别。
4. 什么是指数体系？如何构建指数体系？
5. 怎样进行因素分析？其关键问题是什么？

四、计算题

1. 某总厂所属两个分厂的某产品成本资料见下表，试分析总厂该产品平均单位成本变动受分厂成本水平及总厂产量结构变动的影响。

	单位成本/元		生产量/件		总成本/元
	x_0	x_1	f_0	f_1	
甲厂	10.0	9.0	300	1300	
乙厂	12.0	12.2	700	700	
总　厂	—	—	1000	2000	

第 9 章 指 数

2．某厂产品产量及出厂价格资料见下表。

产品名称	计量单位	产量		出厂价格/元	
		基期	报告期	基期	报告期
甲	吨	6000	5000	110	100
乙	台	10000	12000	50	60
丙	件	40000	41000	20	20

要求：对该厂总产值变动进行因素分析。

3．某单位职工人数和工资总额资料见下表。

指 标	符 号	2013 年	2014 年
工资总额/万元	E	500	567
职工人数/人	a	1000	1050
平均工资/(元/人)	b	5000	5400

要求：对该单位工资总额变动进行因素分析。

4．某企业总产值及产量增长速度资料见下表。

产品名称	总产值/万元		产量增长
	基 期	报告期	
A	120	150	10%
B	200	210	5%
C	400	440	20%
合 计	720	800	…

根据资料，计算：
(1) 3 种产品的总产值指数及其变动的绝对量。
(2) 3 种产品的产量总指数及其对总产值的绝对影响。
(3) 3 种产品的物价总指数及其对总产值的绝对影响。

5．某企业 3 种产品出口价及其出口量资料见下表。

产品名称	计量单位	出口量		出口价/美元	
		基期	报告期	基期	报告期
甲	吨	80	82	100	150
乙	件	800	1000	80	140
丙	套	60	65	120	120

要求：运用指数体系从相对数和绝对数量方面分析出口价和出口量变动对出口额的影响。

6. 某企业工人工资资料见下表。

	月工资水平/元		工人人数/人	
	基期	报告期	基期	报告期
技术工	1880	1920	245	280
辅助工	1560	1720	120	150
合　计			365	430

要求：

(1) 分析该企业工人工资总额的变动情况及其影响因素。

(2) 分析工人工资水平和工人结构变动对工人总平均工资的影响。

第 10 章

抽样调查

学习目标

知识目标	技能目标
1. 了解抽样调查的特点与作用 2. 了解抽样调查的基本概念 3. 了解抽样平均误差、抽样极限误差的含义及算法 4. 了解抽样估计的基本方法 5. 了解抽样调查的组织形式 6. 了解必要样本容量的确定和总量指标的推算	1. 理解抽样误差及抽样平均误差的本质含义 2. 掌握抽样平均误差的影响因素及估算方法 3. 熟悉抽样调查的组织形式及各种形式下误差的计算 4. 熟悉抽样估计的应用,学会用样本指标推断总体指标 5. 学会确定必要样本容量、推算总体指标数值

知识结构

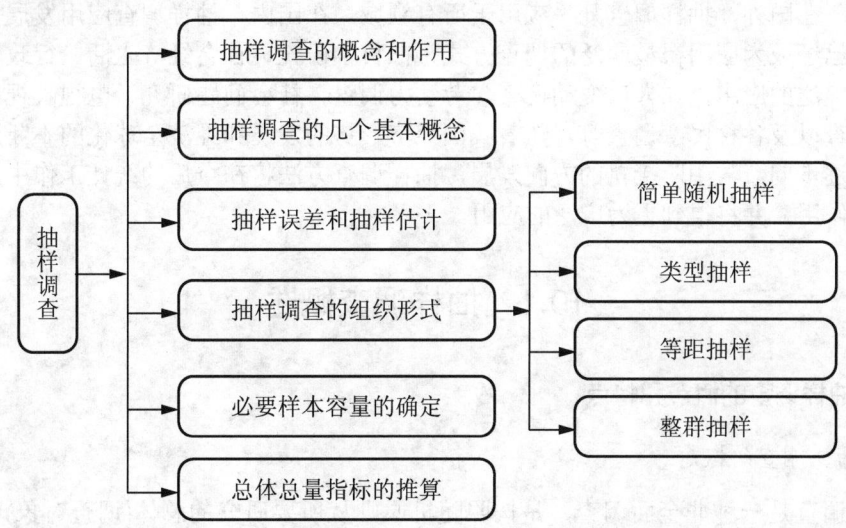

导入案例

关于粮食产量调查制度和方法的说明

全国粮食总产量为31个省(区、市)夏粮、早稻和秋粮产量的总和。

1. 调查方法

粮食产量的统计调查采取主要品种抽样调查、小品种全面统计相结合的方法,调查对象包括农业生产经营户和农业生产经营单位。由国家统计局各调查总队按夏粮、早稻和秋粮3个收获季节组织开展现场调查工作。

抽样调查对象是农业生产经营户,调查的主要粮食品种有稻谷、小麦和玉米。通过以省为总体抽选的具有代表性的村民小组、农户和地块开展调查,播种面积调查是在调查时点上对样本区内所有农作物进行清查;单位面积产量调查采用实割实测的方法,进而推算各主要粮食品种的实际播种面积和单位面积产量,两个结果相乘获得产量数据。农业生产经营户生产的粮食产量占全国粮食产量的95%以上。

2012年起国家统计局正式在辽宁、吉林、江苏、河南和湖北省布置开展农作物对地抽样调查,5省粮食产量由农作物对地抽样调查取得。

2. 调查样本

目前粮食产量抽样调查在848个国家调查县中开展,农作物播种面积调查抽取8890个村民小组、48万农户,稻谷、小麦、玉米等主要粮食作物的单位面积产量调查抽取8890个村民小组、6万多地块,由国家统计局各基层调查队调查人员和辅助调查员实施。

3. 实割实测方法

主要粮食品种单位面积产量调查在播种面积调查样本的基础上采用实割实测的方法取得。按照《农产量抽样调查制度》,在粮食品种收获前,各调查村中的基层调查员对相应品种粮食种植地块逐块进行踏田估产、排队,抽选一定数量样本地块;待收获时各县级调查员或者辅助调查员对抽中样本地块上进行放样,割取样本,再通过脱粒、晾晒、测水杂、称重、核定割拉打损失等环节,计算出地块单产。国家统计局各调查总队根据各抽中地块单产数据推算全省(区、市)平均单位面积产量。

资料来源:国家统计局网站。

抽样调查是现代统计调查中的重要组织形式,是目前国际上公认和普遍采用的科学的调查手段。在国外,抽样调查几乎应用于所有领域。在国内,抽样调查应用发展也非常迅速,目前已经成为应用得最广泛的调查方式,在科学研究、社会经济生活、行政管理等诸方面均有广泛的应用,如人口变动调查、劳动力调查、社会问题研究、电视收视率调查、满意度调查以及各种民意调查等。随着我国经济形势的发展和经济全球化的不断进行,统计工作正逐步向着与国际接轨的方向发展,抽样调查方法将在今后的统计工作中发挥越来越重要的作用,并将得到更为广泛的应用。

10.1 抽样调查概述

10.1.1 抽样调查的概念和特点

1. 抽样调查的概念

抽样调查是一种非全面调查,是按照随机原则从所要研究的总体(调查对象)中抽取一部分单位进行调查,用调查所得的指标数值对总体的相应指标数值做出具有一定可靠性的估计和判断的一种统计调查方法。它既包括调查资料的搜集、整理与计算,也包括根据调查资料对总体特征进行估计和判断,是一种包括统计研究全过程的统计方法。抽样调查通过逻辑上的推断实现了从特殊到一般,从个体到总体的认识。例如,从某批工业产品中随机抽出一部分产品观察其质量,然后据此估计整批产品的质量情况。

抽样调查始于1891年挪威的人口调查。社会学中首先采用严格控制抽样方法的是英国统计学家A.L.鲍利于第一次世界大战前在英格兰和威尔士所做的五城镇调查。第二次世界大战后,抽样调查获得了迅速推广,成为社会调查的主流。

2. 抽样调查的特点

1) 按随机原则抽取调查单位

随机原则是指从总体中抽取被调查单位时,不受任何主观意识的影响,调查对象中每个调查单位都有同等的机会被抽中,最后哪个单位被抽中纯粹是偶然的事情。按随机原则抽取调查单位是抽样调查与其他非全面调查,如重点调查、典型调查的主要区别之一。重点调查抽选的调查单位是重点单位,而典型调查抽选的是有代表性的单位。二者在抽选调查单位时都是调查人员有意识选取的。抽样调查之所以要强调按随机原则抽选样本,是因为只有这样才可能使得样本单位的分布接近总体单位的分布,使样本对总体具有较大的代表性。随机原则一旦遭到破坏,样本单位的代表性也随之遭到破坏。不过坚持随机原则也并不意味着完全不发挥人的主观作用,根据对客观现象已有的认识确定合适的抽样组织形式可以提高样本的代表性,减少误差。

2) 用部分单位(样本)的指标数值去推断和估计总体的指标数值

抽样调查的目的不是着眼于研究样本的数量特征,而是要利用样本资料推断总体数量特征。因此,抽样调查又叫抽样推断。这一点是抽样调查与其他非全面调查的又一区别。重点调查的目的是要了解总体的基本情况,了解现象的发展趋势,没有对总体进行推断的任务;而典型调查的主要任务是通过对典型单位的调查研究,达到对总体的本质认识。

3) 抽样调查必然会产生抽样误差,但这个误差是可以事先计算并加以控制的

由于样本分布与总体分布总会有一定的差异,所以用样本指标推断总体指标也总会有一定的误差,但是根据抽样推断的理论基础——概率论,抽样平均误差可以被事先科学的估计出来,并可以采取一定的措施控制抽样误差,使推断结果具有一定的可靠性和准确性。其他非全面调查,如典型调查也能用部分典型单位的指标数值去估计总体的指标数值,但是这种估计不能计算误差,也不能说明估计的准确程度和可靠程度。

10.1.2 抽样调查的作用

由于具有节省人力、物力、财力,提高时效性,并可根据需要增加调查项目,通过控制抽样误差提高推断的可靠性等优点,所以抽样调查在社会经济中应用十分广泛,主要表现在以下几个方面。

1. 有些现象不可能进行全面调查,为了测算全面资料,必须采用抽样调查的方法

一方面,对无限总体不能采用全面调查,必须用抽样调查的方法。例如,调查某市空

气污染状况、调查某个连续作业的生产线所生产的全部产品的质量(假定生产线永远也不会坏)。另一方面,有些产品的质量检验具有破坏性。例如,灯泡使用寿命的检验、炮弹杀伤力的检验、自行车链条抗拉强度检验、棉纱拉力检验、罐头防腐期限检验等。这些调查所用的测试手段对产品具有破坏性,不可能进行全面调查,只能采用抽样调查。

2. 有些现象不必要或很难进行全面调查,也要采用抽样调查

有些现象从理论上讲可以进行全面调查,但实际上由于总体范围过大,单位分布分散,没有必要或很难进行全面调查。例如,调查了解城镇和农村居民收入支出情况,从理论上讲可以对每户进行走访,进行全面调查,但由于总体范围太大,总体单位数太多,做全面调查花费人、财、物力太多,所以实际上很难办到,也没有必要,通过抽样调查的方式也可以推算出总体的指标数值。又如,水库鱼苗数、森林的木材蓄积量、职工家庭生活调查等均属此种情况。

3. 对全面调查资料进行检验和修正

全面调查涉及的面很广,参与的人员也很多,工作量大,很容易发生登记计算性的误差。因此,在全面调查,特别是在各种普查以后,非常有必要进行抽样复查,根据复查结果计算差错率,并以此为依据来检查和修正全面调查的结果,从而提高全面调查的质量。

4. 可以用于工业生产过程的质量控制

抽样调查不但广泛地用于生产结果的质量检查和估计,而且也可以有效地应用于对成批或大量连续生产的工业产品在生产过程中的质量控制,检查生产过程是否正常,及时提供有关信息,以便采取措施,保证生产过程的正常运转和产品质量的稳定。

抽样调查是一种科学实用的调查方法,为世界各国广泛采用。我国借鉴国际上的成功做法,也已经确立了"以周期性普查为基础,以经常性抽样调查为主体"的统计调查方法体系。抽样调查已经成为我国统计调查方法体系的主体,是我国取得统计资料的重要手段。目前已有相当多的调查项目应用了抽样调查方法,如农作物预计产量调查、城乡住户调查、价格调查和人口变动调查等,效果显著。另外,在工业、建筑业、交通运输业、批发零售贸易业等统计调查中,也在积极推广应用抽样调查方法。

10.1.3 抽样估计的一般原理

抽样调查是按随机原则从总体中抽出一个样本进行观察,用这一个样本指标数值来推断总体指标数值,这样的推断和估计的理论依据就是大数定律和中心极限定理。

1. 大数定律

就数量关系来说,抽样调查是建立在概率论的大数定律基础上的。大数定律的一系列定理为抽样推断提供了数学依据。

大数定律又称大数法则,是关于大量的随机现象具有稳定性质的法则。它说明如果被研究的总体是由大量的相互独立的随机因素所构成,而且每个因素对总体的影响都相对的小,那么,对这些大量因素加以综合平均的结果,因素的个别影响将相互抵消,而显现出它们共同作用的倾向,使总体具有稳定的性质,并且使总体单位的某一标志的规律性及其

共同特征能在一定的数量和质量上表现出来。

联系到抽样推断来看,大数定律证明:如果随机变量总体存在着有限的平均数和方差,则对于充分大的抽样单位数 n,可以几乎趋近于 1 的概率,来期望抽样平均数与总体平均数的绝对离差为任意小。

这从理论上揭示了样本和总体之间的内在联系,即随着抽样单位数 n 的增加,抽样平均数 $\bar{x}$ 有接近于总体平均数 $\bar{X}$ 的趋势,或者说,抽样平均数 $\bar{x}$ 在概率上收敛于总体平均数 $\bar{X}$。

2. 中心极限定理

大数定律从理论上论证了在大量观察下,样本平均数趋近于总体平均数的趋势,但未涉及样本平均数的分布问题,从而无法知道样本平均数与总体平均数的离差不超过一定范围的概率是多少,这需要中心极限定理来研究。

中心极限定理是研究变量和的分布序列的极限原理,它表明如果总体变量存在有限的平均数和方差,那么,不论这个总体变量的分布如何,随着抽样单位数 n 的增加,抽样平均数的分布都趋近于正态分布。

在社会经济现象中,随机变量和的分布是普遍存在的。例如,城市用电量是千家万户用电量的总和,所以城市用电量分布可以视为各户用电量总和的分布。又如,产品规格实际与标准的偏差是由许多独立因素——原材料、设备、操作技术、经营管理水平等多种因素综合影响的结果,所以产品规格离差的分布可以视为许多独立因素之和的分布等。根据中心极限定理可知,这些分布都趋于正态。也可以这样说,在现实生活中,一个随机变量服从于正态分布未必多见,但多个随机变量和的分布趋近于正态分布则是普遍存在的。抽样平均数也是一种随机变量和的分布,因此,在抽样单位数 n 充分大的条件下,抽样平均数也趋近于正态分布,这为抽样误差的概率估计提供了一个极为有效而且方便的条件。

10.2 抽样调查中的几个基本概念

10.2.1 全及总体和抽样总体

1. 全及总体

全及总体是指统计研究对象的全体,简称为总体,也叫母体。组成总体的个别事物叫总体单位。例如,如果研究全国城市居民家庭收支情况,则全部城市居民户就是所要研究的全及总体,每个城市居民户都是总体单位。全及总体的单位数反映总体的容量,用符号 N 表示。

2. 抽样总体

抽样总体是按照随机原则从全及总体中抽取出来的一部分单位组成的小总体。抽样总体也称样本总体,简称样本、子样。抽样总体的单位数反映样本容量,用符号 n 表示。组成样本的每个单位称为样本单位。样本按照样本容量的多少分为大样本和小样本。当 $n \geqslant 30$ 时,称为大样本,在社会经济现象的抽样调查中,绝大多数采取大样本;当 $n < 30$ 时,称

为小样本。下面介绍的所有公式都是以大样本为基础的。与总体单位数 N 相比，样本容量 n 是很小的数，n/N 称为抽样比例，一般要根据被研究对象的性质和具体的任务来确定抽样比例。

10.2.2 全及指标和抽样指标

1. 全及指标

全及指标又称总体指标，是根据全及总体各单位标志值计算的综合指标。由于总体是唯一确定的，所以根据总体计算的全及指标也是唯一确定的，它反映总体的某种属性或特征，也称为总体参数。常见的全及指标主要有 4 种：总体平均数、总体成数、总体数量标志标准差及方差、总体交替标志标准差及方差。

1) 总体平均数

总体平均数又称全及平均数，是全及总体各单位标志值的平均数，代表全及总体单位数量标志值的一般水平，用 $\overline{X}$ 表示。

在总体未分组的情况下，

$$\overline{X} = \frac{\sum_{i=1}^{N} X_i}{N} = \frac{\sum X}{N}$$

式中：$X_i\ (i=1,2,3,\cdots,N)$——总体各单位标志值。

在总体分组的情况下，

$$\overline{X} = \frac{\sum_{i=1}^{k} X_i F_i}{\sum_{i=1}^{k} F_i} = \frac{\sum XF}{\sum F}$$

式中：$X_i\ (i=1,2,3,\cdots,k)$——总体各组标志值；
$F_i\ (i=1,2,3,\cdots,k)$——总体各组次数；
k——总体组数。

2) 总体成数

总体成数又称全及成数，它是指当全及总体可以按交替标志划分为两个组成部分时，其中具有某一种相同标志表现的总体单位数在总体中所占的比重，用 P 表示；不具有某一标志的总体单位数在总体中所占的比重，用 Q 表示。如果总体中具有某一标志的总体单位数为 N_1，不具有某一标志的总体单位数为 N_0，$N_1 + N_0 = N$，则

$$P = \frac{N_1}{N},\quad Q = \frac{N_0}{N},\quad P + Q = 1$$

3) 总体数量标志标准差及方差

总体数量标志标准差是表明全及总体的数量标志值变异程度的指标，也叫总体均方差，其平方称为总体方差，分别用 σ 和 σ^2 表示。

在总体未分组的情况下，

$$\sigma = \sqrt{\frac{\sum_{i=1}^{N}(X_i - \overline{X})^2}{N}} = \sqrt{\frac{\sum(X - \overline{X})^2}{N}}$$

在总体分组的情况下，

$$\sigma = \sqrt{\frac{\sum_{i=1}^{k}(X_i - \overline{X})^2 F_i}{\sum_{i=1}^{k} F_i}} = \sqrt{\frac{\sum(X - \overline{X})^2 F}{\sum F}}$$

4) 总体交替标志标准差及方差

总体交替标志的标准差是指全及总体根据交替标志计算的标准差。根据 7.3 节中介绍的交替标志标准差与方差的计算公式可知：

$$\sigma = \sqrt{P(1-P)}, \quad \sigma^2 = P(1-P)$$

2. 抽样指标

抽样指标又称样本指标，是根据抽样总体计算的统计指标。和全及总体一样，常用的抽样指标也有 4 种：抽样平均数、抽样成数、样本数量标志标准差及方差、样本交替标志标准差及方差。

1) 抽样平均数

抽样平均数是根据抽样总体单位的标志值计算的，代表样本单位数量标志值一般水平的指标，用 $\overline{x}$ 表示。

在抽样总体未分组的情况下，

$$\overline{x} = \frac{\sum x}{n}$$

在抽样总体分组的情况下，

$$\overline{x} = \frac{\sum xf}{\sum f}$$

2) 抽样成数

抽样成数也称为样本成数。当抽样总体可以按交替标志分为两个组成部分时，其中，具有某一个标志的总体单位数 n_1 在抽样总体单位数 n 中所占的比重，即为抽样成数 p。而不具有某一标志的总体单位数 n_0 在抽样总体单位数 n 中所占的比重，即为抽样成数 q。

$$p = \frac{n_1}{n}, \quad q = \frac{n_0}{n}, \quad p + q = 1$$

3) 样本数量标志标准差及方差

样本数量标志的标准差是指样本中根据各单位数量标志值计算的标准差，用 S 表示。方差为标准差的平方，用 S^2 表示。

当抽样总体未分组时，

$$S = \sqrt{\frac{\sum(x - \overline{x})^2}{n}}$$

当抽样总体分组时，

$$S = \sqrt{\frac{\sum(x - \overline{x})^2 f}{\sum f}}$$

4) 样本交替标志标准差及方差

样本交替标志标准差及方差，是指样本中根据交替标志计算的标准差和方差。

$$S = \sqrt{p(1-p)}, \quad S^2 = p(1-p)$$

10.2.3 重复抽样与不重复抽样

抽样调查在按随机原则抽选样本单位时，可以有两种抽样方式：重复抽样和不重复抽样。

1. 重复抽样

重复抽样也叫重置抽样，是从全及总体中随机抽取一个样本单位，经调查登记有关标志后将其放回到原总体中去，然后再从总体中抽取第二个样本单位，记录它的有关标志表现后，也把它放回到总体中去……如此下去，直到抽够 n 个样本单位为止。重复抽样在每次抽选样本单位时，总体的单位数目 N 始终都是一样的，每次抽选都是在完全相同的条件下进行，每个单位被抽中的概率是完全相等的，同一单位有可能被多次重复抽取。一般来说，从总体 N 个单位中，随机重复抽取 n 个单位构成一个样本，在考虑顺序时，则可抽取 N^n 个样本。

2. 不重复抽样

不重复抽样也称为不重置抽样，是从全及总体中按随机原则抽取一个样本单位，观察记录其有关标志后，不再将它放回到总体中去参加下一次抽选，而是从剩余的 $N-1$ 个单位中抽取第二个样本单位。如此进行 n 次，就可以得到容量为 n 的样本总体。不重复抽样时，每抽一次样本单位，全及总体单位数就少一个，也就是说，各次抽取的条件都会发生变化，随着全及总体单位数的逐次减少，每个留下的总体单位被抽中的机会就会逐次增大。每个总体单位只可能被抽中一次，不会被重复多次地抽取。一般来说，从 N 个单位中随机抽取 n 个单位组成样本，在考虑顺序时，有 A_N^n 种抽法；不考虑顺序时，有 C_N^n 中抽法。

$$A_N^n = N(N-1)(N-2)\cdots(N-n+1) = \frac{N!}{(N-n)!}$$

$$C_N^n = \frac{N(N-1)(N-2)\cdots(N-n+1)}{n!} = \frac{N!}{n!(N-n)!}$$

重复抽样和不重复抽样两种抽选样本的方法不同，会使得可能抽取到的样本配合总数不同，在相同的样本容量要求下，重复抽样抽到的可能样本数目总量大于不重复抽样的样本数目。

10.3 抽样误差和抽样估计

10.3.1 抽样误差

1. 抽样误差的概念

抽样误差是指在遵守随机原则的条件下，用抽样指标代表总体指标所产生的不可避免

的误差，抽样误差表现为抽样指标与总体指标之间的绝对离差，即抽样平均数与总体平均数之间的绝对离差 $|x-X|$ 和抽样成数与总体成数之间的绝对离差 $|p-P|$。

在抽样调查过程中，用抽样指标来代表总体指标进行必要的推算，必然会产生误差问题。因为抽样指标由于种种原因，不会与总体指标完全一样，所以它们两者之间往往不会完全相等，抽样平均数或抽样成数与总体平均数或总体成数之间往往会产生一定的误差。抽样误差越小，表示样本的代表性越高；反之，抽样误差越大，样本的代表性越低。

2. 抽样误差产生的原因

在统计调查过程中所得出的数字，与客观实际数量之间存在一定的差别，统称为统计误差。统计误差的产生原因有两种：登记性误差和代表性误差。

登记性误差是指在统计调查、整理和计算过程中，由于主客观原因影响而产生的误差，如由于测量、计算、记录或抄录错误等原因造成的误差。这种误差在一切统计调查中都会产生。登记性误差可以通过提高调查人员的思想素质和业务水平，改进调查方法和组织工作，建立严格的工作责任制加以避免，使这类误差降到最低程度。

代表性误差是指在调查过程中以部分来代表总体，由于代表性不足或不完全而产生的误差。它又分两种，即系统性误差和随机误差。系统性误差是由于没有严格遵守随机原则而产生的误差，如在抽样调查抽取调查单位时，调查者没有严格遵守随机原则，而是有意识地挑选较好或较坏的单位进行调查，由此导致样本的代表性降低，据此计算的抽样指标数值必然比总体指标数值偏高或偏低，从而产生的误差。系统性误差是可以避免的，在调查过程中要尽量避免。随机误差则是指在抽选样本过程中，虽然严格遵守随机原则，但由于样本的非均匀性，可能抽到各种不同的样本，只要样本的结构与总体相比有出入，这就会出现误差。随机误差是抽样调查本身所固有的，是不可避免的一种偶然性的代表性误差。抽样调查中能够计算并且加以控制的就是这种随机误差。

3. 影响抽样误差的因素

由于从同一总体中可以随机抽出多个样本，所以由样本计算的抽样误差不是一个固定不变的量，它是一个不确定的随机变量，每次抽样的确切误差大小是不知道的，因为与它核对的总体指标是无法知道的。如果知道总体指标数值，也就无须抽样了。

抽样误差的实际数值虽然无法计算，但是影响抽样误差的因素还是可以掌握的。这些因素主要有以下几种。

1) 抽样单位数目的多少

在其他条件不变的情况下，抽样单位数越少，抽样误差越大；反之，抽样单位数越多，抽样误差越小。如果样本单位数 n 等于总体单位数 N，即样本等于总体时，抽样调查也就等于全面调查，也就不存在抽样误差了。

2) 总体各单位标志变异程度

在其他条件不变的情况下，总体单位标志变异程度越小，抽样误差也就越小；反之，总体单位标志变异程度越大，抽样误差越大。如果总体各单位标志值相等，则抽样误差为零。抽样误差的变动与总体各单位标志变异程度的大小成正比例关系。

3) 抽样的组织形式和方法

从总体中抽取样本单位的方法不同,抽样误差的大小也不同。一般来说,在样本容量相同的情况下,不重复抽样的样本代表性较强,其误差小于重复抽样的误差。

在其他条件不变的情况下,从同一总体中抽取相同容量的样本,用简单随机抽样、等距抽样、类型抽样和整群抽样,其抽样误差也是不同的。类型抽样的样本代表性较高,其抽样误差相应较小;等距抽样次之;简单随机抽样和整群抽样的误差较大。

10.3.2 抽样平均误差

1. 抽样平均误差的概念

抽样平均误差是所有可能出现的抽样指标和全及指标之间的平均离差,也就是指所有可能出现的样本指标的标准差,一般用 μ_x 或 μ_p 表示。它概括地反映全部样本总体所有可能结果的平均误差。

由于样本是按随机原则抽取的,故在同一总体中,按相同的抽样数目,可以抽出许多样本,而每次抽样误差都可能是不同的,有的是正的,有的是负的,有的大些,有的小些。而且,在抽样调查过程中,每次抽样的实际误差是无法知道的。为了用抽样指标去推断总体指标,就需要计算这些抽样误差的平均数,用以反映抽样误差的一般水平,这就是抽样平均误差。为理解抽样平均误差的概念,下面举例说明。

【例 10.1】 假设某车间有 A、B、C、D 共 4 名工人,每人每天看守机器的台数分别为 6 台、8 台、10 台、12 台,则全及总体平均数——平均每人看守机器台数 $\overline{X}=9$ 台,全及总体方差 $\sigma^2=5$ 台。现从 4 人中随机抽取两人进行调查,推断 4 名工人平均每人看管机器台数。下面分别按重复抽样和不重复抽样两种方法分别研究其抽样平均误差。

(1) 重复抽样的抽样平均误差。

在重复抽样条件下,从 4 个单位中抽选 2 个单位作为样本,在考虑顺序时,可能的样本数目为 $N^n=4^2=16$,每个样本都可以计算平均每人看管机器台数 $\overline{x}$,而且,它们与总体平均数 $\overline{X}$ 都有离差。用表将它们一一列出,见表 10-1。

表 10-1 工人看管机器台数重复抽样表

样本序号	样本单位名称	样本单位标志值 x	样本平均数 $\overline{x}$	离差 $\overline{x}-\overline{X}$	离差平方 $(\overline{x}-\overline{X})^2$
1	A,A	6,6	6	−3	9
2	A,B	6,8	7	−2	4
3	A,C	6,10	8	−1	1
4	A,D	6,12	9	0	0
5	B,A	8,6	7	−2	4
6	B,B	8,8	8	−1	1
7	B,C	8,10	9	0	0
8	B,D	8,12	10	1	1
9	C,A	10,6	8	−1	1
10	C,B	10,8	9	0	0

续表

样本序号	样本单位名称	样本单位标志值 x	样本平均数 $\bar{x}$	离差 $\bar{x}-\bar{X}$	离差平方 $(\bar{x}-\bar{X})^2$
11	C,C	10,10	10	1	1
12	C,D	10,12	11	2	4
13	D,A	12,6	9	0	0
14	D,B	12,8	10	1	1
15	D,C	12,10	11	2	4
16	D,D	12,12	12	3	9
合　计	—	—			40

因为抽样平均误差是所有可能样本指标的标准差,所以有如下公式:

$$\mu_x = \sqrt{\frac{\sum(\bar{x_i}-\bar{X})^2}{k}}$$

式中:μ_x——平均数的抽样平均误差;

　　　$\bar{x_i}$——各样本平均数;

　　　$\bar{X}$——总体平均数;

　　　k——样本配合总数(本例中 $k=16$)。

将表 10-1 中的数据代入,有

$$\mu_x = \sqrt{\frac{\sum(\bar{x_i}-\bar{X})^2}{k}} = \sqrt{\frac{40}{16}} = 1.58 \,(台)$$

说明在重复抽样条件下,对于 16 个样本,无论抽到哪个样本,平均说来误差为 1.58 台。

(2) 不重复抽样的抽样平均误差。

在不重复抽样条件下,从 4 个单位中抽选 2 个单位作为样本,在考虑顺序的情况下,可能的样本数目为

$$A_N^n = \frac{N!}{(N-n)!} = \frac{4!}{(4-2)!} = 12$$

同样每个样本都可计算出 $\bar{x}$,以及 $\bar{x}$ 与 $\bar{X}$ 的离差,见表 10-2。

表 10-2　工人看管机器台数不重复抽样表

样本序号	样本单位名称	样本单位标志值 x	样本平均数 $\bar{x}$	离差 $\bar{x}-\bar{X}$	离差平方 $(\bar{x}-\bar{X})^2$
1	A,B	6,8	7	−2	4
2	A,C	6,10	8	−1	1
3	A,D	6,12	9	0	0
4	B,A	8,6	7	−2	4
5	B,C	8,10	9	0	0
6	B,D	8,12	10	1	1
7	C,A	10,6	8	−1	1

续表

样本序号	样本单位名称	样本单位标志值 x	样本平均数 $\bar{x}$	离差 $\bar{x}-\bar{X}$	离差平方 $(\bar{x}-\bar{X})^2$
8	C,B	10,8	9	0	0
9	C,D	10,12	11	2	4
10	D,A	12,6	9	0	0
11	D,B	12,8	10	1	1
12	D,C	12,10	11	2	4
合　计	—	—	—	—	20

根据表中资料，可以计算出抽样平均误差为

$$\mu_x = \sqrt{\frac{\sum(\bar{x_i}-\bar{X})^2}{k}} = \sqrt{\frac{20}{12}} = 1.29\,(台)$$

当然，这个例子总体单位数很少，这在实际工作中是不宜采用抽样调查的，而且在实际工作中，也不可能把所有的样本组合都抽选出来，总体平均数也不可能知道。不过这里是为了说明问题而做的假设。

2. 抽样平均误差的计算公式

根据定义可以将抽样平均误差的公式写成

$$\mu_x = \sqrt{\frac{\sum(\bar{x_i}-\bar{X})^2}{k}}$$

应当指出，这是一个理论公式，实际应用存在两个困难：一是运用这个公式要求把所有的样本都抽选出来，计算它们的指标值，这是不可能的。每次抽样调查一般只抽选一个样本，计算其样本平均数。二是运用这个公式要求总体指标是已知的，但实际上总体指标是不知道的，它正是抽样调查要推断的。

抽样平均误差的实际计算方法，按照抽取样本单位的方式和方法不同而有所差别，其中最基本的方法是按简单随机抽样进行的。由于抽样平均误差有平均数的抽样平均误差和成数的抽样平均误差两种，它们的抽样平均误差的计算方法有所不同，现分别加以说明。

1) 平均数的抽样平均误差

重复抽样条件下，抽样平均误差的公式为

$$\mu_x = \sqrt{\frac{\sigma^2}{n}} = \frac{\sigma}{\sqrt{n}}$$

式中：μ_x——平均数的抽样平均误差；

　　　σ^2——总体方差；

　　　σ——总体标准差；

　　　n——样本单位数。

这个公式是根据样本指标的标准差与全及指标的标准差之间的数理关系推导出来的。

仍以【例 10.1】为例，用此公式计算抽样平均误差可得

$$\mu_x = \sqrt{\frac{\sigma^2}{n}} = \sqrt{\frac{5}{2}} = 1.58\,(台)$$

与前面用理论公式计算得到的结果一致。

在不重复抽样条件下，计算抽样平均误差的实际公式为

$$\mu_x = \sqrt{\frac{\sigma^2}{n}\left(1-\frac{n}{N}\right)}$$

式中：N——总体单位数。

仍以【例 10.1】为例，用此公式计算抽样平均误差可得

$$\mu_x = \sqrt{\frac{\sigma^2}{n}\left(1-\frac{n}{N}\right)} = \sqrt{\frac{5}{2}\left(1-\frac{2}{4}\right)} = 1.118(台)$$

2) 成数的抽样平均误差

重复抽样条件下，成数的抽样平均误差公式为

$$\mu_p = \sqrt{\frac{P(1-P)}{n}}$$

式中：μ_p——成数的抽样平均误差；

P——总体成数；

$P(1-P)$——总体方差；

n——样本容量。

不重复抽样的条件下，成数的抽样平均误差的公式为

$$\mu_p = \sqrt{\frac{P(1-P)}{n}\left(1-\frac{n}{N}\right)}$$

成数抽样平均误差的计算公式与平均数抽样平均误差的计算公式基本相同，只不过由于成数的方差和平均数的方差表示方法不同，因此，表现在抽样平均误差的公式上有所不同。实际上 $P(1-P)$ 就是总体方差。成数抽样平均误差公式中的方差 $P(1-P)$ 有一个特点，即它的最大值为 $0.5(1-0.5)=0.25$，就是说，两个成数各为 0.5 时，总体的变异程度最大。因此，计算成数抽样平均误差选用的方差，其最大值不应超过 0.25。

需要说明的是，计算抽样平均误差需要掌握总体的标准差或方差，但这只有通过全面调查才能够取得，进行抽样调查时常常是未知的。为计算抽样平均误差，通常用几种方法来代替总体标准差或方差：一是用样本标准差或方差来代替，即用 s 来代替 σ，用 $p(1-p)$ 来代替 $P(1-P)$；二是用过去对同类问题的全面调查或抽样调查的经验数据代替；三是在正式抽样之前先组织试验性抽样，用试验资料代替。

现举几个例子说明抽样平均误差的计算方法。

【例 10.2】 某地区有奶牛 2500 头，随机抽选 400 头进行调查，得出每头奶牛年平均产奶量为 3000 千克，标准差为 280 千克，求抽样平均误差。

用重复抽样公式计算为

$$\mu_x = \sqrt{\frac{\sigma^2}{n}} = \sqrt{\frac{280^2}{400}} = 14(千克)$$

用不重复抽样公式计算为

$$\mu_x = \sqrt{\frac{\sigma^2}{n}\left(1-\frac{n}{N}\right)} = \sqrt{\frac{280^2}{400}\left(1-\frac{400}{2500}\right)} = 12.83(千克)$$

【例 10.3】 某厂生产一批电视机共 10000 台，现从中抽取 300 台进行质量检测，测得其合格率为 94%，试求其抽样平均误差。

用重复抽样公式计算为

$$\mu_p = \sqrt{\frac{p(1-p)}{n}} = \sqrt{\frac{0.94 \times (1-0.94)}{300}} = 1.37\%$$

用不重复抽样公式计算为

$$\mu_p = \sqrt{\frac{p(1-p)}{n}\left(1-\frac{n}{N}\right)} = \sqrt{\frac{0.94 \times (1-0.94)}{300}\left(1-\frac{300}{10000}\right)} = 1.35\%$$

由以上计算可以看出，重复抽样平均误差总是大于不重复抽样平均误差，这是因为修正系数 $\left(1-\dfrac{n}{N}\right)$ 总是小于1，用这个系数对重复抽样的结果进行修正，得到的不重复抽样平均误差总会小于重复抽样平均误差。因此，在实际抽样工作中，采用不重复抽样方法比重复抽样方法要好。不过，不重复抽样平均误差的计算比较复杂一些，如果抽样比例 $\dfrac{n}{N}$ 数值很小的话，$\left(1-\dfrac{n}{N}\right)$ 的数值就接近于1，对抽样平均误差的影响也就比较小。在统计工作中，为简便起见，有时候虽然采用不重复抽样方法，但误差的计算可采用重复抽样公式。

10.3.3 抽样极限误差

抽样极限误差又称抽样允许误差，它是表示样本指标与总体指标之间产生抽样误差的最大可能范围，表现为样本指标允许变动的上限或下限与总体指标之差的绝对值，用 Δ 表示。

由于总体指标是一个确定的量，而样本指标是一个随机变量，所以样本指标是围绕着总体指标左右波动的，它可能大于总体指标，也可能小于总体指标，从而导致样本指标与总体指标的离差有时是正值，有时是负值。离差绝对值所表示的可能范围就是抽样极限误差。

若用 $\Delta_{\bar{x}}$ 和 Δ_p 分别表示抽样平均数和抽样成数的允许误差范围，则

$$\Delta_{\bar{x}} = |\bar{x} - \overline{X}|$$
$$\Delta_p = |p - P|$$

如果用不等式表示，则为

$$\overline{X} - \Delta_{\bar{x}} \leq \bar{x} \leq \overline{X} + \Delta_{\bar{x}}$$
$$P - \Delta_p \leq p \leq P + \Delta_p$$

上面的不等式表示，抽样平均数 $\bar{x}$ 是以总体平均数 $\overline{X}$ 为中心，在 $(\overline{X} - \Delta_{\bar{x}}, \overline{X} + \Delta_{\bar{x}})$ 范围内变动；抽样成数 p 是以总体成数 P 为中心，在 $(P - \Delta_p, P + \Delta_p)$ 范围内变动。由于总体指标 $\overline{X}$ 和 P 是未知数，而样本指标 $\bar{x}$ 和 p 可能通过样本总体求得，所以可以用已知的样本指标，通过极限误差来估计总体指标 $\overline{X}$ 和 P 所在的可能范围。因此，上述不等式也可以变形为

$$\bar{x} - \Delta_{\bar{x}} \leq \overline{X} \leq \bar{x} + \Delta_{\bar{x}}$$
$$p - \Delta_p \leq P \leq p + \Delta_p$$

通过这两个不等式，在知道样本指标与抽样极限误差的情况下，就可以估计总体指标所在的可能范围。

【例 10.4】 为了估计 400 个学生的平均体重，随机抽取 80 个学生计算出平均体重为 50 千克，如果确定极限误差范围为 2 千克，则这 400 个学生的平均体重所在的范围为 50 千克±2 千克的范围内，即在 48～52 千克。

【例 10.5】 某厂生产一批零件，从中抽取 100 件进行质量检验，测得一等品率为 96%，要求允许误差不超过 1%，则该批零件的一等品率在 96%±1% 的范围内，即在 95%～97%。

10.3.4 抽样误差的概率度

在一个总体中，如果抽样方式和样本容量确定以后，不管选用哪一个具体的样本，它们的抽样平均误差 $\mu_{\bar{x}}$ 和 μ_p 是一个定值，而极限误差则是人们根据统计研究的目的加以确定的。确定的标准通常都是以抽样平均误差为衡量的标准。因此，用极限误差 Δ 除以抽样平均误差，求得一个对比的尺度 t，表示误差范围为抽样平均误差的若干倍，即用它来测定抽样误差可能范围的大小。

抽样极限误差与抽样平均误差的比值，叫作误差的概率度，用 t 表示，其计算公式为

$$t = \frac{\Delta_{\bar{x}}}{\mu_{\bar{x}}} \quad \text{或} \quad \Delta_{\bar{x}} = t\mu_{\bar{x}}$$

$$t = \frac{\Delta_p}{\mu_p} \quad \text{或} \quad \Delta_p = t\mu_p$$

由以上公式可见，抽样极限误差与概率度 t 成正比关系，在抽样平均误差一定的情况下，概率度 t 的数值越大，则抽样极限误差的范围 Δ 也越大；反之，t 数值越小，则 Δ 越小。

用 t 来测定抽样误差范围的大小，是直接和概率的保证程度联系在一起的。如果把可靠程度即概率用 P 来表示，那么 P 就是 t 的函数，也就是 $P = F(t)$，表明概率分布是概率度的函数，称为概率保证程度。在正态分布的情况下，从总体中随机抽取一个样本进行观察，该样本抽样指标落在某一范围 ($\bar{x} - t\mu_{\bar{x}}$，$\bar{x} + t\mu_{\bar{x}}$) 内的概率是用占正态曲线面积的大小表示的，即

$$F(t) = P\{\bar{x} - t\mu_{\bar{x}} \leqslant \overline{X} \leqslant \bar{x} + t\mu_{\bar{x}}\} = \frac{1}{\sqrt{2\pi}} \int_{-t}^{t} e^{-\frac{t^2}{2}} dt$$

从一个全及总体中连续多次抽样，可以得到一系列的样本，分别求出各个样本的平均数(或成数)，便可形成一个抽样平均数(或成数)的概率分布。根据中心极限定理证明，不论全及总体是否属于正态分布，只要当抽样总体单位足够多时(一般以 $n \geqslant 30$ 为标准)，抽样平均数(或成数)的分布就逼近于以全及平均数(或成数)为对称中心的正态分布。

为了计算方便，在实际工作中，按不同的 t 值和相应的概率 $F(t)$ 编制成正态分布概率表供查用。利用概率表，可以根据概率度查出相应的概率保证程度，也可以按规定的概率保证程度来估计可能的误差范围。当 $t=1$ 时，$F(1) = 68.27\%$；当 $t=1.96$ 时，$F(1.96) = 95\%$；当 $t=2$ 时，$F(2) = 95.45\%$；当 $t=3$ 时，$F(3) = 99.73\%$。正态分布及其曲线下的面积示意图如图 10.1 所示。

由此可见，随着概率度 t 值的扩大，抽样极限误差的范围和能发生的概率也随之扩大，抽样平均数落在所述范围的可靠性也随之增加，最后能达到 100% 的完全可靠程度。不过，要注意的是，抽样极限误差范围的扩大，并不与概率的保证程度成正比例变动。

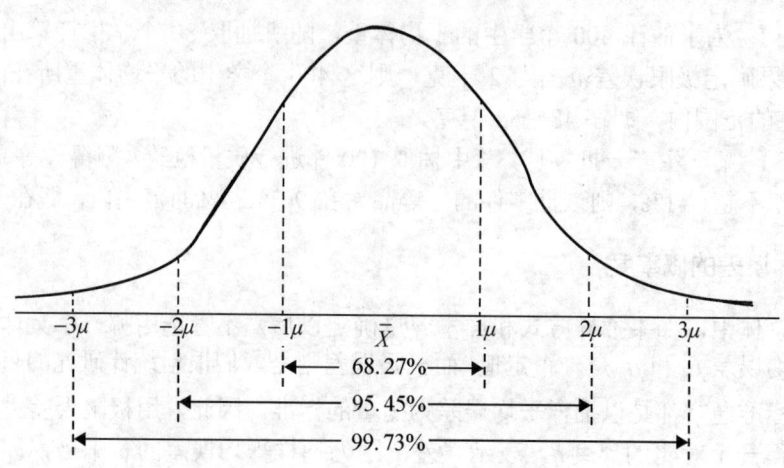

图 10.1 正态分布及其曲线下的面积

10.3.5 抽样估计

计算抽样误差的目的就是用样本指标去估计总体指标。由于总体指标是表明总体数量特征的参数,所以抽样估计也称为参数估计。一般用抽样平均数估计总体平均数,用抽样成数估计总体成数。

抽样估计的方法主要有两种:点估计和区间估计。

1. 点估计

点估计也称定值估计,是直接用实际样本指标数值代替总体指标数值。例如,用抽样平均数代替总体平均数,用样本成数代替总体成数,即

$$\bar{x} = \bar{X}, \quad p = P$$

【例 10.6】某学校有 1000 名学生,随机抽取 100 名同学测量身高,测得平均身高 $\bar{x}$ =162 厘米,身高在 162 厘米以上的学生占 70%。用点估计的方法就可以推断,这 1000 名学生的平均身高为 162 厘米,即 $\bar{X} = \bar{x}$ =162 厘米。身高在 162 厘米以上的学生所占的比重为 70%,即 $P = p$ =70%。

点估计的优点是简便易行,但它既没有说明抽样误差的大小,也没有考虑估计的准确程度和可靠程度,所以只适合对现象总体做粗略的估计。

2. 区间估计

区间估计是根据一定的概率保证程度把样本指标和抽样误差结合起来去推断总体指标所在可能范围的估计方法,即先计算出样本指标($\bar{x}$ 和 p),然后根据抽样估计可靠程度的要求确定概率度 t,并以此确定抽样极限误差(Δ_x 和 Δ_p)。而($\bar{x} - \Delta_x$,$\bar{x} + \Delta_x$)和($p - \Delta_p$,$p + \Delta_p$)就是在一定概率保证程度下总体指标的估计区间或置信区间。

1) 总体平均数的区间估计

总体平均数的区间估计就是用抽样平均数去估计总体平均数所在范围。计算时,第一步,应在样本抽取后,先用简单算术平均数或加权算术平均数的方法计算抽样平均数 $\bar{x}$;第二步,搜集总体数量标志方差的经验数据或计算样本数量标志的方差;第三步,计算抽

样平均数的平均误差；第四步，根据概率 $F(t)$ 确定 t，计算平均数的极限误差；第五步，确定总体平均数的置信区间，即 $\bar{x} - \Delta_x \leqslant \bar{X} \leqslant \bar{x} + \Delta_x$。

【例 10.7】 某进出口公司出口一种名茶，为检查其每包规格的质量，现用重复抽样的方法抽取 100 包，检验结果见表 10-3。

表 10-3　某公司茶叶质量抽样表

每包重量(克)	包　数
148～149	10
149～150	20
150～151	50
151～152	20
合　　计	100

按规定这批茶叶每包规格重量应不低于 150 克，试以 99.73% 的概率推断这批茶叶每包平均重量所在的区间范围，并确定茶叶每包规格质量是否达到要求。

为进行抽样估计，首先必须计算出样本的平均数和方差，列计算表见表 10-4。

表 10-4　某公司茶叶质量抽样误差计算表

每包重量(克)	包数(f)	组中值(x)	xf	$x - \bar{x}$	$(x - \bar{x})^2 f$
148～149	10	148.5	1485	-1.8	32.4
149～150	20	149.5	2990	-0.8	12.8
150～151	50	150.5	7525	0.2	2.0
151～152	20	151.5	3030	1.2	28.8
合　计	100	—	15030	—	76.0

样本平均数：$\bar{x} = \dfrac{\sum xf}{\sum f} = \dfrac{15030}{100} = 150.3$（克）

样本方差：$S^2 = \dfrac{\sum (x - \bar{x})^2 f}{\sum f} = \dfrac{76}{100} = 0.76$（克）

因未知总体标准差，故用样本标准差代替计算抽样平均误差。

抽样平均误差：$\mu_x = \sqrt{\dfrac{\sigma^2}{n}} = \sqrt{\dfrac{0.76}{100}} = 0.087$（克）

在概率保证程度为 99.73% 时，概率度 $t = 3$，则抽样极限误差为

$$\Delta_x = t\mu_x = 3 \times 0.087 = 0.261 \text{（克）}$$

因此，估计全部茶叶平均每包的重量为 $150.3 - 0.261 \leqslant \bar{X} \leqslant 150.3 + 0.261$

整理得 $150.039 \leqslant \bar{X} \leqslant 150.561$

即该批茶叶平均每包重量的置信区间在 150.039～150.561，这种抽样推断的把握程度为 99.73%。由于置信区间的上、下限均高于平均每包重量的标准值，所以批茶叶在包装规格质量方面是合格的。

2) 总体成数的区间估计

总体成数的区间估计就是用抽样成数去估计总体成数所在范围。计算时，第一步，应在样本抽取后，先计算抽样成数 p；第二步，计算抽样成数的平均误差 μ_p；第三步，根据概率 $F(t)$ 确定 t，计算成数的极限误差 Δ_p；第四步，确定总体成数的置信区间：$p-\Delta_p \leqslant P \leqslant p+\Delta_p$。

【例 10.8】 仍利用【例 10.7】的资料，在 95.45% 的概率保证下推断每包重量在 150 克以上的茶叶所占的比重范围。

首先要计算抽样成数：$p = \dfrac{n_1}{n} = \dfrac{70}{100} = 70\%$

抽样平均误差：$\mu_p = \sqrt{\dfrac{p(1-p)}{n}} = \sqrt{\dfrac{0.7 \times (1-0.7)}{100}} = 4.58\%$

抽样极限误差：$\Delta_p = t\mu_p = 2 \times 4.58\% = 9.16\%$

总体成数的置信区间：$70\% - 9.16\% \leqslant P \leqslant 70\% + 9.16\%$

整理得 $60.84\% \leqslant P \leqslant 79.16\%$

即每包重量在 150 克以上的茶叶所占比重在 60.84%～79.16%，这种抽样推断的概率保证程度为 95.45%。

10.4 抽样调查的组织形式

社会经济现象中问题的多样性以及调查对象特点的多样性，决定了抽样调查方式即抽样调查组织形式的多样性。不同的抽样调查的组织形式会有不同的抽样平均误差，因而就有不同的效果，一种科学的组织形式往往有可能以更少的样本单位数取得更好的抽样效果。在统计工作实践中，主要采用的抽样调查的组织形式有简单随机抽样、类型抽样、等距抽样和整群抽样等，下面进行简单介绍。

10.4.1 简单随机抽样

简单随机抽样又称纯随机抽样。它是对全及总体的所有单位不进行任何分类或排队处理，而是完全按照随机原则从总体中抽出样本单位加以观察，以保证总体中每个单位有相等被抽中的机会。

简单随机抽样是抽样调查中最基本、最简单的方式，从理论上讲，简单随机抽样最符合抽样的随机原则。简单随机抽样适用于均匀总体。对总体单位数很多，而且差异程度又很大的总体不宜使用。

简单随机抽样具体抽取样本单位的方法有以下几种。

1) 直接抽选法

直接抽选法就是直接从调查对象中随机抽选样本单位的方法。例如，从仓库中存放的所有同类产品中，随机指定若干箱产品进行检验；在粮食验收入库过程中，使用扦样器随机从各批次入库的粮食中扦取粮食样本进行含杂量、含水量的检验等。

2) 抽签法

抽签法操作过程中，要先给每个单位编上序号，将号码写在纸片上，掺和均匀后，从中抽选样本单位,抽到哪一个就调查哪一个单位,直到抽够预先规定确定的数量为止。

这种方法在总体单位数目不多时,比较简单易行。不过,如果总体单位数量很多的话,编号做签的工作量就会很大,而且也很难掺和均匀,这种情况下较少使用。

3) 随机数字表法

随机数字表是包含许多随机数字的表格,它是从 0~9 的 10 个数码随机组合的数字表格。在这个表格里 0~9 每个数码出现的概率是相同的。为了方便使用,可以编 2 个数码一组、4 个数码一组、甚至 10 个数码一组的表格。表 10-5 是 4 个数码一组的一种随机数字表(部分)。

表 10-5 随机数字表(部分)

0347	4373	8636	9647	3661	4698	6371	6233
9774	2467	6242	8114	5720	4253	3237	3227
1676	6227	6656	5026	7107	3290	7978	5313
1256	8599	2696	9668	2731	0503	7293	1557
5559	5635	6438	5482	4622	3162	4309	9006
1622	7794	3949	5443	5482	1737	9323	7887
8442	1753	3157	2455	0688	7704	7447	6721
6301	6378	5916	9555	6719	9810	5071	7512
3321	1234	2978	6456	0782	5242	0744	3815
5760	8632	4409	4727	9654	4917	4609	6290

抽选调查样本单位时,首先要将全及总体中所有单位加以编号,根据编号的位数确定选用随机数码表中若干栏数字。然后从任意一行、任意一列的数字开始数,可以向任何方向数过去,碰上属于编号范围内的数字号码就定下来作为样本单位。如果是不重复抽样,则碰上重复的数字时不要它,直到抽够预定的数量为止。

假如要从 500 个总体单位中抽取 50 个单位,首先要将总体单位按 001~500 编号。编号最大为 3 位数,一般选表中的后三位数。假设从第 2 行第 3 列开始,第一个数字为 6242,一般取后 3 位,可以确定是属于 001~500 编号范围。因此,242 是被抽中的第 1 个样本单位。然后顺查,结果是 242,114,253,237,227,227,026,107,290,313,256,293,438,482,162,309,006,……。

简单随机抽样是最基本的抽样调查的组织形式,前面所介绍的抽样平均误差的计算方法都是建立在简单随机抽样的基础上的。

虽然从理论上说简单随机抽样最符合随机原则,它是其他抽样方法的基础,也是衡量其他抽样方式抽样效果的标准,但是,它在统计实践中受到很大限制:首先,当总体很大时,编号工作就很困难,对于连续生产的企业产品编号也是不可能的;其次,当总体单位标志值之间的差异很大时,采用这种抽样方式并不能保证样本的代表性。

10.4.2 类型抽样

1. 类型抽样的概念

类型抽样也称为分层抽样或分类抽样。它首先把全及总体按某一标志分成若干组(或若干类、若干层),然后分别在各组内按随机原则抽取一定数目的样本单位构成样本的抽样方式。例如，在农产量抽样调查中将耕地按地势分为山区、丘陵、平原三类，然后再在各类地势中按随机原则抽取若干乡、地块；在职工收入水平调查中，将职工按部门分为工业、商业、交通、文教等部门职工，然后按随机原则从各部门职工中抽取若干职工作样本。

这种方法实际上是将分组法和随机抽样相结合而产生的方法，它能把性质相同或相近的单位归在一个组内，减少了同一个组内标志值的差异程度。在总体各单位标志值差异程度较大时，运用类型抽样方法有许多优点，首先，它可以提高样本的代表性。因为样本是从各类型组中抽取的，样本中有各种标志值水平的单位。其次，它可以降低影响抽样误差的方差。在总体分组的情况下，总体方差是由两部分组成的：一部分是组间方差，即各类型组之间标志值差异程度；另一部分是组内方差，即各组组内各单位标志值之间的差异程度。在类型抽样的情况下，因为从各类型组中都抽取了样本单位，对各类型组来说是全面调查，所以组间方差可以不考虑，影响抽样误差的总方差的是组内方差。因此，类型抽样具有代表性高，抽样误差小的特点，如果抽样误差要求相同的话，与其他几种抽样组织形式相比，类型抽样的抽样数目可以少些。不过，应用类型抽样时，只有对现象有充分的认识，才能正确划分类别，取得较好的效果。

2. 类型抽样样本单位的分配方法

类型抽样的样本单位分配方法有以下两种。

1) 等比例抽样

等比例抽样是指样本单位在各组之间的分配与总体单位在各组之间的分配比例相同。如果用 $n_i(i=1,2,3,\cdots,k)$ 表示各组样本单位数，用 $N_i(i=1,2,3,\cdots,k)$ 代表各组总体单位数，用 N 代表总体单位数，用 n 代表样本容量，则

$$\frac{n_i}{n} = \frac{N_i}{N}$$

这种样本单位的分配方法简便易行，一般情况下，分配比较合理，计算也较简便，所以用得较多。

2) 不等比例抽样

不等比例抽样就是不按照总体单位在各组之间分配的比例来分配样本单位，即

$$\frac{n_i}{n} \neq \frac{N_i}{N}$$

如果各组的总体单位标志值相差悬殊，如果按等比例抽样方式分配样本单位，对那些包含总体单位数少的组就会抽得太少，这样会影响样本的代表性，这时可以具体分析情况，采用不等比例类型抽样。如果按照各组标志变异程度的大小确定相应的抽样数目，则标志变异程度大的组多抽一些单位，标志变异程度小的组就少抽一些单位。

3. 类型抽样误差的计算公式

这里只介绍等比例抽样的误差计算。与简单随机抽样相比较，类型抽样误差的计算有一个不同，就是用组内方差的算术平均数代替总体方差。

1) 平均数的抽样平均误差

重复抽样条件下的计算公式为

$$\mu_x = \sqrt{\frac{\overline{\sigma_i^2}}{n}}$$

不重复抽样条件下的计算公式为

$$\mu_x = \sqrt{\frac{\overline{\sigma_i^2}}{n}\left(1-\frac{n}{N}\right)}$$

式中：$\overline{\sigma_i^2}$——平均组内方差，它是总体各组组内方差的算术平均数。

其中，$\overline{\sigma_i^2}$ 的计算公式为

$$\overline{\sigma_i^2} = \frac{\sum \sigma_i^2 N_i}{N}$$

式中：σ_i^2——总体各组组内方差；
$N_i(i=1,2,3,\cdots,k)$——总体各组单位数。

在 $\overline{\sigma_i^2}$ 未知的情况下，可用样本各组数量标志组内方差的算术平均数 $\overline{S_i^2}$ 代替。在等比例抽样情况下，N_i 可用 n_i 代替。

【例 10.9】 某乡粮食播种面积 40000 亩，现在按平原和山区比例抽取其中的 1%。计算各组平均亩产量和各组标准差，见表 10-6。求样本平均亩产量和抽样平均误差，并以 95.45%的概率保证推断 40000 亩播种面积的平均亩产量所在的区间范围。

表 10-6　某乡粮食播种面积抽样表

按地形条件分组	全部面积/亩 N_i	样本面积/亩 n_i	样本平均数 $\overline{x_i}$/千克	亩产标准差 σ_i/千克
平原	28000	280	560	80
山区	12000	120	350	150
合计	40000	400	497	105

样本平均亩产量：$\overline{x} = \frac{\sum x_i n_i}{n} = \frac{560 \times 280 + 350 \times 120}{400} = 497(千克)$

平均组内方差：$\overline{\sigma_i^2} = \frac{\sum \sigma_i^2 n_i}{n} = \frac{80^2 \times 280 + 150^2 \times 120}{400} = 11230(千克)$

在重复抽样条件下，$\mu_x = \sqrt{\frac{\overline{\sigma_i^2}}{n}} = \sqrt{\frac{11230}{400}} = 5.30(千克)$

当概率保证程度为 95.45%时，$\Delta_{\overline{x}} = 2 \times 5.3 = 10.6(千克)$

总体平均亩产量所在区间范围为 $497-10.6 \leqslant \overline{X} \leqslant 497+10.6$

整理得 486.4 千克 $\leqslant \overline{X} \leqslant 507.6$ 千克

在不重复抽样条件下，$\mu_x = \sqrt{\frac{\overline{\sigma_i^2}}{n}\left(1-\frac{n}{N}\right)} = \sqrt{\frac{11230}{400}\left(1-\frac{400}{40000}\right)} = 5.27(千克)$

当概率保证程度为 95.45%时，$\Delta_{\overline{x}} = 2 \times 5.27 = 10.54(千克)$

总体平均亩产量所在区间范围为 $497-10.54 \leqslant \overline{X} \leqslant 497+10.54$

整理得 486.46 千克 $\leqslant \overline{X} \leqslant 507.54$ 千克

2) 成数的抽样平均误差

在重复抽样条件下的计算公式为

$$\mu_p = \sqrt{\frac{P_i(1-P_i)}{N}}$$

不重复抽样条件下的计算公式为

$$\mu_p = \sqrt{\frac{\overline{P_i(1-P_i)}}{N}\left(1-\frac{n}{N}\right)}$$

式中：$\overline{P_i(1-P_i)}$——总体成数的平均组内方差；

$\overline{P_i(1-P_i)} = \frac{\sum P_i(1-P_i)N_i}{N}$；

$P_i(1-P_i)$——各组组内方差。

在 $\overline{P_i(1-P_i)}$ 未知时，可用样本各组组内方差的平均数 $\overline{p_i(1-p_i)}$ 代替，等比例抽样时，N_i 可用 n_i 代替。

【例 10.10】 某地区有 10000 户居民，按居住地点分为城市和农村两组，按等比例不重复抽样方法抽取 1000 户，进行电脑拥有情况调查，资料见表 10-7。试以 95%的概率保证程度推断全部居民拥有电脑户数的比重所在的区间范围。

样本成数：$p = \frac{\sum p_i n_i}{n} = \frac{80\% \times 300 + 15\% \times 700}{1000} = 34.5\%$

表 10-7 某地区居民电脑拥有情况抽样表

居民户分类	全部居民户数 N_i /户	抽样户数 n_i /户	电脑拥有户比重 p_i
城市	3000	300	80%
农村	7000	700	15%
合计	10000	1000	34.5%

平均组内方差：$\overline{p_i(1-p_i)} = \frac{\sum p_i(1-p_i)n_i}{n} = \frac{80\% \times (1-80\%) \times 300 + 15\% \times (1-15\%) \times 700}{1000} = 13.725\%$

抽样平均误差：$\mu_p = \sqrt{\frac{\overline{p_i(1-p_i)}}{n}\left(1-\frac{n}{N}\right)} = \sqrt{\frac{13.725\%}{1000}\left(1-\frac{1000}{10000}\right)} = 1.11\%$

当概率保证程度为 95%时，$\Delta_p = t\mu_p = 1.96 \times 1.11\% = 2.18\%$

全部居民拥有电脑户数所占比重的区间范围：$34.5\% - 2.18\% \leq P \leq 34.5\% + 2.18\%$

整理得 $32.32\% \leq P \leq 36.68\%$

该地区居民电脑拥有户比重范围在 32.32%～36.68%。

10.4.3 等距抽样

1. 等距抽样的概念

等距抽样又称机械抽样或系统抽样，它是先将总体各单位按某一标志排队，然后按固定的顺序和间隔来抽选样本单位的一种抽样组织形式。例如，对学校学生进行调查，可以把学生按姓氏笔画顺序排队，对企业产品质量调查，可以按产品入库顺序排队等，然后按此顺序等间隔的抽取样本单位进行调查。等距抽样计算抽样间隔时，抽样间隔 k 等于样本容量 n 除以总体单位数 N，即 $k = \frac{N}{n}$。

等距抽样是不重复抽样,这种抽样方法通常可以保证被抽取的样本单位在总体中均匀分布,缩小各单位之间的差异程度,提高样本的代表性。特别是当研究的现象标志变异程度大,而在实际工作中又不可能抽取更多的单位进行调查时,等距抽样比简单随机抽样更为有效。

2. 等距抽样的分类

1) 按排队所依据的标志分类

按排队所依据的标志不同,等距抽样可以分为按无关标志排队和按有关标志排队两种。

按无关标志排队是指总体单位采用与调查项目没有关系的标志进行排队的方法。例如,调查职工生活水平时,将职工按姓氏笔画排队;调查学生学习成绩时,将学生按学号顺序排列;检查产品质量时,按入库顺序排队……均属此种情况。

按有关标志排队是指总体单位按与调查项目有关的标志进行排队的方法。例如,对耕地的农作物产量进行调查,可以将耕地按其前3年的平均产量排队;研究职工工资水平,将职工按工龄长短排队……都属这种情况。

2) 按样本单位的抽取方法分类

按样本单位的抽选方法不同,等距抽样可以分为随机起点等距抽样、半距起点等距抽样和对称等距抽样等。

随机起点等距抽样即在对总体单位进行排队的基础上,先将总体按排队顺序分为若干组,所分的组数与样本容量相同,然后确定抽样间隔k。此后,在第一组总体单位中随机抽选一个样本单位,设该样本单位的序号为r,则第二个样本单位的顺序号为$r+k$,第三个样本单位的顺序号为$r+2k$,依此类推,第n个样本单位的顺序号为$r+(n-1)k$。当总体按无关标志排队时,随机起点等距抽样是可以使用的,但总体按有关标志排队时,按随机起点等距抽样的方式抽选样本,若随机起点确定的偏高或偏低,都容易产生系统性的误差。

随机起点半距起点等距抽样是在对总体单位排队和确定抽样间隔的基础上,在第一组总体单位中提取处于中间位置的单位,即第$\frac{k}{2}$个单位作为第一个样本单位,此后依次抽取$\frac{k}{2}+k$,$\frac{k}{2}+2k$,$\frac{k}{2}+3k$,…,$\frac{k}{2}+(n-1)k$个单位,共n个单位构成样本。这种方法在按有关标志排队和按无关标志排队时都可以使用,其优点是简单易懂,易于实践。当总体按有关标志排队时,采用这种方法能保证样本有充分的代表性,在实践工作中用得较多。但半距起点等距抽样也有局限性,就是随机性不明显,当总体排队和样本容量确定后,样本单位也就随之确定了。只有属于组距中间的单位才能被抽中,而且只能抽取一套样本。

随机起点对称等距抽样是指总体单位经过排队和确定抽样间隔后,在第一组中随机抽取第r个总体单位作为第1个样本单位,在第二组与第1个样本单位对称的位置抽取第2个样本单位,它的序号为$2k-r$。在第三组与第2个样本单位对称的位置抽取第3个样本单位,即$2k+r$。以后抽出的样本单位序号依次为$4k-r$,$4k+r$,$6k-r$,$6k+r$,…,随机起点对称等距抽样保留了半距起点等距抽样的优点,同时避免其局限性,因此在实际工作中应用也较广泛。

3. 等距抽样误差的计算公式

按无关标志排队的等距抽样，抽样误差的计算方法比较复杂，一般可以按不重复简单随机抽样误差公式来计算。按有关标志排队的等距抽样具有类型抽样的性质，与一般类型抽样相比，不同的是组分得更多一些，每个组中只抽取 1 个单位。因此，可用类型抽样的公式计算抽样误差。因为按有关标志排队说明已经初步掌握了总体各单位标志值的资料，所以可以直接用总体方差，而不必用样本方差。

【例 10.11】 为了推断 9 块面积相等的地块玉米今年的平均亩产，欲从 9 块地中抽取 3 块地做抽样调查。现首先将这 9 块地按去年平均单产排队，情况见表 10-8。

表 10-8　某 9 块地玉米亩产量排队表

组　号	1			2			3		
地块序号	1	2	3	4	5	6	7	8	9
去年亩产/千克	680	692	704	722	728	740	746	752	767
平均亩产/千克	692			730			755		

现进行半距起点等距抽样抽选三块地，抽中的三块地分别为 2、5、8。经过实割实测这三块地的平均亩产为 $\overline{x_2}=700$ 千克，$\overline{x_5}=752$ 千克，$\overline{x_8}=780$ 千克。试以 95.45% 的概率对这 9 块地的平均亩产进行区间估计。

样本平均亩产：$\bar{x}=\dfrac{700+752+780}{3}=744$（千克）

各组组内方差：$\sigma_1^2=\dfrac{(680-692)^2+(692-692)^2+(704-692)^2}{3}=96$（千克）

$$\sigma_2^2=\dfrac{(722-730)^2+(728-730)^2+(740-730)^2}{3}=56\text{（千克）}$$

$$\sigma_3^2=\dfrac{(746-755)^2+(752-755)^2+(767-755)^2}{3}=78\text{（千克）}$$

平均组内方差：$\overline{\sigma_i^2}=\dfrac{96+56+78}{3}=76.67$（千克）

抽样平均误差：$\mu_{\bar{x}}=\sqrt{\dfrac{\sigma_i^2}{n}\left(1-\dfrac{n}{N}\right)}=\sqrt{\dfrac{76.67}{3}\left(1-\dfrac{3}{9}\right)}=4.13$（千克）

抽样极限误差：$\Delta_{\bar{x}}=t\mu_{\bar{x}}=2\times 4.13=8.26$（千克）

$$744-8.26\leqslant \overline{X}\leqslant 744+8.26$$

以 95.45% 的可靠性推断 9 个地块玉米平均亩产的置信区间为 735.74～752.26 千克。

10.4.4 整群抽样

1. 整群抽样的概念

整群抽样是将总体各单位划分成若干群或组，然后以群或组为单位从中随机抽取一些群，对中选群的所有单位进行全面调查的抽样组织形式。

例如，对连续成批生产的工业产品，每小时都抽选最后 10 分钟生产的全部产品进行质量检验。那么每 10 分钟生产的全部产品就是一群，一天 24 小时生产的全部产品就构成全及总体，共有 144 群，每小时抽选最后 10 分钟的产品，则样本群有 24 群。又如，调查某县的农户经济收入，可将所有农户按自然村为单位分组，然后以村为单位抽选样本村，对抽中的样本村的每个农户都要做全面调查。

整群抽样的特点在于组织工作比较简便。它不需要编制总体单位的名单，而只需编制总体群的名单，减少了很多工作量。但是，整群抽样也有缺点，就是整群抽样以群或组为单位抽样，抽取的单位比较集中，影响抽样单位在全及总体中的均匀分布，可能导致较大的抽样误差。因此，采用整群抽样时，一般要比其他抽样组织方式抽取更多的样本单位，借以降低抽样误差，提高抽样估计结果的准确程度。

2. 整群抽样误差的计算公式

整群抽样在抽选样本的过程中，直接抽取的不是总体单位而是群，因此，总体和样本是由群组成的。整群抽样都是不重复抽样，应该用不重复抽样的公式计算抽样平均误差。由于在抽样调查过程中，对被抽中的样本要做全面调查，所以整群抽样的样本群内方差不影响抽样误差，影响抽样误差的只是群间方差。

1) 平均数抽样平均误差

平均数抽样平均误差的计算公式为 $\mu_x = \sqrt{\dfrac{\delta_{\overline{X}}^2}{r}\left(\dfrac{R-r}{R-1}\right)}$

式中：R——总体的群数；

r——样本的群数；

$\delta_{\overline{X}}^2$——总体平均数群间方差。

$$\delta_{\overline{X}}^2 = \frac{\sum_{i=1}^{R}\left(\overline{X_i} - \overline{X}\right)^2}{R}$$

式中：$\overline{X_i}(i=1,2,3,\cdots,R)$——总体各群的平均数；

$\overline{X}$——总体平均数。

其中，$\overline{X}$ 的计算公式为

$$\overline{X} = \frac{\sum_{i=1}^{R}\overline{X_i}}{R}$$

当 $\delta_{\overline{X}}^2$ 未知时，可用样本平均数群间方差 $\delta_{\overline{x}}^2$ 代替。其计算公式为

$$\delta_{\overline{x}}^2 = \frac{\sum_{i=1}^{r}\left(\overline{x_i} - \overline{x}\right)^2}{r}$$

式中：$\overline{x_i}(i=1,2,3,\cdots,r)$——样本各群平均数；

$\overline{x}$——样本平均数。

其中，$\overline{x}$ 的计算公式为

$$\overline{x} = \frac{\sum_{i=1}^{r}\overline{x_i}}{r}$$

2) 成数抽样平均误差

成数抽样平均误差的计算公式为

$$\mu_p = \sqrt{\frac{\delta_p^2}{r}\left(\frac{R-r}{R-1}\right)}$$

式中：δ_p^2——总体成数群间方差。

其中，δ_p^2 的计算公式为

$$\delta_p^2 = \frac{\sum_{i=1}^{R}(P_i - P)^2}{R}$$

式中：$P_i(i=1,2,3,\cdots,R)$——总体各群成数；

P——总体成数。

其中，P 的计算公式为

$$P = \frac{\sum_{i=1}^{R} P_i}{R}$$

当 δ_p^2 未知时，可用样本成数群间方差 δ_p^2 代替。其计算公式为

$$\delta_p^2 = \frac{\sum_{i}^{r}(p_i - p)^2}{r}$$

式中：$p_i(i=1,2,3,\cdots,r)$——样本各群成数；

p——样本成数。

其中，p 的计算公式为

$$p = \frac{\sum_{i}^{r} p_i}{r}$$

【例 10.12】 设某化工厂昼夜连续生产某产品，每 10 分钟产量为 100 袋，现在采用整群抽样来检验一昼夜生产的产品每袋的重量和包装的一等品率。每 4 小时抽 10 分钟的袋装产品，检验结果见表 10-9。

表 10-9 某化工厂产品检验整群抽样表

样本群编号	1	2	3	4	5	6
平均袋重 $\overline{x_i}$ /千克	50.5	49.8	50.5	50.2	49.9	50.3
包装一等品率 p_i	70%	69%	68%	70%	72%	71%

根据表中资料，以 95.45% 的概率推断该厂一昼夜产品平均袋重的范围和包装一等品率的范围。

该总体每 4 小时抽 10 分钟的产品做检验，则每 10 分钟产品(100 袋)为 1 群，总体群数共 144 群($R=24\times6$)，样本群数共 6 群($r=24\div4=6$)，则

样本平均数：$\overline{x} = \frac{\sum \overline{x_i}}{r} = \frac{50.5+49.8+50.5+50.2+49.9+50.3}{6} = 50.2$ (千克)

样本群间方差：$\delta_x^2 = \dfrac{\sum_{i=1}^{r}(\overline{x_i}-\overline{x})^2}{r} = \dfrac{0.44}{6} = 0.0733$（千克）

平均数抽样平均误差：$\mu_{\overline{x}} = \sqrt{\dfrac{\delta_x^2}{r}\left(\dfrac{R-r}{R-1}\right)} = \sqrt{\dfrac{0.0733}{6}\left(\dfrac{144-6}{144-1}\right)} = 0.1086$（千克）

抽样极限误差：$\Delta_{\overline{x}} = t\mu_{\overline{x}} = 2 \times 0.1086 = 0.2172$（千克）

$$50.2 - 0.2172 \leqslant \overline{X} \leqslant 50.2 + 0.2172$$

95.45%的概率下平均袋重的置信区间为 49.9828～50.4172 千克。

样本成数：$p = \dfrac{\sum_{i}^{r} p_i}{r} = \dfrac{70\% + 69\% + 68\% + 70\% + 72\% + 71\%}{6} = 70\%$

样本群间方差：$\delta_p^2 = \dfrac{\sum_{i}^{r}(p_i - p)^2}{r} = \dfrac{0.001}{6} = 0.000167 = 0.0167\%$

成数抽样平均误差：

$$\mu_p = \sqrt{\dfrac{\delta_p^2}{r}\left(\dfrac{R-r}{R-1}\right)} = \sqrt{\dfrac{0.000167}{6}\left(\dfrac{144-6}{144-1}\right)} = 0.00518 = 0.5178\%$$

抽样极限误差：$\Delta_p = t\mu_p = 2 \times 0.5178\% = 1.0356\%$

$$70\% - 1.0356\% \leqslant P \leqslant 70\% + 1.0356\%$$

95.45%的概率下平均包装一等品率的置信区间为 68.9644%～71.0356%。

10.5　必要样本容量的确定和总体总量指标的推算

10.5.1　必要样本容量的确定

在开始组织抽样调查之前，首先要涉及样本容量的确定问题。因为样本容量的多少对抽样调查的经济效益，以及对抽样误差的控制都有重要的影响。样本容量过大，会增加调查费用，花费更多的人力，从而不能充分体现抽样调查的优越性；如果样本容量过小，则样本没有足够的代表性，抽样误差相应的就会增大，对总体指标推断的准确性就会下降。因此，为正确地做好抽样调查工作，在抽样调查开始之前就要正确地确定必要的样本容量，样本单位的数目不能过多，也不能过少。

1. 影响必要样本容量的因素

正确确定必要样本容量时，应考虑以下影响因素。

(1) 总体各单位的标志变异程度，即总体方差 σ^2 或 $P(1-P)$ 的大小。在其他条件不变的情况下，总体标志变异程度越大，需要抽取的必要样本容量就越多；反之，总体标志变异程度越小，需要抽取的必要样本容量就越小。

(2) 允许的误差范围，即极限误差 Δ 的大小。在其他条件不变的情况下，允许的误差范围越大，需抽取的样本单位数越小；反之，允许的误差越小，需抽取的样本单位数越多。

(3) 抽样估计的概率保证程度，即 $F(t)$ 的大小。在其他条件不变的情况下，抽样估计的概率保证程度越高,需要抽取的必要样本容量就越多;反之,概率保证程度越低,需要抽取的必要样本容量就越少。

(4) 抽样方法。在其他条件都相同的情况下,重复抽样的必要样本容量要多于不重复抽样。

(5) 抽样调查的组织形式。采用类型抽样,或按有关标志排队等距抽样的方式,要比简单随机抽样需要的必要样本容量要小。

以上影响样本容量的因素,可以从样本容量计算公式的推导结果中加以验证。

2. 必要样本容量的计算公式

必要样本容量的计算公式,是由抽样平均误差与抽样极限误差的关系式变换而来的,也分为重复抽样与不重复抽样两种计算方法。在这里只介绍简单随机抽样的必要样本容量的计算公式。

1) 重复抽样的必要样本容量的计算公式

平均数的必要样本容量:$n_{\bar{x}} = \dfrac{t^2 \sigma^2}{\Delta_x^2}$

成数的必要样本容量:$n_p = \dfrac{t^2 P(1-P)}{\Delta_p^2}$

2) 不重复抽样的必要样本容量的计算公式

平均数的必要样本容量:$n_{\bar{x}} = \dfrac{N t^2 \sigma^2}{N \Delta_x^2 + t^2 \sigma^2}$

成数的必要样本容量:$n_p = \dfrac{N t^2 P(1-P)}{N \Delta_p^2 + t^2 P(1-P)}$

根据以上公式计算的必要样本容量,是在保证已知条件下的必要样本数目,是一个最低限度的数目。如果这个数目还要减少的话,就无法保证抽样所要求的极限误差和推断的可靠程度。因此,如果计算结果不是整数,而是小数的话,就不能采取四舍五入的办法化成整数,而是要用进一法,用比这个数大的邻近整数代替。

在开展抽样调查之前,一般总体的方差是未知的,在确定必要样本容量时,可以利用以前做过的同类调查的经验数据代替;也可以组织试验性的抽样,在进行正式的抽样调查之前,组织两次或两次以上的试验性的抽样,用试验样本的方差中较大的一个代替;成数方差在完全缺乏资料的情况下,可以用成数方差的极大值 0.25 来代替。

在实际工作中,有时进行一次抽样调查,要同时对总体平均数和总体成数进行抽样推断,而依据平均数或成数的抽样误差公式推导出来的必要样本容量是不等的,即 $n_{\bar{x}} \neq n_p$,为了保证抽样推断的要求,应取其中较大的数值作为共同使用的必要样本容量。

【例 10.13】 对某乡进行农村经济调查,已知农户平均年收入标准差为 30 元,要求概率保证程度为 95.45%,允许误差为 5 元,试计算重复抽样条件下应抽取多少样本户。

已知 $\sigma = 30$,$F(t) = 95.45\%$,$\Delta_x = 5$,$t = 2$

则 $n_{\bar{x}} = \dfrac{t^2 \sigma^2}{\Delta_x^2} = \dfrac{2^2 \times 30^2}{5^2} = 144$(户)

所以应抽取 144 户进行调查。

【例 10.14】 抽样调查一批产品的合格率,根据以往的资料,产品合格率为 97%,现在要求允许误差不超过 1.5%，概率保证程度为 95%。计算在重复抽样条件下应抽取多少产品。

已知 $P = 97\%$，$\Delta_p = 1.5\%$，$F(t) = 95\%$，$t = 1.96$

则 $n_p = \dfrac{t^2 P(1-P)}{\Delta_p^2} = \dfrac{1.96^2 \times 97\% \times (1 - 97\%)}{1.5\%^2} = 496.85 \approx 497$（件）

所以需要抽取 497 件产品。

10.5.2 总体总量指标的推算

总体总量指标的推算是指通过已经获得的抽样调查样本资料来估算所需计算的总体总量指标的资料，主要有以下两种方法。

1. 直接推算法

直接推算法是用样本指标数值或总体指标的区间估计值乘以总体单位数来推算总体总量指标的方法。

在点估计的情况下，可以直接用样本指标数值乘以总体单位数，即 $\bar{x}N$ 或 pN 来推断；在区间估计的情况下，可以用区间估计值乘以总体单位数，即 $[(\bar{x}-\Delta_{\bar{x}})N, (\bar{x}+\Delta_{\bar{x}})N]$ 或 $[(p-\Delta_p)N, (p+\Delta_p)N]$ 来推算。

【例 10.15】 某乡对 400 公顷小麦进行产量抽样调查，得知样本平均数为 6825 千克/公顷，由此推算出该乡小麦总产量为

$$6825 \times 400 = 2730000 \text{（千克）}$$

【例 10.16】 仍用上例，如果根据抽样调查的结果，样本平均数为 6825 千克/公顷，抽样平均误差为 66 千克，试在 95.45%的概率保证下，推算该乡小麦总产量的范围。

已知 $N = 20$，$\bar{x} = 6825$，$\mu_{\bar{x}} = 66$，$t = 2$

$$\Delta_{\bar{x}} = t\mu_{\bar{x}} = 2 \times 66 = 132 \text{（千克）}$$

$$6825 - 132 \leqslant \bar{X} \leqslant 6825 + 132$$

在 95.45%的概率保证下，该乡小麦平均亩产所在区间范围为 6693~6957 千克/公顷。

$$(6825 - 132) \times 400 \leqslant \bar{X}N \leqslant (6825 + 132) \times 400$$

即在 95.45%的概率保证下，该乡小麦总产量所在区间范围为 2677200~2782800 千克。

2. 修正系数法

修正系数法是用抽样总体的有关系数来修正全面统计资料的方法。这种方法由于系数计算方法不同，应用时有比例修正和系数修正两种具体方法。

1) 比例修正

比例修正是指用同一抽样总体中各个有关标志比例来修正全及总体指标的方法。其计算公式为

$$\text{修正比例} = \frac{\text{抽样实际产量}}{\text{抽样预计产量}}$$

【例 10.17】 某县粮食预计产量为 4000 万千克，现随机抽取 100 个农户进行核实，结

果这100个农户原预计粮食总量为60万千克,实际入库产量为63万千克,其修正比例为

$$修正比例 = \frac{63}{60} = 1.05$$

则全县粮食实际产量可以修正为4000×1.05=4200(万千克)。

2) 系数修正

系数修正是根据抽样调查资料计算出修正系数用以修正补充全面调查资料的方法。其计算公式为

$$修正系数 = \frac{抽样复查数 - 全面调查数}{全面调查数} \times 100\%$$

修正以后全面调查数=全面调查数×(1+修正系数)

【例10.18】 某县第五次全国人口普查总人口数为429723人,之后进行了一次10%的抽样复查,得到抽样复查数为48240人,相应的全面调查人数为47869人,则

$$修正系数 = \frac{48240 - 47869}{47869} \approx 0.775\%$$

修正后的全县人口数=429723×(1+0.775%)≈433053(人)

本章小结

抽样调查是按照随机原则从总体中抽取部分单位进行调查,用调查所得指标数值对总体相应指标数值做出具有一定可靠性估计和判断的一种调查方法。遵循随机原则是抽样调查最主要的特点。抽样调查过程中,抽样的方法有重复抽样和不重复抽样两种,抽样误差实际上是抽样调查本身所固有的随机误差,而能够计算并加以控制的是抽样平均误差。总体标志变异程度、样本容量、抽样方法和抽样方式都会影响抽样平均误差。

抽样调查的目的是为了进行抽样估计,而抽样估计的方法主要有两种:点估计和区间估计。抽样调查在遵循随机原则的基础上可以采用不同的组织形式,主要有简单随机抽样、类型抽样、等距抽样和整群抽样。其中,简单随机抽样误差较大,在实际应用中受到很大限制,但它是其他抽样方法的基础,也是衡量其他抽样方式抽样效果的标准。简单随机抽样在抽样之前不对总体做任何处理,直接从总体中按随机原则抽取样本,而其他几种方式都需要对总体先进行处理,然后再按随机原则抽样。类型抽样是对总体先分组,然后在每组中按随机原则抽样;而等距抽样是先对总体排队,然后等距抽选样本;整群抽样是先对总体分群,然后按随机原则抽取样本群,并对抽中的样本群做全面调查。

习 题

一、单项选择题

1. 在抽样推断中,必须遵循(　　)原则抽取样本。
　　A. 随意原则　　　B. 随机原则　　　C. 可比原则　　　D. 对等原则
2. 抽样平均误差反映了样本指标与总体指标之间的(　　)。
　　A. 可能误差范围　　　　　　　　　B. 平均误差程度
　　C. 实际误差　　　　　　　　　　　D. 实际误差的绝对值

3. 样本指标和总体指标( )。
   A. 前者是确定值，后者是随机变量
   B. 前者是随机变量，后者是确定值
   C. 两者均是确定值
   D. 两者均是随机变量
4. 对标志变异程度大的总体进行抽样调查时，宜采用( )。
   A. 简单随机抽样   B. 等距抽样
   C. 类型抽样   D. 整群抽样
5. 计算必要样本容量时，若总体方差未知，应当从几个可供选择的样本方差中选择数值( )。
   A. 最小的   B. 任意的   C. 最大的   D. 适中的
6. 根据组(群)间方差资料计算抽样平均误差的抽样组织形式是( )。
   A. 简单随机抽样   B. 等距抽样   C. 类型抽样   D. 整群抽样
7. 抽样调查的目的主要在于( )。
   A. 计算和控制误差   B. 了解总体单位情况
   C. 用样本来推算总体   D. 对调查单位做深入研究
8. 如果样本单位数减少到原来的一半，在简单随机抽样条件下，抽样平均误差将会( )。
   A. 减少一半   B. 扩大1倍   C. 扩大2倍   D. 是原来的$\sqrt{2}$倍
9. 对两个工厂工人平均工资进行不重复的简单随机抽样调查，抽查的工人人数一样，两工厂工人工资方差相同。但第二个工厂工人数比第一个工厂工人数多一倍。抽样平均误差( )。
   A. 第一个工厂大   B. 第二个工厂大
   C. 两工厂一样大   D. 无法做出结论
10. 抽样平均数为120，抽样平均误差为2，抽样推断区间为114～126的概率为( )。
    A. 95.45%   B. 99.7%   C. 95%   D. 68.27%
11. 在同样的情况下，不重复抽样的抽样平均误差与重复抽样的平均误差相比是( )。
    A. 两者相等   B. 前者小于后者
    C. 前者大于后者   D. 无法判断
12. 已知概率为99.73%的抽样估计区间为51～69，则概率为95.45%的抽样估计区间为( )。
    A. 51～69   B. 52～68   C. 54～66   D. 53～67
13. 在进行简单随机抽样时，为使抽样平均误差减少25%，则抽样单位数应该( )。
    A. 增加25%   B. 增加78%   C. 增加1.78%   D. 减少25%
14. 在其他条件都相同的情况下，若抽选总体5%的单位做样本，则重复抽样平均误差为不重复抽样误差的( )。
    A. 1.03倍   B. 1.05倍   C. 0.97倍   D. 95%
15. 影响类型抽样误差大小的主要是平均( )。
    A. 组间方差   B. 组内方差   C. 总体方差   D. 样本方差

二、多项选择题

1. 抽样调查的特点是（　　）。
   A．以部分推断全体
   B．按随机原则抽取样本单位
   C．抽样误差可以事先计算和控制
   D．抽样调查的目的在于推算有关总体指标
   E．抽样调查的目的在于了解总体的基本情况

2. 在抽样推断中，样本单位数取决于（　　）。
   A．总体标准差的大小　　　　B．总体方差大小
   C．允许误差大小　　　　　　D．总体平均数大小
   E．概率保证程度大小

3. 要提高抽样推断的精确度，可采用的方法有（　　）。
   A．增加样本数目
   B．减少样本数目
   C．缩小总体被研究标志的变异程度
   D．改善抽样的组织方式
   E．改善抽样方法

4. 从一个全及总体中可以抽取一系列样本，所以（　　）。
   A．抽样指标的数值不是唯一的
   B．抽样指标总是小于总体指标
   C．总体指标是随机变量
   D．抽样指标是随机变量
   E．抽样指标可能大于、等于或小于总体指标

5. 在区间估计中，如果其他条件不变，抽样推断的概率保证程度与精确度之间存在关系为（　　）。
   A．前者越低，后者也越低　　B．前者越高，后者也越高
   C．前者越低，后者越高　　　D．前者越高，后者越低
   E．两者呈相反方向变化

三、简答题

1. 什么是抽样调查？它有哪些特点和作用？
2. 什么是全及总体？什么是抽样总体？两者有何区别？
3. 什么是抽样误差、抽样平均误差和抽样极限误差？
4. 影响抽样平均误差的因素有哪些？
5. 抽样调查组织方式有哪几种？有什么区别？哪种最好？
6. 影响必要样本容量的因素有哪些？
7. 抽样估计有哪些方法？点估计和区间估计有什么不同？
8. 什么是重复抽样、不重复抽样？两者有什么异同？

第 10 章 抽样调查

四、计算题

1. 某电扇厂对其生产的 1500 台电扇进行使用寿命检查，随机抽取 30 台，平均使用寿命为 4.5 万小时，使用寿命的标准差为 240 小时，若以 95%的概率进行推断，试求极限误差和使用寿命的置信区间。

2. 对一批水果罐头进行质量检查，随机抽取 100 瓶检查，发现有 6 瓶不合格，若以 95.45%的概率进行推断，可否认为这批水果罐头的不合格率不会超过 10%。

3. 对某型号电子元件 10000 只进行耐用性能检查。根据以往抽样测定，已知耐用时间数的标准差为 600 小时。试求在重复抽样条件下：

(1) 概率保证程度为 68.27%，元件平均耐用时数的误差范围不超过 150 小时，需要抽取多少元件做检查？

(2) 根据以往抽样检验知道，元件合格率为 95%，合格率的标准差为 21.8%，要求在 99.73%的概率保证下，允许误差不超过 4%，试确定重复抽样所需抽取的元件数目是多少？

4. 在 500 个抽样产品中有 95%的一级品，试计算抽样平均误差，并以 95.45%的概率来估计全部产品一级品率范围。

5. 某电池厂对某天生产的 10 万只 2 号电池的电流强度随机抽取 1‰进行调查，结果见表 10-10。

表 10-10 电池的电流强度表

电力强度/安培	电池数/个
4.0～4.5	1
4.5～5.0	4
5.0～5.5	50
5.5～6.0	32
6.0～6.5	10
6.5～7.0	3
合计	100

根据规定 2 号电池的电流强度低于 5 安培为不合格，根据以上资料计算电流强度的抽样平均误差和合格率的抽样平均误差，并以 95.45%的概率保证判断该批电池是否合格。

6. 某鞋厂为了检查某天生产的 4 万双鞋的耐穿时间，决定按产品入库时间顺序每 100 双抽取 1 双进行检查，结果见表 10-11。

表 10-11 鞋子耐穿时间表

耐穿时间/天	280～300	300～320	320～340	340～360	360～380	合计
鞋数/双	20	30	260	80	10	400

根据规定，耐穿时间 300 天以上为合格，试根据以上资料在 95%的概率保证下，推断该天生产的全部鞋的平均耐穿时间和合格率的可能范围。

7. 某学院调查学生每人每周参加文体活动的时间，首先将学生按学习成绩分为3个组，各抽选10%进行调查，结果见表10-12。

表10-12 学生每人每周参加文体活动时间表

按学习成绩分组	学生人数	抽样人数	样本人均周文体活动时间/小时	样本人均周文体活动时间方差/小时
甲	300	30	12	15.0
乙	400	40	17	8.8
丙	200	20	13	27.2

试以95.45%的概率保证对该校学生每人一周参加文体活动时间进行区间估计。

8. 从某县50个村中随机抽取5个村，对5个村所有养猪专业户进行全面调查，资料见表10-13。

表10-13 养猪户情况表

中选村编号	1	2	3	4	5
每户平均存栏生猪/头	50	70	80	85	90
优良品种比重	90%	80%	50%	70%	55%

试以95.45%的概率推断，该县养猪专业户平均每户存栏生猪头数和优良品种率的可能范围。

第11章 相关分析

学习目标

知识目标	技能目标
1. 了解相关关系和函数关系的定义 2. 了解相关关系和函数关系的区别和联系 3. 了解相关关系的种类、内容 4. 了解相关关系的密切程度的判断标准 5. 了解直线相关关系的特点及其运用时注意事项 6. 了解回归分析的含义 7. 了解回归分析和相关分析的区别和联系	1. 能够运用相关表和相关图确定两个变量之间的相关关系 2. 学会计算相关系数，并用相关系数确定两个变量之间的关系程度和方向 3. 掌握简单直线回归方程的配合方法 4. 掌握标准误差的计算以及相关系数与估计标准误差的关系 5. 能够运用计算机进行测定变量间的相关系数和回归

知识结构

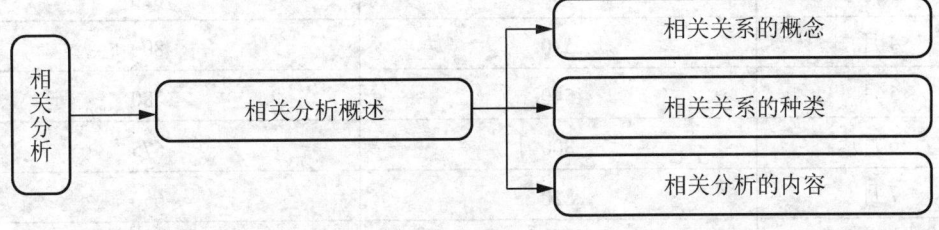

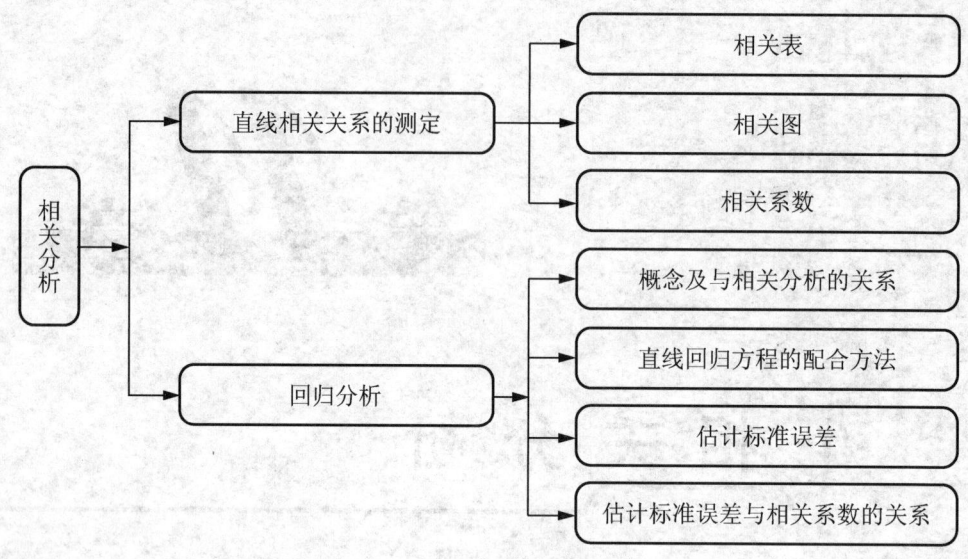

导入案例

利兴铸造厂产品成本分析

最近几年来，利兴铸造厂狠抓成本管理，提高经济效益，在降低原材料和能源消耗、提高劳动生产率以及增收节支等方面，取得了显著成绩，单位成本有明显下降，基本扭转了亏损局面。但是各月单位成本起伏很大，有的月盈利，有的月份盈利少甚至亏损。为了控制成本波动，并指导今后的生产经营，利兴铸造厂统计科专门进行了产品分析。

首先研究单位成本与产量的关系，资料见表 11-1。

表 11-1 铸铁件产量及单位成本情况表

时间	铸铁件产量/吨	单位产品成本/(元/吨)
上年 1 月	810	670
2 月	547	780
3 月	900	620
4 月	530	800
5 月	540	780
6 月	800	675
7 月	820	650
8 月	850	620
9 月	600	735
10 月	690	720

续表

时间	铸铁件产量/吨	单位产品成本/(元/吨)
11月	700	715
12月	860	610
本年1月	920	580
2月	840	630
3月	1000	570

从表11-1可以看出，铸铁件单位成本波动很大，在15个月中最高的上年4月单位成本达到800元，最低的今年3月单位成本为570元，全距是230元。成本波动大的原因是什么呢？从表11-1可以发现，单位成本的波动与产量有关。上年4月产量最低，成本最高；今年3月产量最高，成本最低。这显然是一个规模经济问题。在成本构成中，可以分为固定成本和变动成本两部分。根据利兴铸造厂的实际情况，固定成本主要包括折旧费用、管理费用和财务费用。在财务费用中绝大部分是贷款利息，由于贷款金额大，在短期内无力偿还，所以每个月贷款的利息支出基本上是一项固定开支，不可能随产量的变动而变动，故将贷款利息列入固定成本之中。从目前情况看，在成本构成中，固定成本所占比重比较大，每月产量大，分摊在单位产品中的固定成本就小；如果产量小，分摊在单位产品中的固定成本就大，所以每月产量的多少直接影响单位成本的波动。

为了论证单位成本与产量之间是否存在相关关系，并找出其内在的规律，以指导今后的工作，统计科计算了相关系数，并建立了回归方程。计算结果表明，单位成本与产量之间相关系数为-0.98，二者之间存在着高度负相关。配合直线方程为 $\hat{y}=1049-0.49x$。结果表明铸铁件产量每增加1吨，单位成本可以下降0.49元。

启示：规模经济效益是企业生产经营中的一条规律，人们认识了这条规律，特别是像利兴铸造厂这样结合本企业实际情况，具体计算产量与单位成本之间的相关系数和回归方程，将规模效益量化，就能够更自觉地回归规模经济效益这条规律，指导生产经营，从而促进提高经济效益。

资料来源：娄庆松，曹少华. 统计基础知识(会计专业)[M]. 北京：高等教育出版社，2002.

在统计研究大量自然现象和社会经济现象时，会发现许多客观现象之间都存在着相互依存、相互影响、相互制约的关系，分析研究这种现象之间的相互关系，有助于了解客观现象发展变化的规律，寻找影响现象发展变动的关键因素，也有助于人们进行统计预测。研究社会经济现象之间相互关系的基本方法就是相关分析与回归分析。相关分析着重研究现象之间的联系程度，回归分析则着重研究现象之间关系的形式。

11.1 相关分析概述

11.1.1 相关关系的概念

1. 依存关系

无论是在自然科学领域还是在社会经济领域，世界上任何一种现象都不是孤立存在的，总是会与周围的事物相互依存、相互影响。社会经济现象也是这样，当一种现象发生变化时，往往会引起周围与其相互联系的其他事物发生相应的改变；同时，一种现象的变动往往也要受到它周围各种有关现象变动的影响。例如，居民货币收入与其商品购买力；工人的劳动生产率与技术等级；商品广告费与商品销售额；农作物每亩施肥量与每亩产量；身高与体重；年龄与健康水平；学生入学成绩与在校成绩；工人技术水平和产品合格率；总产值与产量；等等。这些因素之间无不存在着一定的相互依存、相互影响的关系。

2. 函数关系和相关关系

一般来说，处于一个系统中的各种现象的依存关系可以分为两类：一类是严格的确定性的函数关系；另一类是不严格的不确定性的相关关系。

函数关系是现象之间存在着严格的确定性的数量依存关系，它们的关系值是固定的。当一种现象的数量确定后，另一种现象的数量也随之完全确定，并且这种关系可以用一个数学表达式反映出来，即对于某现象(x)的每个数值，另一现象(y)都有一个或多个确定的数值与之对应，其中 x 为自变量，y 为因变量。两者之间的这种关系可用数学表达式 $y = f(x)$ 来表示。这种关系广泛存在于自然界中。例如，长方形面积=长×宽，而圆的面积(s)与半径(r)之间的关系是 $s = \pi r^2$，当长方形的长和宽、圆的半径发生改变时，相应的长方形的面积和圆的面积也就会相应的发生一定数量的改变；在社会经济现象中也存在有类似的关系。又如，商品销售额=商品销售量×商品价格，在商品价格不变的情况下，商品销售量每变动一个单位，商品销售额也就会发生相应数量的改变，即在价格一定的情况下，商品销售额的大小会随着商品销售量的多少而变动。函数关系在自然界和经济领域中都广泛地存在。

相关关系是现象之间确实存在有数量上的依存关系，但这种数量上的关系是不确定的。其主要特征是现象之间联系的数量依存关系值不是固定不变的，即当某一变量的数值发生改变时，另一个与其有联系的变量也会发生改变，但变动的数值是不固定的，它的数量往往同时出现几个不同数值，这些数值围绕着它们的平均数上下波动，在一定范围内有所变化。例如，农作物每亩化肥施用量与农作物每亩产量之间的关系，在达到临界点之前，随着每亩化肥施用量增加，农作物每亩产量也是不断增加的，但每亩产量的高低并非完全取决于施肥量的多少，它还与温度、降雨量、日照量、土质、种子、管理技术等有关，因此每亩化肥施用量每增加 1 千克时所增加的农作物产量是不确定的。又如，居民家庭收入水平与其食品支出所占比重之间的关系。一般来说，收入越高的家庭，其食品支出的比重越低，而收入越低的家庭，食品支出所占比重越高，但居民家庭收入水平每增加一个单位，食品支出的比重会降低多少是不确定的。现象之间这种量变关系的不确定性是由于受到多种复杂的因素影响造成的，然而，不管有多少因素影响，现象之间这种不确定性的量变关系不是杂乱无章的，而是有一定规律的。现象之间的这种不确定的相关关系一般不能通过对个别事物的观察了解到，而只能通过对大量的现象进行研究才能体现出来。这种关系在社会和经济领域中广泛存在。

在相关关系的变量之间，通常存在一定的因果关系，其中起影响作用的那个变量通常被称为自变量，用 x 表示；而受自变量影响发生变动的那个变量称为因变量，用 y 表示。例如，农作物每亩产量和每亩施肥量之间，每亩施肥量就是自变量，而农作物每亩产量即为因变量，二者之间就是因果关系。又如，居民家庭收入水平与其食品支出所占比重之间也是因果关系，居民家庭收入水平为自变量，而食品支出所占比重为因变量。这些相关关系中因果标志不能颠倒。不过有些相关关系中，现象之间的因果关系并不明显，两个变量之间可以互为因果。再如，产品生产量和销售量、工资与物价、人的身高和体重之间的关系。一般而言，人的身高越高，体重也大；但也可以说人的体重大，一般身高也越高。二者都可以是自变量，也都可以是因变量，自变量和因变量可以互换。在这种情况下，就要根据研究的目的决定自变量和因变量。如果要研究身高对体重的影响，就应以身高为自变量；而如果要研究体重对身高的影响，则可把体重作为自变量。

现象的相关关系和函数关系既有区别又有联系。

二者的不同之处在于：一是函数关系指变量之间的关系是确定的，而相关关系中的变量的关系则是不确定的，可以在一定范围内变动。二是函数关系中变量之间的依存可以用一定的方程 $y = f(x)$ 表现出来，可以给定自变量来推算因变量，而相关关系则不能用一定的方程准确地表示。

二者之间也存在一定的联系：一是函数关系与相关关系都是反映现象之间关联程度的。函数关系是广义的相关关系，也可以看成是相关关系的特例，即函数关系是完全的相关关系，相关关系是不完全的相关关系。二是在实际统计工作过程中，函数关系和相关关系尽管体现了现象之间不同的关系类型，但彼此之间没有绝对的界限。一方面，有些现象在理论上表现为确定性的函数关系，可是在进行多次观察或测量后，由于存在测量或观察误差等原因，实际得到的数据往往也是不确定的，故这时的函数关系就表现为相关关系；另一方面，有些现象之间的相关关系，因某些偶然因素的影响，也可能表现为函数关系。三是在研究相关关系，进行数量分析时，常常用函数表达式来近似地反映现象之间的数量依存关系值及其规律性，函数关系式为研究相关关系提供了数学依据。有些变量之间尽管没有确定性的函数关系，但为了分析它们之间关系的密切程度，找出现象之间相互依存关系在数量上的规律性，常常借助于确定性的函数关系来近似描述，为研究相关关系提供科学依据。而且当人们对现象之间的内在联系和规律性了解得比较清楚时，相关关系又可以转化为函数关系。

在现象之间的相互联系中，相关关系是普遍存在的，相关关系的范围比函数关系范围大，函数关系实际上可以看作是相关关系的一种特例，是一种特殊的相关关系。变量之间的函数关系的研究是数学领域的课题，而变量之间相关关系的研究，则是统计研究分析的范围。

不论在哪种情况下，作为研究对象的现象之间的相关关系，必须是真实的、具有内在联系的关系，而绝不能是主观臆造的或只不过是形式上偶然的巧合。因此，统计在研究现象的相关关系时，必须根据有关的科学理论，在对现象进行深入分析的基础上，建立相应的联系，以便得出科学的结论。一般把这种研究不确定性的相关关系的理论、计算和分析的方法称为相关分析法。

11.1.2 相关关系的种类

社会经济现象之间的相关关系是多种多样的，不同种类的相关关系要用不同的方法去研究。为此，需要从不同的角度对现象之间的相关关系进行分类。

1. 按现象之间相关的程度分类

按现象之间相关的程度，相关关系可分为完全相关、不相关和不完全相关。

当一种现象的数量变化完全由另一种现象的数量变化所确定时，这两种现象间的关系为完全相关。例如，在价格保持不变的情况下，某种商品的销售总额与其销售量之间的关系总是成正比。在这种情况下，相关关系就变成了函数关系，因此也可以说函数关系是相关关系的一个特例。

如果两个现象之间互不影响，其数量变化各自独立，称其为不相关。例如，一般认为学习成绩的高低与天气变化是不相关的。

如果两种现象之间的关系介于不相关和完全相关之间，则称其为不完全相关。通常我们看到的相关现象都属于这种不完全相关。

2. 按相关变量的多少分类

按相关变量的多少，相关关系可分为单相关、复相关和偏相关。

在研究现象之间的相关关系时，只涉及两个变量之间的相关关系称为单相关，即只涉及一个自变量和一个因变量的相关关系。涉及3个或3个以上变量的相关关系称为复相关，这种相关关系研究涉及两个或两个以上的自变量和因变量。例如，粮食单位面积产量与施肥量、气候、种植方式、良种选用、灌溉条件等因素之间的相关关系。从方法上讲，单相关是复相关的基础。在实际生活中，当一个现象受多因素影响时，人们常常抓住主要因素转化为单相关来加以研究和解决。在某一现象与多种现象相关的场合，假定其他变量不变，专门考察其中两个变量的相关关系称为偏相关。例如，假定人们的收入水平不变的条件下，某种商品的需求与其价格水平的关系就是一种偏相关。

3. 按变量之间相关的表现形式分类

按变量之间相关的表现形式不同，可以分为直线相关和曲线相关。

直线相关是指当自变量发生变动时，因变量随之发生大致均等的变动(增加或减少)，从图形上反映，观察点分布近似为直线形式，也叫线性相关。例如，工人的技术熟练程度与产量之间，在图形上近似地表现为直线的形式。曲线相关是指当自变量变动时，因变量随之发生不均等的增加或减少的变动，从图形上反映，观察点分布为各种不同的曲线形式，如抛物线、指数曲线、双曲线等，也叫非线性相关。例如，农作物单位面积产量与施肥量之间的关系，在一定范围内，增加施肥量，农作物产量会不断增加，但当施肥量超过某一临界点后，再继续不断增加施肥量，农作物产量不但不会增加，反而会下降，从图形上近似地呈现为抛物线的形式。又如，人口年龄与人口数量之间呈曲线关系。

4. 按直线相关关系变动的方向分类

按直线相关关系变动的方向，相关关系可分为正相关和负相关。

正相关指的是两个变量的变化方向相同，即当自变量增加时，因变量也会增加；反之亦然。负相关指的是两个变量的变化方向相反，当自变量增加时，因变量不但不会增加，反而会减少。例如，商品的需求量与商品的价格呈现正相关，而商品的供应量与商品的价格呈现负相关。

5. 按相关性质分类

按相关性质分类，可分为真实相关和虚假相关。

当两种现象之间的相关确实具有内在的联系时，称为真实相关。例如，消费支出与可支配收入之间的关系，需求与价格之间的相关等都属于真实相关。当两种现象之间的相关只是表面存在，实质上并没有内在的联系时，称为虚假相关。例如，人的体重多少与人的学历之间的关系，一个国家历年的国内生产总值与精神病患者人数之间的关系等，虽然有观察者发现两者之间呈现相关关系，但是这些都是虚假关系。判断什么是真实相关，什么是虚假相关，必须依靠有关的科学提供的知识来进行分析判断。

11.1.3 相关分析的内容

相关分析的目的就是要在错综复杂的客观现象中，通过大量观察的统计资料，反映相关关系的密切程度和依存的规律性。相关分析的主要内容有以下 4 个方面。

1. 确定现象之间是否存在相关关系，以及相关关系的表现形式

这是进行相关分析的前提，也是相关分析的出发点。只有现象之间存在着相关关系和弄清相关的表现形式，才不会导致认识上的错误。其方法有定性分析，也有定量分析。定量分析主要通过编制相关表、绘制相关图来判定现象之间是否存在相关关系以及相关关系的形态(线性、非线性)，进而采用相应的分析方法。

2. 测定相关关系的密切程度和方向

相关分析的一个重要用途就是从不严格的、非确定的相关关系中，根据一定方法从数量和方向上判定变量之间的相关关系的密切程度与方向。其目的是为了确定是否应对这种关系加以重视，以及有无必要进一步探讨现象之间数量变动的规律性。其定量分析方法除了利用相关表、相关图作概略地分析和说明外，主要是计算反映相关程度的指标，如相关系数等。

3. 确定现象之间相关关系的一般关系式

确定了现象之间确实有相关关系和密切程度，就要选择合适的数学模型，对变量之间的相关关系给予近似的描述。如果现象之间的关系表现为直线相关，则采用配合直线的方法；如果现象之间的关系表现为各种曲线，则采用配合曲线的方法。所配合的直线或曲线方程叫做回归方程，或叫做回归模型。通过方程的求解和计算分析，能反映现象之间相关关系数量方面的规律性，并可以据此进行估计、推算和预测。

4. 测定变量估计值的可靠程度

回归直线或曲线的配合，可反映现象之间的变化关系，也就是说，当自变量发生 1 个单位的变化时，因变量大致会变动多少。根据这个数量关系，可测定因变量的估计值。把估计值与实际值对比，如果它们的差别小，说明估计得较准确；反之，就不够准确。这种因变量估计值的准确程度，通常用估计标准误差来衡量。

11.2 直线相关关系的测定

相关分析用于反映两个变量之间的直线相关关系的密切程度时,为直线相关,也称为一元线性相关。

确定现象之间是否相关及相关的类型,一般要对现象之间的联系开展定性分析,然后做定量分析。定性分析是根据经济理论、有关专业知识和实际工作经验,进行科学的分析和研究。现象之间是否存在相关关系,取决于现象质的内在联系,而不是现象的数量表现。通过定性分析可以初步确定现象之间有无关系,如果确有关系,则进一步进行定量分析,可以通过编制相关表、绘制相关图直观地判断现象之间是否相关,以及相关关系的具体形式,并在此基础上计算相关系数,以准确反映相关关系的方向和密切程度。

11.2.1 相关表

相关表是指按照相关现象的数量对应关系以及一定的逻辑顺序编制成的一种统计表。通过相关表可以初步看出各变量之间的相关关系。为使相关表能如实地表现出相关现象的数量变化特征,编制相关表应考虑以下一般要求:如果要研究的相关现象数据为同期的(静态的),则自变量的数列应按由小到大或由大到小的顺序排列,因变量的数值则随之一一对应;如果相关的现象数据为不同时期的(动态的)数据,则自变量的数列应按现象发生的时间顺序排列,因变量的数值则随之一一对应。

根据资料是否分组,相关表有简单相关表和分组相关表两种。

1. 简单相关表

简单相关表的编制方法是:先将一个变量按从小到大的顺序排列起来,然后另一个变量的值对应填列而编排成的表格。

【例11.1】 对 10 户居民家庭的月收入和消费支出进行调查,得到原始资料见表11-2。

表 11-2 家庭收入和消费支出的统计原始资料

(单位:元)

家庭编号	1	2	3	4	5	6	7	8	9	10
月收入	2500	3000	1800	2000	3500	6000	5000	4500	7000	9000
消费支出	2000	2200	1500	1600	2500	3400	2900	2700	4500	5600

根据以上原始资料,将消费支出按从小到大的顺序排列,可编制相关表(表11-3)。

表 11-3 家庭收入和消费支出的简单相关表

(单位:元)

月收入	1800	2000	2500	3000	3500	4500	5000	6000	7000	9000
消费支出	1500	1600	2000	2200	2500	2700	2900	3400	4500	5600

从表 11-3 中可以看出,随着家庭收入的提高,家庭消费支出也有相应提高的趋势,两者之间存在明显的正相关关系。

2. 分组相关表

在原始资料进行分组基础上，进行的编制的相关表，称为分组相关表。分组相关表又分为单变量分组表和双变量分组表两种。

(1) 单变量分组表是对自变量进行分组，并列出每组变量值出现的次数和因变量值的统计表。

【例 11.2】 某车间工人 40 个工人，每个工人工龄(X)与人均日产量(Y)的资料分组后得出表 11-4。

表 11-4　工龄与人均日产量的单变量分组相关表

按工龄分组/年	人数/人	人均日产量/(件/天)
1～5	5	320
5～10	10	378
10～15	20	400
15 以上	5	421
合　计	40	387

从表 11-4 中可以看出随着工龄的增长，人均日产量相应增长，两者之间存在明显的正相关关系。

(2) 双变量分组表是对两种有关变量进行分组，交叉排列，并列出两种变量各组间的共同次数的统计表。在编制双变量分组相关表时，应注意将自变量放在横栏，按变量值从小到大，自左至右排列，还应将因变量放在纵栏，按变量值从大到小，自上而下排列，见表 11-5。

表 11-5　运货成本与运量的双变量分组相关表

运货成本 Y/(元/吨)	运量 X/吨						合计
	1～10	10～20	20～30	30～40	40～50	50～60	
20～25	—	—	—	—	—	—	3
15～20	1	4	1	—	—	—	13
10～15	25	3	3	—	—	—	8
5～10	3	2	2	1	1	—	6
合　计	7	7	9	4	2	1	30

从表 11-5 中可以看出，当货运量较小时，运货成本较高；当货运量较大时，运货成本较低。两者之间存在负相关。

11.2.2　相关图

相关图是指把相关表中原始的对应数值在平面直角坐标图中用点描绘出来，用以反映其分布状况的统计图,也称散点图、散布图。散点图的绘制是在直角坐标系中,以横轴表示自变量,纵轴表示因变量,将相关表中自变量与因变量的对应数值在坐标图中标出坐标点,此点称为相关点、散点或观察点,由所有点组成的图形就是相关图。从相关点的分布情况,就可以直观地、近似地观察出两个变量之间有无相关关系、相关关系的形式和相关关系的密切程度。现以表 11-3 中的资料为例绘制相关图,如图 11.1 所示。

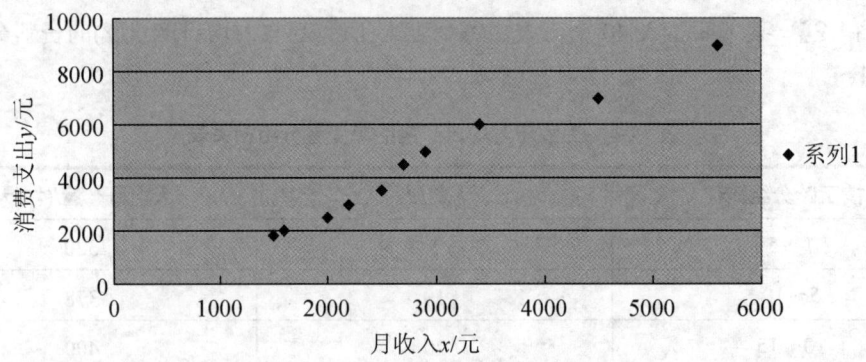

图 11.1　家庭月收入和消费支出相关图

从图 11.1 中可以看出随着家庭月收入的提高,家庭消费支出也有相应提高的趋势。二者关系虽然不十分严格,但有直线相关的趋势,而且大致可以看出而知之间的关系比较密切。

11.2.3　相关系数

1. 相关系数的概念及其公式

相关系数是在直线相关条件下用以说明现象之间相关关系密切程度的统计分析指标,通常用字母 r 表示。

相关系数的计算公式有多种,人们习惯采用英国统计学家卡尔·皮尔生(Karl Person)提出的测定两变量线性相关的计算公式。由于相关系数是通过各个离差积的平均值来说明现象之间的相关程度的,所以以上计算相关系数的方法俗称为积差法,其计算公式为

$$r = \frac{\sigma_{xy}^2}{\sigma_x \sigma_y} = \frac{\dfrac{\sum(x-\bar{x})(y-\bar{y})}{n}}{\sqrt{\dfrac{\sum(x-\bar{x})^2}{n}}\sqrt{\dfrac{\sum(y-\bar{y})^2}{n}}}$$

$$= \frac{\sum(x-\bar{x})(y-\bar{y})}{\sqrt{\sum(x-\bar{x})^2}\sqrt{\sum(y-\bar{y})^2}}$$

式中:r——相关系数;
　　　σ_{xy}^2——协方差;
　　　σ_x——自变量 x 数列的标准差;
　　　σ_y——因变量 y 数列的标准差。

第11章 相关分析

【例 11.3】 某企业上半年产品产量与单位成本资料见表 11-6。要求计算产量与单位成本的相关系数。

表 11-6 某企业上半年产品产量与单位成本表

月 份	产量/千件	单位成本/元/件
1	2	73
2	3	72
3	4	71
4	3	73
5	4	69
6	5	68

相关系数的计算过程见表 11-7。

表 11-7 相关系数计算表

月份	产量 x/千件	单位成本 y/元/件	$(x-\bar{x})$	$(x-\bar{x})^2$	$(y-\bar{y})$	$(y-\bar{y})^2$	$(x-\bar{x})(y-\bar{y})$	xy
1	2	73	−1.5	2.25	2	4	−3	146
2	3	72	−0.5	0.25	1	1	−0.50	216
3	4	71	0.5	0.25	0	0	0	284
4	3	73	−0.5	0.25	2	4	−1	219
5	4	69	0.5	0.25	−2	4	−10	276
6	5	68	1.5	2.25	−3	9	−4.5	340
合计	21	426	0	5.5	0	22	−10	1481

根据相关系数计算表(表 11-7)可得

$$\bar{x} = \frac{\sum x}{n} = \frac{21}{6} = 3.5(千件)$$

$$\bar{y} = \frac{\sum y}{n} = \frac{426}{6} = 71(元)$$

$$r = \frac{\sum(x-\bar{x})(y-\bar{y})}{\sqrt{\sum(x-\bar{x})^2}\sqrt{\sum(y-\bar{y})^2}} = \frac{-10}{\sqrt{5.5}\sqrt{22}} = \frac{-10}{11} = -0.9091$$

根据积差法计算相关系数,需要分别求出两个变量数列的平均数 $\bar{x}$ 和 $\bar{y}$,这两个平均数有时是除不尽的小数,为简化计算过程,增强计算的准确性,可以在积差法公式的基础上推导出不需要计算平均数值的简化公式,即

$$r = \frac{n\sum xy - \sum x \cdot \sum y}{\sqrt{n\sum x^2 - (\sum x)^2} \cdot \sqrt{n\sum y^2 - (\sum y)^2}}$$

【例 11.4】 现在仍用表 11-6 中的资料,利用相关系数简捷法公式计算相关系数(表 11-8)。

表 11-8 相关系数简捷法计算表

月份	产量 x/千件	单位成本 y/元/件	x^2	y^2	xy
1	2	73	4	5329	146
2	3	72	9	5184	216
3	4	71	16	5041	284
4	3	73	9	5329	219
5	4	69	16	4761	276
6	5	68	25	4624	340
合计	21	426	79	30268	1481

$$r = \frac{n\sum xy - \sum x \sum y}{\sqrt{\left[n\sum x^2 - \left(\sum x\right)^2\right]\left[n\sum y^2 - \left(\sum y\right)^2\right]}}$$

$$= \frac{6 \times 1481 - 21 \times 426}{\sqrt{(6 \times 79 - 21)(6 \times 30268 - 426)}} = -0.9091$$

计算所得相关系数的结果与前面公式计算结果基本一致,如有出入应以此得数为准。另外,相关系数的取值,一般精确到小数点后 4 位即可。

2. 相关关系的密切程度的判断标准

积差法公式中分子两个变量差乘积的绝对值永远不会大于分母绝对值。因此,相关系数 r 的取值范围一定是在 $-1 \leqslant r \leqslant +1$,或 $0 \leqslant |r| \leqslant 1$ 这一闭合区间。

当 $|r|=1$ 时,表示 x 与 y 变量为完全相关,即确定性的函数关系。此时,所有的相关点都在一条直线上,没有一点偏差,x 和 y 是完全线性关系。当 $r=1$ 时,为完全正相关(图 11.2);当 $r=-1$ 时,为完全负相关(图 11.3)。

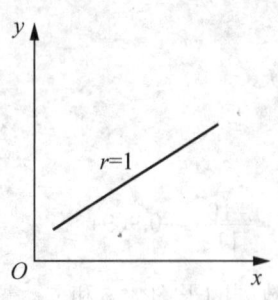

图 11.2 完全正相关

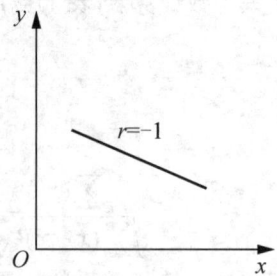

图 11.3 完全负相关

当 $r=0$ 时,表明所有的相关点的分布都是杂乱无章的,说明变量 x 与变量 y 无关,即 x 与 y 没有直线相关关系,但并不表示现象之间不存在其他关系(图 11.4)。

如果 $0<r<1$,表示 y 随着 x 的增加而增加,呈直线上升趋势,x 与 y 为正相关,如图 11.5 所示;当 $-1<r<0$ 时,表示 y 随着 x 的增加而减少,呈直线下降趋势,x 与 y 为负相关,如图 11.6 所示。

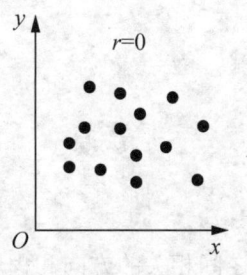 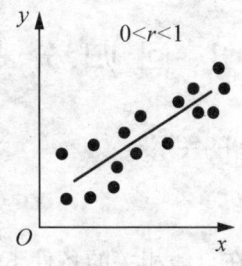 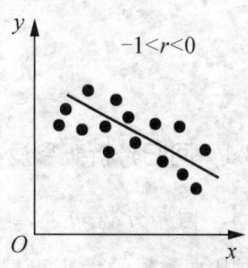

　　图 11.4　其他关系　　　　　　　图 11.5　正相关　　　　　　　图 11.6　负相关

　　当 $0<|r|<1$ 时，表示 x 与 y 之间存在有不同程度的直线相关关系。相关系数的一个重要作用之一就是判断现象之间直线相关的方向和关系的密切程度。为了明确说明现象之间相关关系的密切程度，还需要将相关系数划分为若干等级，其划分标准如下。

$0<|r|\leq 0.3$，为微弱相关。

$0.3<|r|\leq 0.5$，为低度相关。

$0.5<|r|\leq 0.8$，为显著相关。

$0.8<|r|<1$，为高度相关。

　　例如，图 11.1 中居民家庭月收入和消费支出之间的相关关系就是高度的正相关。

3. 直线相关分析的特点

直线相关分析的特点体现在以下几个方面。

（1）参与相关分析的两个变量是对等关系，不分自变量和因变量，因此，相关系数只有一个。相关系数的绝对值在 0 与 1 之间，其值大小反映两变量之间相关的密切程度。

（2）相关系数有正负号，它们反映相关关系的方向，正号反映正相关，负号反映负相关。

（3）相关的两个变量必须是随机的，这也是对等关系的反映。

4. 直线相关分析时的注意事项

（1）并非任何有联系的两个变量都属线性联系，可能的话在计算相关系数之前首先利用散点图判断两变量间是否具有线性联系，曲线联系时是不能用直线相关分析的。

（2）有些研究中，一个变量的数值随机变动，另一个变量的数值却是人为选定的。如研究药物的剂量-反应关系时，一般是选定 n 种剂量，然后观察每种剂量下动物的反应，此时得到的观察值就不是随机样本，算得的相关系数 r 会因剂量的选择方案不同而不同，故一个变量的数值为人为选定时不应作相关分析。

（3）作相关分析时，必须剔除异常点。异常点即为一些特大特小的离群值，相关系数的数值受这些点的影响较大，有此点时两变量相关，无此点时可能就不相关了。因此，应及时复核检查，对由于测定、记录或计算机录入的错误数据，应予以修正和剔除。

（4）相关分析要有实际意义，两变量算出相关系数并不代表两变量间一定存在内在联系。例如，根据儿童身高与小树树高资料算得的相关系数，即是由于时间变量与二者的潜在联系，造成了儿童身高与树高相关的假象。

（5）分层资料不要盲目合并作直线相关分析，否则可能得到错误结论。

11.3 回归分析

11.3.1 回归分析概念及与相关分析的关系

1. 回归分析的含义

相关系数的大小可以用来说明在直线相关的条件下，两变量之间相关的方向和程度，但它不能说明其中一个变量发生变化，另一个变量将要发生多大的变化。例如，产量每增加1万吨，总成本将要增加多少万元？人均收入每增加100元，社会消费品零售总额将增加多少元？也就是说，它不能说明两个变量之间的一般数量关系值。而变量之间的这种一般数量关系值是进行各种推算和预测的经验依据，这就需要采用回归分析的方法。

回归分析是指对具有相关关系的现象，根据其相关关系的形态，选择一个合适的数学模型，用来近似地表示变量之间的平均变化关系的一种统计分析方法。它实际上是相关现象之间不确定的、不规则的数量关系的一般化、规则化。回归分析采用的方法是配合直线或曲线，用这条直线或曲线来代表现象之间的一般数量关系。这条直线或曲线叫回归直线或回归曲线，它们的方程式叫直线回归方程或曲线回归方程。

"回归"一词最早由英国生物学家高尔登(Francis Galton)于1877年提出，他在研究人类身高的遗传问题时，发现身材特别高或特别矮的父母，其子女并非特别的高或特别矮，即人类的身高都具有回归到人类平均身高的倾向性，他把这种现象叫做"身高数值从一个极端至另一个极端的回归"。后来，"回归"一词被用来泛指变量之间的一般数量关系。

2. 回归分析与相关分析的关系

1) 回归分析与相关分析的联系

回归分析和相关分析之间存在着非常密切的联系，二者都是对客观事物数量依存关系的分析。

(1) 相关分析是回归分析的基础和前提。如果缺少相关关系，没有从定性上说明现象之间是否具有相关关系，没有对相关关系密切程度做出判断，就不能进行回归分析，即使勉强进行回归分析，也是没有意义的。只有存在相关关系的变量才能进行回归分析，相关程度越高，回归测定的结果越可靠。因此，相关系数也是判定回归效果的一个重要依据。相关系数同回归模型中的参数可以相互换算，特别是多元线性和非线性相关的相关系数必须利用回归模型才能求得。

(2) 回归分析是相关分析的深入和继续。仅仅说明现象之间具有密切的相关关系是不够的，只有进行了回归分析，拟合了回归方程，才能表明现象数量相关的具体形式。因此，如果仅有回归分析而缺少相关分析，将会因为缺乏必要的基础和前提而影响回归分析的可靠性；如果仅有相关分析而缺少回归分析，将会降低相关分析的意义。只有把两者结合起来，才能达到统计分析的目的。

2) 回归分析与相关分析的区别

(1) 回归分析中变量之间的关系是不对等的，必须要根据研究的目的和对象的性质确定哪个是自变量，哪个是因变量；而相关关分析中两个变量是对等的关系，哪个作自变量，哪个作因变量都可以。

(2) 在两个变量互为因果的情况下，可以配合两个回归方程，一个是 y 倚 x 的回归方程，y 是因变量；另一个是 x 倚 y 的回归方程，x 是因变量。两个方程是互相独立的，不能互相替换。就是说，y 倚 x 的回归方程只能用 x 推算 y 的估计值；而 x 倚 y 的回归方程只能用 y 推算 x 的估计值。而用以说明两个变量之间关系密切程度的相关系数只能计算一个。

(3) 在回归分析中，确定回归方程时只要求因变量是随机变量，而自变量为给定的值；在相关分析中，要求相关的两个变量都是随机变量。

虽然现象之间的相关关系是一种不确定的依存关系，但现象之间的一般关系值，可以通过函数关系的近似表达式来反映。回归分析就是研究相关关系的一种数学工具，它利用函数形式来研究处理变量之间的相互关系，一般分为直线回归分析和曲线回归分析。而直线回归分析又分为简单回归分析(又称一元回归分析)和多元回归分析。下面着重介绍两个变量之间的一元直线回归分析，即回归直线。回归分析的主要内容是建立反映变量之间数量变动关系的回归方程式，并以此根据自变量的数值对因变量的可能数值做出预测和估计。同时，通过对因变量估计值的误差研究，进一步说明回归估计的可靠性。

11.3.2 简单直线回归方程的配合方法

根据观测数据，通过回归分析，可以求出一定的关系式，即回归方程式。回归方程式如果是线性的，就称为线性回归方程式，否则称为非线性回归方程式。一元线性回归方程是描述两个变量之间的直线关系的方程，在回归分析中是应用最广泛的数学形式。

简单直线回归方程式适用于分析一个自变量(x)与一个因变量(y)之间的线性关系的数学方程式。如果两个变量之间存在着较为密切的直线相关关系，就可以建立一般形式的直线回归方程式，其一般形式为

$$y_c = a + bx$$

这个方程是 y 依 x 的简单回归直线方程，表明 x 与 y 之间平均变动的相关关系。式中，x 为自变量；y 为因变量；y_c 为因变量 y 的估计值(又称理论值、预测值)，a 为 $x=0$ 时，y 的估计值，为回归直线的截距；b 是回归直线的斜率，也称为回归系数，表示自变量 x 每变动一个单位时，因变量 y 的平均变动率(或叫理论的增量)，它的正负号和相关系数的正负号是一致的。当 $b>0$ 时，表示 x 每增加一个单位，y_c 增加的绝对数值，二者的变动方向是相同的，两个变量是正相关；当 $b<0$ 时，表示 x 每增加一个单位，y_c 所减少的数值，二者变动方向相反，两个变量是负相关。

在这个直线回归一般方程中，a 和 b 都是待定参数，说明 x 和 y 之间具体联系的形式，需要根据实际资料求解其数值。一旦 a 和 b 的数值确定了，变量之间的回归直线方程也就确定下来了。估计这些参数可有不同的方法，统计中使用最多的就是最小平方法。

应用最小平方法原理确定 a 和 b 的数值时，应使因变量的实际值与估计值的离差之和等于零，即 $\sum(y-y_c)=0$；同时使因变量实际值与估计值的离差平方和为最小，即 $\sum(y-y_c)^2 =$ 最小值。用这种方法配合出的回归直线是最能代表两个变量之间数量变动关系的直线。

根据微积分中求极值的原理分别对 a 和 b 求偏导数，并令其为 0，求得两个标准方程式为

$$\begin{cases} \sum y = na + b\sum x \\ \sum xy = a\sum x + b\sum x^2 \end{cases}$$

根据上述标准方程可导出

$$b = \frac{n\sum xy - \sum x \sum y}{n\sum x^2 - (\sum x)^2}$$

$$a = \frac{\sum y}{n} - b\frac{\sum x}{n} = \bar{y} - b\bar{x}$$

可以利用这两个公式算出参数 a、b，并代入回归直线方程，就可以得到一个确定的回归直线方程。

如果已经用积差法计算了相关系数，有相应的资料，也可以用如下方法求解参数 a、b。

$$\begin{cases} b = \dfrac{\sum (x-\bar{x})(y-\bar{y})}{\sum (x-\bar{x})^2} \\ a = \bar{y} - b\bar{x} \end{cases}$$

【例 11.5】 现在仍用表 11-6 中的资料，试配合回归直线模型。

要想配合回归直线模型，首先要在定性分析的基础上，利用相关图、相关表和对人均年收入与耐用消费品销售额进行的相关分析和计算，断定二者之间是否存在直线相关关系，是否可以配合一条回归直线来反映它们之间相关的变量关系。

首先，从定性分析看，产量与单位成本之间存在相互影响的关系。其次，从相关表和相关图(图 11.7)上可以看出二者大致呈线性变动，属于负相关。随着该产品产量的不断增加，产品的单位成本在不断减少。再次，为进一步研究它们之间的相互关系，并建立回归模型，先根据表 11-7 的资料计算相关系数，见表 11-9。

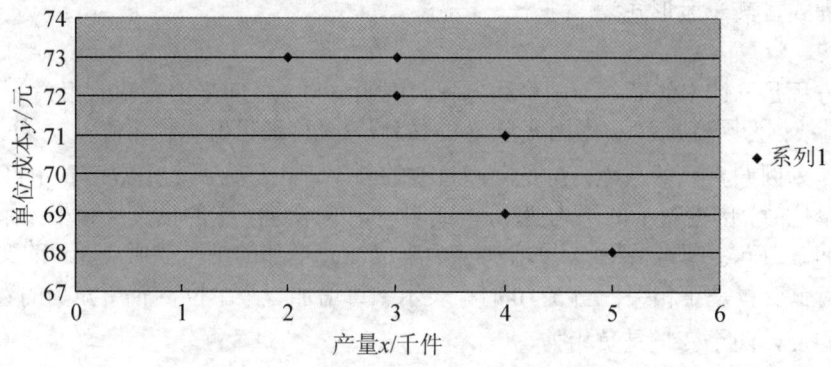

图 11.7 某种产品产量与单位成本相关图

表 11-9 相关系数简捷法计算表

月份	产量 x/千件	单位成本 y/元/件	x^2	y^2	xy
1	2	73	4	5329	146
2	3	72	9	5184	216
3	4	71	16	5041	284
4	3	73	9	5329	219
5	4	69	16	4761	276
6	5	68	25	4624	340
合计	21	426	79	30268	1481

$$r = \frac{n\sum xy - \sum x \sum y}{\sqrt{\left[n\sum x^2 - (\sum x)^2\right]\left[n\sum y^2 - (\sum y)^2\right]}}$$

$$= \frac{6 \times 1481 - 21 \times 426}{\sqrt{(6 \times 79 - 21)(6 \times 30268 - 426)}} = -0.9091$$

计算结构表明产品的产量和单位成本之间存在高度负相关。

由以上分析可知，这两个变量之间存在高度相关关系，可以配合回归直线反映它们之间的量变关系。

设回归直线模型为：$y_c = a + bx$

根据最小平方法原理有 $\begin{cases} \sum y = na + b\sum x \\ \sum xy = a\sum x + b\sum x^2 \end{cases}$

利用表 11-8 中的数据，求解参数 a 和 b。

$n = 6 \quad \sum x = 21 \quad \sum y = 426 \quad \sum x^2 = 79 \quad \sum xy = 1481$

$$b = \frac{n\sum xy - \sum x \sum y}{n\sum x^2 - (\sum x)^2} = \frac{6 \times 1481 - 21 \times 426}{6 \times 79 - 21^2} \approx -1.82$$

$$a = \bar{y} - b\bar{x} = \frac{426}{6} + 1.82 \times \frac{21}{6} = 77.37$$

将 a、b 数值代入直线回归方程 $y_c = a + bx$ 中，即得所配合的直线回归方程：

$$y_c = a + bx = 77.37 - 1.82x$$

利用这个回归直线方程不但可以得到各月的估计产品单位成本 y_c，还可以对一定的预计产量，进行统计预测估计。当产量为 6000 件时，即 $x=6$，代入回归方程中：

$$y_c = 77.37 - 1.82 \times 6 = 66.45(元)$$

当产量为 6000 件时，单位成本为 66.45 元。

11.3.3 估计标准误差

根据回归直线方程，可以由自变量的给定值推算因变量的值，但是，推算出的因变量的数值并不是一个精确的数值，而只是一个估计值、理论值。回归直线并非通过所有的相关点，而是位于各相关点的中间。这说明回归方程虽然反映了自变量和因变量之间的回归关系，但只是利用确定的函数关系对不确定的相关关系所做出的一种近似的描述，也就是说利用回归直线方程进行预测是存在误差的。为此，回归直线方程配合出来后，有必要对其拟合精度进行检测。这就需要计算估计标准误差来说明回归直线的代表性强弱，反映以回归直线为中心的所有相关点的离散程度。

估计标准误差是就是观察值 y 对估计值 y_c 的平均离差，也叫回归误差，是衡量因变量的估计值与观测值之间的平均误差大小的指标。利用此指标可以说明回归方程的代表性。其计算公式为

$$S_y = \sqrt{\frac{\sum(y - y_c)^2}{n - 2}}$$

式中：S_y——估计标准误差，是因变量的各个实际值 y 同估计值 y_c 的离差平方的算术平均

数的平方根。

就回归直线来说,离差值越小,所有观察点越靠近回归直线,即相关关系越密切,回归直线代表性越强;反之,离差值越大,所有观察点离回归直线越远,即相关关系越不密切,回归直线的代表性越弱。

【例 11.6】 仍以表 11-7 资料为例,说明估计标准误差的计算方法。

根据前面配合的回归直线方程 $y_c = a + bx = 77.37 - 1.82x$,计算得出单位成本的估计值及其他相关数值见表 11-10 所示。

表 11-10 估计标准误差计算表

月 份	产量 x/千件	单位成本 y/元/件	y_c	$y - y_c$	$(y - y_c)^2$
1	2	73	73.73	-0.73	0.5329
2	3	72	71.91	0.09	0.0081
3	4	71	70.09	0.91	0.8281
4	3	73	71.91	1.09	1.1881
5	4	69	70.09	-1.09	1.1881
6	5	68	68.27	-0.27	0.0729
合计	21	426	426	—	3.8182

$$S_y = \sqrt{\frac{\sum (y - y_c)^2}{n - 2}} = \sqrt{\frac{3.8182}{6 - 2}} = 0.977$$

计算结果表明,虽然各观察值 y 与其估计值 y_c 的偏差各不相同,但平均来说偏差为 0.977 元。

按照上面定义的公式计算估计标准误差十分繁琐,运算量较大,且结果不精确。实践中,在已知回归直线方程的情况下,通常用下面的简捷公式计算。其计算公式为

$$S_y = \sqrt{\frac{\sum y^2 - a \sum y - b \sum xy}{n - 2}}$$

【例 11.7】 仍以表 11-7 中的资料为例,在表 11-9 的基础上说明估计标准误差简捷公式的计算方法。

$$S_y = \sqrt{\frac{\sum y^2 - a \sum y - b \sum xy}{n - 2}}$$

$$= \sqrt{\frac{30268 - 77.37 \times 426 - (-1.82) \times 1481}{6 - 2}} = 0.975$$

11.3.4 估计标准误差和相关系数的关系

估计标准误差与相关系数之间存在着密切的关系,二者的关系可用以下表达式描述:

$$r = \pm \sqrt{1 - \frac{S_y^2}{\sigma_y^2}}$$

根号前面的正负号表明正相关或负相关,具体取舍由回归系数的符号来确定。回归系数为正,则取正;回归系数为负,则取负。

在给定相关系数的情况下,估计标准误差的计算公式为

$$S_y = \sigma_y \sqrt{1-r^2}$$

由上面公式可知,r 越小,S_y 越大,这表明现象之的相关关系越不密切,直线回归方程的精度越差;当 $r=0$ 时,S_y 取最大值,此时现象之间不存在直线相关关系,直线回归方程与 y 轴重合,此时,x 无论怎样变化,y 始终保持平均水平;r 越大,S_y 就越小,这表明现象的相关关系越密切,直线回归方程的估计精度就越高。特别是当 $r=\pm 1$ 时,$S_y = 0$,这时现象之间完全相关,各相关点均落在回归直线上。

本章小结

一般来说,相关分析是研究两个或两个以上变量之间相关程度大小以及用一定函数来表达现象相互关系的形式。而回归分析是研究现象之间的一般关系,求出关系方程式,由此从自变量的一个值,推断因变量可能值。在应用相关分析与回归分析时应注意要在定性分析的基础上进行定量分析,在确定哪些变量做自变量,哪些变量做因变量之前,必须对所研究的问题有充分正确的认识。若把本来没有内在关系的现象盲目进行相关分析,将导致"虚假相关"的错误。还应当注意的是,利用直线回归方程估计或预测,一般只限于原实际观察值变动的范围之内,若给定的值超过观察值的范围,就是延伸回归直线进行外推预测,其把握性较小。

习 题

一、填空题

1. 现象之间的相关关系按相关的程度分为_____、_____和_____;按相关的形式分为_____和_____;按影响因素的多少为_____和_____。
2. 相关系数的取值范围是_____。
3. 完全相关即是_____关系,其相关系数为_____。
4. 直线相关系数等于零,说明两变量之间_____;直线相关系数等1,说明两变量之间_____;直线相关系数等于-1,说明两变量之间_____。
5. 用来说明回归方程代表性大小的统计分析指标是_____。

二、单项选择题

1. 下面属于函数关系的是(   )。
   A. 销售人员测验成绩与销售额大小的关系
   B. 圆周的长度决定于它的半径
   C. 家庭的收入和消费的关系
   D. 数学成绩与统计学成绩的关系

2. 相关系数 r 的取值范围( )。
   A. $-\infty<r<+\infty$ B. $-1\leqslant r\leqslant+1$ C. $-1<r<+1$ D. $0\leqslant r\leqslant+1$

3. 为年劳动生产率 x(千元)和工人工资 y(元)配合的回归方程为 $y_c=10+70x$，这意味着年劳动生产率每提高1千元时，工人工资平均( )。
   A. 增加70元   B. 减少70元   C. 增加80元   D. 减少80元

4. 回归系数和相关系数的符号是一致的，其符号均可用来判断现象( )。
   A. 线性相关还是非线性相关   B. 正相关还是负相关
   C. 完全相关还是不完全相关   D. 单相关还是复相关

5. 某校经济管理类的学生学习统计学的时间(x)与考试成绩(y)之间建立线性回归方程 $y_c=a+bx$。经计算，方程为 $y_c=200-0.8x$，该方程参数的计算( )。
   A. a 值是明显不对的   B. b 值是明显不对的
   C. a 值和 b 值都是不对的   D. a 值和 b 值都是正确的

6. 在线性相关的条件下，自变量的均方差为2，因变量均方差为5，而相关系数为0.8时，则其回归系数为( )。
   A. 8   B. 0.32   C. 2   D. 12.5

7. 下列关系中，属于正相关关系的有( )。
   A. 合理限度内，施肥量和平均单产量之间的关系
   B. 产品产量与单位产品成本之间的关系
   C. 商品的流通费用与销售利润之间的关系
   D. 流通费用率与商品销售量之间的关系

8. 在回归直线 $y_c=a+bx$，$b<0$，则 x 与 y 之间的相关系数为( )。
   A. $r=0$ B. $r=1$ C. $0<r<1$ D. $-1<r<0$

9. 在回归直线 $y_c=a+bx$ 中，b 表示( )。
   A. 当 x 增加一个单位时，y 增加 a 的数量
   B. 当 y 增加一个单位时，x 增加 b 的数量
   C. 当 x 增加一个单位时，y 的平均增加量
   D. 当 y 增加一个单位时，x 的平均增加量

10. 当相关系数 $r=0$ 时，表明( )。
    A. 现象之间完全无关   B. 相关程度较小
    C. 现象之间完全相关   D. 无直线相关关系

三、多项选择题

1. 下列( )之间的关系为相关关系。
   A. 家庭收入与消费支出关系
   B. 圆的面积与它的半径关系
   C. 广告支出与商品销售额关系
   D. 单位产品成本与利润关系
   E. 在价格固定情况下，销售量与商品销售额关系

2. 相关系数表明两个变量之间的(　　)。
   A. 线性关系　　　　　　　　B. 因果关系
   C. 变异程度　　　　　　　　D. 相关方向
   E. 相关的密切程度
3. 对于一元线性回归分析来说(　　)。
   A. 两变量之间必须明确哪个是自变量,哪个是因变量
   B. 回归方程是据以利用自变量的给定值来估计和预测因变量的平均可能值
   C. 可能存在着 y 倚 x 和 x 倚 y 的两个回归方程
   D. 回归系数只有正号
   E. 确定回归方程时,要求自变量是给定的
4. 可用来判断现象相关方向的指标有(　　)。
   A. 相关系数　　　　　　　　B. 回归系数
   C. 回归方程参数 a　　　　　D. 估计标准误差
   E. x、y 的平均数
5. 单位成本(元)依产量(千件)变化的回归方程为 $y_c=78-2x$,这表示(　　)。
   A. 产量为 1000 件时,单位成本 76 元
   B. 产量为 1000 件时,单位成本 78 元
   C. 产量每增加 1000 件时,单位成本下降 2 元
   D. 产量每增加 1000 件时,单位成本下降 78 元
   E. 当单位成本为 72 元时,产量为 3000 件
6. 在直线相关和回归分析中(　　)。
   A. 据同一资料,相关系数只能计算一个
   B. 据同一资料,相关系数可以计算两个
   C. 据同一资料,回归方程只能配合一个
   D. 据同一资料,回归方程随自变量与因变量的确定而不同,可能配合两个
   E. 回归方程和相关系数均与自变量和因变量的确定无关
7. 相关系数 r 的数值(　　)。
   A. 可为正值　　　　　　　　B. 可为负值
   C. 可大于 1　　　　　　　　D. 可等于-1
   E. 可等于 1
8. 从变量之间相互关系的表现形式看,相关关系可分为(　　)。
   A. 正相关　　　　　　　　　B. 负相关
   C. 直线相关　　　　　　　　D. 曲线相关
   E. 不相关和完全相关
9. 当两个现象完全相关时,下列统计指标值可能为(　　)。
   A. $r=1$　　　　　　　　　　B. $r=0$
   C. $r=-1$　　　　　　　　　D. $S_y=0$
   E. $S_y=1$

10. 在直线回归方程中( )。

　　A. 在两个变量中须确定自变量和因变量

　　B. 一个回归方程只能作一种推算

　　C. 回归系数只能取正值

　　D. 要求两个变量都是随机变量

　　E. 要求因变量是随机的，而自变量是给定的。

四、判断题

1. 相关关系和函数关系都属于完全确定性的依存关系。　　　　( )

2. 如果两个变量的变动方向一致，同时呈上升或下降趋势，则二者是正相关关系。
　　　　　　　　　　　　　　　　　　　　　　　　　　　　( )

3. 当直线相关系数 $r=0$ 时，说明变量之间不存在任何相关关系。　( )

4. 相关系数 r 有正负、有大小，因而它反映的是两现象之间具体的数量变动关系。
　　　　　　　　　　　　　　　　　　　　　　　　　　　　( )

5. 回归系数 b 的符号与相关系数 r 的符号，可以相同也可以不相同。 ( )

五、计算题

1. 有 10 个同类企业的生产性固定资产年平均价值和工业总产值资料见下表。

企业编号	生产性固定资产价值/万元	工业总产值/万元
1	318	524
2	910	1019
3	200	638
4	409	815
5	415	913
6	502	928
7	314	605
8	1210	1516
9	1022	1219
10	1225	1624
合　计	6525	9801

要求：

(1) 说明两变量之间的相关方向。

(2) 建立直线回归方程。

(3) 计算估计标准误差。

(4) 估计生产性固定资产(自变量)为 1100 万元时总产值(因变量)的可能值。

2. 检查 5 位同学统计学的学习时间与成绩分数见下表。

每周学习时数	学习成绩/分
4	40
6	60
7	50
10	70
13	90

要求：
(1) 由此计算出学习时数与学习成绩之间的相关系数。
(2) 建立直线回归方程。
(3) 计算估计标准误差。

3. 某地高校教育经费(x)与高校学生人数(y)连续 6 年的统计资料见下表。

年　份	教育经费 x/万元	在校学生数 y/万人
2009	316	11
2010	343	16
2011	373	18
2012	393	20
2013	418	22
2014	455	25

要求：
(1) 建立回归直线方程，估计教育经费为 500 万元的在校学生数。
(2) 计算估计标准误差。

参考文献

[1] 夏淑琴. 社会经济统计学原理[M]. 2版. 重庆：重庆大学出版社，2012.
[2] 龚有容. 应用统计学[M]. 北京：机械工业出版社，2010.
[3] 陈允明. 国民经济统计概论[M]. 北京：中国人民大学出版社，1996.
[4] 姚志学. 社会经济统计学原理[M]. 北京：中国财政经济出版社，2002.
[5] 秦海金. 统计学原理[M]. 北京：中国商业出版社，2001.
[6] 孙文生. 统计学原理[M]. 北京：中国农业出版社，2009.
[7] 史书良. 统计学原理[M]. 北京：清华大学出版社，2007.
[8] 周英豪. 新编统计学[M]. 北京：北京大学出版社，2006.
[9] 张清太，张玉芳. 简明统计学原理[M]. 广州：中山大学出版社，2002.
[10] 袁卫. 统计学[M]. 北京：高等教育出版社，2014.
[11] 栗方中. 统计学原理标准化题型习题集[M]. 大连：东北财经大学出版社，2004.
[12] 李洁明. 经济统计学简明教程[M]. 上海：复旦大学出版社，2003.
[13] 王芸. 社会经济统计学原理(修订本)[M]. 成都：西南财经大学出版社，1998.
[14] 何泽水. 社会经济统计学原理[M]. 北京：中国商业出版社，1996.
[15] 吴明礼. 统计学[M]. 北京：中国统计出版社，2001.
[16] 程跃秋. 统计学原理[M]. 北京：经济科学出版社，2003.
[17] 毛伟军. 现代统计学[M]. 广州：中山大学出版社，2001.
[18] 梁俊平. 统计学原理[M]. 北京：电子工业出版社，2009.
[19] 娄庆松，曹少华. 统计基础知识(会计专业) [M]. 北京：高等教育出版社，2002.
[20] 贾俊平. 统计学[M]. 北京：中国人民大学出版社，2012.

北京大学出版社本科财经管理类实用规划教材（已出版）

财务会计类

序号	书名	标准书号	主编	定价	序号	书名	标准书号	主编	定价
1	基础会计（第2版）	7-301-17478-4	李秀莲	38.00	26	财务管理理论与实务（第2版）	7-301-20407-8	张思强	42.00
2	基础会计学	7-301-19403-4	窦亚芹	33.00	27	公司理财原理与实务	7-81117-800-5	廖东声	36.00
3	会计学	7-81117-533-2	马丽莹	44.00	28	审计学	7-81117-828-9	王翠琳	46.00
4	会计学原理（第2版）	7-301-18515-5	刘爱香	30.00	29	审计学	7-301-20906-6	赵晓波	38.00
5	会计学原理习题与实验（第2版）	7-301-19449-2	王保忠	30.00	30	审计理论与实务	7-81117-955-2	宋传联	36.00
6	会计学原理与实务（第2版）	7-301-18653-4	周慧滨	33.00	31	会计综合实训模拟教程	7-301-20730-7	章洁倩	33.00
7	会计学原理与实务模拟实验教程	7-5038-5013-4	周慧滨	20.00	32	财务分析学	7-301-20275-3	张献英	30.00
8	会计实务	7-81117-677-3	王远利	40.00	33	银行会计	7-301-21155-7	宗国恩	40.00
9	高级财务会计	7-81117-545-5	程明娥	46.00	34	税收筹划	7-301-21238-7	都新英	38.00
10	高级财务会计	7-5655-0061-9	王奇杰	44.00	35	基础会计学	7-301-16308-5	晋晓琴	39.00
11	成本会计学	7-301-19400-3	杨尚军	38.00	36	公司财务管理	7-301-21423-7	胡振兴	48.00
12	成本会计学	7-5655-0482-2	张红漫	30.00	37	财务管理学实用教程（第2版）	7-301-21060-4	骆永菊	42.00
13	成本会计学	7-301-20473-3	刘建中	38.00	38	政府与非营利组织会计	7-301-21504-3	张丹	40.00
14	管理会计	7-81117-943-9	齐殿伟	27.00	39	预算会计	7-301-22203-4	王筱萍	32.00
15	管理会计	7-301-21057-4	彤芳珍	30.00	40	统计学实验教程	7-301-22450-2	裴雨明	24.00
16	会计规范专题	7-81117-887-6	谢万健	35.00	41	基础会计实验与习题	7-301-22387-1	左旭	30.00
17	企业财务会计模拟实习教程	7-5655-0404-4	董晓平	25.00	42	基础会计	7-301-23109-8	田凤彩	39.00
18	税法与税务会计	7-81117-497-7	吕孝侠	45.00	43	财务会计学	7-301-23190-6	李柏生	39.00
19	初级财务管理	7-301-20019-3	胡淑姣	42.00	44	会计电算化	7-301-23565-2	童伟	49.00
20	财务管理学原理与实务	7-81117-544-8	严复海	40.00	45	中级财务会计	7-301-23772-4	吴海燕	49.00
21	财务管理学	7-5038-4897-1	盛均全	34.00	46	会计规范专题(第2版)	7-301-23797-7	谢万健	42.00
22	财务管理学	7-301-21887-7	陈玮	44.00	47	基础会计	7-301-24366-4	孟铁	35.00
23	基础会计学学习指导与习题集	7-301-16309-2	裴玉	28.00	48	信息化会计实务	7-301-24730-3	杜天宇	35.00
24	财务管理理论与实务	7-301-20042-1	成兵	40.00	49	会计学原理	7-301-24872-0	郭松克	38.00
25	税法与税务会计实用教程（第2版）	7-301-21422-0	张巧良	45.00					

工商管理、市场营销、人力资源管理、服务营销类

序号	书名	标准书号	主编	定价	序号	书名	标准书号	主编	定价
1	管理学基础	7-5038-4872-8	于干千	35.00	29	市场营销学：理论、案例与实训	7-301-21165-6	袁连升	42.00
2	管理学基础学习指南与习题集	7-5038-4891-9	王珍	26.00	30	市场营销学	7-5655-0064-0	王槐林	33.00
3	管理学	7-81117-494-6	曾旗	44.00	31	国际市场营销学	7-301-21888-4	董飞	45.00
4	管理学	7-301-21167-0	陈文汉	35.00	32	市场营销学（第2版）	7-301-19855-1	陈阳	45.00
5	管理学	7-301-17452-4	王慧娟	42.00	33	市场营销学	7-301-21166-3	杨楠	42.00
6	管理学原理	7-5655-0078-7	尹少华	42.00	34	国际市场营销学	7-5038-5021-9	范应仁	38.00
7	管理学原理与实务（第2版）	7-301-18536-0	陈嘉莉	42.00	35	现代市场营销学	7-81117-599-8	邓德胜	40.00
8	管理学实用教程	7-5655-0063-3	邵喜武	37.00	36	市场营销学新论	7-5038-4879-7	郑玉香	40.00
9	管理学实用教程	7-301-21059-8	高爱霞	42.00	37	市场营销理论与实务（第2版）	7-301-20628-7	那薇	40.00
10	管理学实用教程	7-301-22218-8	张润兴	43.00	38	市场营销学实用教程	7-5655-0081-7	李晨耘	40.00
11	通用管理知识概论	7-5038-4997-8	王丽平	36.00	39	市场营销学	7-81117-676-6	戴秀英	32.00
12	管理学原理	7-301-21178-6	雷金荣	39.00	40	消费者行为学	7-81117-597-4	甘瑠萦	35.00
13	管理运筹学（第2版）	7-301-19351-8	凌云	39.00	41	商务谈判（第2版）	7-301-20048-3	郭秀君	49.00
14	统计学原理	7-301-21061-1	韩宇	38.00	42	商务谈判实用教程	7-81117-597-4	陈建朋	24.00
15	统计学原理	7-5038-4888-9	刘晓利	28.00	43	消费者行为学	7-5655-0057-2	肖立	37.00
16	统计学	7-5038-4898-8	曲岩	42.00	44	客户关系管理实务	7-301-09956-8	周贺来	44.00
17	应用统计学（第2版）	7-301-19295-5	王淑芬	48.00	45	公共关系学	7-5038-5022-6	于朝晖	45.00
18	管理学实用教程	7-5655-0505-8	徐静霞	40.00	46	非营利组织	7-301-20726-0	王智慧	33.00
19	管理定量分析方法	7-301-13552-5	赵光华	28.00	47	公共关系理论与实务	7-5038-4889-6	王玫	32.00
20	新编市场营销学	7-81117-972-9	刘丽霞	30.00	48	公共关系学实用教程	7-81117-660-5	周华	35.00
21	公共关系理论与实务	7-5655-0155-5	李泓欣	45.00	49	跨文化管理	7-301-20027-8	晏雄	35.00
22	质量管理（第2版）	7-301-24632-0	焦叔斌	39.00	50	企业战略管理	7-5655-0370-2	代海涛	35.00
23	企业文化理论与实务	7-81117-663-6	王水嫩	37.00	51	员工招聘	7-301-20890-6	王挺	30.00
24	企业战略管理	7-81117-801-2	陈英梅	34.00	52	服务营销理论与实务	7-81117-826-5	杨丽华	39.00
25	企业战略管理实用教程	7-81117-853-1	刘松先	35.00	53	服务企业经营管理学	7-5038-4890-2	于干千	36.00
26	产品与品牌管理	7-81117-492-2	胡梅	35.00	54	服务营销	7-301-15834-0	周明	40.00
27	东方哲学与企业文化	7-5655-0433-4	刘峰涛	34.00	55	运营管理	7-5038-4878-0	冯根愈	35.00
28	市场营销学	7-301-21056-7	马慧敏	42.00	56	生产运作管理（第2版）	7-301-18934-4	李全喜	48.00

序号	书名	标准书号	主编	定价	序号	书名	标准书号	主编	定价
57	运作管理	7-5655-0472-3	周建亨	25.00	79	企业经营ERP沙盘应用教程	7-301-20728-4	董红杰	32.00
58	组织行为学	7-5038-5014-1	安世民	33.00	80	项目管理	7-301-21448-0	程敏	39.00
59	组织设计与发展	7-301-23385-6	李春波	33.00	81	公司治理学	7-301-22568-4	蔡锐	35.00
60	组织行为学实用教程	7-301-20466-5	冀鸿	32.00	82	管理学原理	7-301-22980-4	陈阳	48.00
61	现代组织理论	7-5655-0077-0	岳澎	32.00	83	管理学	7-301-23023-7	申文青	40.00
62	人力资源管理（第2版）	7-301-19098-2	颜爱民	60.00	84	人力资源管理实验教程	7-301-23078-7	畅铁民	40.00
63	人力资源管理经济分析	7-301-16084-8	颜爱民	38.00	85	社交礼仪	7-301-23418-1	李黎	29.00
64	人力资源管理原理与实务	7-81117-496-0	邹华	32.00	86	营销策划	7-301-23204-0	杨楠	42.00
65	人力资源管理实用教程（第2版）	7-301-20281-4	吴宝华	45.00	87	企业战略管理	7-301-23419-8	顾桥	46.00
66	人力资源管理：理论、实务与艺术	7-5655-0193-7	李长江	48.00	88	兼并与收购	7-301-22567-7	陶启智	32.00
67	人力资源管理教程	7-301-24615-3	夏兆敢	36.00	89	统计学（第2版）	7-301-23854-7	阮红伟	35.00
68	政府与非营利组织会计	7-301-21504-3	张丹	40.00	90	广告策划与管理：原理、案例与项目实训	7-301-23827-1	杨佐飞	48.00
69	会展服务管理	7-301-16661-1	许传宏	36.00	91	客户关系管理理论与实务	7-301-23911-7	徐伟	40.00
70	现代服务业管理原理、方法与案例	7-301-17817-1	马勇	49.00	92	市场营销学（第2版）	7-301-24328-2	王槐林	39.00
71	服务性企业战略管理	7-301-20043-8	黄其新	28.00	93	创业基础：理论应用与实训实练	7-301-24465-4	郭占元	38.00
72	服务型政府管理概论	7-301-20099-5	于千千	32.00	94	生产运作管理（第3版）	7-301-24502-6	李全喜	54.00
73	新编现代企业管理	7-301-21121-2	姚丽娜	48.00	95	统计学	7-301-24750-1	李付梅	39.00
74	创业学	7-301-15915-6	刘沁玲	38.00	96	企业文化理论与实务（第2版）		王水嫩	38.00
75	公共关系学实用教程	7-301-17472-2	任焕琴	42.00	97	项目管理	7-301-24823-2	康乐	39.00
76	现场管理	7-301-21528-9	陈国华	38.00	98	统计学	7-301-25180-5	邓正林	42.00
77	现代企业管理理论与应用（第2版）	7-301-21603-3	邱彦彪	38.00	99	统计学原理（第2版）	7-301-25114-0	刘晓利	36.00
78	服务营销	7-301-21889-1	熊凯	37.00					

经济、国贸、金融类

序号	书名	标准书号	主编	定价	序号	书名	标准书号	主编	定价
1	宏观经济学原理与实务（第2版）	7-301-18787-6	崔东红	57.00	25	东南亚南亚商务环境概论	7-81117-956-9	韩越	38.00
2	宏观经济学（第2版）	7-301-19038-8	蹇令香	39.00	26	证券投资学	7-301-19967-1	陈汉平	45.00
3	微观经济学原理与实务	7-81117-818-0	崔东红	48.00	27	证券投资学	7-301-21236-3	王毅	45.00
4	微观经济学	7-81117-568-4	梁瑞华	35.00	28	货币银行学	7-301-15062-7	杜小伟	38.00
5	西方经济学实用教程	7-5038-4886-5	陈孝胜	40.00	29	货币银行学	7-301-21345-2	李冰	42.00
6	西方经济学实用教程	7-5655-0302-3	杨仁发	49.00	30	国际结算（第2版）	7-301-17420-3	张晓芬	35.00
7	西方经济学	7-81117-851-7	于丽敏	40.00	31	国际结算	7-301-21092-5	张慧	42.00
8	现代经济学基础	7-81117-549-3	张士军	25.00	32	金融风险管理	7-301-20090-2	朱淑珍	38.00
9	国际经济学	7-81117-594-3	吴红梅	39.00	33	金融工程学	7-301-18273-4	李淑锦	30.00
10	发展经济学	7-81117-674-2	赵邦宏	48.00	34	国际贸易理论、政策与案例分析	7-301-20978-3	冯跃	42.00
11	管理经济学	7-81117-536-3	姜保雨	34.00	35	金融工程理论与实务（第2版）	7-301-21280-6	谭春枝	42.00
12	计量经济学	7-5038-3915-3	刘艳春	28.00	36	金融学理论与实务	7-5655-0405-1	战玉峰	42.00
13	外贸函电（第2版）	7-301-18786-9	王妍	30.00	37	国际金融实用教程	7-81117-593-6	周影	32.00
14	国际贸易理论与实务（第2版）	7-301-18798-2	缪东玲	54.00	38	跨国公司经营与管理（第2版）	7-301-21333-9	冯雪鸣	35.00
15	国际贸易（第2版）	7-301-19404-1	朱廷珺	45.00	39	国际商务	7-5038-4893-3	韩博印	30.00
16	国际贸易实务（第2版）	7-301-20486-3	夏合群	45.00	40	国际商务函电	7-301-22388-8	金泽虎	35.00
17	国际贸易结算及其单证实务	7-5655-0268-2	卓乃坚	35.00	41	国际金融	7-301-23351-6	宋树民	48.00
18	政治经济学原理与实务（第2版）	7-301-22204-1	沈爱华	31.00	42	国际贸易实训教程	7-301-23730-4	王茜	28.00
19	国际商务	7-5655-0093-0	安占然	30.00	43	财政学	7-301-23814-1	何育静	45.00
20	国际贸易实务	7-301-20919-6	张肃	28.00	44	保险学	7-301-23819-6	李春蓉	41.00
21	国际贸易规则与进出口业务操作实务（第2版）	7-301-19384-6	李平	54.00	45	中国对外贸易概论	7-301-23884-4	翟士军	42.00
22	金融市场学	7-81117-595-0	黄解宇	24.00	46	国际经贸英语阅读教程	7-301-23876-9	李晓娣	25.00
23	财政学	7-5038-4965-7	盖锐	34.00	47	管理经济学（第2版）	7-301-24786-0	姜保雨	42.00
24	保险学原理与实务	7-5038-4871-1	曹时军	37.00		矿业经济学	7-301-24988-8	李创	38.00

法律类

序号	书名	标准书号	主编	定价	序号	书名	标准书号	主编	定价
1	经济法原理与实务（第2版）	7-301-21527-2	杨士富	39.00	6	金融法学理论与实务	7-81117-958-3	战玉锋	34.00
2	经济法实用教程	7-81117-547-9	陈亚平	44.00	7	国际商法	7-301-20071-1	丁孟春	37.00
3	国际商法理论与实务	7-81117-852-4	杨士富	38.00	8	商法学	7-301-21478-7	周龙杰	43.00
4	商法总论	7-5038-4887-2	任先行	40.00	9	经济法	7-301-24697-9	王成林	35.00
5	劳动法和社会保障法（第2版）	7-301-21206-6	李瑞	38.00	10	政治经济学	7-301-24891-1	巨荣良	38.00

电子商务与信息管理类

序号	书名	标准书号	主编	定价	序号	书名	标准书号	主编	定价
1	网络营销	7-301-12349-2	谷宝华	30.00	5	管理信息系统	7-301-12348-5	张彩虹	36.00
2	数据库技术及应用教程（SQL Server版）	7-301-12351-5	郭建校	34.00	6	电子商务概论	7-301-13633-1	李洪心	30.00
3	网络信息采集与编辑	7-301-16557-7	范生万	24.00	7	管理信息系统实用教程	7-301-12323-2	李松	35.00
4	电子商务案例分析	7-301-16596-6	曹彩杰	28.00	8	电子商务概论（第2版）	7-301-17475-3	庞大莲	42.00

序号	书名	标准书号	主编	定价	序号	书名	标准书号	主编	定价
9	网络营销（第2版）	7-301-23803-5	王宏伟	36.00	26	电子证券与投资分析	7-301-22122-8	张德存	38.00
10	电子商务概论	7-301-16717-5	杨雪雁	32.00	27	数字图书馆	7-301-22118-1	奉国和	30.00
11	电子商务英语	7-301-05364-5	覃 正	30.00	28	电子化国际贸易	7-301-17246-9	李辉作	28.00
12	网络支付与结算	7-301-16911-7	徐 勇	34.00	29	商务智能与数据挖掘	7-301-17671-9	张公让	38.00
13	网上支付与安全	7-301-17044-1	帅青红	32.00	30	管理信息系统教程	7-301-19472-0	赵天唯	42.00
14	企业信息化实务	7-301-16621-5	张志荣	42.00	31	电子政务	7-301-15163-1	原忠虎	38.00
15	电子商务法	7-301-14306-3	李 瑞	26.00	32	商务智能	7-301-19899-5	汪 楠	40.00
16	数据仓库与数据挖掘	7-301-14313-1	廖开际	28.00	33	电子商务与现代企业管理	7-301-19978-7	吴菊华	40.00
17	电子商务模拟与实验	7-301-12350-8	喻光继	22.00	34	电子商务物流管理	7-301-20098-8	王小宁	42.00
18	ERP原理与应用教程	7-301-14455-8	温雅丽	34.00	35	管理信息系统实用教程	7-301-20485-6	周贺来	42.00
19	电子商务原理及应用	7-301-14080-2	孙 睿	36.00	36	电子商务概论	7-301-21044-4	苗 森	28.00
20	管理信息系统理论与应用	7-301-15212-6	吴 忠	30.00	37	管理信息系统实务教程	7-301-21245-5	魏厚清	34.00
21	网络营销实务	7-301-15284-3	李蔚田	42.00	38	电子商务安全	7-301-22350-5	蔡志文	49.00
22	电子商务实务	7-301-15474-8	仲 岩	28.00	39	电子商务法	7-301-22121-1	郭 鹏	38.00
23	电子商务网站建设	7-301-15480-9	藏良运	32.00	40	ERP沙盘模拟教程	7-301-22393-2	周 菁	26.00
24	网络金融与电子支付	7-301-15694-0	李蔚田	30.00	41	移动商务理论与实践	7-301-22779-4	柯 林	43.00
25	网络营销	7-301-22125-9	程 虹	38.00	42	电子商务项目教程	7-301-23071-8	芦 阳	45.00

物流类

序号	书名	书号	编著者	定价	序号	书名	书号	编著者	定价
1	物流工程	7-301-15045-0	林丽华	30.00	34	逆向物流	7-301-19809-4	甘卫华	33.00
2	现代物流决策技术	7-301-15868-5	王道平	30.00	35	供应链设计理论与方法	7-301-20018-6	王道平	32.00
3	物流管理信息系统	7-301-16564-5	杜彦华	33.00	36	物流管理概论	7-301-20095-7	李传荣	44.00
4	物流信息管理	7-301-16699-4	王汉新	38.00	37	供应链管理	7-301-20094-0	高举红	38.00
5	现代物流学	7-301-16662-8	吴 健	42.00	38	企业物流管理	7-301-20818-2	孔继利	45.00
6	物流英语	7-301-16807-3	阚功俭	28.00	39	物流项目管理	7-301-20851-9	王道平	30.00
7	第三方物流	7-301-16663-5	张旭辉	35.00	40	供应链管理	7-301-20901-1	王道平	35.00
8	物流运作管理	7-301-16913-1	董千里	28.00	41	现代仓储管理与实务	7-301-21043-7	周兴建	45.00
9	采购管理与库存控制	7-301-16921-6	张 浩	30.00	42	物流学概论	7-301-21098-7	李 创	44.00
10	物流管理基础	7-301-16906-3	李蔚田	36.00	43	航空物流管理	7-301-21118-2	刘元洪	32.00
11	供应链管理	7-301-16714-4	曹翠珍	40.00	44	物流管理实验教程	7-301-21094-9	李晓龙	25.00
12	物流技术装备	7-301-16808-0	于 英	38.00	45	物流系统仿真案例	7-301-21072-7	赵 宁	25.00
13	现代物流信息技术（第2版）	7-301-23848-6	王道平	35.00	46	物流与供应链金融	7-301-21135-9	李向文	30.00
14	现代物流仿真技术	7-301-17571-2	王道平	34.00	47	物流信息系统	7-301-20989-9	王道平	28.00
15	物流信息系统应用实例教程	7-301-17581-1	徐 琪	32.00	48	物料学	7-301-17476-0	肖生苓	44.00
16	物流项目招投标管理	7-301-17615-3	孟祥茹	30.00	49	智能物流	7-301-22036-8	李蔚田	45.00
17	物流运筹学实用教程	7-301-17610-8	赵丽君	33.00	50	物流项目管理	7-301-21676-7	张旭辉	38.00
18	现代物流基础	7-301-17611-5	王 侃	37.00	51	新物流概论	7-301-22114-3	李向文	34.00
19	现代企业物流管理实用教程	7-301-17612-2	乔志强	40.00	52	物流决策技术	7-301-21965-2	王道平	38.00
20	现代物流管理学	7-301-17672-6	丁小龙	42.00	53	物流系统优化建模与求解	7-301-22115-0	李向文	32.00
21	物流运筹学	7-301-17674-0	郝 海	36.00	54	集装箱运输实务	7-301-16644-4	孙家庆	34.00
22	供应链库存管理与控制	7-301-17929-1	王道平	28.00	55	库存管理	7-301-22389-5	张旭凤	25.00
23	物流信息系统	7-301-18500-1	修桂华	32.00	56	运输组织学	7-301-22744-2	王小霞	30.00
24	城市物流	7-301-18523-0	张 潜	24.00	57	物流金融	7-301-22699-5	李蔚田	39.00
25	营销物流管理	7-301-18658-9	李学工	45.00	58	物流系统集成技术	7-301-22800-5	杜彦华	40.00
26	物流信息技术概论	7-301-18670-1	张 磊	28.00	59	商品学	7-301-23067-1	王海刚	30.00
27	物流配送中心运作管理	7-301-18671-8	陈 花	40.00	60	项目采购管理	7-301-23100-5	杨 丽	38.00
28	物流项目管理	7-301-18801-9	周晓晔	35.00	61	电子商务与现代物流	7-301-23356-6	吴 健	48.00
29	物流工程与管理	7-301-18960-3	高举红	39.00	62	国际海上运输	7-301-23486-0	张良卫	45.00
30	交通运输工程学	7-301-19405-8	于 英	43.00	63	物流配送中心规划与设计	7-301-23847-9	孔继利	49.00
31	国际物流管理	7-301-19431-7	柴庆春	40.00	64	运输组织学	7-301-23885-1	孟祥茹	48.00
32	商品检验与质量认证	7-301-10563-4	陈红丽	32.00	65	物流管理	7-301-22161-7	张佺举	49.00
33	供应链管理	7-301-19734-9	刘永胜	49.00					

相关教学资源如电子课件、电子教材、习题答案等可以登录 www.pup6.cn 下载或在线阅读。

扑六知识网（www.pup6.com）有海量的相关教学资源和电子教材供阅读及下载（包括北京大学出版社第六事业部的相关资源），同时欢迎您将教学课件、视频、教案、素材、习题、试卷、辅导材料、课改成果、设计作品、论文等教学资源上传到 pup6.cn，与全国高校师生分享您的教学成就与经验，并可自由设定价格，知识也能创造财富。具体情况请登录网站查询。

如您需要免费纸质样书用于教学，欢迎登录第六事业部门户网（www.pup6.com.cn）填表申请，并欢迎在线登记选题以到北京大学出版社来出版您的大作，也可下载相关表格填写后发到我们的邮箱，我们将及时与您取得联系并做好全方位的服务。

扑六知识网将打造成全国最大的教育资源共享平台，欢迎您的加入——让知识有价值，让教学无界限，让学习更轻松。联系方式：010-62750667，wangxc02@163.com，lihu80@163.com，欢迎来电来信。